***ACCESO GRATIS** a la Lectura en la Nube*

Para visualizar el libro electrónico en la nube de lectura envíe junto a su nombre y apellidos una fotografía del código de barras situado en la contraportada del libro y otra del ticket de compra a la dirección:

ebooktirant@tirant.com

En un máximo de 72 horas laborales le enviaremos el código de acceso con sus instrucciones.

La visualización del libro en **NUBE DE LECTURA** excluye los usos bibliotecarios y públicos que puedan poner el archivo electrónico a disposición de una comunidad de lectores. Se permite tan solo un uso individual y privado

RETOS DE IGUALDAD Y LUCHA CONTRA LA VIOLENCIA DE GÉNERO DESDE UNA PERSPECTIVA MULTIDISCIPLINAR

RETOS DE IGUALDAD Y LUCHA CONTRA LA VIOLENCIA DE GÉNERO DESDE UNA PERSPECTIVA MULTIDISCIPLINAR

Director:
José Manuel López Jiménez

Coordinadoras:
Ana María Fuentes Cano
Silvia Núñez Fernández
Virginia Saldaña Ortega

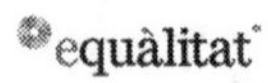

tirant lo blanch
Valencia, 2024

En caso de erratas y actualizaciones, la Editorial Tirant lo Blanch publicará la pertinente corrección en la página web www.tirant.com.

© TIRANT LO BLANCH
EDITA: TIRANT LO BLANCH
C/ Artes Gráficas, 14 - 46010 - Valencia
TELFS.: 96/361 00 48 - 50
FAX: 96/369 41 51
Email: tlb@tirant.com
www.tirant.com
Librería virtual: www.tirant.es
DEPÓSITO LEGAL: V-343-2024
ISBN: 978-84-1197-338-0

Si tiene alguna queja o sugerencia, envíenos un mail a: *atencioncliente@tirant.com*. En caso de no ser atendida su sugerencia, por favor, lea en *www.tirant.net/index.php/empresa/politicas-de-empresa* nuestro procedimiento de quejas.

Responsabilidad Social Corporativa: *http://www.tirant.net/Docs/RSCTirant.pdf*

Índice

PARTE I

LA IGUALDAD A LO LARGO DE LA HISTORIA Y DEL CONTEXTO INTERNACIONAL

PARTE II
LA IGUALDAD EN EL CONTEXTO DE LAS RELACIONES LABORALES

PARTE III
RETOS POR LA IGUALDAD EN EL CONTEXTO SOCIAL

PARTE IV

IMPACTO Y MANIFESTACIONES DE DESIGUALDAD: TIPOS ESPECIALES DE VIOLENCIA

PARTE V
LOS SESGOS DE GÉNERO Y SU REPERCUSIÓN EN EL MUNDO ACTUAL

PARTE I

LA IGUALDAD A LO LARGO DE LA HISTORIA Y DEL CONTEXTO INTERNACIONAL

Capítulo 1

El camino hacia la igualdad efectiva en la Unión Europea: principales hitos en la búsqueda de una «unión de la igualdad»

PROF. RICARDO GÓMEZ LAORGA
Profesor de Relaciones Internacionales en la Universidad Isabel I de Castilla
Investigador predoctoral en la Universidad Complutense de Madrid

INTRODUCCIÓN: LA UNIÓN EUROPEA, UNA «POTENCIA CIVIL» EN BÚSQUEDA DEL *GENDER MAINSTREAMING*

No son pocos los autores que han definido a la Unión Europea como un actor *sui géneris* del sistema internacional. Esta locución latina se trata de un concepto jurídico que incide en su especial singularidad respecto al resto de actores internacionales, tanto en su funcionamiento como en su carácter supranacional, aspecto que no ha logrado ser igualado ni superado por ninguna homóloga sobre todo en lo relativo a su nivel de profundización y a las competencias que los Estados miembro han cedido a la gestión comunitaria durante el largo proceso de integración europeo.

Respecto a otros actores, la Unión Europea es denominada una «potencia civil» en base al término acuñado por François Duchêne y que se basa en afirmar el tradicional énfasis comunitario por las denominadas en política internacional *low politics,* es decir, aquellos aspectos que inciden en entender la dialéctica entre actores internacionales en base a aspectos económicos, sociales o culturales. Según Ian Manners y, citando a Twitchett y Maull, una potencia civil es aquella que posee un poder económico con centralidad suficiente, donde haya una primacía de la cooperación diplomática y con el objetivo de emplear las instituciones supranacionales como medio para alcanzar el progreso mundial[1].

En base a esta lógica, la defensa de los derechos humanos y de las libertades individuales son una de las «claves de bóveda» del rol de la Unión Europea para con el sistema internacional y en su funcionamiento interno. En este sentido y, como se analizará a lo largo del presente capítulo, la igualdad en el seno de la Unión Europea y, concretamente, el logro de una fáctica y progresiva igualdad entre hombres y mujeres ha supuesto uno de los principales ejes de las políticas sociales promulgadas desde Bruselas.

Sin lugar a duda, el objetivo primordial de las políticas de igualdad de género en la Unión Europea tiene como fin último la consecución de la denominada "transversalidad de género" (*gender mainstreaming* por su denominación en inglés). A grandes rasgos, la transversalidad de género tiene como rol principal la de implementar una integración total de la perspectiva de género en la preparación, diseño, implementación, seguimiento y evaluación de las políticas, medidas regulatorias y programas auspiciados desde el ámbito comunitario. Pese a que no es un objetivo político en sí, sí busca alcanzar la igualdad de género, y que, por ende, la igualdad entre mujeres y hombres sea reconocida por la Unión Europea como un derecho fundamental, un valor común de la Unión Europea y una

---

1 MANNERS, I. (2002), Normative Power Europe: A Contradiction in Terms?, *JCMS,* Volume 40, 2, 23558.

condición necesaria para alcanzar los objetivos comunitarios de crecimiento, empleo y cohesión social[2].

Partiendo de este marco contextual, a lo largo de este escrito se incidirá en señalar los principales hitos temporales y temáticos respecto a la igualdad de género en la Unión Europea. Así, en un primer momento se analizarán los tímidos progresos en los primeros años de la entonces Comunidad Económica Europea (CEE), para dilucidar con mayor detalle los logros obtenidos durante los tres últimos ejecutivos comunitarios: la Comisión I y II Barroso (2004-2014), la Comisión Juncker (2014-2019) y la Comisión Von der Leyen (2019-2024).

1. LAS PRIMERAS DIRECTIVAS EN MATERIA DE IGUALDAD EN EL CLUB COMUNITARIO Y SUS LÍMITES

Como se ha dilucidado en el apartado anterior, la Unión Europea ha sido uno de los primeros actores internacionales en promover la aplicación de la transversalidad de género o, en el argot comunitario, el *gender mainstreaming*. Esta estrategia tiene como objetivo principal el de modificar las desiguales relaciones sociales entre hombres y mujeres, y el de modificar las políticas públicas para alcanzar la ansiada transversalidad[3].

En este sentido y, fijando un ciclo cronológico, se considera a la Directiva 75/117/CEE del Consejo, de 10 de febrero de 1975, relativa a la igualdad de retribución entre los trabajadores

---

2 INSTITUTO EUROPEO PARA LA IGUALDAD DE GÉNERO, "What is gender mainstreaming?" [en línea], (2023), <https://eige.europa.eu/gender-mainstreaming/what-is-gender-mainstreaming>. [Consulta: 19/01/2023.]

3 JACQUOT, S., Le *gender mainstreaming* et l'Union européenne: quels effets?, *Lien social et Politiques*, 69, 17 de junio de 2013, 17.

y las trabajadoras una de las primeras legislaciones en esta materia en la Unión Europea. En ella se prohibió cualquier discriminación por motivos de sexo en materia de remuneración, habilitando a toda persona que considere haberse sentido perjudicada por tal cuestión una vía jurisdiccional que, además, ya exhortaba a los Estados miembros a erradicar cualquier discriminación de esta índole[4]. En la década de los setenta destacarán igualmente como pioneras la Directiva 76/207/CEE relativa a la igualdad de trato en lo que se refiere al empleo, a la formación profesional y a las condiciones de trabajo (modificada en 2002), y la Directiva 79/7/CEE relativa a la igualdad de trato en materia de seguridad social.

Ante la imposibilidad de poder detallar de forma pormenorizada el groso de legislación relativa a la igualdad de género en la Unión Europea en las presentes líneas, se puede mencionar cómo, las décadas de los ochenta y noventa seguirán ahondando en la profundización legislativa mediante la publicación de directivas de contenido variado como el concerniente a la igualdad de trato en los regímenes profesionales de seguridad social (Directiva 86/378/CEE), o en la igualdad de trato entre hombres y mujeres que ejerzan una actividad autónoma, así como la protección de la maternidad (Directiva 86/613/CEE); mientras que la última década del siglo XX contará con tres grandes directivas: la Directiva 92/85/CEE relativa a la promoción de la seguridad y de la salud en el trabajo de la trabajadora embarazada, que haya dado a luz o esté en período de lactancia, la Directiva 96/34/CE relativa al acuerdo marco sobre

---

4 COMISIÓN EUROPEA, "Directiva 75/117/CEE relativa a la igualdad de retribución entre los trabajadores masculinos y femeninos DO C.55" [en línea], (1975), <https://eur-lex.europa.eu/legal-content/ES/TXT/?uri=CELEX%3A31975L0117>. [Consulta: 22/01/23].

permiso parental y la Directiva 97/80/CE relativa a la carga de la prueba en los casos de discriminación por razón de sexo[5].

Será ya en el presente siglo donde surjan las grandes estrategias para luchar contra la desigualdad de género. Pese a que en la primera década del siglo XXI se adoptarán importantes directivas como la Directiva 2004/113/CE relativa a la igualdad en cuanto al acceso a bienes y servicios y a su suministro, o la Directiva 2006/54/CE relativa a la aplicación del principio de igualdad de oportunidades e igualdad de trato entre hombres y mujeres en asuntos de empleo y ocupación (refundición)[6], el presente capítulo pretende centrarse, como se ha indicado en líneas anteriores, en las grandes estrategias de la Unión Europea en su búsqueda de la igualdad entre hombres y mujeres.

2. LAS COMISIONES BARROSO I Y II: LA ESTRATEGIA PARA LA IGUALDAD ENTRE MUJERES Y HOMBRES 2010-2015 Y LA CARTA DE LA MUJER DE 2010

En este sentido, la primera gran actuación será la COM(2010) 491 final, conocida comúnmente por «Estrategia para la igualdad entre mujeres y hombres 2010-2015». Fue publicada en septiembre de 2010, bajo la II Comisión Barroso (2010-2015), y tenía como objeto el de combatir las aún entonces disparidades entre hombres y mujeres y la persistencia de una mayoría notable de mujeres en sectores laborales peor retribuidos y su infrarrepresentación en puestos de responsabilidad. La fecha de publicación no es baladí: cumpliéndose el

---

5 COMISIÓN EUROPEA, "La legislación en materia de igualdad de género en la Unión Europea" [en línea], (2007), <http://ibdigital.uib.es/greenstone/sites/localsite/collect/portal social/index/assoc/coeuro00/52.dir/coeuro0052.pdf>. [Consulta: 15/01/2023.]

6 Ibid. p. 7.

15° aniversario de la Declaración y la Plataforma de Acción de la Conferencia Mundial de las Naciones Unidas sobre la Mujer celebrada en Pekín[7], y el 30° aniversario de la Convención de las Naciones Unidas sobre la Eliminación de todas las Formas de Discriminación contra la Mujer[8]. Igualmente, en ese mismo año se publicará la célebre Carta de la Mujer de 2010.

Deteniendo el análisis en dicho documento, huelga decir que se trató de un intento de la Comisión Europea por reforzar su compromiso en favor de la igualdad entre hombres y mujeres no únicamente en el ámbito comunitario, sino también en el resto del mundo. Con el objeto de tejer un ámbito de actuación holístico que influyera sobre la práctica totalidad de las decisiones tomadas en instancias europeas, la Carta proponía cinco ámbitos de actuación específicos[9]:

- Igual independencia económica.
- Salario igual a trabajo igual y trabajo de igual valor.

---

7 Celebrada en septiembre de1995, supuso un verdadero punto de inflexión en el tratamiento de la igualdad. Efectivamente, dará lugar a la Plataforma de Acción de Pekín, la cual tiene como fin la de lograr un mundo en el que todas las mujeres y niñas ejerzan libremente sus libertades y derechos. Otro de los hitos de esta Conferencia será la de poner en contacto de forma masiva y articulada al activismo de los movimientos de mujeres a escala mundial.

8 COMISIÓN EUROPEA, "Comunicación de la Comisión al Parlamento Europeo, al Consejo, al Comité Económico y Social Europeo y al Comité de las Regiones sobre la Estrategia para la igualdad entre mujeres y hombres 2010-2015, COM/2010/0491 final" [en línea], (2010), <https://eur-lex.europa.eu/legal-content/es/TXT/?uri=CELEX%3A52010DC0491>. [Consulta: 10/01/2023].

9 COMISIÓN EUROPEA, "Comunicación de la Comisión sobre un compromiso reforzado en favor de la igualdad entre mujeres y hombres. Una Carta de la Mujer, COM(2010)78 final" [en línea], (2010), < https://eur-lex.europa.eu/LexUriServ/LexUriServ.do?uri=COM:2010:0078:FIN:ES:PDF>. [Consulta: 16/01/2023].

- Igualdad en la toma de decisiones.
- Dignidad, integridad y fin a la violencia sexista.
- Igualdad entre mujeres y hombres más allá de la Unión.

Como puede vislumbrarse, la Carta de la Mujer de 2010 sirvió para poner las bases de las estrategias posteriores en esta materia. De hecho, enfocando el análisis en la Estrategia para la igualdad entre mujeres y hombres 2010-2015, puede afirmarse cómo ambos documentos guardarán importantes semejanzas discursivas. Esta última se trató de uno de los primeros[10] grandes esfuerzos holísticos de la Unión Europea por fijar y detallar los principios más notorios en la búsqueda de la igualdad de género. Así, se volverá a basar en las directrices y pilares enunciados en la Carta de la Mujer de 2010, ampliando su contenido[11]:

1. Igual independencia económica: como acciones clave a desarrollar, la Comisión anunció su apoyo al fomento de la igualdad entre los sexos mediante la evaluación de disparidades en relación con los permisos por motivos familiares o mediante la promoción de igualdad entre sexos en todas las iniciativas relacionadas con la inmigración y la integración de los inmigrantes.

2. Salario igual a trabajo igual y trabajo de igual valor: sus acciones se centraron en pretender dotar de mayor transparencia todo lo relacionado con las retribuciones, en apoyar las iniciativas en pro de la igualdad salarial en

---

10 Previamente, se publicarán otros documentos ambiciosos como el Plan de Trabajo para la Igualdad entre las Mujeres y los Hombres 2006-2010, o el Pacto Europeo por la Igualdad de Género, los cuales inspirarán a esta Estrategia y las ejecutadas posteriormente.

11 COMISIÓN EUROPEA (2010). Estrategia para la igualdad..., *op. cit*, pp.4-11.

el trabajo, o en auspiciar la implantación de un Día Europeo de la Igualdad Salarial.

3. Igualdad en la toma de decisiones: las acciones clave se basaron en estudiar iniciativas específicas para mejorar el equilibrio entre los sexos en la toma de decisiones, o el apoyo a la promoción de una mayor participación de la mujer en las elecciones al Parlamento Europeo.

4. Dignidad, integridad y fin de la violencia sexista: como estrategias de acción, la Comisión señaló la adopción de una estrategia a escala comunitaria para combatir la violencia contra las mujeres o la de velar porque la legislación en materia de asilo tenga en consideración la igualdad entre los sexos.

5. Igualdad en la acción exterior: el último de los puntos tuvo como acciones principales las de supervisar y respaldar el respeto de los «criterios de Copenhague»[12] en materia de igualdad, la de aplicar el Plan de Acción de la UE sobre igualdad de género y capacitación de las mujeres en la cooperación al desarrollo (2010-2015), la de animar a los países de la Vecindad a promover la igualdad entre los sexos, o la de seguir integrando las consideraciones de género en la ayuda humanitaria de la UE.

---

12 Se trata de los criterios que fijan las condiciones que debe cumplir cualquier país que desee adherirse a la Unión Europea. Son los siguientes: existencia de instituciones estables que garanticen la democracia, el respeto por el Estado de derecho, por los derechos humanos y el respeto y la protección de las minorías.

3. LA COMISIÓN JUNCKER Y EL COMPROMISO ESTRATÉGICO PARA LA IGUALDAD DE GÉNERO (2016-2019)

De esta manera, la Estrategia para la igualdad entre mujeres y hombres 2010-2015 se apoyó en otros documentos previos como la Carta de la Mujer de 2010 para poner las bases de lo que será la política por la igualdad de género en la Unión Europea. Abandonando la II Comisión Barroso, durante su sucesora, la Comisión Juncker (2014-2019) se volverán a acometer compromisos relacionados con dicha materia. Destacará especialmente el Compromiso Estratégico para la Igualdad de Género (2016-2019). Dicho documento recogió los cinco puntos contenidos en su antecesora y, además, señaló otros aspectos concretos como la situación de la igualdad de género en 2015 mediante una suerte de «foto fija» que mencionaba las mutaciones y brechas de implementación[13].

En este sentido, se señaló la Gran Recesión de 2008-2012 como el periodo que causó grandes porcentajes de desigualdad entre hombres y mujeres, mientras que posteriormente, en 2014, se alcanzó el porcentaje de ocupación femenino más alto registrado (64%). Asimismo, señalaba que, pese a que el porcentaje de mujeres había aumentado en lo concerniente a los puestos de mayor responsabilidad, aún era bajo (21%). De la misma manera, señalaba importantes retos como los altos porcentajes de violencia contra las mujeres o su vulnerabilidad en muchos países del mundo.

Como aspecto capital del documento, fija una serie de prioridades y acciones clave a desarrollar, a imagen y semejanza

---

13 COMISIÓN EUROPEA, "Strategic Engagement for Gender Equality 2016-2019" [en línea], (2015) <https://www4.istat.it/it/files/2017/11/strategic_engagement_for_gender_equality_en.pdf> [Consulta: 17/01/2023.]

de otros documentos previamente dilucidados. En el caso de este Compromiso Estratégico, se seguirá usando la disposición y eje temático empleado desde la Carta de la Mujer de 2010, añadiendo alguna serie de aspectos nucleares[14]:

- Incremento de la participación femenina en el mercado laboral y logro de una independencia económica similar entre hombres y mujeres.
- Reducción de la brecha de género en materia salarial y en las pensiones.
- Promoción de la igualdad entre hombres y mujeres en el ámbito decisional.
- Lucha contra la violencia de género y protección y apoyo adicional para las víctimas.
- Promoción de la igualdad de género y los derechos de la mujer en el resto del mundo.

Como puede observarse, se continúa notablemente con los hitos marcados en 2010. Empero, otro de los aspectos primordiales de este documento será la importancia otorgada a la ya mencionada «transversalidad de género». Además, se buscará una mayor y mejor integración de las cuestiones de género en fondos estructurales de la Unión como el Fondo Social Europeo o el Fondo Europeo de Desarrollo Regional. No obstante, el Compromiso Estratégico para la Igualdad de Género (2016-2019) parece aportar una línea continuista respecto a la Estrategia de Igualdad de Género (2010-2015), pudiéndose tratar de una suerte de «documento de transición» que pudiera unirla con la siguiente gran estrategia en este ámbito, ya publicada en la Comisión Von der Leyen.

---

14 Ibid. pp. 10-16.

4. LA COMISIÓN VON DER LEYEN Y LA ESTRATEGIA DE IGUALDAD DE GÉNERO 2018-2023

Efectivamente, va a ser este ejecutivo el que aporte una mayor profundidad, dinamismo y variedad a la igualdad de género y las políticas consecuentes dentro de la Unión Europea. Previamente, documentos como el *Nuevas visiones para la igualdad de género en 2019*, pudieron sentar las bases de la Estrategia que vendría después. Por otro lado, fuera del ámbito comunitario, la Estrategia de Igualdad de Género 2018-2023 del Consejo de Europa sentó las bases del documento que apruebe posteriormente el ejecutivo de la primera presidenta de la Comisión de la historia comunitaria.

Aportando unas breves pinceladas de la Estrategia de Igualdad de Género 2018-2023 del Consejo de Europa, huelga indicar que tendrá en la Agenda 2030 de las Naciones Unidas para el Desarrollo Sostenible su principal influencia e inspiración. Sin ánimo de profundizar en su contenido, la Estrategia del Consejo de Europa basará sus directrices en seis objetivos estratégicos[15]:

- Objetivo estratégico 1: Prevenir y luchar contra los estereotipos de género y el sexismo.
- Objetivo estratégico 2: Prevenir y luchar contra la violencia hacia la mujer y la violencia doméstica.
- Objetivo estratégico 3: Garantizar el acceso igualitario de las mujeres a la justicia.

---

15 MINISTERIO DE ASUNTOS EXTERIORES, UNIÓN EUROPEA Y COOPERACIÓN, "Consejo de Europa. Estrategia de Igualdad de Género 2018-2023" [en línea], (2018) <https://rm.coe.int/estrategia-de-igualdad-de-genero-del-coe-es-msg/16808ac960Una> [Consulta: 16/01/2023.]

- Objetivo estratégico 4: Conseguir una participación equilibrada de las mujeres y de los hombres en la toma de decisiones tanto políticas como públicas.
- Objetivo estratégico 5: Proteger los derechos de las mujeres y niñas migrantes, refugiadas y solicitantes de asilo.
- Objetivo estratégico 6: Lograr la transversalización de género en todas las políticas y medidas.

Focalizando, por último, el análisis en la Estrategia de Igualdad de Género 2020-2025, fue publicada el 5 de marzo de 2020 por la Comisión Europea con el eslogan «Hacia una Europa igualitaria en términos de género», estableciendo los objetivos estratégicos y las acciones clave en gran parte inspirándose en documentos predecesores[16]:

1. Ni violencia ni estereotipos. Como su nombre indica, este primer objetivo aboga por la prevención eficaz de la violencia mediante la educación y pedagogía con niños y niñas desde edad temprana. Además, como segundo punto se propone combatir los estereotipos de género como causa profunda de la desigualdad.
2. Prosperar en una economía con igualdad de género. Para ello, la propuesta es la de colmar las brechas de género en el mercado de trabajo, el lograr la participación en pie de igualdad en los distintos sectores de la economía, abordar la brecha salarial y de pensiones entre hombres y mujeres, o reducir la brecha de género en las responsabilidades asistenciales.

---

16 COMISIÓN EUROPEA. *Estrategia para la igualdad entre mujeres y hombres 2020-2025*, 5 de marzo de 2020, COM(2020) 152 final Disponible en: https://eur-lex.europa.eu/legal-content/ES/TXT/PDF/?uri=CELEX:52020DC0152&from=ES.

3. Igualdad en los puestos de mando en todos los ámbitos de la sociedad. En este objetivo, la Unión se propone, entre otras cosas, el lograr el equilibrio de género en la toma de decisiones y en la política.
4. Integración de la perspectiva de género y la perspectiva interseccional en las políticas de la UE. En este apartado se volvería al paradigma ya mencionado en varios puntos del presente estudio acerca de la transversalidad de género.
5. Acciones de financiación para avanzar en la igualdad de género en la UE. Para ello, desde la Comisión se anuncia una mayor atención para que la cuestión de género se incluya en numerosos fondos comunitarios como el Fondo Social Europeo Plus, o el Fondo Europeo de Desarrollo Regional.
6. Abordar la igualdad de género y el empoderamiento de las mujeres en todo el mundo. Como medida principal, desde Bruselas se anuncia la implementación del III Plan de Acción para la Igualdad de Género (PAG III) desde 2020.

Como puede vislumbrarse, esta última Estrategia de la Unión Europea recoge gran parte de los hitos temáticos de documentos anteriores, llevando a cabo una profundización de los principios y objetivos, en una óptica claramente normativa consustancial a la propia naturaleza de la Unión Europea como «potencia civil». De hecho, el propio documento señala cómo el logro de la igualdad de género en la Unión se trata de una responsabilidad conjunta entre todas las instituciones comunitarias, los Estados miembros y las agencias de la UE, en concomitancia con la sociedad civil y las organizaciones de mujeres, los interlocutores sociales y el sector privado[17]. Aún

---

[17] Ibid. p.20.

es prematuro poder lanzar un análisis en retrospectiva de una política aún en vigencia, pero lo claramente destacable es el haber podido involucrar a numerosos actores dentro del ámbito comunitario en busca de un bien común: la igualdad entre hombres y mujeres como aspecto primordial del *modus vivendi* de la Unión Europea.

CONCLUSIONES: LOGROS, DEBERES Y RETOS PARA LA IGUALDAD DE GÉNERO EN LA UNIÓN EUROPEA

El presente artículo ha aportado unas pinceladas generales de la igualdad de género en la Unión Europea partiendo del hecho de que, en los inicios del Club comunitario, se trató de una cuestión secundaria en el ámbito de decisión y en la agenda de las instituciones europeas. No obstante, a partir de la década de los noventa del siglo XX logrará un espaldarazo definitivo que cristalizará en el Tratado de Ámsterdam de 1997. Será con ello el siglo XXI cuando se produzca un avance profundo, pero aún no definitivo. La Cuarta Conferencia Mundial sobre la Mujer de 1995 celebrada en Pekín sentó las bases de lo que debía ser el comportamiento de las sociedades liberales en las que la promoción y respeto de los derechos humanos y libertades individuales deben ser una condición *sine qua non* de su propia razón de ser.

En el caso de la Unión Europea este «mandato» es -si cabe- aún más imperativo. Efectivamente, desde Bruselas se promulga un cumplimiento sin tapujos de dichos principios, llevando a muchos académicos a definirla como la verdadera «potencia normativa» a escala mundial. La razón se ha dilucidado en líneas anteriores: cualquier acción o política promulgada a escala comunitaria tiene en el respeto de dichos valores un aspecto incondicional.

Por ello, puede afirmarse cómo en las últimas dos décadas del siglo, se han producido importantes avances que, empero, no esconden los importantes deberes que aún quedan por hacer: en 2020, fecha de la gran última Estrategia, ningún Estado miembro ha alcanzado la plena igualdad de género, habiendo obtenido una media de 67,4 sobre 100 en el Índice de Igualdad de Género de la UE de 2019. Es por ello por lo que la publicación -y, sobre todo, cumplimiento- de políticas holísticas tendentes a la igualdad de género deben ser regla y no excepción en el ámbito comunitario.

Sin embargo, los retos futuros son mayúsculos: en efecto, se asiste en numerosas regiones del mundo a una involución hacia formas políticas iliberales que menosprecian en la mayoría de las ocasiones el respeto de las libertades individuales. Con ello, la igualdad de género se encuentra claramente amenazada. Sin embargo, no es necesario irse fuera de las fronteras comunitarias: en la propia Unión Europea están proliferando tesis políticas que también ponen en duda la veracidad y necesidad de políticas tendentes a la igualdad de género.

Es por ello por lo que la actual Comisión Von der Leyen se ha propuesto como eje básico hacia la ansiada «Unión de la Igualdad» el de velar por seguir avanzando en esta condición consustancial a cualquier forma política de tintes liberales: la igualdad de los seres humanos, con independencia en este caso de su género. Ello debe ser «santo y seña» de una Unión Europea que debe seguir siendo vanguardia mundial del cumplimiento de los derechos humanos y de defensa de las libertades individuales. Aspectos que nuestras generaciones han disfrutado de forma innata y adquirida, pero que pueden tornar quiméricas e inalcanzables de no ser cuidadas, respetadas y defendidas.

BIBLIOGRAFÍA

COMISIÓN EUROPEA, "Comunicación de la Comisión al Parlamento Europeo, al Consejo, al Comité Económico y Social Europeo y al Comité de las Regiones sobre la Estrategia para la igualdad entre mujeres y hombres 2010-2015, COM/2010/0491 final" [en línea], (2010), <https://eur-lex.europa.eu/legal-content/es/TXT/?uri=CELEX%3A52010DC0491>. [Consulta: 10/01/2023].

COMISIÓN EUROPEA, "Comunicación de la Comisión sobre un compromiso reforzado en favor de la igualdad entre mujeres y hombres. Una Carta de la Mujer, COM(2010)78 final" [en línea], (2010), < https://eur-lex.europa.eu/LexUriServ/LexUriServ.do?uri=COM:2010:0078:FIN:ES:PDF>. [Consulta: 16/01/2023].

COMISIÓN EUROPEA, "Directiva 75/117/CEE relativa a la igualdad de retribución entre los trabajadores masculinos y femeninos DO C.55" [en línea], (1975), < https://eur-lex.europa.eu/legal-content/ES/TXT/?uri=CELEX%3A31975L0117> . [Consulta: 22/01/23].

COMISIÓN EUROPEA. "Estrategia para la igualdad entre mujeres y hombres 2020-2025, 5 de marzo de 2020, COM(2020) 152 final" [en línea], (2020), <https://eur-lex.europa.eu/legal-content/ES/TXT/PDF/?uri=CELEX:52020DC0152&from=ES>.

COMISIÓN EUROPEA, "La legislación en materia de igualdad de género en la Unión Europea" [en línea], (2007), <http://ibdigital.uib.es/greenstone/sites/localsite/collect/portal_social/index/assoc/coeuro00/52.dir/coeuro0052.pdf>. [Consulta: 15/01/2023.]

COMISIÓN EUROPEA, "Strategic Engagement for Gender Equality 2016-2019" [en línea], (2015) <https://www4.istat.it/it/files/2017/11/strategic_engagement_for_gender_equality_en.pdf> [Consulta: 17/01/2023.]

INSTITUTO EUROPEO PARA LA IGUALDAD DE GÉNERO, "What is gender mainstreaming?" [en línea], <https://eige.europa.eu/gender-mainstreaming/what-is-gender-mainstreaming>. [Consulta: 19/01/2023.]

JACQUOT, S. (2013), "Le *gender mainstreaming* et l'Union européenne: quels effets?" *Lien social et Politiques,* 69, 17 de junio de 2013, 17.

MANNERS, I. (2002), "Normative Power Europe: A Contradiction in Terms?", JCMS, Volume 40, 2, 23558.MINISTERIO DE ASUNTOS EXTERIORES.

Capítulo 2

La igualdad de género en el ámbito de la Unión Europea: impulso institucional y avances en la materia

PROFª. DRA. VIRGINIA SALDAÑA ORTEGA
Profesora de Derecho de la Unión Europea
Vicesecretaria General del Instituto
Eurolatinoamericano de Estudios para la Integración
Virginia.saldana@ui1.es

INTRODUCCIÓN. APROXIMACIÓN AL PRINCIPIO DE IGUALDAD DE GÉNERO

La promoción del principio de igualdad entre hombres y mujeres en el seno de la Unión Europea se encuentra articulado no sólo como un principio de obligado cumplimiento y convenientemente asentado en el ordenamiento jurídico que trae causa de esta realidad *comunitarizada* sino desde la perspectiva de los logros y objetivos a cumplir en el ámbito de su actividad. Ello motivado por el afán proteccionista de la citada organización supranacional en que encontramos posicionada nuestra realidad. A mayores, convendría comenzar el presente proyecto exponiendo la siguiente premisa: con el transcurrir de las décadas, la normativa comunitaria, la jurisprudencia, así como el correcto y paulatino desarrollo y modernización de los tratados constitutivos, han venido a consolidar este pilar como principio sólido del Derecho de la Unión Europea.

Irrenunciablemente debemos incidir nuevamente en el carácter supranacional de la organización y el anhelo *europeísta* que durante años ha venido caracterizando este modelo de construcción sin precedentes. No negamos a este respecto, que el proceso evolutivo sufrido en el seno de la organización no fue lineal, ni se encontraba caracterizado en todo momento por la búsqueda de unos mismos fundamentos de evolución y de desarrollo[18]. En este sentido, convendría citar que el proceso de evolución acontecido en la Unión Europea, se ha encontrado marcado por dos líneas de crecimiento evidentemente desiguales y hasta cierto punto contrapuestas: por un lado, la perspectiva inicial que protagonizaba los inicios de su creación, a partir de una comunión de intereses puramente económicos entre los distintos Estados parte; y, en otro orden completamente diferente de ideas, un posicionamiento basado en el progreso de una Europa social y el desarrollo de unos derechos sociales comunes que más adelante llevarían a la instauración de una ciudadanía europea.

Tal y como hemos tenido oportunidad de afirmar en más ocasiones[19] el nacimiento de aquellas primigenias Comunidades Europeas, allá por los años cincuenta, vinieron a evidenciar el nacimiento de una nueva realidad, *sui géneris,* y en absoluto

---

18 SALDAÑA ORTEGA, V., "Origen y evolución de la Unión Europea: Hacia la construcción de un modelo federal", en *Derecho de la Unión Europea e integración regional,* Tirant lo Blanch, Valencia, 2020, pp. 115-129.

19 SALDAÑA ORTEGA, V., "La geolocalización y su repercusión en lo relativo a la protección de datos personales en la Unión Europea con motivo de la crisis sanitaria. Especial mención al caso español", en Hacia la creación de un nuevo orden internacional pospandemia: el rol de los distintos procesos de integración en Europa y en América Latina, Colex, Madrid, 2021, pp. 301-313.

similar a ninguna otra. Esto, con el fin de promulgar una paz general que erradicara los grandes conflictos de aquel periodo histórico, protagonizado por la lucha encarnizada llevada a cabo por parte de Francia y Alemania, y la supervivencia de un territorio francamente devastado por las consecuencias que ocasionaron los grandes conflictos bélicos de la historia más reciente de nuestro continente.

Para los europeístas enfocados en una idea de fraternidad y comunidad basada en una organización regida por un poder superior o *suprapoder*, la segunda de las etapas sucintamente mencionada resulta la más interesante para proceder a un análisis sustantivo principal del proceso de evolución acontecido en el ámbito relativo a la igualdad entre hombres y mujeres. Ello, precisamente por poderse considerar uno de los buques insignia de la época moderna europea y por considerarse uno de los principales objetivos y estandartes de una sociedad moderna, plural e igualitaria.

1. LA IGUALDAD DE GÉNERO EN EL PLANO INTERNACIONAL

En este orden de ideas, lo cierto es que el principio de igualdad entre mujeres y hombres ha encontrado un crecimiento desigual si atendemos a los distintos estratos sociales; los diferentes márgenes temporales o los numerosos escenarios en que podamos realizar un estudio detallado del proceso de evolución acontecido para esta materia. A mayores, si observamos la cuestión desde una perspectiva global o internacionalizada, veremos que el principio de igualdad plantea serias dificultades en la persecución de su instauración plena como finalidad última de todo lo articulado normativamente a favor de esta premisa.

Incluso podríamos entender que, a estos niveles, la igualdad entre hombres y mujeres es una tarea inacabada. Lo cierto es que la igualdad de género, de acuerdo con las apreciaciones realizadas por la propia Organización de las Naciones Unidas, debe ser considerado un elemento esencial, no solo por entender que el mismo forma parte de la lista de derechos fundamentales que asisten a las personas, sino porque su correcto desarrollo es imprescindible para lograr las sociedades pacíficas, con un pleno potencial humano.

A tales efectos es que la ONU vino a declarar entre sus principales propósitos, en el tenor literal del artículo 1 de la carta que opera en virtud de su actividad que:

> Realizar la cooperación internacional [...] en el desarrollo y estímulo del respeto a los derechos humanos y a las libertades fundamentales de todos, sin hacer distinción por motivos de [...] sexo.

Parece que la premisa desde el panorama internacional es indiscutible y se encuentra bien fundamentada desde los inicios de construcción de un Derecho internacional que hoy día se encuentra bien sustentado en un acervo internacional que, indudablemente, gira en torno a los derechos humanos y fundamentales encontrando su razón de ser en la realidad articulada ya en la Asamblea General del 10 de diciembre de 1948, protagonista absoluta del primer gran hito histórico a favor de los derechos humanos, por medio del cual se vino a indicar que: "[...] todos los seres humanos nacen libres e iguales en dignidad y derechos" y al determinar, por tanto que "[...] toda persona tiene todos los derechos y libertades proclamados en esta Declaración, sin distinción alguna de [...] sexo [...]".

Junto a estos primeros avances, comienza la efervescencia de ciertos movimientos feministas y una corriente internacional denominada precisamente como movimiento feminista internacional que vino adquiriendo fuerza y relevancia en la década de los setenta. A partir de dicho momento, comienzan a sucederse una serie de acontecimientos que, de manera indiscutible, vinieron a marcar la historia de un movimiento defensor de la igualdad a escala global. Nos estamos refiriendo a la declaración del Año Internacional de la Mujer; la primera Conferencia Mundial sobre la Mujer celebrada en la ciudad de México en 1975, o la segunda celebrada en 1980 en Copenhague; la declaración del Decenio de las Naciones Unidas para la Mujer (entre 1976/1985); o la creación del Fondo de Contribuciones Voluntarias para el Decenio, entre otros hitos destacables de la época.

El reconocimiento mundial del movimiento feminista adquirió cuotas insospechadas hasta el momento y ello tuvo por consiguiente el nacimiento de una Conferencia Mundial para el Examen y la Evaluación de los Logros del Decenio de las Naciones Unidas para la Mujer: Igualdad, Desarrollo y Paz – tal y como advertíamos –. Ello dio paso a una Cuarta Conferencia Mundial sobre la Mujer, celebrada en Beijing en el año 1995, por la que se estableció una Declaración y Plataforma de Acción Beijing, encargada de la reivindicación de aquellos derechos de la mujer como derechos humanos y en la adquisición de un compromiso real para llevar a cabo acciones específicas que permitieran asegurar verdaderamente el respeto a tales principios.

Podríamos incluir numerosos actos en favor de la igualdad de género, a partir de la década de los noventa, precisamente por un evidente cambio de paradigma en la realidad de la época y una variación absoluta en la mentalidad y el pensamiento de una sociedad mucho más evolucionada, instaurada ya en los primeros indicios de un mundo globalizado y en los que el acceso a las nuevas tecnologías permitía ver otras realidades y visibilizar aspectos hasta entonces de acceso limitado.

En la década de los dos mil, se comienza a dar paso a mecanismos, herramientas y organismos especializados y con dedicación exclusiva a la promoción de la igualdad de género y el empoderamiento de la mujer tales como la Comisión de la Condición Jurídica y Social de la Mujer o una nueva entidad de las Naciones Unidas para la Igualdad de Género y el Empoderamiento de las Mujeres, producto de la fusión de cuatro organismos internacionales e instituciones: la División para el Adelanto de la Mujer; el Fondo de Desarrollo de las Naciones Unidas para la Mujer; la Oficina del Asesor Especial en Cuestiones de Género y el Instituto Internacional de Investigaciones y Capacitación para la Promoción de la Mujer.

Como hemos manifestado de forma exhaustiva, las actividades y valores promocionados desde instancias internacionales han sido numerosas y de muy diferente calado; cuestión distinta sería determinar hasta qué punto dichas medidas o herramientas han sido suficiente para la instauración de un verdadero cambio en el panorama global que permitiera erradicar de forma absoluta y definitiva, las desigualdades existentes entre hombres y mujeres. Ello encuentra su fundamento principal en las limitadas actuaciones de proactividad que posee el derecho internacional, siendo este básicamente caracterizado por un ejercicio de protección de los derechos humanos y fundamentales. Otro de los argumentos que justifican esta falta de consecución de los fines perseguidos, la encontramos precisamente en la idiosincrasia propia de los distintos territorios que forman parte de la comunidad internacional y que son sujetos del derecho internacional, con condiciones, características y actitudes muy variadas y hasta cierto punto disidentes.

Precisamente, la Cuarta Conferencia Mundial sobre la Mujer de la ONU, fue celebrada en Beijing en los días 4 y 15 del mes de septiembre de 1995 con la finalidad de prosperar en el aspecto relativo a la igualdad entre hombres y mujeres, dando audiencia a aquellos fenómenos que, con cada vez mayor incidencia, venían a formar parte de los problemas más inminentes y preocupantes dentro de la esfera de la realidad social de todos. Nos estamos refiriendo a la discriminación por razón de género; la violencia contra la mujer; el acceso de la mujer a la educación y los servicios de salud; la pobreza extrema y analfabetismo que afectan de forma evidente al género femenino.

Pese a lo conveniente de estas actuaciones, de las puestas en marcha de diferentes mecanismos, así como la visibilización de los principales problemas que atentan contra la sociedad moderna, lo cierto es que, atendiendo a la normativa internacional, ni la Declaración ni la Plataforma de Acción de Pekín, por ejemplo, pueden ser considerados tratados internacionales. Por tal motivo, el incumplimiento de su contenido por parte de los Estados, por sí solo no acarrearía una sanción directa a no ser que dicho incumplimiento generara la violación manifiesta de otra norma de Derecho internacional que sí se encuentre provista de un mecanismo de protección. Por consiguiente, su seguridad y defensa se encuentra condicionada al cobijo de una verdadera norma internacional que pueda defender o proteger su contenido de forma indirecta.

No siendo conveniente ahondar más en el aspecto internacionalizado de la cuestión, lo cierto es que de la redacción de las anteriores líneas bien podríamos entender que al derecho internacional público le quedan aún muchos aspectos por proteger y promocionar en lo relativo a los derechos humanos. Aquí es que debemos rescatar las primeras reflexiones que ofrecíamos en el presente estudio y evidenciar la diferencia existente en el orden instrumental y de actuación de esta realidad internacionalizada del derecho para con aquella otra realidad, más palpable, más promotora y ejecutora de una verdadera actividad proteccionista: la Unión Europea. Ello, precisamente por la diferente naturaleza que albergan estas dos realidades pues mientras el Derecho internacional se encuentra, como decíamos, limitados a aspectos abstractos, hasta cierto punto de dudosa aplicabilidad y obligatoriedad, la Unión Europea, con motivo de ese organigrama y estructuración supranacional, basado en la cesión de competencias soberanas, sí encuentra un escenario propicio y un campo de maniobra apropiado para la activación de ciertos protocolos de seguridad, determinadas normas de protección para los derechos igualitarios entre hombres y mujeres.

2. LA IGUALDAD DE GÉNERO EN LA UNIÓN EUROPEA

La Unión Europea se encuentra fundamentada en una amalgama de valores y principios de entre los que debemos destacar el de igualdad y la promoción de esta entre hombres y mujeres, de conformidad con el artículo 2 y 3.3 del Tratado de la Unión Europea. Se trata de valores, principios y objetivos consagrados en el artículo 21 de la Carta de los Derechos Fundamentales de la Unión Europea. Además, es considerado un objetivo prioritario para la Unión Europea y así se encuentra indicado en el artículo 8 del Tratado de Funcionamiento de la Unión Europea, al entenderse apropiada la eliminación de las desigualdades entre hombres y mujeres y el impulso de su igualdad en todas las acciones, elemento conocido como la integración de la dimensión de género.

La Unión Europea ha pretendido desde hace varias décadas, abordar las problemáticas que planteamos en el presente escrito, desde varias perspectivas y planes de contingencia distintos. En el plano normativo, han sido numerosas las directivas adoptadas por la organización con arreglo al procedimiento legislativo ordinario de entre los que cabría destacar, a modo de ejemplo la Directiva 79/7/CEE del Consejo, de 19 de diciembre de 1978, relativa a la aplicación progresiva del principio de igualdad de trato entre hombres y mujeres en materia de seguridad social; la Directiva 97/81/CE del Consejo, de 15 de diciembre de 1997, relativa al Acuerdo marco sobre el trabajo a tiempo parcial concluido por la UNICE, el CEEP y la CES; la Directiva 2000/78/CE del Consejo, de 27 de noviembre de 2000, relativa al establecimiento de un marco general para la igualdad de trato en el empleo y la ocupación o la Directiva (UE) 2019/1158 del Parlamento Europeo y del Consejo, de 20 de junio de 2019, relativa a la conciliación de la vida familiar y la vida profesional de los progenitores y los cuidadores y por la que se deroga la Directiva 2010/18/UE del Consejo.

Desde la perspectiva jurisprudencial y teniendo en consideración el papel destacado y que de manera tan sobresaliente ha realizado el Tribunal de Justicia de la Unión Europea para con la labor de matización e interpretación del Derecho de la Unión Europea, es menester ofrecer algunos de los principales hitos o aclaraciones ofrecidos por la citada institución a lo largo de las últimas décadas. A este respecto convendría destacar el *caso Defrenne II* por el que se vino a reconocer el efecto directo del principio de igualdad de retribución para hombres y mujeres; el histórico *caso Marshall* por el que el tribunal declara que la legislación comunitaria no ofrecía oposición a una norma nacional que obligase a promover prioritariamente a las candidatas femeninas en los casos en los que las mujeres fuesen menos numerosas que los hombres en un sector de actividad.

Indiscutiblemente podemos considerar de relieve la superioridad de la labor del mencionado tribunal para con los aspectos relativos a la igualdad de género, máxime si procedemos a realizar un ejercicio de comparación para con otros tribunales de talla internacional, tales como el Tribunal Europeo de Derechos Humanos, que, de forma algo más tímida y disipada, ha venido evidenciando la existencia de ciertas desigualdades en el aspecto formal normativo y en la actividad cotidiana de los distintos sectores de la realidad social. El tribunal, sito en Luxemburgo, ha hecho una gran labor con respecto al señalamiento y detección de lo que son consideradas como discriminaciones directas, constatando la existencia de determinadas normas cuyo contenido y puesta en práctica provocaba un trato desigual entre hombres y mujeres sin justificación legítima y proporcionada para ello[20].

Precisamente, en este ejercicio de clarificación y detección de los elementos conflictivos, el tribunal ha tenido en cuenta aspectos de carácter sociocultural y la evolución que ha experimentado el rol de la mujer y el hombre en las distintas cuestiones de la realidad social; concretamente, en aquellos aspectos relativos a las líneas de acceso al mundo laboral, así como del cuidado familiar y la conciliación. ¿Qué duda cabe? La Unión Europea bien puede ser considerada hoy día como el líder mundial en igualdad de género, con un posicionamiento de prestigio y así ha sido reflejado por la Comunicación de la Comisión al Parlamento Europeo, al Consejo, al Comité Económico y Social Europeo y al Comité de las Regiones: Una Unión de la igualdad: Estrategia para la igualdad de género 2020-2025, que afirma tal premisa, de acuerdo con el tenor literal que venimos a evidenciar:

> La Unión Europea es líder mundial en igualdad de género: de los veinte países de todo el mundo que van a la cabeza en materia de igualdad de género, catorce son Estados miembros de la UE.

Lo cierto es que, de lo expresado hasta el momento se desprende la existencia de una férrea y sólida legislación y entramado jurisprudencial en materia de igualdad de trato que permite integrar la perspectiva de género de cara a los distintos sectores de la realidad existentes, siendo aplicable a múltiples ámbitos de actuación y poniendo el foco a las desigualdades específicas que deben ser convenientemente intervenidas.

---

20 CARMONA CUENCA, E., "La igualdad de género en el Tribunal Europeo de Derechos Humanos: Un reconocimiento tardío con relación al Tribunal de Justicia de la Unión Europea", *Revista Española de Derecho Constitucional*, 104, pp. 297-328

3. ÚLTIMOS MOVIMIENTOS EN MATERIA DE IGUALDAD EN LA UNIÓN EUROPEA

A mayor abundamiento, cabría pues afirmar que las consecuencias generadas con motivo de la crisis sanitaria del COVID-19, ha azotado todas las realidades de la parcela comunitaria y esta no iba a ser menos. Como hechos constatados, cabría pues afirmar que las limitaciones e impedimentos para la realización de las actividades cotidianas y la clausura de los individuos ha visto aumentar de manera significativa la violencia contra las mujeres por motivo de género. Estos desagradables acontecimientos influyeron de manera significativa en el posicionamiento de la Unión Europea, de cara a esta problemática, a fin de erradicar una lacra que se había venido instaurando con cada vez más poder en una sociedad abierta, plural y democrática.

Con tal motivo, se produjo la adhesión de la Unión Europea al Convenio del Consejo de Europa sobre Prevención y Lucha contra la Violencia contra las Mujeres y la Violencia Doméstica – también conocido como Convenio de Estambul – y ello tuvo como consecuencia más inmediata la adopción de una propuesta de Directiva sobre la lucha contra la violencia contra las mujeres y la violencia doméstica en el mes de marzo de 2022.

La importancia de la estrategia de igualdad de género derivó de manera natural y orgánica a la implementación el 5 de marzo de 2020 de la Estrategia para la Igualdad de Género 2020-2025 por parte de la Comisión. Esta no es considerada la primera gran pericia establecida a tal fin pues bien podríamos mencionar la Estrategia para la igualdad entre mujeres y hombres 2016-2020, que debe su origen a la aprobación de la Carta de la Mujer y la Estrategia 2020 y cuyos principales objetivos son: el establecimiento de una verdadera independencia económica; la igualdad salarial para aquellos trabajos parejos y de igual valor; igualdad en la toma de decisiones; erradicación de la violencia sexista y protección de la dignidad y la integridad; igualdad en la acción exterior y aplicación efectiva de la transversalidad de género a las políticas comunitarias.

La adopción de la siguiente estrategia plantea un marco ambicioso para el periodo de tiempo comprendido entre 2020 y 2025, basado en la promoción de la igualdad de género en territorio europeo y en el resto de los continentes, así como procurar la libertad de los ciudadanos en el más amplio sentido de la diversidad que su propia naturaleza emana, siendo capaces de prosperar con independencia del género. Se trata, en definitiva, de la lucha hacia la consecución de una Europa con mayor igualdad de género de cara al año 2025 y la consecución de los siguientes fines específicos: erradicación de la violencia de género; eliminación de los estereotipos de género; eliminación de la brecha salarial; promoción de la participación en igualdad de condiciones para los distintos sectores de la economía; reducción de la brecha de género para las responsabilidades asistenciales y equilibrio en la toma de decisiones y la actividad política.

La citada estrategia se encuentra apoyada en el impulso de los principios de igualdad en materia de retribución y salario por entender este el elemento más accesible y palpable, capaz de procurar a su vez una evolución y un posicionamiento en pie de igualdad de ambos géneros en la realidad más evidente del día a día de una ciudadana. A este respecto, se propusieron medidas vinculantes de transparencia salarial en el mes de marzo de 2021; se presentó una propuesta de directiva para el refuerzo de la aplicación del principio de igualdad de retribución entre hombres y mujeres para los supuestos de desempeño de un mismo oficio o labor; se adoptó un plan de acción para la aplicación del pilar europeo de derechos sociales cuyo eje central se fundamenta precisamente en la igualdad de género y se presentó una propuesta de directiva para asegurar que los trabajadores de la Unión cuenten con la protección de un salario mínimo adecuado.

Económicamente, el impulso europeo se ha visto convenientemente aumentado gracias a la adopción de dos programas que constituyen el Fondo de Justicia, Derechos y Valores de la Unión que formarán parte importante en el Marco Financiero Plurianual de la Unión para el periodo 2021-2027. Gracias a estas herramientas se promoverá y reforzarán los valores y derechos de la Unión Europea, cubriendo específicamente una partida de fondos para aquellas organizaciones de la sociedad civil que luchan para la promoción de la igualdad de género, a partir del Programa Ciudadanos, Igualdad, Derechos y Valores de 2021-2027.

De lo evidenciado hasta el momento, convendría pues afirmar la notable labor desarrollada por determinadas instituciones europeas, que, de manera significativa han promovido la lucha a favor de la igualdad de género. Hemos tenido oportunidad incluso de analizar algunas de estas actuaciones por parte del Tribunal de Justicia de la Unión Europea o incluso de la Comisión como principales precursores de la materia. Pero no resulta baladí para cuanto pretendemos asimilar a lo largo de la presente investigación, el desarrollo protagonizado por el Parlamento Europeo. En efecto, la citada institución ha desempeñado un importante papel en la materia, a partir de su responsabilidad en el seno de un procedimiento legislativo ordinario y la adopción de directivas de destacada importancia en el ámbito de la igualdad de trato en el mercado laboral, por ejemplo. Nos estamos refiriendo a la Directiva (UE) 2019/1158 del Parlamento Europeo y del Consejo, de 20 de junio de 2019, relativa a la conciliación de la vida familiar y la vida profesional de los progenitores y los cuidadores, y por la que se deroga la Directiva 2010/18/UE del Consejo, adoptada por el Parlamento Europeo y el Consejo en junio de 2019[21] (Fichas sobre la Unión Europea, 2022).

---

[21] Fichas temáticas sobre la Unión Europea (mayo, 2022) [en línea], (2023), <https://www.europarl.europa.eu/factsheets/es/sheet/59/

Lo cierto es que las acciones llevadas a cabo en el seno de la Unión Europea han tenido un claro impacto en la realidad imperante de nuestros días y, a diferencia de lo acontecido en la escena internacional, la repercusión de estas políticas y programas impulsores de la igualdad, han propiciado un escenario más igualitario. Empero, de acuerdo con el artículo 2 del Tratado de la Unión Europea:

> La Unión se fundamenta en los valores de respeto de la dignidad humana, libertad, democracia, igualdad, Estado de Derecho y respeto de los derechos humanos, incluidos los derechos de las personas pertenecientes a minorías. Estos valores son comunes a los Estados miembros en una sociedad caracterizada por el pluralismo, la no discriminación, la tolerancia, la justicia, la solidaridad y la igualdad entre hombres y mujeres.

A mayor abundamiento, si atendemos a las cifras ofrecidas por los informes europeos al respecto de esta cuestión y, específicamente, al índice sobre la brecha de género en los países de la Unión Europea, podremos evidenciar grandes avances en la materia y un incuestionable rumbo hacia la paridad en muchos aspectos de la realidad social de los individuos. Recordamos que el índice global de la brecha de género plantea como principal finalidad medir en más de 150 países la paridad de género, a partir del análisis de cuatro áreas clave: salud, educación, economía y política.

Sobre la base de este modelo de medición, cabría pues destacar que en el año 2022, de entre los países europeos podríamos destacar la superioridad de Finlandia por encabezar el listado con una puntuación del 0,86 seguido de Suecia con un 0,82 y Lituania, Irlanda y Alemania que le siguen con un 0,80.

---

la-igualdad-entre-hombres-y-mujeres#:~:text=La%20igualdad%20entre%20mujeres%20y,aplicaci%C3%B3n%20en%20la%20Uni%C3%B3n%20Europea> [Consulta: 19/01/2023].

La media de la Unión Europea se sitúa en un 0,68. Sustancial también resulta el cambio experimentado en ciertos territorios históricamente algo estancados en la consecución de los anhelos igualitarios. Es el caso de España que ha visto aumentado sustancialmente su cifra de paridad hasta un 0,79 habiendo experimentado una subida porcentual significativa si atendemos a las cifras recogidas por el mismo medidor para el año 2013, con un 0,66[22].

De las cifras ofrecidas se desprende un claro halo esperanzador al respecto de la cuestión y es que efectivamente nos encontramos en una posición claramente preponderante en la consecución de los objetivos paritarios, si bien no habiendo alcanzado aún la verdadera igualdad entre hombres y mujeres y siendo este el objetivo real y perseguido por las instituciones, dirigentes, sociedad civil y el resto de los sujetos partícipes en el escenario europeo. De acuerdo con las palabras de una de las máximas dirigentes de la Unión Europea, Úrsula Von der Leyen – recordemos que es la primera presidenta de la Comisión –:

> [...] Quiero que Europa se convierta en un continente de igualdad de oportunidades y sé que no estamos todavía ahí [...] estamos en un largo camino, tenemos que desmantelar los obstáculos a la igualdad y apostar por la igualdad de oportunidades.

---

22 European Institute for Gender Equality [en línea] (2022). <https://eige.europa.eu/gender-equality-index/2013/HU> [Consulta: 19/01/2023]

4. CONCLUSIONES

Consideramos menester finalizar la siguiente aportación, realizando algunas reflexiones a las que inevitablemente llegamos al detallar la información que se desprende del tenor literal de este documento, y que viene a ofrecer ciertas evidencias al respecto del estado de salud de la sociedad europea y mundial. Resulta innegable, que el nivel de paridad existente en una sociedad es directamente proporcional al estado en que se encuentre su moralidad, culturalidad, dirigencia y el progreso de la nación, y, a mayores, de un conjunto de naciones regidas bajo un mismo poder superior en el caso de la Unión Europea.

Indudablemente, la Unión Europea se encuentra en un momento de inflexión y de necesidad de replantearse su rol internacional para volver a ostentar el cargo de organización *sui géneris*, claramente identificable y destacada en el panorama internacional. Lo cierto es que la Unión Europea ha ostentado ya este cargo durante años, pero que las últimas décadas de su actuación se han visto marcadas por un halo de incertidumbre y opacidad, difícilmente justificable en lo que se ha defendido siempre como una organización integracionista, armonizadora y basada en un proyecto de protección de los valores sociales y de democracia.

Por ello es que venimos a expresar y defender la premisa sobre la que partía el presente proyecto y es que la Unión Europea debe recoger el testigo de los grandes pensadores e ilustres europeístas que históricamente han defendido la evolución de la realidad europea y de su organización a planos mucho más desarrollados, y a la búsqueda de una armonización completa y del progreso de un verdadero proyecto de integración, a partir de la valoración de la voluntad política que existe y a la que es preciso atender en estos momentos, de cara a facultar un futuro prometedor y próspero para todos. Es momento de hacer más Europa y más por los ciudadanos, y para ello es de vital importancia llegar a lograr aquellos aspectos que de forma evidente catapultan a una sociedad hacia un posicionamiento de prestigio y hacia la protección real de sus derechos más inherentes. Y ello, estimados lectores, se consigue a partir de la consecución de los fines perseguidos por la corriente que lucha en favor de la igualdad.

No negamos que el procedimiento ampliamente descrito en anteriores líneas haya sido sustancial y coherente con los anhelos más racionales de conseguir una sociedad paritaria, pero lo cierto es que el objetivo aún no está conseguido. Por tanto, debemos procurar un mayor impulso de estas políticas públicas, precisamente por eso, porque son políticas públicas, valores democráticos, principios estructurales y una realidad que, en definitiva, afecta a millones de mujeres en todos los aspectos de su vida y en todos y cada uno de los territorios del planeta.

BIBLIOGRAFÍA

CARMONA CUENCA, E.. "La igualdad de género en el Tribunal Europeo de Derechos Humanos: Un reconocimiento tardío con relación al Tribunal de Justicia de la Unión Europea", Revista Española de Derecho Constitucional, 104, pp. 297/328.

MOLINA DEL POZO, C.F., SALDAÑA ORTEGA, V., "La ciudadanía europea y el nuevo impulso de la democracia participativa con motivo de la celebración de la Conferencia sobre el futuro de Europa", *Revista Unión Europea Aranzadi, 12.*

MOLINA DEL POZO, C.F., SALDAÑA ORTEGA, V., *Los procesos de integración eurolatinoamericanos: aspectos jurídicos, económicos, políticos y sociales.* Edit. Colex, Madrid, 2022.

SALDAÑA ORTEGA, V., "La geolocalización y su repercusión en lo relativo a la protección de datos personales en la Unión Europea con motivo de la crisis sanitaria. Especial mención al caso español", en Hacia la creación de un nuevo orden internacional pospandemia: el rol de los distintos procesos de integración en Europa y en América Latina, Colex, Madrid, 2021, pp. 301-313.

SALDAÑA ORTEGA, V., "Origen y evolución de la Unión Europea: Hacia la construcción de un modelo federal", en *Derecho de la Unión Europea e integración regional*, Tirant lo Blanch, Valencia, 2020

Fichas temáticas sobre la Unión Europea (mayo, 2022) [en línea], (2023), <https://www.europarl.europa.eu/factsheets/es/sheet/59/la-igualdad-entre-hombres-y-mujeres#:~:text=La%20igualdad%20entre%20mujeres%20y,aplicaci%C3%B3n%20en%20la%20Uni%C3%B3n%20Europea> [Consulta: 19/01/2023].

European Institute for Gender Equality [en línea] (2022). <https://eige.europa.eu/gender-equality-index/2013/HU> [Consulta: 19/01/2023]

Capítulo 3

La desigualdad de género en Roma: un análisis legislativo

PROFª. MARINA MARTÍN MORO
Profesora de derecho civil Universidad Isabel I
Investigadora predoctoral Universidad de Salamanca

PROFª. ESTER RENEDO SANTAMARÍA
Profesora de derecho administrativo Universidad Isabel I
Investigadora predoctoral Universidad de Burgos

1. APROXIMACIÓN DE LA SITUACIÓN JURÍDICO-SOCIAL DE LA MUJER

En la antigua Roma se hace referencia al término «*mulier*» como la contraposición del «*homo*», el cual era considerado el hombre en su acepción como ser humano por excelencia, no sometido a ninguna potestad; mientras que la mujer se encontraba ante una situación de sumisión constante y de inferioridad con respecto al varón; siendo silenciada y limitada en cada ámbito de su vida. En esta sociedad patriarcal, la *mulier* estaba bajo la *patria potestas* del *paterfamilias* o bajo la *tutela mulierum*, dominada por el hombre en la estructura familiar donde debía asumir a su vez los *mores maiorum*[23] y determinados estereotipos y virtudes tradicionales como eran: la castidad, la austeridad, la prudencia o la fidelidad, para lo cual eran instruidas al terminar la educación básica, entre los 10 y 12 años. El hombre se encargaba del espacio público, tomaba las decisiones en la esfera política y era partícipe de los conflictos bélicos, a lo cual la mujer no podía acceder; solo tenía la posibilidad de ocupar el espacio privado, era su deber familiar y su servicio a Roma.

Muchas mujeres decidieron reivindicar y luchar contra la situación injusta que vivían. Ante el temor masculino a estas reivindicaciones y la posibilidad de que fueran consiguiendo más espacio en la sociedad, eran vigiladas por sus familiares masculinos, normalmente por la persona que ostentaba la *patria potestas* sobre ellas, o por el Estado, el cual promulgó algunas leyes que tenían como objeto restringir aún más la situación de la mujer romana. Vamos a analizar tres leyes representativas de esta normativa discriminatoria, rogadas para limitar a la mujer, cada una en una esfera diferente.

2. LA LEX OPPIA SUMPTUARIA

Tito Livio en el fragmento de su obra *Ab Urbe condita* «*Inter bellorum magnorum aut vixdum finitorum aut imminentium curas intercessit res parva dictu, sed quae studiis in magnum certamen excesserit.*» (Livio 34,1.1) hace alusión a la situación bélica en la que estaba inmersa la sociedad romana en la época republicana. Un período de expansión territorial y de conquista que había terminado en la segunda guerra púnica, consecuencia de lo cual, en torno al año 250 a.C fue un período en el que

---

23 La locución latina «*mores maiorum*» se refiere a los usos y costumbres romanas tenidos como reglas de conducta que se deben seguir, constituyendo en ese momento como una fuente del derecho.

la ciudad sufría una grave crisis económica que afectó especialmente a la plebe, por lo que comenzaron a promover una reivindicación por medio de huelga.

Ante estas amenazas, en el año 215 a.C, Cayo Oppio Sabino[24] rogó un plebiscito discriminatorio que fue aprobado por el Senado en el que reprimía el lujo de las mujeres, conocido como la *Lex Oppia Sumptuaria.* Pero *¿realmente fue este el motivo por el que se decidió aprobar esta ley?;* en este período se venía propiciando por parte de la sociedad romana, una nueva forma de vida y costumbres, que chocaban con las «costumbres patriarcales tradicionales romanas» y el rol que debían asumir las mujeres; las cuales, según los hombres, se aficionaron a la emancipación y al lujo, lo cual era un problema para el patriarcado y el poder masculino, por lo que se estaban promulgando las *leges sumptuariae para la aristocracia romana,* a fin de limitar el lujo a las mujeres y preservar las costumbres y el papel tradicional que debían asumir.

1.1 Contenido de la Lex

Estamos ante una *lex* absolutamente discriminatoria y sexista que únicamente trae prohibiciones a las mujeres, en concreto, a las *matronas,* mujeres de condición libre pertenecientes a la clase social elevada. Tiene como objeto gravar el lujo y la ostentación femenina, que una parte del sector masculino afirmaba que ponían en riesgo la castidad y austeridad de las mujeres, cualidades exigibles para poder ser considerada una mujer virtuosa.

---

[24] Aprobación por parte de la plebe de un plebiscito que llevaba el nombre del tribuyo que lo propuso. A pesar de ser un plebiscito tenía fuerza de ley a consecuencia de la *Lex Hortensia de plebiscitis* del año 286 a.C que reconocía la obligatoriedad de éstos para todo el pueblo romano.

Tito Livio (34,1.3) nos relata como la *lex* prohíbe a las *matronas* lucir joyas de más de media onza de oro, cubrirse el cuerpo de colores llamativos, sobre todo del color púrpura y la utilización de carruajes para el desplazamiento de las mujeres en Roma y otras ciudades, excepto para acudir a una ceremonia religiosa.[25]

Con la restricción de la ostentación femenina de joyas y limitar el uso de vestimenta confeccionada con tejidos teñidos de color púrpura, se pretendía preservar la austeridad femenina. El color púrpura era símbolo de poder masculino, era el color utilizado por los varones que ocupaban un cargo público, razón por la que se consideró que las mujeres no eran merecedoras de ostentar ese privilegio. A su vez, se pretendía evitar que las *matronas* gastasen dinero de forma innecesaria durante la crisis que estaba sufriendo el *imperium.*

También regulaba la utilización de carruajes para el desplazamiento de las mujeres. En concreto, se limitó que las *matronas* se alejasen a una distancia superior a mil pasos de la propia ciudad, con la única excepción de acudir a una ceremonia religiosa. Esta restricción no era para preservar la austeridad, sino una medida de control por parte del sexo masculino por miedo a que las mujeres tuvieran mayor autonomía y pudieran emanciparse.

Si las *matronas* incumplían cualquier de estas tres normas, la *Lex Oppia Sumptuaria* regulaba que sus bienes y parte de su dinero fueran confiscados, lo que facilitaba la recaudación del dinero necesario para llenar de nuevo las arcas del *aerarium populi romani*[26], que la segunda guerra púnica había vaciado. Este

---

25 *Tulerat eam C. Oppius tribunus plebis Q. Fabio Ti. Sempronio consulibus, in medio ardore Punici belli, ne qua mulier plus semunciam auri haberet neu vestimento versicolori uteretur neu iuncto vehiculo in urbe oppidove aut propius inde mille passus nisi sacrorum publicorum causa veheretur.*

26 Erario o tesoro del pueblo romano entendido como la totalidad de los ingresos del Imperio romano.

«castigo» pretendía implementar un sistema de ahorro forzoso, el cual era injusto ya que ellas no podían intervenir al no poder participar en los asuntos público, a la vez, que perseguía la preservación de los *mores maiorum* exigidos a las mujeres, que en los últimos tiempos se estaban debilitando.

2.2 Derogación

Hasta el año 195 a.C no se planteó la posibilidad de la derogación de la *Lex Oppia Sumptuaria.* Este debate vino tras la derrota a los cartagineses, victoria que trajo consigo que el ejército romano regresase con las alforjas repletas de dinero y bienes, saneando así al *aerarium populi romani.*

Tito Livio (34, 5 y 6)[27] nos narra como las *matronas* organizaron una protesta por las calles y el *forum romanum* contra la *lex* sexista que llevaban años sufriendo; reivindicaron que las tuvieran en consideración y se derogase la *lex,* al carecer ya de sentido. Algunos romanos lo tomaron como una insubordinación al poder masculino, a su sometimiento al *imperium;* mientras que otros, se pusieron de su lado para defender con ellas sus derechos. Ejemplo de este último sector fue Lucio Valerio Tapo, quien defendió que los argumentos utilizados para seguir con esta ley eran la tapadera de una realidad totalmente discriminatoria y la imposición de las costumbres tradicionales. En cambio, Marco Porcio Catón, el censor, la defendía al

---

27 *Capitolium turba hominum faventium adversantiumque legi complebatur. matronae nulla nec auctoritate nec verecundia nec imperio virorum contineri limine poterant, omnis vias urbis aditusque in forum obsidebant viros descendentis ad forum orantes, ut florente re publica, crescente in dies privata omnium fortuna matronis quoque pristinum ornatum reddi paterentur. Augebatur haec frequentia mulierum in dies; nam etiam ex oppidis conciliabulisque conveniebant.*

considerar a los vicios, la avaricia y la extravagancia plagas que habían destruido los grandes imperios.

El discurso de Marco Porcio Catón lo encontramos relatado por Tito Livio (34, 2 y 3) en su obra *Ab Urbe Condita*. En cuyos fragmentos más relevantes manifiesta que:

El problema radica en que no se han protegido los derechos y la autoridad del marido en los propios hogares, dando más libertad a las *matronas,* hecho que ha conllevado una corriente de insubordinación femenina en el foro[28]. Es curioso observar cómo los varones consideraban que la *dona* es inferior por su «*especie*», pero a la hora de la verdad su voz sea tan temida.

Por otro lado, argumenta que los antepasados romanos no querían que la *mulier* pudiera participar ni siquiera en los asuntos privados, a excepción de que fuera a través de la figura del tutor, colocándolas bajo la tutela de los varones de su familia[29]. Por lo cual no tiene sentido que ahora ellos les permitan tomar posesión sobre un asunto público como es la política, permitirlas mezclarse con los hombres en el foro y en debates públicos, lo cual es una incongruencia si se considera que la mujer «precisa» de una tutela.

Otro pasaje de Tito Livio (34, 2. 13 y 14)[30] refleja la visión masculina mayoritaria sobre la mujer: Catón alude a que si se aflojan las riendas al carácter obstinado de criaturas que no ha

---

28 *Si in sua quisque nostrum matre familiae, Quirites, ius et maiestatem viri retinere instituisset, minus cum universis feminis negotii haberemus; nunc domi victa libertas nostra impotentia muliebri hic quoque in foro obteritur et calcatur, et, quia singulas non continuimus.* (LIV. 34, 2. 1 y 2).

29 *Maiores nostri nullam, ne privatam quidem rem agere feminas sine tutore auctore voluerunt, in manu esse parentium, fratrum, virorum; nos, si diis placet, iam etiam rem publicam capessere eas patimur et foro quoque et contionibus et comitiis immisceri.* (LIV. 34, 2. 11).

30 *Date frenos impotenti naturae et indomito animali et sperate ipsas modum licentiae facturas; nisi vos feceritis, minimum hoc eorum est, quae iniquo*

sido domesticadas y se espera que ellas mismas pongan límites a su licenciosidad, bien sea por sus modales o por sus leyes, ellas desean la libertad sin restricciones, incluso el libertinaje. Manifiesta que cómo se va a esperar que las mujeres se repriman a sí mismas, si ni siquiera en ocasiones los propios hombres son capaces de autolimitarse.

En su discurso[31] propone revisión de las *leges* de sus antepasados referidas a la mujer, todas limitaban su libertinaje y sus vicios, sometiéndolas a la obediencia de sus maridos. A su vez, persiste en la idea de que sería inconveniente permitirles esta reivindicación, ya que, si las mujeres conseguían igualdad, pasarán a ser superiores y serán ellas las que subordinen al varón.

Según Tito Livio (34, 3.5)[32], si se derogase esta ley, supondría un precedente y se debilitarían el resto de las leyes restrictivas para la mujer. Para fortalecerlo argumenta que ninguna ley es igual de satisfactoria para todos; lo único que se pretende es que resulte beneficiosa para el bien general y a la mayoría; si se aboliese por cada persona que era perjudicada por ello *¿de qué serviría hacer leyes si en poco tiempo pueden ser derogadas por las personas a las que van dirigidas?* Argumento inteligente, ya que busca la aceptación del resto de magistrados,

---

animo feminae sibi aut moribus aut legibus iniuncta patiuntur. omnium rerum libertatem, immo licentiam, si vere dicere volumus, desiderant.

31 *Quid enim, si hoc expugnaverint, non temptabunt? recensete omnia muliebria iura, quibus licentiam earum adligaverint maiores vestri per quaeque eas subiecerint viris; quibus omnibus constrictas vix tamen continere potestis. Quid? si carpere singula et extorquere et exaequari ad extremum viris patiemini, tolerabiles vobis eas fore creditis? extemplo, simul pares esse coeperint, superiores erunt. at hercule ne quid novum in eas rogetur recusant, non ius sed iniuriam deprecantur.* (LIV. 34, 3. 1, 2 y 3).

32 *Nulla lex satis commoda omnibus est; id modo quaeritur, si maiori parti et in summam prodest. si, quod cuique privatim officiet ius, id destruet ac demolietur, quid attinebit universos rogare leges, quas mox abrogare, in quos latae sunt.*

sembrando en ellos una hipótesis problemática que recaería sobre sí mismos si se produjese.

Catón lamenta los caros hábitos de las mujeres, y a menudo de los hombres que, tanto particulares o magistrados, sufren de dos enfermedades: la avaricia y la lujuria, plagas que han conllevado a la ruina de grandes imperios[33]. Comienza así el final de su discurso para mostrar la importancia de controlar la problemática de la ostentosidad y luchar para que las mujeres no puedan inmiscuirse en esta controversia de carácter público; su rol femenino les exige que sean austeras y no aspiren a aquello que no es de su potestad.

En el otro lado del debate, tenemos el discurso Lucio Valerio Tapo a favor de la derogación de la *Lex Oppia Sumpturaria*:

Tito Livio (34, 5. 3, 4 y 5)[34] comienza aludiendo a que Marco Porcio Catón dedica más tiempo a criticar a las *matronas* que a argumentar la importancia que tiene la ley o contra la propuesta de la abolición de la misma; pone en duda si la censura a las *matronas* nace de una iniciativa propia o es instigada por los colectivos de varones. Aprovecha para defender la propuesta de derogación y no los valores patriarcales, como ha hecho el censor en su discurso. A su parecer, que las *matronas* pidan públicamente que se derogue una ley que en un

---

33 *Saepe me querentem de feminarum, saepe de virorum nec de privatorum modo sed etiam magistratuum sumptibus audistis, diversisque duobus vitiis, avaritia et luxuria, civitatem laborare, quae pestes omnia magna imperia everterunt.* (LIV. 34, 4. 1 y 2).

34 *Qui tamen plura verba in castigandis matronis quam in rogatione nostra dissuadenda consumpsit, et quidem ut in dubio poneret, utrum id, quod reprenderet, matronae sua sponte an nobis auctoribus fecissent. rem defendam, non nos, in quos iecit magis hoc consul verbo tenus, quam ut re insimularet. coetum et seditionem et interdum secessionem muliebrem appellavit, quod matronae in publico vos rogassent, ut legem in se latam per bellum temporibus duris in pace et florenti ac beata re publica abrogaretis.*

primer momento fue aprobada en su contra y bajo la presión del tiempo de guerra, ya superada, es razón suficiente para su derogación.

A Lucio Valerio no le sorprende que las *matronas* quieran hacerse escuchar en un asunto que les afecta directamente, *¿por qué no merecen ser escuchadas?*; serían soberbios si consideran una indignidad atender a las súplicas de las mujeres que son honestas, cuando los amos sí se dignan a escuchar los ruegos de los esclavos.[35]

Tito Livio (34, 6. 1, 2, 3, 4, 5 y 6) nos da un contraargumento al expuesto anteriormente por el censor en contra la derogación de cualquier ley y, en particular de ésta.[36] Considera que la defensa que realiza sobre las leyes, en su conjunto, es la que un cónsul debe hacer; en cambio, las críticas realizadas contra el lujo son las que corresponden a una estricta y severa moralidad. En cuanto a las leyes promulgadas para una utilidad permanente, no por una emergencia temporal, no deben

---

35 *Nihil novi factum purgare satis est. Ceterum quod in rebus ad omnis pariter, viros feminas, pertinentibus fecisse eas nemo miratus est, in causa proprie ad ipsas pertinente miramur fecisse? quid autem fecerunt? Superbas, me dius fidius, aures habemus, si, cum domini servorum non fastidiant preces, nos rogari ab honestis feminis indignamur.* (LIV. 34, 5. 12 y 13).

36 *Venio nunc ad id, de quo agitur. in quo duplex consulis oratio fuit; nam et legem ullam omnino abrogari est indignatus, et eam praecipue legem, quae luxuriae muliebris coercendae causa lata esset. et illa communis pro legibus visa consularis oratio est, et haec adversus luxuriam severissimis moribus conveniebat;itaque periculum est, nisi, quid in utraque re vani sit, docuerimus, ne quis error vobis offundatur. Ego enim quem ad modum ex iis legibus, quae non in tempus aliquod, sed perpetuae utilitatis causa in aeternum latae sunt, nullam abrogari debere fateor, nisi quam aut usus coarguit aut status aliquis rei publicae inutilem fecit, sic, quas tempora aliqua desiderarunt leges, mortales, ut ita dicam, et temporibus ipsis mutabiles esse video. Quae in pace lata sunt, plerumque bellum abrogat, quae in bello, pax, ut in navis administratione alia in secunda, alia in adversa tempestate usui sunt.*

ser derogadas, a no ser que la experiencia demuestre que resultan dañinas, no son beneficiosas para el bien común o, que los cambios políticos las conviertan en inútiles. En cambio, las leyes impuestas a causa de crisis particulares resultan «mortales» y están sujetas a temporalidad y cambio. Acaba afirmando que las leyes hechas en tiempos de paz son derogadas por la guerra y las promulgadas en tiempos de guerra quedan rescindidas por la paz, así como en «el gobierno de un buque, unas maniobras son útiles durante el buen tiempo y otras durante el malo».

También hace referencia a que los hombres de la sociedad romana perciben una mejoría en la situación de la República; ¿las únicas que van a ser excluidas de la paz y la prosperidad van a ser las *matronas*? Los esposos visten de púrpura, la toga pretexta señala quien desempeña una magistratura y un sacerdocio público, los hijos pueden vestir de color púrpura, tienen derecho a portarla los magistrados militares y de los municipios, hasta los más bajos cargos tienen reconocidos el derecho a llevar una toga pretexta. ¿Se va a negar a las *uxor* llevar una pequeña prenda púrpura? ¿Serán más hermosos los adornos de los caballos que las vestimentas de las esposas? Afirma que es cierto que las telas púrpuras se deterioran y desgastan; en cambio, el uso del oro no se desgasta sino al contrario, es un símbolo y es utilizado para proteger, como recurso disponible en momentos de necesidades públicas y privadas.[37]

---

37 *Omnes alii ordines, omnes homines mutationem in meliorem statum rei publicae sentient: ad coniuges tantum nostras pacis et tranquillitatis publicae fructus non perveniet? Purpura viri utemur, praetextati in magistratibus, in sacerdotiis; liberi nostri praetextis purpura togis utentur; magistratibus in coloniis municipiisque, hic Romae infimo generi, magistris vicorum, togae praetextae habendae ius permittemus, nec ut vivi solum habeant † tantum insigne, sed etiam ut cum eo crementur mortui: feminis dumtaxat purpurae usu interdicemus? et, cum tibi viro liceat purpura in vestem stragulam uti, matrem familiae tuam purpureum amiculum habere non sines, et equus tuus*

En su discurso, expone cómo las mujeres no tienen acceso a las magistraturas, a las funciones sacerdotales, a los triunfos, condecoraciones o el acceso al botín de guerra. En cambio, la pulcritud, elegancia, el adorno personal, el aspecto atractivo y elegante son las distinciones que con las que se alegran y enorgullecen, cosas consideradas por los antepasados como las costumbres del mundo de las mujeres. Por lo tanto, pone de manifiesto que realmente no es un peligro que las mujeres puedan ostentar media onza de oro o hacer uso de una vestimenta púrpura.[38]

La defensa de Lucio Valerio del abandono de la ley discriminatoria, reprochando que los argumentos usados por Marco Porcio Catón no eran sobre el contenido de la ley, sino que eran una crítica a las *matronas,* predominó sobre la posición de éste y la *Lex Oppia Sumptuaria* fue abrogada, lo cual no dejó satisfechos a todos los varones.

Ante el debate entre ambos magistrados, las mujeres reaccionaron haciendo valer públicamente su compromiso con la libertad e igualdad de sexos, unieron sus fuerzas para dar voz al contenido discriminatorio e injusto de esta ley y recorrieron las calles de la ciudad. Rodearon la casa de Marco Junio Bruto y Publio Junio Bruto, impidiendo su acceso al Senado ya que querían utilizar su derecho a veto para poner fin a la discusión que se estaba manteniendo en el *fórum* e impedir la derogación de la ley.

---

speciosius instratus erit quam uxor vestita? Sed in purpura, quae teritur absumitur, iniustam quidem, sed aliquam tamen causam tenacitatis video; in auro vero, in quo praeter manupretium nihil intertrimenti fit, quae malignitas est? praesidium potius in eo est et ad privatos et ad publicos usus. (LIV. 34, 7. 1, 2, 3 y 4).

38 *Non magistratus nec sacerdotia nec triumphi nec insignia nec dona aut spolia bellica iis contingere possunt; munditiae et ornatus et cultus, haec feminarum insignia sunt, his gaudent et gloriantur, hunc mundum muliebrem appellarunt maiores nostri.* (LIV. 34. 7, 8 y 9).

3. LA LEX VOCONIA DE MULIERUM HEREDITATIBUS

Otro ejemplo destacable fue *la Lex Voconia de mulierum hereditatibus*, del año 169 a.C., que tenía por objeto limitar que las mujeres pertenecientes a la primera clase del censo fueran instituidas como herederas testamentarias. Es decir, esta ley prohibía la posibilidad de nombrar heredera principal a una mujer, ni aun en el caso de que fuera la única descendiente, dando prioridad entonces a los parientes más próximos relacionados a la línea paterna.

Nos encontramos en la época republicana, en el año 169 a.C., momento histórico de progresiva emancipación de la mujer gracias a la influencia cultural helénico-oriental, la cual hizo mella en la sociedad aristocrática romana. Por otra parte, los varones se encontraban grandes períodos de tiempo lejos de sus hogares a causa de las guerras, cargos en diversas provincias, incluso por razón de exilio, lo que propició que las *matronas* asumieran la administración y la gestión del patrimonio familiar, demostrando su validez para poder realizar las mismas acciones que los varones. Como consecuencia, se fue produciendo un debilitamiento del poder del *paterfamilias* a causa de los sucesivos logros conseguidos por las mujeres y su progresiva emancipación, fruto de la cual pretendían conseguir la libre disposición de los bienes. Ejemplo de ello, son los matrimonios ficticios en los que la mujer no se integra en la familia del *paterfamilias*, obteniendo una efectiva autonomía, lo que permitió que las mujeres de alta clase controlasen grandes fortunas y acumulasen grandes riquezas, pasando a ser complicado limitarlas en el ámbito económico.

Las mujeres *sui iuris* gestionaban libremente su propio patrimonio y adquirían una independencia económica que significa plena autonomía, en la que ni el *paterfamilias* ni el tutor ejercían la *tutela mulierum*, lo que causaba un efecto «perjudicial» desde el prisma la sociedad romana tradicional, al perder el poder dominante los varones de la familia. En relación a la situación jurídica de estas *matronas*, mujeres *sui iuris,* de manera paulatina se estaba reconociendo un carácter potestativo a la *tutela mulierm* y la capacidad testamentaria como fue el *testamentum per aes et libram*[39], o el *testamenti factio,* que permitió a la mujer poder adquirir los bienes de su familia en herencia, es decir, la capacidad de ser instituida heredera.

En este contexto, la Lex Voconia *de mulierum hereditatibus* promulgada en el año 169 a.C por Quinto Voconio Saxa, tenía como objeto limitar que las mujeres pudieran ser instituidas herederas en el testamento de un ciudadano perteneciente al primer censo, mermando la *voluntas testantis* del causante en relación a la institución del heredero. Esta ley fue apoyada de nuevo por Marco Catón Porcio[40], el censor de la anterior *lex* analizada, que manifiesta que la *mulier* primero aporta una gran dote para poder realizarse el matrimonio, la cual es administrada por el esposo, pero posteriormente se permite que pueda recibir una gran cantidad de dinero por medio del testamento, pero esta cantidad ya no es controlada por el *paterfamilias* al ser un bien directo para la mujer, argumentando que eso está siendo un comportamiento incongruente, lo cual hace necesario que se promulgue la *Lex Voconia.*[41]

---

39 En cierto período de vigencia en Roma, el testados confiaba su voluntad a la fides del *familiae emptor,* no adquiriendo éste la herencia, sino que tiene el deber de entregarle la herencia a la persona que haya designado el testador con anterioridad. En numerosas ocasiones fue utilizado para que la mujer pudiera adquirir la herencia de un familiar.

40 *Hoc eo strictim notavi, qvoniam in M. Catonis oratione, qva Voconiam legem svasit.* (GEL. 7, 13).

41 Antes de la progresiva emancipación económica de la mujer, gran cantidad de lo que recibía en herencia se lo prestaba a su marido para que él lo administrase y pasase a ser de su patrimonio. En este momento, la mujer adquiría los bienes y los administraba a su criterio personal, perdiendo así el poder que tenía el *paterfamilias* sobre ella.

Gayo (2.274) nos muestra que la mujer en virtud de esta ley no puede ser instituida heredera de aquel que figure en el censo con una fortuna de cien mil ases, sin embargo, puede adquirir herencia mediante fideicomiso[42]. Prohibición exclusiva para el género femenino, siendo por tanto una ley discriminatoria.

Además se estableció la prohibición de poder recibir por legado o donación por causa de muerte más que las personas que habían sido instituidas herederas.[43] Con esta nueva prohibición ya no solo limitaba a los ciudadanos censados en la primera clase, sino que afectaría a las sucesiones de los demás ciudadanos con un patrimonio inferior a los anteriormente mencionados, los cuales, en ningún caso se permitía dejar a una mujer en testamento o legado más de la mitad de los bienes hereditarios. Es importante mencionar que esta segunda prohibición es para ambos sexos, aunque dificulta más a las mujeres al no poder ser instituidas ni herederas ni legatarias de más de la mitad de los bienes; mientras que los varones sí que podían ser herederos, pero debían cumplir la misma premisa que la mujer respecto a los legados, los cuales obtienen una gran ventaja sobre ellas.[44]

Por ello, se puede afirmar que esta ley tiene como objetivo la limitación del lujo femenino y preservar la austeridad, virtud

---

42 *Item mulier, qvae ab eo, qui centum milia aeris censvs est, per legem Voconiam heres institvi non potest, tamen fideicommisso relictam sibi hereditatem capere potest.*

43 *Ideo postea lata est lex Voconia, qua cavtum est, ne cui plus legatorum nomine mortisve causa capere liceret, quam heredes caperent. Ex qua lege plane quidem aliqvid utiqve heredes habere videbantur.* (GAI. 2, 226).

44 Cicerón en la *Republica* (3.17) nos alude a esta injusticia: *Manilius iura dicat esse de muliervm legatis et hereditatibus, alia solitus sit adulescens dicere nondum Voconia lege lata; quae quidem ipsa lex vtilitatis virorum gratia rogata in mulieres plena est inivriae. cur enim pecuniam non habeat mulier?*

que toda mujer debía tener y cuidar. De esta forma, se evitaba que el patrimonio se concentrase en manos femeninas para que pudiera ser controlado por los varones, consiguiendo con la ley restaurar los viejos patrones de sus antepasados. Así, se logró conservar el poder económico en la línea masculina de las familias aristocráticas y evitar la descomposición de las fortunas de las familias más pudientes.

Respecto a su derogación, ni las fuentes literarias ni la doctrina determinan con exactitud en qué momento y por qué razón se dejó de aplicar. Algunos autores sostienen que se derogó antes de la caída de la República, aunque la mayor parte de la doctrina, entre ellos Aulo Gelio, consideran que dejó de estar vigente durante el Principado. La sociedad romana, con el fin de burlar la aplicación de la ley, hizo uso de diversas vías de fraude que permitían al *pater* hacer llegar los bienes en herencia a su *filia*. Se dieron sobre todo dos vías, una legal, el *fideicommissum;* y otra fraudulenta, la declaración «errónea» de los bienes que se encuentran en la posesión del *pater*. Fue determinante la *Lex Falcidia* del año 40 a.C., propuesta por el tributo Publio Falcidio, que tuvo por objeto establecer que una cuarta parte del haber hereditario debía ser para el heredero, por lo que, si el testador dispusiese por medio de legados una cantidad por encima de ese límite, debían reducirse proporcionalmente tales legados. Únicamente se reserva a favor del heredero la *cuarta falcidia*, quedando el resto a libre disposición del causante y cómo consecuencia, las limitaciones anteriores relativas a la capacidad patrimonial de la mujer desaparecieron. En este momento se logró que la mujer recuperase todas las facultades para heredar todas las riquezas de otra persona, sin limitaciones y sin importar lo grandes que fuesen las herencias.

4. LA LEX IULIA DE ADULTERIIS COERCENDIS

Fue promulgada por Augusto entre el 18 y 17 a.C, en virtud de la cual se establece que el adulterio llevado a cabo por una mujer pasaría a ser juzgado por un tribunal público. Era un delito únicamente cuando era realizado por la mujer, ya que sí era permitido al marido cohabitar o tener relaciones sexuales con diferentes mujeres a su esposa durante el matrimonio, sin ser esta práctica sancionada. Estamos ante otro ejemplo de la visión discriminatoria de la sociedad romana, que juzga de diferente manera esta práctica si es realizada por el varón o por la mujer; esta ley tenía como objeto preservar la castidad femenina, virtud esperada de cualquier mujer romana.

En la época arcaica, el adulterio se castigaba dentro de la propia familia, mediante el *consilium domesticum,* en el que el *paterfamilias* actuaba como magistrado y era la persona que decidía sobre la pena que debía asumir la mujer, normalmente la muerte, teniendo la posibilidad de pedir responsabilidad al varón con el que había copulado la *mulier,* normalmente económica, de exilio o incluso en el peor de los casos, la muerte. Este poder era atribuido al *paterfamilias* al considerar que el delito se circunscribía al ámbito privado, pues se consideraba que el daño se había infringido estrictamente a la honra de su familia, en consecuencia la mujer adúltera debía ser castigada severamente por su falta de moralidad en ese ámbito familiar. Si el *paterfamilias* decidía la muerte de los amantes, estaba amparado, siendo este castigo impune a ojos del Estado, al considerarse necesario para limpiar el honor de su familia.

A finales de la República se había disparado el adulterio y debilitado el poder y la autoridad del *paterfamilias,* lo que conllevaba una rebaja de los castigos por parte del *consilium domesticum.* Tal fue la repercusión social, que el Estado decidió reprimir las infidelidades con fuertes sanciones y considerarlo un delito de carácter público que no será juzgado por el *paterfamilias,* sino por los tribunales públicos.

Augusto consideró necesario introducir esta legislación para cuidar la institución familiar tradicional romana, su promulgación trae como novedad la tipificación del adulterio como conducta delictiva, fijando las circunstancias para legitimar el homicidio impune de los adúlteros.[45]

El *adulterium* es concebido por los juristas romanos como la relación sexual extramarital en la que existen tres personas: una mujer casada y dos hombres: el marido y el amante. En relación con el marido, la mujer es una *adultera coniunx,* mientras que el amante es el *adulter, qui adulterat.*[46] Se consideraba *adulterium* la conducta realizada por la mujer casada, una hija soltera o viuda que se une sexualmente con un varón distinto del marido, siendo un acto inmoral que debía de ser juzgado y castigado por los tribunales públicos. Las únicas mujeres que estaban excluidas de este delito eran las prostitutas o las consideradas como no aptas para el matrimonio.

Esta ley tiene como objeto limitar la lujuria de la mujer, preservar la castidad y la fidelidad característica de las mujeres virtuosas. A su vez, la tipificación de estos actos como delito era un medio de cuidar la honra familiar, y en especial, del *paterfamilias.* El adulterio sería juzgado en un tribunal público específico, la *quaestio de adulteriis,* mediante un nuevo sistema procesal, la *congnitio extra ordinem.* Se falla una sanción argumentada como interés público, con lo que cualquier ciudadano, mediando una recompensa, podía denunciar los comportamientos que fueran contra la moralidad romana.

Fue una *lex* innovadora e importante en el Derecho Penal romano debido a la complejidad de su procedimiento acusatorio.

---

45 López Güeto, A. El derecho romano en femenino singular: historia de mujeres. Tecnos, Madrid, 2018.

46 Irigoyen Troconis, M. P. La represión del adulterio por la Lex Iulia de Adulteriis Coercendis. In IV Coloquio Internacional del Centro de Estudios Helénicos. La Plata, 2006.

Además, con esta ley, junto con otras legislaciones augusteas, se consiguió asentar las bases de un ordenamiento legal, cuyas normas de conducta y orientaciones jurídicas han perdurado a lo largo de siglos. El problema era que estas normas estaban sesgadas por razón de género, siendo más perjudiciales para las mujeres.

Irigoyen Troconis[47] manifiesta que la única vía que tenían las mujeres respecto al adulterio de su marido era el *divortium*: la única alternativa era divorciarse de aquél argumentando infidelidad y recurrir a la antigua costumbre de la *usurpatio trinoctium*, que consistía en ausentarse del hogar durante tres días y tres noches consecutivas a fin de que fuese disuelto el vínculo matrimonial, y de este modo lograr al menos, recuperar su dote. No obstante, esta ley limitaba el divorcio para las mujeres, pues el Estado veía la necesidad de restringir y limitar sus posibilidades para que fueran sumisas y estuvieran a la merced del *paterfamilias*.

Finalmente, Augusto buscó mantener la dureza del castigo en situaciones flagrantes como era el caso de un *pater* que sorprende a su hija realizando adulterio. En este supuesto el *paterfamilias* tenía todos los derechos sobre ella y sobre el amante, supuesto en el que se admite el *ius occidendi*. En este supuesto se pone como condición que hubieran sido sorprendidos en casa del propio *paterfamilias*, lo que deshonra aún más a la familia y al *domus*. El *pater* en estos casos castigaba a ambos con la muerte, mientras que el marido, en caso de encontrarse el delito flagrante, únicamente podía repudiar a su esposa, siendo necesario la presencia de testigos.

---

47 Irigoyen Troconis, M. P. La represión del adulterio por la Lex Iulia de Adulteriis Coercendis. In IV Coloquio Internacional del Centro de Estudios Helénicos. La Plata, 2006, pp 141.

Fue derogada por su desuso, porque el *consilium domesticum* continuó aplicándose y por la respuesta que tuvieron las mujeres, que burlaron la ley registrándose como prostitutas y alcahuetas, las cuales no se veían afectadas por esta disposición al no ser aptas para el matrimonio. Esta respuesta fue revolucionaria, ya que no temían al castigo, sino que simplemente fue su manera de protestar ante la ley tan discriminatoria que sufrían. Augusto no consiguió el efecto esperado con la ley, ya que en vez de ser sumisas y acatar la norma, se rebelaron contra ella. Tiberio volvió a conceder al ámbito privado la jurisdicción de sancionar el *adulterium* en el *consilium domesticum*. Lo que no cambió fue que únicamente sería castigado y considerado delito si lo realizaba la mujer; la infidelidad del hombre seguía impune.

BIBLIOGRAFÍA

AMATO MANGIAMELI. A.C. E NOVELLA CAMPAGNOLI, M. *Donne diritti culture: ripensare la condizione femminile.* G. Giappichelli editore, Torino ,2022.

«Antología textos latinos de Tito Livio, Ab Urbe Condita XXXIV, 1-8» [en línea], (2016), https://llatibi.wordpress.com/2016/04/14/tito-livio-ab-urbe-condita-xxxiv-1-8/. [Consulta: 09/02/2023.]

CASTRESANA, A. *La "imbecilidad" del sexo femenino: una historia de silencios y desigualdades.* Editorial Paso Honroso, Salamanca, 2019.

CASTRESANA, A "*Las primeras manifestaciones feministas.*" La Gaceta de Salamanca, 18 de marzo de 2018.

CICERÓN M. T. (1976) *De Re Publica,* Editorial La Nuova Italia, 1976, pp.132-133.

CICERÓN M. T. *De Re Publica,* Editorial Gredos, Madrid, 1991.

DE LA BÉDOYÈRE, G. *DOMINA. Las mujeres que construyeron la Roma imperial.* Ediciones de Pasado y Presente, Barcelona, 2019.

D´ELIA, D. *LEGGI Suntuarie e lusso femminile. La testimonianza di Ortensia.* Youcanprint, Lecce, 2020.

DEL GIUDICE, F. *Dizionario giuridico romano.* 6ª ed, Edizioni giuridiche Simone, Napoli, 2017.

GAYO. *INSTITUCIONES.* Traducción realizada por Abellán Velasco, M. y otros. Editorial Civitas, Madrid, 1985.

GELIO, A. *Noches Áticas.* Vols. I y II, Ediciones Griegas y Latinas, León, 2006.

GELIO, A. *Noches Áticas.* Traducido por López Moreda, S. Vol. 85, Ediciones AKAL, Madrid, 2009.

IRIGOYEN TROCONIS, M. P. *La represión del adulterio por la Lex Iulia de Adulteriis Coercendis.* In IV Coloquio Internacional del Centro de Estudios Helénicos. La Plata, [en línea] (2006), http://sedici.unlp.edu.ar/bitstream/handle/10915/119413/Documento_completo.pdf-PDFA.pdf?sequence=1. [Consulta: 28/01/2023.]

LÓPEZ GÜETO, A. *El derecho romano en femenino singular: historia de mujeres.* Tecnos, Madrid, 2018.

MARTÍN MORO, M. *Las primeras manifestaciones femeninas. En el I Congreso Internacional de ayudantes de Historia del Derecho y Derecho Romano.* Valparaiso, [en línea] (2021), https://www.pucv.cl/uuaa/site/docs/20211228/20211228100417/acta_ponencias_congreso_estudiantes_derecho_romano.pdf. [Consulta: 07/02/2023.]

MCCLINTOCK. A. «*The lex Voconia and Cornelia's Jewels.*» Revue Internationale des droits de l'Antiquité, tome LX, pp. 183-200, [en línea]. (2013) http://local.droit.ulg.ac.be/sa/rida/file/2013/09.McClintock.pdf. [Consulta: 24/01/2023.]

RIGHI. L. E VETTTORI, G. *Il lusso e la sua disciplina. Aspetti economici e social della legislazione suntuaria tra antichità e medioevo.* Università degli studi di Trento, 2019.

RODRÍGUEZ LÓPEZ, R. Y BRAVO BOSCH, M. J. *Mulier: algunas historias e instituciones de derecho romano.* Editorial Dykinson, Madrid, 2014.

TORRENT. A (2016). Derecho Penal Matrimonial Romano y Poena Capitis en la represión del adulterium. Ridrom: Revista Internacional de Derecho Romano, [en línea]. (2016), http://www.ridrom.uclm.es/documentos17/torrent217_pub.pdf. [Consulta: 15/02/2023.]

VARELA. E. «Los derechos hereditarios de las mujeres en los bienes de los libertos.» en Fundamentos Romancísticos del Derecho Contemporáneo, Boletín Oficial del Estado, Coimbra, 2005. https://www.boe.es/biblioteca_juridica/anuarios_derecho/abrir_pdf.php?id=ANU-R-2021-80262702652. [Consulta: 10/02/2023.]

Capítulo 4

Orígenes del principio de igualdad en el derecho natural por su influencia en la situación de la mujer

PROF. JUAN MANUEL ALBA BERMÚDEZ
Profesor del Máster de Acceso a la Abogacía en la Universidad Isabel I de Castilla, Burgos (España). Profesor titular e investigador en la Facultad de Derecho de la Universidad de Las Américas, Quito (Ecuador).
juanmanuel.alba@ui1.es / juanmanuel.alba@udla.edu.ec

INTRODUCCIÓN

El principio de igualdad, de manera frecuente, encuentra un desarrollo normativo en las diversas Declaraciones Internacionales y Cartas Magnas nacionales que sostienen una afirmación unánime. Para alcanzar una mayor comprensión, en el ámbito conceptual, acudiremos a las fuentes originarias del Derecho natural. Nos centraremos en las primeras manifestaciones de igualdad que se recopilan en los textos sagrados y el influjo que ha tenido en el pensamiento filosófico-religioso en la *jurisprudencia* medieval, que a su vez, tuvo una profunda influencia en los textos romanos referentes al *ius naturale* que aparecían en ellos. Todo ello influyó en el derecho natural moderno que establece una notable distinción entre dos períodos bien marcados, el medieval-teológico y el moderno-laico. Asimismo, se aprecia que el concepto del *ius naturale* medieval tiene su génesis en la jurisprudencia romana y llega, mediante los juristas del *ius commune* medieval, hasta bien adentrados en el siglo XVII. Para alcanzar dicho objetivo nos ceñiremos a las palabras de Acursio con relación al desarrollo de la Ley mosaica como fuente de comprensión del Derecho natural. De esta manera, analizaremos los principios de igualdad que se encuentran en dicha ley, con especial atención a las manifestaciones de igualdad que se dan con relación a las mujeres.

1. EL DERECHO NATURAL

A finales del siglo XI las principales nociones del Derecho romano se adentraron en el continente europeo, especialmente en la ciudad de Bolonia[48], por medio de Irnerius y sus discípulos. En dicho lugar se comenzó a estudiar y explicar los manuscritos de *Corpus Iuris Civilis.* Posteriormente, Accursius con el propósito de evitar una abundancia de glosas discrepantes y alcanzar una unificación de criterios jurídicos, procede a la redacción de la *Glossa Ordinaria.* Dicha obra fue el pilar fundamental del *ius commune,* junto con el pensamiento de la *jurisprudentia* romanística de los comentadores y posglosadores en los siglos posteriores[49]. Evidentemente, ello supuso un importante avance en la comprensión, al igual que, en la aplicación del Derecho Romano en las fuentes jurídicas de los continentes europeo y americano.

Para los juristas de corte romanista no resultaba fácil, en un principio, delimitar el contenido del derecho natural [50]. Es

48 FERNÁNDEZ DE BUJÁN, A., *Derecho público romano,* Civitas, 2017.

49 CARPINTERO, F., *Historia del Derecho Natural.* Instituto de Investigaciones Jurídicas, México, 1999, p.13

50 VOIGT, M., *Das Jus naturales, Aequum et Bonum und das Jus Gentium der Römer.* Editorial Scientia, Risaralda, 1966.

por ello, y de manera axiomática, que la *jurisprudentia* medieval consideraba los textos romanos y su espíritu como la única base sólida para construir las nociones del *ius naturale*. La doctrina mayoritaria convergía en el génesis del derecho natural en los jurisprudentes romanos, que llega hasta el S. XVII, gracias a los juristas del *ius commune* medievales. Como sostiene Carpintero, si la jurisprudencia romanista es la única fuente válida para construir el concepto de derecho natural moderno, no se apreciaría en la historia una distinción tan palpable entre los periodos medieval-teológico y el moderno-laico[51].

No es el objetivo del presente trabajo analizar el contenido, al igual que el alcance del derecho natural, pues la historia y las sucesivas teorías alrededor del *ius naturale* son complejas en su esencia y no favorecen unas conclusiones simples y claras. Es por ello, que nos centraremos en los aspectos más relevantes con relación al concepto de igualdad y su evolución en el tiempo. Sin embargo, es impensable sostener una visión tan simplista o sencilla de bipolarizar la *jurisprudentia* en una corriente «teológica» frente a otra «profana»[52]. Si realmente debemos realizar una división de las fuentes elementales de nuestro ordenamiento y cultura jurídica a nivel histórico, son innegablemente, el *Corpus Iuris Civilis* y el *Corpus Iuris Canonici*[53]. Esto nos ayuda a visualizar los dos puntos de partida más importantes para entender y explicar el derecho natural. Es en la baja Edad Media cuando se consagra las explicaciones más cercanas a una posible aproximación del derecho natural, por una parte, encontraríamos los canonistas – conocidos como decretistas – que identificaron al derecho como aquello *ius naturale est quod in lege et in evangelio continetur*. Entendida dicha expresión como

---

51 CARPINTERO, F., *Historia del Derecho Natural*... op.cit., pp. 14-15.

52 Para una mayor comprensión véase las obras de Grocio y Pufendorf.

53 COMPOSTA, D., "*Il diritto naturale in Graziano*", *Studia Gratiana*, 2, 1995.

> *«non omnia quae in Lege et Evangelio continentur, sint de lege naturae, cum multa tradantur ibi supra naturam: sed quia ea quae sunt de lege naturae, plenarie ibi traduntur»*[54].

Es decir, no todo lo contenido sea en la ley y los evangelios son derecho natural, por el mero hecho de aparecer en los citados lugares cosas superiores a la naturaleza: sino que más bien, todo lo que es propio del derecho natural se encuentra en dichos lugares[55]. Por otra parte los romanistas seguían estrictamente las enseñanzas de los juristas estipulado en el *Digesto* y las *Institutas.* En dicha época los teólogos no demostraron una vinculación estrictamente canonista ni legista, pues la conexión ideológica de las Escrituras Griegas Cristianas, resultó innegable, esencialmente, en las palabras del Apóstol Pablo registrada en su Carta a Roma[56]. Dicho derecho, se identifica como la *prima principia,* pues la cita bíblica menciona:

> Porque cuando los gentiles que no tienen ley, hacen por naturaleza lo que es de la ley, éstos, aunque no tengan ley, son ley para sí mismos, 15. mostrando la obra de la ley escrita en sus corazones, dando testimonio su conciencia, y acusándoles o defendiéndoles sus razonamientos[57].

Con el propósito de ampliar el concepto filosófico cristiano, el religioso Tomás de Aquino, incorpora al pensamiento pío las enseñanzas romanistas en su afamada obra *Summa Theologiae*[58]. Así, ya en el siglo XIV se consagró una primera unificación de criterios acerca del derecho natural de las teorías teológicas,

---

[54] S. Th., 1,a , 2.11.

[55] BARCIA, L., "El Derecho Natural en el Decreto de Graciano", *Anuario de filosofía del derecho,* 1, 1984, 268.

[56] CARPINTERO, F., *Historia del Derecho Natural*... op.cit., pp. 17-19

[57] Romanos 2:14-15, Reina-Valera, 1960.

[58] ARGÜELLO, S., "Los dos aspectos de la teoría del dominium y el valor de la tradición jurídica en Tomás de Aquino", *Rivista di filosofía neoscolastica,* 2, 2017, 385-408.

canonistas y jurídicas romanas. Tanto es así, que los teólogos, canonistas y, especialmente, los juristas se sustentaban ideológicamente de la *communis ómnium possesio* y la *omnium una libertas*, cuando opinaban de contenido y alcance del *ius naturale*[59].

En su origen el derecho natural es considerado, según Ulpiano, como aquella etapa histórica en la que todos los hombres fueron igualmente libres:

D. 1,1,1,3:

> "Ius naturale est quod natura omnia animalia docuit ; nam ius istud non humani generis proprium, sed omnium animalium, quae in terra, quae in -mari nascuntur, avium quoque commune est. Hine deseendit maris atque feminae coniugio, quam nos matrimonium appellamus, hine liberorum procreatio, hinc educatio ; videmus etenini cetera quoque animalia, feras etiam, istius iuris peritia censeri"[60].

Esto se debe principalmente a la inexistencia de la propiedad privada ni relaciones jurídicas (*jurisdictio*). Por otro lado, el *ius gentium* tiene su punto de partida cuando se introducen la propiedad privada, y como consecuencias de ello, lo que condujo a guerras y a la introducción de la esclavitud[61]. Así, el *ius gentium* se consagró por unanimidad, en la Baja edad Media, como el orden jurídico normativo creado por el hombre y para el hombre ante las determinadas necesidades específicas, y esta resultó ser la manera más adecuada para explicar el derecho natural[62]. Llegamos a dicha conclusión al estudiar

---

59 CARPINTERO, F., *Historia del Derecho Natural...* op.cit., p.19

60 ASÍS ROIG, A., "Sobre la problemática del derecho natural", *Anuario de filosofía del derecho,* 1958, 118.

61 CARPINTERO, F., *Historia del Derecho Natural...* op.cit., pp. 18-19.

62 RAMIS BARCELÓ, R; LUTZ-BACHMANN, M., FIDORA, A., WAGNER, A.(eds.)., Lex und Ius: *Beiträge zum Grundlegung des Rechts in der Philosophie des Mittelalters und der Frühen Neuzeit,* Frommann-Holzboogen, 2010, 225.

las palabras de Acursio, al mencionar: "Se dice que el derecho natural comprende cuatro realidades: primero, la ley mosaica; segundo, las inclinaciones que provienen del derecho natural; en tercer lugar, el derecho de gentes..."[63]. Siguiendo la misma línea, Graciano entiende el concepto de derecho natural como aquello contenido en las Escrituras, la Ley mosaica y los evangelios, al igual, que su códice escrito, y su contenido, siendo esta la verdadera esencia del Derecho natural, que tiene su mirada en la propia naturaleza humana[64].

Por lo reseñado anteriormente y, siguiendo el discurso de Acursio, identificamos en la ley mosaica algunos orígenes del principio de igualdad.

2. PRINCIPIOS DE IGUALDAD EN LA LEY MOSAICA

La antigua nación de Israel, según se menciona en Éxodo 20:1-19, recibió diversas leyes de carácter general, que son conocidas como los Diez Mandamientos, junto con más de seiscientas disposiciones adicionales, que constituye el fundamento y núcleo principal de la conocida Ley de Moises[65]. En dicho cuerpo normativo apreciamos un amplio elenco de elementos que legislan la igualdad de trato entre ambos sexos. Asimismo, se protegía a la mujer de cualquier acto o comportamiento que la denigre o la margine. Es por ello, que pasaremos a enumerar aspectos específicos de la Ley mosaica como veedora y garantista de los derechos de igualdad de la

---

63 CARPINTERO, F., *Historia del Derecho Natural...* op.cit., pp.19-20.

64 MARTÍNEZ, F., "Sobre la noción de Derecho Natural en Graciano", *Foro, Nueva época,* 2004, 263.

65 PAGÁN, S., *Pentateuco: interpretación eficaz hoy,* Editorial Clie, Viladecavalls, 2016.

mujer, frente cualquier trato que pudiera prevalecer un comportamiento discriminatorio.

2.1. La mujer en la sociedad hebrea

En dicho ordenamiento jurídico apreciamos una clara protección hacia la mujer en aquella sociedad. Precisamente, Laure Aynard con relación a la Ley mosaica apunta que «La mayoría de las veces que se menciona a la mujer en el pacto de la Ley es para defenderla»[66].

Algunos ejemplos los hallamos en Éxodo 20:12 al disponer «Honra a tu padre y tu madre [...]». En dicho mandato, de voz imperativa, apreciamos una situación de igualdad de respeto – trato – entre el hombre y la mujer. En el capítulo 21, versículos 15 y 17 del mismo libro, encontramos disposiciones que establecen la igualdad de género al imponer la misma pena a aquel que golpeara a su padre o madre, sin hacer ninguna distinción entre ellos. En la misma línea, se establecía un sistema de responsabilidad civil y penal que servía de protección a la mujer en cinta[67]. Aparte de los principios mencionados, que desglosamos a continuación, apreciamos otros muchos derechos hacia las mujeres[68].

---

66 AYNARD, L., *La Bible au féminin. De l'ancienne tradition à un christianisme hellénisé*, Lectio Divina, 1990.

67 Éxodo 21:22.

68 WATCHTOWER LIBRARY. : «¿Valora Dios a la mujeres?, Watchtower Bible and Tract Society of New York, Atalaya» [en línea], (2012).

2.1.1. Derecho a la personalidad y la Libertad individual de la mujer

En la antigua sociedad hebrea, las mujeres participaban en las actividades económicas y comerciales, incluyendo la formalización de contratos de compraventa, la administración de terrenos, el emprendimiento de negocios y la obtención de todos los beneficios asociados a estas actividades[69]. En efecto, las mujeres tenían derechos propios y no eran consideradas simples anexos de la actividad viril. Tanto es así, que gran parte del auge comercial y del crecimiento económico de la sociedad israelita se sustentaba en la actividad de las mujeres. Las israelitas llevaban negocios prósperos, en Proverbios 31:24, se constata algunas de transacciones comerciales – exitosas – que realizaban.

2.1.2. Libertad religiosa

De manera habitual, se menciona que las mujeres hebreas no solo ostentaban el derecho y la libertad de realizar sus propios actos de adoración y culto a su deidad monoteísta, sino que también, actuaban como representantes de Dios en la tierra. Así se demuestra en el caso de la profetisa llamada Huldá de Jerusalén durante el dominado de rey Josías de Judá[70]. De la lectura del pasaje bíblico se extrae que Huldá servía de consejera de los hombres prominentes de su época, incluidos los consiliarios reales. Otras profetisas que se citan son Míriam–la hermana de Moisés y Aarón – según se desprende en Éxodo 15:20. También se menciona como una profetisa a la esposa del profeta Isaías[71].

---

69 Proverbios 31: 16-19.

70 2 Reyes 22:14-16.

71 Isaías 8:3.

Este punto es importante, ya que, a diferencia de otras culturas coetáneas, las mujeres israelitas no fueron excluidas de la lectura de la Ley. Más bien, eran parte fundamental en la transmisión de la información. Muestra de ello, lo encontramos cuando el Sacerdote aarónico Esdras – erudito de la Ley mosaica y experto en hebreo y arameo – compartió la Ley ante las personas que, evidentemente, se distinguían por ser avezadas y tenían un vasto conocimiento. Entre ellas, se encontraban mujeres, como se desprende de la lectura del libro de Nehemías capítulo 8, versículo 2.

Del mismo modo, la presencia de ellas resultaba indispensable en la transmisión del conocimiento legislativo. En ningún momento se excluyó a las mujeres del entendimiento y explicación de la Ley. Después de escribirse la Ley, se convocó al pueblo -incluidas las mujeres- para su lectura y, de esta manera, comprendieran la norma[72].

Por lo reseñado anteriormente, las mujeres eran instruidas y capacitadas para desempeñar servicios religiosos en los lugares de culto establecidos (tabernáculo). Muestra de ellos, es lo registrado en el Pentateuco[73], al mencionar que las mujeres realizaban servicios en la entrada de la tienda de reunión, expresión que aludía al tabernáculo de la misma tienda Moisés. Igualmente, el primer libro de Crónicas[74] se menciona que participaban *activamente* en los coros de canto.

Lo mentado con anterioridad, resulta llamativo cuando recordamos que en España el derecho de acceso al sistema educativo formal de las niñas se regula en el año 1857, con

---

72 Deuteronomio 31:12.

73 Éxodo 38:8.

74 Crónicas 25:5,6.

la conocida Ley de Moncayo[75]. Los datos presentados son significativos ya que, recientemente la Organización de las Naciones Unidas en 2022, señala que se estiman trescientos años para alcanzar la igualdad de género. Es decir, unos doscientos ochenta y seis años para conseguir la protección legal y erradicar las leyes discriminatorias. Otros ciento cuarenta años para obtener una representación equitativa en los puestos de poder y autoridad en los lugares de trabajo y, por lo menos, unos cuarenta años para lograr una representación igualitaria en los parlamentos nacionales"[76].

Así que llegamos a la conclusión que las leyes hebreas fueron muy adelantadas a su época, con relación a la igualdad entre mujeres y hombres.

2.1.3. Educación de sus hijos

En muchas culturas antiguas, incluso en la actualidad, la educación de los hijos es una actividad que recae casi en exclusividad en la figura paterna[77]. Por el contrario, en la sociedad hebrea las mujeres participaban activamente en la educación y desarrollo de sus hijos. En Proverbios[78] se les ordena a los hijos varones no abandonar la «ley de la madre». En el mismo libro, el capítulo treinta y uno, versículo 1, la madre de Lemuel, rey

---

75 SÁNCHEZ BLANCO, L., "La Educación femenina en el sistema educativo español (1857-2007)", *El futuro del pasado*, 3, 2012, 255-256.

76 https://news.un.org/es/story/2022/09/1514031

77 En algunas culturas de Medio Oriente y Asia la eduación de los hijos con frecuencia suele corresponder a una actividad primordialmente viril. *Vid.* ALBA BERMÚDEZ, JM.,"Estudio comparativo de la ley mosaica con la legislación babilónica, en "Nuevo comentario ilustrado de la Biblia", de Earl D. Radmacher, Ronald B. Allen y H. Wayne House", *Revista Mátria Digital*, 6, 2018, 1017-1020

78 Proverbios 6:20.

de Israel, le aconseja sobre el consumo moderado de las bebidas alcohólicas para alcanzar una eficiente monarquía y una gobernación justa a sus súbditos.

Todo ello hacía que las madres israelitas recibieran el máximo respeto y sus consejos tuvieran una notable consideración. Tanto es así, que la Ley mosaica establecía la obligación de respetar a las madres[79], honrarlas[80], evitar maldecirlas públicamente[81] y, por supuesto, no despreciarlas[82]. Dicho mandato se mantuvo en vigor en el cristianismo del siglo primero[83]

2.1.4. Derecho a la protección e integridad sexual

La Ley mosaica regulaba detalladamente la protección de la mujer y el elevado respeto que los hombres debían tener hacia ellas. El delito de abuso sexual hacia la mujer estaba tipificado y se castigaba con la pena capital. Según la Ley establecía que el hombre que forzó a una mujer «para acostarse con ella [...] tiene que morir el hombre que se acostó con ella»[84]. En la misma línea, en Levítico[85] se penaba el incesto con el objetivo de proteger a las niñas. La dignidad de la mujer se tenía que respetar incluso dentro del matrimonio y se prohibía el abuso sexual hacia cualquier mujer[86]. A la esposa israelita se le tenía en alta estima, pues al referirse a ella se utiliza la expresión «amada esposa»[87].

---

79 Levítico 19:3.

80 Deuteronomio 5:16.

81 Levítico 20:3.

82 Deuteronomio 27:16.

83 Efesios 6:1.

84 Deuteronomio 22:25, 26.

85 Levítico 18:9.

86 Levítico 18:8-19.

87 Deuteronomio 13:6.

2.1.5. Derechos hereditarios

Las mujeres israelitas tenían derecho a ser herederas[88] del patrimonio de su progenitor y, a la misma vez, nombrar ellas sus propios herederos (capacidad de testar). Un ejemplo de lo anteriormente reseñado lo hallamos en el capítulo 27 de Números, cuando las hijas de Zelofehad–Mahlá, Tirzá y Hoglá y Milcá y Noá[89]- heredaron la totalidad de las posesiones de su padre. En Deuteronomio[90] se estipulaba que el pueblo en su conjunto tenía que proteger a las viudas de los posibles actos de injusticia[91].

Tanto es así, que las leyes en el ámbito militar favorecían tanto al hombre como a la mujer. Llegamos a esta conclusión pues se menciona que si «un hombre está recién casado, no debe servir en el ejército ni recibir ninguna otra tarea. Debe quedar exento por un año en su casa y hacer feliz a su esposa»[92]. De esta manera, el matrimonio podía ejercer su legítimo derecho a procrear. Dicha protección familiar se establecía incluso antes del matrimonio[93].

---

88 Números 36:8.

89 Números 27:71-8.

90 Deuteronomio 10:17,18

91 Deuteronomio 27:19.

92 Deuteronomio 24:5.

93 Deuteronomio 20:7.

3. LÍMITE AL PODER EJECUTIVO

3.1. En la actualidad

La Constitución española en su artículo catorce establece la igualdad ante la ley de todos los españoles, sin que «pueda prevalecer discriminación alguna por razón de nacimiento, raza, sexo, religión, opinión o cualquier condición o circunstancia personal o social». De igual forma, el Artículo nueve, establece que «los ciudadanos y los poderes públicos están sujetos a la Constitución y al resto del ordenamiento jurídico». Por otro lado, la Constitución de los Estados Unidos establece que nadie, ni siquiera el presidente de la nación, está fuera del alcance de la ley[94]. Sin embargo, durante la Baja Edad Media, el autoritarismo del monarca[95] proporcionaba las bases teóricas para reclamar el "poder absoluto" y realizar actos tiránicos contra el pueblo sin ningún tipo de control judicial[96]. En efecto, al estudiar la idea de "Estado" durante la Edad Moderna es abundante la confusión entre *Estado,* al considerarse como la organización en sí misma -propia -, y el Monarca. Así se configuraba al Monarca como la confluencia histórica-jurídica de poderes concordantes de un absolutismo acérrimo que sustenta en una sola persona los poderes políticos[97]. Incluso con anterioridad, los Faraones egipcios poseían un poder absoluto sobre las personas y el territorio, ya que, como divinidad, representaba la justicia al mantener la

---

94 Artículo I, sección 3.

95 RODRÍGUEZ ARVIZU, J., *Historia Universal.* Limusa, México, 2008.

96 ÁLVAREZ, V., "La Corona de Castilla en el Siglo XV. La Administración Central", *Espacio, Tiempo y Forma, S. III, H° Medieval,* 4, 1991, 80.

97 GARCÍA MARÍN, J., "Inquisición y poder absoluto (siglos XVI-XVII)", *Revista de la Inquisición,* 1, 1991, 105.

maat[98]. Los emperadores romanos legitimaban su poder en un origen divino que les aseguraba un poder absoluto[99].

3.2. En el antiguo Israel

Con mucha anterioridad a los ejemplos analizados en el anterior apartado, la antigua sociedad israelita establecía límites al gobierno del monarca. El ordenamiento jurídico obligaba al rey, tal como se registra en Deuteronomio[100] de «[...] guardar todas las palabras de esta ley y estos estatutos, para ponerlos por obra [...] »[101]. Esta expresión servía como una limitación legal al poder del monarca, brindando seguridad jurídica a la sociedad hebrea.

4. IGUALDAD ANTE LA LEY

4.1. En la actualidad

La Constitución española establece que todos «los españoles son iguales ante la ley»[102]. La Decimocuarta Enmienda[103] de la Constitución de los Estados Unidos de América amplía el concepto de igualdad ante la ley al establecer que ningún Estado

---

98 MARTINEZ, A; FERNANDEZ BOO, A., "Los orígenes del poder político del faraón ¿ Qué lugar ocupan las mujeres?", *Estado Egiptología,* 2, 32. En GARCÍA, J., *Los hombres del faraón,* 2009, pp.46-48.

99 GODOY, C; VILELLA, J., "De la fides ghotica a la ortodoxia nicena: inicio de la teología política visigótica", *Historia y civilización. Antigüedad y cristianismo,* III, 1986, 117.

100 Deuteronomio 17: 18, 19.

101 WATCHTOWER LIBRARY. : «Buscando raíces legales, Watchtower Bible and Tract Society of New York, ¡Despertad!» [en línea], (1981).

102 Artículo14 de la Constitución española.

103 Propuesta el 13 de junio de 1866 y Aprobada el 9 de julio de 1868.

"[...]podrá privar a cualquier persona de la vida, la libertad o la propiedad sin el debido proceso legal [...] iguales para todos". La constitución española establece que "Todos tienen derecho a la vida y a la integridad física y moral [...]"[104]. Asimismo, apreciamos importantes normas de carácter internacional que protegen la igualdad, entre ellas, la Declaración de Derechos del Buen Pueblo de Virginia[105]; la Declaración de Derechos del Hombre y del Ciudadano[106]; la Carta de las Naciones Unidas[107]; la Declaración Americana de los Derechos y Deberes del Hombre[108]; la Declaración de los derechos Humanos[109], la Convención Europea del Salvaguardia de los Derechos Humanos y de las Libertades Fundamentales[110]; el Convenio de la Organización Internacional del Trabajo y, otros muchos.

4.2. En el antiguo Israel

La Ley mosaica establecía la necesidad de juzgar con imparcialidad y literalmente estipulaba: «No sean injustos en un juicio. No sean parciales con el pobre ni muestren preferencia por el rico. Juzguen a su prójimo con justicia»[111]. Además, la igualdad no era un derecho exclusivo y limitado a los ciudadanos israelitas, sino que también, protegía a los extranjeros que residían dentro del territorio y la jurisdicción de

---

104 Artículo 15.

105 Aprobada el 12 de junio de 1776.

106 Aprobada el 26 de agosto de 1789.

107 Firmada el 26 de junio de 1945.

108 Aprobada en la Novena Conferencia Internacional Americana en Bogotá, Colombia, 1948.

109 Aprobada en la resolución 217 A (III) del 10 de diciembre de 1948, Asamblea General reunida en la ciudad de París.

110 Firmado en Roma el 4 de noviembre de 1950.

111 Levítico 19:15.

Israel, al mencionar que «Una sola ley ha de existir para el natural y para el residente forastero»[112]. Dicha legislación resulta llamativa cuando en la actualidad muchos ordenamientos jurídicos tienden a proteger a sus nacionales en demérito de los extranjeros[113].

5. IMPARCIALIDAD JUDICIAL

5.1. En la actualidad

El concepto de «imparcialidad judicial» se ha entendido, según sostiene De la Oliva, como «la posición neutral o trascendente de quienes ejercen la jurisdicción respecto de los sujetos jurídicos afectados por dicho ejercicio»[114]. Así que la imparcialidad judicial se constituye como una garantía elemental en la Administración de Justicia de cualquier Estado de Derecho, de tal forma que en ausencia de imparcialidad judicial no podemos hablar de auténtica justicia[115].

Precisamente, el artículo diez de la Declaración Universal de los Derechos Humanos, reconoce que: «Toda persona tiene derecho, en condiciones de plena igualdad, a ser oída públicamente y con justicia por un tribunal independiente e imparcial». De igual forma, el Pacto Internacional de Derechos Civiles y Políticos, establece el, «Derecho a la igualdad

---

112 Éxodo 12:49.

113 CHUECA, A., "Los derechos fundamentales en la Constitución para Europa: las principales carencias de su constitución", *Revista de Derecho de la Unión Europea*, 8, 2008, 85-102.

114 DE LA OLIVA, A., *Derecho Procesal Civil*, Ceura, 2008.

115 JUANES, A., Manifestaciones extraprocesales de jueces y magistrados: su incidencia en el derecho fundamental a un juez imparcial, *La Ley Penal*, 2016, 123.

ante la ley; el derecho a la presunción de inocencia hasta que se prueba la culpabilidad y a un juicio justo y público por un tribunal imparcial»[116]. A este respecto, el Comité de Derechos Humanos en su Observación General Nº 32 establece que el requisito de imparcialidad judicial tiene dos aspectos, en un primer lugar, los jueces no deben permitir que sus fallos estén influenciados por prejuicios personales o por cualquier tipo de sesgos, así como ideas preconcebidas que promuevan los intereses de una parte en detrimento de la otra[117]. En segundo lugar, el tribunal no solo debe ser imparcial, sino que también debe parecerlo[118].

En la misma línea, la Constitución española establece en su artículo 24.2, que todas las personas tienen derecho «a un proceso público sin dilaciones indebidas y con todas las garantías [...]».

De tal forma, que la imparcialidad del juez o jueces (magistrados) es una garantía del proceso como contenido absoluto de un derecho fundamental, y por tanto, es un rasgo significativo del Poder Judicial. Así lo sostiene el Tribunal Supremo al establecer la necesidad de alcanzar un «[...] prestigio que ha de tener ante la ciudadanía para que no se quiebre la confianza en ésta en la justicia, y en los postulados del Estado de Derecho»[119].

---

116 Artículo 14.

117 ALBA BERMÚDEZ, JM., "Aporte de la filosofía jurídica al concepto persona", *Revista portuguesa de filosofía*, 77, 2021,107-1072.

118 Comunicación Nº 387/1989, Karttunen c. Finlandia, párr. 7.2.

119 STS sentencia de 30 de septiembre, 8538/1999.
Se pueden hallar más referencias similares en las siguientes sentencias: STS 847/2022 de 28 noviembre. STS 3842/2005 de 12 marzo. STC 25/2022 de 23 febrero. STJUE *Chronopost y La Poste c. UFEX*/2008 de 1 de julio. STC 837/1993 de 19 junio. STC 174/2003 de 29 septiembre. STC 83/1992 de 28 mayo.

En el mismo orden de ideas, en la Sexta Enmienda de la Constitución de los Estados Unidos se encuentran las normas procesales, al instaurar que: «En toda causa criminal, el acusado gozará del derecho de ser juzgado rápidamente y en público por un jurado imparcial del distrito y Estado en que el delito se haya cometido».

5.2. En el antiguo Israel

Con mucha anterioridad a los sistemas jurídicos actuales, en el antiguo Israel los jueces debían actuar con imparcialidad en sus sentencias judiciales, al establecer textualmente: «No sean parciales al juzgar»[120], y «no tuerzas la justicia ni seas parcial»[121]. El mismo procedimiento judicial se reitera en el libro de Proverbios que: «No está bien mostrarle favoritismo al malvado ni privar de justicia al justo»[122], «[...] no está bien mostrar favoritismo al juzgar»[123]. Así, los jueces no debían desvirtuar su sentencias a favor de las personas prominentes o influyentes, pues en el Pentateuco se establecía que, « [...] No sean parciales con el pobre ni muestren preferencia por el rico. Juzguen a su prójimo con justicia»[124]. De tal forma que no debían favorecer a nadie por su condición social, es decir, ni al pobre por compasión ni al rico por prejuicio o preferencia. Incluso, se establecen penas para aquellas autoridades judiciales que no cumplían con los preceptos establecidos con la imparcialidad judicial, como bien se reconoce en Malaquias, al señalar la importancia de juzgar con imparcialiadad los sacerdotes de

---

120 Deuteronomio 1:17.

121 Deuteronomio 16:19.

122 Proverbios 18:5.

123 Proverbios 24:23.

124 Levítico 19:15.

Israel[125]. Por lo tanto, la igualdad de trato de las partes procesales estaba totalmente garantizada en los juicios de Israel.

7. CONCLUSIÓN

En el presente trabajo, se han identificado elementos esenciales del origen de la igualdad en el Derecho natural. Para ello, se ha demostrado que el concepto del *ius naturale* medieval tiene su génesis en la jurisprudencia romana y llega, mediante los jurisconsultos del *ius commune* medieval al S. XVII. Así, al estudiar el concepto, contenido y alcance del principio de igualdad, desde una visión, nos ayuda comprender su significado (dignidad humana y la procedencia de la desigualdad). Desmontar que no es un principio *actual* sino que tiene una amplia evolución histórica. Las palabras de Acursio, son relevantes para comprender el derecho natural, esencialmente al albergar la realidad de la Ley mosaica. Hemos evidenciado en el presente trabajo cómo las leyes hebreas protegían de igual forma a la mujer como al hombre, aunque dicha práctica no fuese lo habitual en las naciones aledañas. La mujer en la sociedad hebrea disponía de derecho a la personalidad, libertad individual, libertad religiosa, impartir la educación materna, integridad sexual, derechos sucesorios y hereditarios entre otros muchos. En la misma línea, hemos analizado cómo el sistema judicial del antiguo Israel fomenta la igualdad al establecer límites al poder ejecutivo, la igualdad ante la ley, la imparcialidad judicial y la celeridad procesal.

En efecto, con el desarrollo y la comprensión del principio de igualdad desde el Derecho natural (*ius naturales*) se establecieron parámetros para combatir las desigualdades de género existentes en la actualidad.

---

125 Malaquias 2:9.

BIBLIOGRAFÍA

ALBA BERMÚDEZ, JM.,"Estudio comparativo de la ley mosaica con la legislación babilónica, en "Nuevo comentario ilustrado de la Biblia", de Earl D. Radmacher, Ronald B. Allen y H. Wayne House", *Revista Mátria Digital,* 6, 2018, 1017-1020.

ALBA BERMÚDEZ, JM., "Aporte de la filosofía jurídica al concepto persona", *Revista portuguesa de filosofía,* 77, 2021,107-1072.

ÁLVAREZ, V., "La Corona de Castilla en el Siglo XV. La Administración Central", *Espacio, Tiempo y Forma, S. III, H° Medieval,* 4, 1991, 80.

AMBOS, K; BÖHM, M., *Tribunal Europeo de Derechos Humanos y Corte Interamericana de Derechos Humanos:¿ Tribunal tímido vs. tribunal audaz?. In Diálogo jurisprudencial en derechos humanos entre tribunales constitucionales y cortes internacionales: in memoriam Jorge Carpizo, generador incansable de diálogos.* Tirant lo Blanch, Valencia, 2013.

ARGÜELLO, S., "Los dos aspectos de la teoría del dominium y el valor de la tradición jurídica en Tomás de Aquino", *Rivista di filosofía neoscolastica,* 2, 2017, 385-408.

ASÍS ROIG, A., "Sobre la problemática del derecho natural", *Anuario de filosofía del derecho,* 1958, 118.

AYNARD, L., *La Bible au féminin. De l'ancienne tradition à un christianisme hellénisé,* Lectio Divina, 1990.

BARCIA, L., "El Derecho Natural en el Decreto de Graciano", *Anuario de filosofía del derecho,* 1, 1984, 268.

BERMEJO, R., "Derecho Internacional Público", *Revista Española de Derecho Internacional,* LXIV/2, 2012, 291.

CARPINTERO, F., *Historia del Derecho Natural.* Instituto de Investigaciones Jurídicas, México, 1999.

CHUECA, A., "Los derechos fundamentales en la Constitución para Europa: las principales carencias de su constitución", *Revista de Derecho de la Unión Europea,* 8, 2008, 85-102.

Comité de Derechos Humanos en su Observación General N° 32 https://www.oas.org/es/sla/ddi/docs/acceso_justicia_instrumentos_internacionales_recursos_rec_gral_23_un.pdf

COMPOSTA, D., "*Il diritto naturale in Graziano*", *Studia Gratiana,* 2, 1995.

Constitución española, de 29 de diciembre de 1978. *BOE* núm. 311§31229 (1978). https://www.boe.es/buscar/act.php?id=BOE-A-1978-31229

Constitución de los Estados Unidos de América, del 7 de diciembre de 1787. https://www.archives.gov/espanol/constitucion

DE LA OLIVA, A., *Derecho Procesal Civil,* Ceura, 2008.

DE LA ROSA, J., "El tiempo y el proceso penal de menores: el principio de celeridad", *Diario La Ley,* 7567, 2011.

FERNÁNDEZ DE BUJÁN, A., *Derecho público romano,* Civitas, 2017.

GARCÍA MARÍN, J., "Inquisición y poder absoluto (siglos XVI-XVII)", *Revista de la Inquisición,* 1, 1991, 105.

GODOY, C; VILELLA, J., "De la fides ghotica a la ortodoxia nicena: inicio de la teología política visigótica", *Historia y civilización. Antigüedad y cristianismo,* III, 1986, 117.

JUANES, A., Manifestaciones extraprocesales de jueces y magistrados: su incidencia en el derecho fundamental a un juez imparcial, *La Ley Penal,* 2016, 123.

LACUEVA, R., Alguna propuesta para el éxito de la anunciada reforma de la Ley de Enjuiciamiento Criminal, *Diario La Ley,* 2010, 7513.

MARTINEZ, A; FERNANDEZ BOO, A., "Los orígenes del poder político del faraón ¿ Qué lugar ocupan las mujeres?", *Estado Egiptología,* 2, 32. En GARCÍA, J., *Los hombres del faraón,* 2009, pp.46-48.

MARTÍNEZ, F., "Sobre la noción de Derecho Natural en Graciano", *Foro, Nueva época,* 2004, 263.

Organización de las Naciones Unidas. (2022). Alcanzar la igualdad de género para las mujeres costará 300 años al ritmo de progreso actual. Noticias ONU, mirada global históricas humanas. https://news.un.org/es/story/2022/09/1514031#:~:text=Si%20contin%C3%BAa%20el%20actual%20ritmo,el%20cambio%20clim%C3%A1tico%20y%20los

Organización de las Naciones Unidas (2022)https://news.un.org/es/story/2022/09/1514031

PAGÁN, S., *Pentateuco: interpretación eficaz hoy,* Editorial Clie, Viladecavalls, 2016.

RAMIS BARCELÓ, R; LUTZ-BACHMANN, M., FIDORA, A., WAGNER, A.(eds.)., Lex und Ius: *Beiträge zum Grundlegung des Rechts in der Philosophie des Mittelalters und der Frühen Neuzeit,* Frommann-Holzboogen, 2010, 225.

RESS, G, *Der Europaische Gerichtshof flir Menschenrechte und die Grenzen seiner Judikatur, en Meinhard Hilf/Jorn Axel Kii.mmerer/Doris Konig (comps.),* Duncker & Hum blot, Berlín, 2005.

RODRÍGUEZ ARVIZU, J., *Historia Universal.* Limusa, México, 2008.

SÁNCHEZ BLANCO, L., "La Educación femenina en el sistema educativo español (1857-2007)", *El futuro del pasado,* 3, 2012, 255-256.

TOHARIA, J., "La imagen ciudadana de la Justicia. Foro sobre la Reforma y Gestión de la Justicia", *Fundación BBVA, Departamento Editorial de la Fundación Banco Bilbao Vizcaya Argentaria,* Bilbao, 2003, 52.

Traducción del Nuevo Mundo de las Santas Escrituras (2019). Basada en New World Translation of the Holy Scriptures (edición 2013). WatchTower Bible and Tract Society of Pennsulvania. Wallkill, Nueva York.

VOIGT, M., *Das Jus naturales, Aequum et Bonum und das Jus Gentium der Römer.* Editorial Scientia, Risaralda, 1966.

Watchtower library (1981). Buscando raíces legales, Watchtower Bible and Tract Society of New York, ¡Despertad!, 16 https://wol.jw.org/es/wol/d/r4/lp-s/101981048

Watchtower library (2012). ¿Valora Dios a la mujeres? Watchtower Bible and Tract Society of New York, Atalaya, 4-11.https://www.jw.org/es/biblioteca/revistas/wp20120901/opini%C3%B3n-de-dios-sobre-la-mujer/

Jurisprudencia

Sentencia del Tribunal Constitucional 174/2003 de 29 septiembre.

Sentencia del Tribunal Constitucional 4586/2020 de 23 febrero.

Sentencia del Tribunal Constitucional 5/1985, de 23 de enero.

Sentencia del Tribunal Constitucional 83/1992 de 28 mayo.

Sentencia del Tribunal Constitucional 95/1995 de 19 junio.

Sentencia del Tribunal Europeo de Derechos Humanos 8737/79 caso Zimmermann y Steine, de 13 de julio de 1983.

Sentencia del Tribunal Europeo de Derechos Humanos 9381/81 de 25 de junio de 1987.

Sentencia del Tribunal Europeo de Derechos Humanos, 10 de marzo de 1980, República Federal de Alemania.

Sentencia del Tribunal Justicia de la Unión Europeo asunto *Chronopost y La Poste c. UFEX y otros,* 1 de julio de 2008.

Sentencia del Tribunal Supremo 3842/2005 de 12 de marzo.

Sentencia del Tribunal Supremo 847/2022 de 28 noviembre.

Sentencia del Tribunal Supremo 8538/1999, de 30 septiembre.

Capítulo 5

La violencia de género como detonante de sinhogarismo

MERCEDES BARRAGÁN LÓPEZ
Profesora de Derecho penal – Universidad Isabel I

1. INTRODUCCIÓN

La exclusión social representa un fenómeno social en crecimiento, ante las cada vez mayores dificultades económicas existentes en las sociedades actuales. Dentro de esta problemática socioeconómica que protagoniza la vida de millones de personas, cabe destacar la situación del colectivo de las personas sin hogar que se ven abocadas a vivir en la marginalidad, pobreza y exclusión social, vagando por las calles de las ciudades españolas, en la mayoría de los casos en aquellos núcleos urbanos de mayor densidad poblacional. Ante ello, cualquier persona que transite por las mismas podrá observar el aumento del número de personas en situación de sinhogarismo que pernoctan a ras de suelo. Sin embargo, dentro del meritado colectivo existe una parte menos visible, debido a que duermen en albergues, centros de acogida, infraviviendas, viviendas inadecuadas, casas abandonadas, etc.

También es importante hacer alusión al colectivo con el uso de una correcta terminología para que no encuentren una victimización adicional a la derivada de su situación socioeconómica. Para ello, se deben analizar los distintos vocablos que existen, en virtud de las circunstancias y necesidades de cada persona sin hogar, ya que la terminología de «persona sin hogar» y de «persona sin techo» se han venido utilizando indistintamente para aludir a «(...) los ciudadanos que se han ido quedando fuera de las oportunidades vitales que definen una ciudadanía social plena en las sociedades de nuestros días»[126]. Así, hay que tener presente que la comprensión del sinhogarismo debe ir más allá de la exclusión residencial, para lo cual será necesario optar por una perspectiva multicausal.

Se puede afirmar que son personas excluidas socialmente y que viven al margen de la sociedad, lo que conlleva a la discriminación y rechazo por parte de aquella, con base en el desprecio hacia su propia situación de pobreza y marginalidad. No obstante, dentro del propio colectivo de personas sin hogar, se debe diferenciar entre hombres y mujeres, en tanto que estas últimas presentan una especial vulnerabilidad frente a los primeros. También se debe poner el foco en la casuística de su problemática, ya que la propia desigualdad social de la mujer y la violencia de género, están presentes en aquella, por lo que es necesario atender al género para el estudio del sinhogarismo y la aporofobia.

2. EL SINHOGARISMO COMO TÉRMINO

Las personas sin hogar se definen como aquellas personas que «no pueden acceder o conservar un alojamiento adecuado, adaptado a su situación personal, permanente y que proporcione un marco estable de convivencia, sea por razones

---

126 TEZANOS TORTAJADA, J. F., *Tendencias en exclusión social en las sociedades tecnológicas. El caso español, Grupo de Estudio sobre Tendencias Sociales,* Fundación Sistema, Madrid, 1998, p. 11.

económicas u otras barreras sociales, sea porque presentan dificultades personales para desarrollar una vida autónoma»[127].

Sin embargo, hay que destacar que el concepto de persona sin hogar presenta una mayor complejidad, ya que se trata de una problemática multidimensional[128]. Por ello, no tener un hogar es algo mucho más amplio que la exclusión residencial, pues «carecer de hogar supone una ruptura relacional, laboral, cultural y económica con la sociedad, es una clara situación de exclusión social. El sinhogarismo es la expresión de una suprema vulnerabilidad»[129].

En consecuencia, emplear una terminología correcta es fundamental para reconocer la problemática, así como para buscar las causas y posibles soluciones, visibilizando al colectivo de las personas sin hogar y desarrollando políticas sociales que hagan posible el desarrollo integral de la persona. De este modo, hay que huir del empleo de la tradicional terminología que se ha venido utilizando, incluso por parte de los medios de comunicación en la actualidad, como son los de mendigo, vagabundo, indigente y transeúnte[130].

---

127 CABRERA CABRERA, P., RUBIO MARTÍN, M.J. y BLASCO, J. "*Qui dorm al carrer?: Una investigació social i ciutadana sobre les persones sense sostre*", *Fundació Caixa Catalunya*, 2008, p. 15.

128 COSTA LOSA, M., "El estudio de las personas sin hogar en geografía. Un estado de la cuestión", *Documents d'anàlisi geogràfica*, 3, 2010, p. 585.

129 CORTINA ORTS, A., Aporofobia, el rechazo al pobre. Un desafío para la democracia, Paidós Estado y Sociedad, Barcelona, 2017, p. 31.

130 SÁNCHEZ MORALES, M. R., "Las personas sin hogar en España", *RES. Revista Española de Sociología,* 14, 2010, p. 27.

3. APOROFOBIA: NUEVA FORMA DE DISCRIMINACIÓN EN EL CÓDIGO PENAL

El término de aporofobia fue construido por la filósofa Adela Cortina, para poder visibilizar una problemática que, ante la ausencia de un vocablo, no podía ser mencionada y, por ende, venía siendo olvidada[131], lo que conllevaba a la falta de protección, no solo por parte de las políticas sociales y de la propia sociedad, sino también por el legislador penal[132]. De este modo, ante el surgimiento de dicho término, el rechazo al pobre puede ser reconocido e identificado y, por tanto, puede ser analizado[133].

La meritada autora está convencida de que «el problema no es de raza, de etnia ni tampoco de extranjería. El problema es de pobreza. Y lo más sensible en este caso es que hay muchos racistas y xenófobos, pero aporófobos, casi todos. Es el pobre, el *áporos,* el que molesta»[134]. De este modo, «se observa con claridad la visión del "ellos", los extraños, desde el "nosotros", que evidencia la existencia de un cerebro aporófobo necesitado del reconocimiento pasivo al otro en busca de una hospitalidad universal, sin excluir al desventurado, desde la solidaridad y la compasión»[135]. Por ello, decidió acuñar el vocablo de aporofobia por analogía con otras formas de discriminación como la xenofobia u homofobia, en tanto que la palabra *áporos* en griego designa al pobre, al sin recursos[136].

---

131 CORTINA ORTS, A., Aporofobia…, *op. cit.*, p. 17.

132 BARRAGÁN LÓPEZ, M., "Antigitanismo: El rechazo de la etnia gitana como determinante de aporofobia", Revista Electrónica de Estudios Penales y de la Seguridad: REEPS, 9, 2021, p. 8.

133 CORTINA ORTS, A., Aporofobia…, *op. cit.*, p. 21.

134 *Ibídem,* p. 21.

135 BARRAGÁN LÓPEZ, M., "Antigitanismo…, *op. cit.*, p. 11.

136 CORTINA ORTS, A., Aporofobia…, *op. cit.*, p. 23.

Hasta el año 2021 eran muchos los casos de odio por razón de aporofobia que quedaban huérfanos de una respuesta penal en dicho sentido, incardinándose en la mayoría de los supuestos, equivocadamente, en el término de xenofobia, en aquellas agresiones en las que el pobre, además de serlo, también era de origen extranjero, pero realmente esto no era lo que se rechazaba, sino la pobreza y exclusión social de la víctima[137].

Las situaciones de odio que sufren las personas sin hogar, como consecuencia de la exposición constante en la vía pública, ponen de manifiesto, que la falta de la protección de un hogar, cualesquiera que sean sus condiciones habitacionales, y que, por tanto, no tiene intimidad alguna, y tampoco protección frente a posibles agresiones, queda a disposición de cualquier potencial victimario que quiera divertirse a su costa o agredirle por odio al colectivo según Cortina[138].

Ante todo el panorama anterior, la Ley orgánica 8/2021, de 4 de junio, de protección integral a la infancia y la adolescencia frente a la violencia, reformó el Código penal, incorporando la aporofobia y la exclusión social en el listado de discriminación del Código penal, destacando su importante inclusión en el art. 22.4 CP.

El detonante de la meritada reforma se encuentra en el caso de Rosario Endrinal, una mujer en situación de sinhogarismo, que fue quemada por dos jóvenes victimarios mientras pernoctaba en un cajero automático de Barcelona. Estos hechos fueron condenados por la Sentencia dictada por la Audiencia Provincial de Barcelona, de 5 de noviembre de 2008, que presentó

---

137 BARRAGÁN LÓPEZ, M., "Antigitanismo: El rechazo de la etnia gitana como determinante de aporofobia", Revista Electrónica de Estudios Penales y de la Seguridad: REEPS, 9, 2021, p. 15.

138 CORTINA ORTS, A., Aporofobia..., *op. cit.*, p. 31.

como particularidad que por primera vez la acusación particular solicitó la agravación de la responsabilidad penal de los autores por haber actuado por el desprecio que les despertaba la situación de marginalidad y exclusión social de la víctima. Sin embargo, no se aplicó la precitada agravante en tanto que en aquel momento no estaba contemplada en el Código penal[139].

En consecuencia, en la actualidad es una realidad la posibilidad de que se aprecien, por parte de los tribunales españoles, circunstancias modificativas de la responsabilidad penal para agravar la responsabilidad penal de aquellos victimarios que actúan por razón de aporofobia, y de este modo, otorgar una mayor protección a los más débiles y vulnerables socialmente, cuya anterior ausencia en el Código penal constituía una discriminación en sí misma[140].

4. APOROFOBIA Y VIOLENCIA DE GÉNERO: LA ESPECIAL VULNERABILIDAD DE LAS MUJERES SIN HOGAR

Cualquier persona sin hogar, con independencia de su sexo, indudablemente se encuentra en una situación de vulnerabilidad traducida en una doble victimización. Por un lado, la victimización derivada de la propia situación de pobreza y exclusión social que le rodea y, por otro lado, la derivada de los delitos de odio por razón de aporofobia que sufren, al estar expuestos a agresiones aporófobas en la vía pública. No obstante, cabe afirmar que la mujer sin hogar, a pesar de que de las 33 000 personas sin hogar que aproximadamente hay en España,

139 BARRAGÁN LÓPEZ, M., "Antigitanismo..., *op. cit.*, p. 16.

140 BUSTOS RUBIO, M., "El art. 22. 4ª del Código penal: una circunstancia inconclusa en una realidad social aporófoba", *Revista Electrónica de Estudios penales y de la Seguridad*, 7, 2021, p. 5.

dos de cada diez son mujeres, éstas están expuestas a un mayor grado de violencia y el 24,2% de ellas han sido víctimas de agresiones sexuales[141].

Las mujeres sin hogar, como consecuencia de su especial vulnerabilidad con motivo del género, junto al mayor riesgo que su exposición situacional en la vía pública conlleva, evitan pernoctar en la calle y prefieren sortear pasar la noche a la intemperie, optando por otras formas de alojamiento, como pueden ser los albergues o viviendas, aunque éstas suelen ser precarias e inseguras. Esta forma de actuación es conocida como «sinhogarismo encubierto»[142], que es la forma de alojamiento habitual de las mujeres sin hogar[143].

Por dicho motivo, «el sinhogarismo femenino no es tan perceptible como el masculino»[144], además de la ausencia de las mujeres en los recuentos nocturnos, en tanto que se encuentran alojadas en diferentes lugares, infravalorándose así el número de mujeres sin hogar[145], lo que conlleva a la invisibilización del precitado colectivo[146]. En este sentido, afirma el INE

---

141 Hogar Sí, «8M: Cuatro datos clave sobre sinhogarismo femenino» [en línea], (2021), <https://hogarsi.org/mujeres-sin-hogar/>. [Consulta: 23/01/2023.]

142 VARIOS, "Las mujeres sin hogar: realidades ocultas de la exclusión residencial", Trabajo Social *Global-Global Social Work*, 16, 2019, p. 62.

143 FERNÁNDEZ-RASINES, P. y GÁMEZ-RAMOS, T., "La invisibilidad de las mujeres sin hogar en España", Revista de Psicología, 2, 2013, p. 44.

144 VARIOS, "Las mujeres…, *op. cit.*, p. 62.

145 SALES, A. y GUIJARRO, L., "Dones sense llar: la invisibilització de l'exclusió residencial femenina", Revista Barcelona Societat, 21, 2017, p. 81.

146 FERNÁNDEZ-RASINES, P. y GÁMEZ-RAMOS, T., "La invisibilidad…, *op. cit.*, p. 43.

que «las mujeres están mayormente representadas (48 %) en las categorías de vivienda insegura y vivienda inadecuada»[147].

Las mujeres sin hogar tienen una triple invisibilidad, debido a los factores que agravan la vulnerabilidad, tales como la violencia intrafamiliar y la violencia de género que son en muchos casos el detonante del sinhogarismo femenino, puesto que son personas sin hogar, mujeres y víctimas de violencia de género[148].

La meritada especial vulnerabilidad de las mujeres sin hogar respecto a los hombres, también se observa en la mayor discriminación social que padecen y que las convierten en un colectivo especialmente vulnerable a los cambios estructurales. Factores estructurales como la dependencia económica, el desempleo o la discriminación que pueden llegar a sufrir en el ámbito laboral, se traducen en un mayor riesgo de empobrecimiento y de riesgo de exclusión social y de sinhogarismo[149], es decir, en la feminización de la pobreza[150].

Junto a los problemas laborales, se encuentran factores como «el abandono, la ruptura familiar y los encarcelamientos», que también se identifican con el padecimiento de Sucesos Vitales Estresantes (SVE), los cuales conllevan a cambios significativos en la vida de una persona, y representan en sí mismos un factor de vulnerabilidad para las personas sin hogar. Además, constituyen factores, predisponentes y precipitantes, de riesgo para las mujeres sin hogar, al igual que lo es la propia situación de sinhogarismo, teniendo en cuenta que

---

147 VARIOS, "Las mujeres..., *op. cit.,* p. 53.

148 *Ibídem,* p. 56.

149 *Ibídem,* p. 54.

150 ALONSO PARDO, A., PALACIOS RAMÍREZ, J. e INIESTA MARTÍNEZ, A., "Mujeres sin hogar en España: Narrativas sobre género, vulnerabilidad social y efectos del entramado asistencial", OBETS: Revista de Ciencias Sociales, 2, 2020, p. 383.

ésta última mantiene y fomenta la continuación del padecimiento de SVE[151].

Ante el mayor grado del riesgo de aporofobia de la mujer respecto al hombre, y de los factores estructurales expuestos, es necesario «analizar la exclusión social teniendo en cuenta la perspectiva de género»[152], y perseguir el desarrollo de programas de intervención que tengan en cuenta dicha perspectiva, interrelacionando el sinhogarismo femenino y la violencia de género[153], tal y como se explicará en el apartado siguiente.

4.1. La violencia de género como causa principal del sinhogarismo femenino

Cuando se trata de mujeres sin hogar, es necesario acudir a sus biografías e historias vitales, para poder conocer si su causa se encuentra en algún factor relacionado con su género puesto que, con anterioridad a la situación de sinhogarismo de una mujer, ésta ha podido ser víctima de violencia de género en el ámbito conyugal, de forma que aquella constituye en muchas ocasiones un factor precipitante del sinhogarismo femenino. Es por ello que se puede afirmar que existe una conexión entre la violencia de género y el sinhogarismo femenino[154]. En este sentido, «según el Instituto de la Mujer un 62,31% de las

---

151 RODRÍGUEZ MORENO, S.A., ROCA MORALES, P., PANADERO HERRERO, S. y VÁZQUEZ CABRERA, J.J., "Sucesos vitales estresantes en mujeres en situación sin hogar", VI Congreso universitario internacional investigación y género, 2016, p. 612.

152 FERNÁNDEZ-RASINES, P. y GÁMEZ-RAMOS, T., "La invisibilidad…, *op. cit.*, p. 44.

153 ALONSO PARDO, A., PALACIOS RAMÍREZ, J. e INIESTA MARTÍNEZ, A., "Mujeres…, *op. cit.*, p. 386.

154 *Ibídem,* p. 384.

mujeres sin hogar consideran el maltrato de la pareja a ella o contra los/as hijas como una de las causas del sinhogarismo»[155].

Por tanto, la vivencia de experiencias de violencia de género, sin olvidar además la desigualdad de género presente en la sociedad actual, que supone un problema aún mayor en el caso de personas sin hogar, constituye un factor estructural[156] y precipitante, en el sinhogarismo femenino[157]. Con posterioridad a las vivencias de violencia de género, muchas mujeres se ven obligadas a abandonar el domicilio conyugal que, junto a la falta de recursos económicos, se convierten en motivos y causas del sinhogarismo femenino, del cual emanan nuevas victimizaciones adicionales.

En esta línea, se pueden encontrar trabajos de investigación realizados a partir de estudios cuantitativos relativos a mujeres sin hogar, como el llevado a cabo por Fernández-Rasines y Gámez-Ramos[158], que pone de manifiesto que en muchos de los casos de mujeres sin hogar las experiencias previas de violencia de género han resultado ser el factor causante principal de la situación de sinhogarismo. Asimismo, se puede destacar que, de esos casos, gran parte de las víctimas se dedicaban al cuidado del hogar y/o a trabajos informales, de forma que no estaban realizando actividad alguna sujeta a cotización social, lo que les impidió acceder al subsidio por desempleo en

---

155 DÍAZ FARRÉ, M., "Mujeres sin hogar: aproximación teórica a una situación de desprotección, vulnerabilidad y exclusión", Institut de Ciències Polítiques i Socials, 9, 2014, p. 27.

156 ALONSO PARDO, A., PALACIOS RAMÍREZ, J. e INIESTA MARTÍNEZ, A., "Mujeres…, *op. cit.*, p. 386.

157 ALONSO PARDO, A., PALACIOS RAMÍREZ, J. e INIESTA MARTÍNEZ, A. "Experiencias de victimización en mujeres sin hogar del sur de España", Revista Murciana de Antropología, 27, 2020, p. 97.

158 FERNÁNDEZ-RASINES, P. y GÁMEZ-RAMOS, T., "La invisibilidad…, *op. cit.*, pp. 42-52.

aquellos intentos de huir de la calle y de la exclusión social, por lo que es evidente que hay una relación directa entre la vulnerabilidad social de la mujer, la pobreza y el género[159].

Todo ello pone de manifiesto que el género representa un factor predisponente y que las experiencias previas de violencia de género constituyen una de las principales causas para el sinhogarismo femenino, en tanto que «la violencia machista es un patrón característico en las historias biográficas de la población sin hogar femenina», por lo que deviene imprescindible el desarrollo de programas de intervención desde la perspectiva de género[160].

4.2. De la violencia de género a la aporofobia

Como se ha expuesto anteriormente, las mujeres sin hogar, tras haber sido víctimas de violencia de género, en muchas ocasiones se ven abocadas a vivir en la calle y/o a pernoctar en determinados tipos de viviendas que las invisibilizan aún más que a los hombres sin hogar y, con posterioridad, una vez que se encuentran en situación de sinhogarismo, se convierten en víctimas potenciales de incidentes o delitos de odio por razón de aporofobia. Asimismo, hay que tener en cuenta que el impacto emocional de los acontecimientos aporófobos es significativamente superior en el caso de las mujeres[161].

---

159 BUENO ABAD, J.R. y MUÑOZ RODRÍGUEZ, D., "Susurros del cuarto mundo: las voces de la calle. Una investigación cualitativa desde el ámbito del trabajo social", *Portularia*, 1, 2018, p. 220.

160 ALONSO PARDO, A., PALACIOS RAMÍREZ, J. e INIESTA MARTÍNEZ, A., "Mujeres..., *op. cit.*, p. 381.

161 PICADO VALVERDE, E. M., YURREBASO MACHO, A., y GUZMÁN ORDAZ, R. "Respuesta social ante la aporofobia: retos en la intervención social", *IDP. Revista de Internet, Derecho y Política*, 37, 2023, p. 11.

Las personas sin hogar, en el caso español, se caracterizan por ser personas que han perdido incluso los lazos afectivos y familiares, por lo que no tienen refugio alguno para esquivar la situación de sinhogarismo. El apoyo familiar es fundamental para hacer frente al riesgo por malos tratos físicos o psíquicos que puede sufrir una mujer, durante la relación, pero también una vez finaliza aquella[162]. Sin embargo, las mujeres sin hogar, en la mayoría de los casos, carecen de dicho apoyo familiar, motivo por el cual «requieren un tipo de atención específica en el plano técnico y profesional»[163], para suplir la falta de vínculos familiares que ayudan a minimizar la victimización.

Ante lo expresado en los párrafos precedentes, la exposición de las mujeres en la vía pública puede tener como causa haber sido víctimas de violencia de género, por lo que como principal consecuencia encontrarán una victimización adicional derivada de las discriminaciones por razón de aporofobia.

En consecuencia, la vulnerabilidad de las mujeres sin hogar, al ser mayor que la de los hombres, también conllevará a un mayor riesgo de ser víctimas de aporofobia. se puede afirmar que, a mayor vulnerabilidad social, mayor será el riesgo de aporofobia. Asimismo, a mayor exposición espacial, mayor será el riesgo de aporofobia. En este sentido, se debe tener en cuenta que las mujeres sin hogar, además de presentar una especial vulnerabilidad para convertirse en víctima de aporofobia, tam-

---

162 ARANDA LÓPEZ, M., MONTES-BERGES, B., CASTILLO-MAYÉN, M. R., y HIGUERAS, M., "Percepción de la segunda victimización en violencia de género", *Escritos de Psicología (Internet)*, 2, 2014, p. 12.

163 MORIANA MATEO, G., "Barreras para escapar de la violencia de género: la mirada de las profesionales de los centros de protección de mujeres", *Cuadernos de Trabajo Social*, 1, 2015, p. 94.

bién tienen una victimización adicional respecto a los hombres, en tanto que pueden ser víctimas de violencia sexual[164].

En consecuencia, las mujeres víctimas de violencia de género, ante la falta de vínculos sociales y familiares se ven en muchas ocasiones en situación de calle, al no tener una alternativa habitacional y, respecto a los hombres, tienen una victimización superior, en tanto que tienen un mayor riesgo de aporofobia y de violencia sexual.

5. CONCLUSIONES

La pobreza y la exclusión social son problemáticas que existen en todas las sociedades, pero según sea la magnitud de aquellas, será necesaria la adopción de unas medidas u otras. En este trabajo se han analizado diversas cuestiones relativas a las personas sin hogar, haciendo una comparativa entre hombres y mujeres, en tanto que éstas presentan una especial vulnerabilidad respecto a aquellos.

No obstante lo anterior, es importante tener presente que no se puede analizar el sinhogarismo únicamente desde la exclusión residencial, puesto que es una problemática multidimensional, ya que por ejemplo en el caso de las mujeres, existe una cifra oculta del colectivo, produciéndose el llamado «sinhogarismo encubierto», el cual se identifica como la forma de alojamiento habitual de las mujeres sin hogar, que para evitar posibles agresiones, buscan alternativas habitacionales como pueden ser los albergues, centros de acogida o casas ocupadas.

Como punto de partida para la exposición de la problemática del sinhogarismo femenino en relación con la aporofobia,

---

164 ALONSO PARDO, A., PALACIOS RAMÍREZ, J. e INIESTA MARTÍNEZ, A. "Experiencias…, *op. cit.*, pp. 105-106.

esta es, el rechazo, aversión o discriminación al pobre, se debe tener presente la sentencia dictada por la Audiencia Provincial de Barcelona, de 5 de noviembre de 2008, puesto que el asesinato de una mujer sin hogar mientras pernoctaba en un cajero automático de la ciudad de Barcelona, puso de manifiesto la falta de protección penal de las personas sin hogar, a pesar de su vulnerabilidad social. Por ello, la reforma del Código penal ha marcado un antes y un después en tanto que ahora es posible agravar la responsabilidad penal de los victimarios aporófobos, a través del art. 22.4 CP.

Respecto a las causas del sinhogarismo, también se debe hacer una distinción entre las mujeres y hombres sin hogar, puesto que las primeras pueden encontrar la causa de su situación de calle en algún factor relacionado con su género. En este sentido, las experiencias previas de violencia de género a manos de sus exparejas pueden constituir la causa principal del sinhogarismo, en tanto que la violencia de género expone en muchas ocasiones a las mujeres a itinerarios de situación de calle, por lo que se puede afirmar que existe una relación directa entre la violencia de género y el sinhogarismo femenino, siendo la primera un factor precipitante de la segunda.

Por todo lo anterior, las mujeres sin hogar víctimas de violencia de género en el ámbito conyugal que, ante la carencia de apoyo familiar, no encuentran un lugar seguro en el que refugiarse, pueden llegar a enfrentarse a otras tres realidades: sinhogarismo, aporofobia y violencia sexual. De este modo, una vez que las mujeres son capaces de huir de sus casas en las que se enfrentan al horror de la violencia de género, deben sortear nuevos peligros derivados del odio al pobre; vivir a merced de las inclemencias del tiempo; y convertirse en víctimas potencias de abusos y agresiones sexuales.

Todo ello pone de manifiesto que las mujeres se enfrentan a unas victimizaciones adicionales, por razón de su género, respecto a los hombres, lo que confirma la especial vulnerabilidad de las mujeres sin hogar. En consecuencia, hay que tener una perspectiva de género al afrontar la aporofobia y el sinhogarismo, otorgando una respuesta integral. La falta de una respuesta holística, a través del desarrollo de políticas sociales que visibilicen y empoderen a las mujeres sin hogar, evidencia el olvido del sinhogarismo femenino.

6. BIBLIOGRAFÍA

ALONSO PARDO, A., PALACIOS RAMÍREZ, J. e INIESTA MARTÍNEZ, A. "Experiencias de victimización en mujeres sin hogar del sur de España", *Revista Murciana de Antropología*, 27, 2020, 97-110.

ALONSO PARDO, A., PALACIOS RAMÍREZ, J. e INIESTA MARTÍNEZ, A., "Mujeres sin hogar en España: Narrativas sobre género, vulnerabilidad social y efectos del entramado asistencial", *OBETS: Revista de Ciencias Sociales*, 2, 2020, 375-404.

ARANDA LÓPEZ, M., MONTES-BERGES, B., CASTILLO-MAYÉN, M. R., y HIGUERAS, M., "Percepción de la segunda victimización en violencia de género", *Escritos de Psicología (Internet)*, 2, 2014, 11-18.

BARRAGÁN LÓPEZ, M., "Antigitanismo: El rechazo de la etnia gitana como determinante de aporofobia", *Revista Electrónica de Estudios Penales y de la Seguridad: REEPS*, 9, 2021, 1-22.

BUENO ABAD, J.R. y MUÑOZ RODRÍGUEZ, D., "Susurros del cuarto mundo: las voces de la calle. Una investigación cualitativa desde el ámbito del trabajo social", *Portularia*, 1, 2018, 215-239.

BUSTOS RUBIO, M., *Aporofobia y delito. La discriminación socioeconómica como agravante (art. 22,4 ª CP)*. Bosch Editor, Barcelona, 2020.

BUSTOS RUBIO, M., "El art. 22. 4ª del Código penal: una circunstancia inconclusa en una realidad social aporófoba", *Revista Electrónica de Estudios penales y de la Seguridad*, 7, 2021, 1-18.

CABRERA CABRERA, P., RUBIO MARTÍN, M.J. y BLASCO, J. "*Qui dorm al carrer?: Una investigació social i ciutadana sobre les persones sense sostre*", *Fundació Caixa Catalunya*, 2008.

CORTINA ORTS, A., *Aporofobia, el rechazo al pobre. Un desafío para la democracia*, Paidós Estado y Sociedad, Barcelona, 2017.

COSTA LOSA, M., “El estudio de las personas sin hogar en geografía. Un estado de la cuestión”, *Documents d'anàlisi geogràfica,* 3, 2010, 583-605.

DÍAZ FARRÉ, M., “Mujeres sin hogar: aproximación teórica a una situación de desprotección, vulnerabilidad y exclusión”, *Institut de Ciències Polítiques i Socials,* 9, 2014, 1-48.

FERNÁNDEZ-RASINES, P. y GÁMEZ-RAMOS, T., “La invisibilidad de las mujeres sin hogar en España”, *Revista de Psicología,* 2, 2013, 42-52.

Hogar Sí, «8M: Cuatro datos clave sobre sinhogarismo femenino» [en línea], (2021), <https://hogarsi.org/mujeres-sin-hogar/>. [Consulta: 23/01/2023.]

MATULIC-DOMANDZICM. V., DE VICENTE-ZUERASI., BOIXADÓS-PORQUETA., y CAÏS-FONTANELLAJ, “Las mujeres sin hogar: realidades ocultas de la exclusión residencial”, *Trabajo Social Global-Global Social Work,* 16, 2019, 49-68.

MORIANA MATEO, G., “Barreras para escapar de la violencia de género: la mirada de las profesionales de los centros de protección de mujeres”, *Cuadernos de Trabajo Social,* 1, 2015, 93-102.

PICADO VALVERDE, E. M., YURREBASO MACHO, A., y GUZMÁN ORDAZ, R. “Respuesta social ante la aporofobia: retos en la intervención social”, *IDP. Revista de Internet, Derecho y Política,* 37, 2023, 1-19.

RODRÍGUEZ MORENO, S.A., ROCA MORALES, P., PANADERO HERRERO, S. y VÁZQUEZ CABRERA, J.J., “Sucesos vitales estresantes en mujeres en situación sin hogar”, VI Congreso universitario internacional investigación y género, 2016, 611-624.

SALES, A. y GUIJARRO, L., “Dones sense llar: la invisibilització de l'exclusió residencial femenina”, *Revista Barcelona Societat,* 21, 2017, 81-89.

SÁNCHEZ MORALES, M. R., “Las personas sin hogar en España”, *RES. Revista Española de Sociología,* 14, 2010, 21-42.

TEZANOS TORTAJADA, J. F., *Tendencias en exclusión social en las sociedades tecnológicas. El caso español, Grupo de Estudio sobre Tendencias Sociales,* Fundación Sistema, Madrid, 1998.

PARTE II

LA IGUALDAD EN EL CONTEXTO DE LAS RELACIONES LABORALES

Capítulo 1

Falta de ajuste en el entorno laboral: género y sesgos

JORGE MAGDALENO MARCO
Profesor del Área de Psicología y Recursos Humanos
Universidad Isabel I
jmagm@unileon.es

1. FALTA DE AJUSTE EN EL LUGAR DE TRABAJO: LA SITUACIÓN DE LAS MUJERES

De acuerdo a HEILMAN y colegas[165], la representación de las mujeres en campos y ocupaciones tradicionalmente dominados en número por los hombres parece seguir siendo baja, a pesar de que se han producido avances significativos en las últimas décadas. Este hecho es llamativo cuando consideramos que las mujeres hoy constituyen aproximadamente la mitad de la fuerza laboral y sufren una mayor tasa de desempleo que los hombres, al menos en España (INE, 2023). Cuando se habla de "campos y ocupaciones dominados por hombres", se suele hacer referencia a puestos que tienen el más alto prestigio y estatus dentro de ocupaciones concretas, así como las mayores

165 HEILMAN, M. E., MANZI, F., & BRAUN, S, "Presumed incompetent: Perceived lack of fit and gender bias in recruitment and selection", en *Handbook of gendered careers in management,* Edward Elgar Publishing, 2015 pp. 90-104.

recompensas monetarias y sociales, más que a ocupaciones en bloque[166].

A la hora de explicar esta escasez de mujeres en estos roles masculinizados, no parece que sea una consecuencia de diferencias en experiencia o educación. En estos aspectos, así como en habilidades y conocimientos, mujeres y hombres tienden a ser más similares que diferentes[167]. Es plausible suponer que los estereotipos de género podrían estar elicitando un sesgo de género en la evaluación de candidaturas para determinados puestos de trabajo.

Pero ¿qué son los estereotipos? Suelen considerarse un conjunto estructurado de creencias sobre los atributos de un grupo de personas con que se describe a individuos categorizados como miembros de ese grupo[168]. El género, al ser una característica humana saliente, es una gran clave o estímulo a la hora de efectuar este tipo de generalizaciones. Los estereotipos de género, por tanto, serían creencias compartidas sobre los atributos, rasgos de personalidad y habilidades de hombres y mujeres, los cuales pueden elicitar inferencias sobre las características diferenciales de ambos géneros[169]. Estos estereotipos podrían formar la base del sesgo de género responsable de las dinámicas discriminatorias que tratamos en este capítulo.

Los estereotipos sobre el género femenino difieren considerablemente de los que afectan a su contraparte masculina.

---

166 CEJKA, M. A., & EAGLY, A. H., "Gender-stereotypic images of occupations correspond to the sex segregation of employment", *Personality and Social Psychology Bulletin,* 25(4), 1999, 413–423.

167 BIERNAT, M., & DEAUX, K., "A history of social psychological research on gender", en *Handbook of the History of Social Psychology,* Psychology Press, 2012, pp. 475–498.

168 HEILMAN.M.E. et.al. 2015

169 ELLEMERS, N., "Gender stereotypes", *Annual review of psychology,* 69, 2018, 275-298.

Si nos atrevemos a calificarlos de alguna manera, los hombres tienden a ser considerados como "agentes", las mujeres como "comunales"[170]. La "agencia" comprende atributos tales como motivación de logro, dominancia y autonomía, mientras que "comunalidad" denota consideración por los demás, afiliación con otras personas y sensibilidad emocional. Además, estos estereotipos tienden a contraponerse, de modo que las mujeres son vistas no solo como comunales sino también como carentes de agencia, y los hombres son vistos no solo como agentes sino también como carentes de comunalidad.

Es cierto que los estereotipos de género parecen haber ido cambiando a medida que han cambiado los roles de las mujeres en la sociedad[171], pero también lo es que siguen encontrándose de manera bastante generalizada en la humanidad: existen en casi todas las culturas, se dan tanto en entornos laborales como no laborales y los despliegan tanto las mujeres como los hombres. Los estereotipos de género se hallan tan imbricados en la sociedad que pueden activarse sin que los evaluadores sean conscientes de su alcance y sus consecuencias; buen ejemplo de ello son las bromas y los chistes que desencadenan.

Los estereotipos de género tienen implicaciones importantes para las percepciones del ajuste laboral de las mujeres en los diferentes puestos de trabajo, lo cual se observa particularmente cuando estos puestos se perciben como de género masculino[172].Se cree que estas ocupaciones requieren de características asociadas con los hombres (agencia), no con las

---

170 DIEKMAN, A. B., & EAGLY, A. H., "Stereotypes as dynamic constructs: women and men of the past, present, and future", *Personality and Social Psychology Bulletin*, 26(10), 2000, 1171–1188.

171 DUEHR, E. E., & BONO, J. E., "Men, women, and managers: are stereotypes finally changing?", *Personnel Psychology*, 59(4), 2006, 815–846.

172 HEILMAN.M.E. et.al. 2015

mujeres (comunalidad). Existen correlaciones significativas entre la proporción de sexos de los ocupantes de un puesto y el tipo de género asociado a dicho puesto[173], de tal modo que puestos asociados a características femeninas se encuentran mayoritariamente ocupados por mujeres, y puestos asociados a rasgos masculinos lo están por hombres.

Desde una perspectiva vertical en la organización, para los puestos de nivel superior en la jerarquía, los cuales conllevan mayores responsabilidades, suelen solicitarse comportamientos de agencia, lo que es congruente con el hecho de que se hallen ocupados mayoritariamente por hombres. Los atributos que se consideran prototípicos de los gerentes exitosos son de carácter "masculino", pero además las inferencias sobre las responsabilidades laborales están determinadas por el contexto en el que existe el trabajo, por ejemplo en función del sector ocupacional, el campo profesional o del área funcional. Así, sería más "masculino" trabajar en el ejército que en un hospital, y dentro de una misma empresa, trabajar en el departamento de ventas que en el de recursos humanos, por poner algunos ejemplos.

Las percepciones de falta de ajuste se desencadenan por el desequilibrio percibido entre lo que se piensa que son las mujeres y lo que la gente cree que se necesita para tener éxito en ocupaciones de género masculino[174]. Debido a los estereotipos de género, se piensa que las mujeres carecen de las características de agencia necesarias para un desempeño satisfactorio

---

173 CEJKA, M. A., & EAGLY, A. H., "Gender-stereotypic images of occupations correspond to the sex segregation of employment", *Personality and Social Psychology Bulletin,* 25(4), 1999, 413–423.

174 HEILMAN, M. E., "Gender stereotypes and workplace bias", *Research in Organizational Behavior,* 32, 2012, 113–135.

en estos trabajos[175]. Esta incongruencia entre las concepciones de las mujeres y las creencias sobre los requisitos del trabajo crea una percepción de falta de ajuste que tiene consecuencias importantes para el acceso de las mujeres a las organizaciones. Específicamente, crea la expectativa de que una candidata femenina no está tan equipada para desempeñar el trabajo como lo estaría un candidato masculino. Estas expectativas negativas de desempeño formarían la base del sesgo de género en la toma de decisiones de empleo.

2. EXPECTATIVAS NEGATIVAS Y PROCESAMIENTO DE LA INFORMACIÓN

Las expectativas de desempeño negativas que surgen de la falta de percepciones de ajuste tienen consecuencias importantes para las decisiones de selección porque pueden promover un procesamiento de información distorsionado por parte de los evaluadores sobre los candidatos para el puesto. Las expectativas de desempeño diferenciales no suelen ser examinadas y cuestionadas por las personas, por lo que tienden a perpetuarse[176]. De hecho, la expectativa de desempeño suele mantenerse y reforzarse mediante el descarte de la información que la desafía. Hay varias formas en que las expectativas negativas de desempeño pueden afectar al procesamiento de la información.Un primer mecanismo puede tener que ver con procesos atencionales. La información consistente con las expectativas

---

175 SCHEIN, V. E., "A global look at psychological barriers to women's progress in management", *Journal of Social Issues*, 57(4), 2001, 675–688.

176 HEILMAN, M. E., & HAYNES, M. C., "Subjectivity in the appraisal process: a facilitator of gender bias in work settings", en *Psychological Science in Court: Beyond Common Knowledge*, Larry Erlbaum Associates, 2008, pp. 127–156.

es fácilmente atendida, pero es posible que ni siquiera se perciba la inconsistente[177]. Por ejemplo, si tenemos expectativas negativas, es posible que "nos saltemos" de manera automática la información sobre la excelencia en una carta de referencia. Recibir información contradictoria con nuestras expectativas no es suficiente para desafiar estas; también hay que prestarle atención. Si, por ejemplo, el desempeño exitoso de una candidata no se atribuye a sus habilidades y talentos, sino más bien a un golpe de suerte o a una tarea fácil, es probable que esta información se ignore, dejando intacta la expectativa original. Los evaluadores parecen dedicar menos tiempo a atender los comportamientos laborales de los individuos sobre los que existen expectativas basadas en estereotipos que de los individuos para los que no existen tales expectativas[178].

Otro mecanismo por el que nuestras expectativas influyen en el procesamiento de información es la manera en que interpretamos esta información. Incluso si se atiende a información inconsistente con las expectativas, su interpretación puede anular su efecto. La evidencia muestra que el significado asociado a una acción puede verse influido por las expectativas, [179]las expectativas basadas en el género dan lugar a interpretaciones muy diferentes del mismo comportamiento. Por ejemplo, ser decisivo y contundente puede verse como una indicación de liderazgo en un hombre, pero de "ser mandona" en una mujer. En consecuencia, en lugar de desafiar las expectativas negativas de desempeño que surgen de la falta de percepciones

---

177 PLAKS, J. E., STROESSNER, S. J., DWECK, C. S., & SHERMAN, J. W., "Person theories and attention allocation: preferences for stereotypic versus counterstereotypic information", *Journal of Personality and Social Psychology,* 80(6), 2001, 876–893.

178 FAVERO, J. L., & ILGEN, D. R., "The effects of ratee prototypicality on rater observation and accuracy", *Journal of Applied Social Psychology,* 19(11), 1989, 932–946.

179 KUNDA. Et. al. 1997.

adecuadas, la interpretación de género de un comportamiento potencialmente negativo puede servir para reforzarlas.

Finalmente, puede intervenir un proceso de recuperación de información desde la memoria. Las personas parecen recordar mejor la información consistente con las expectativas previas que la inconsistente[180]. Para las mujeres que se someten a una evaluación como parte de un proceso de selección para puestos de tipo masculino, esto se traduce en un menor recuerdo de información inconsistente con estereotipos sobre comportamientos o logros pasados, incluso cuando dicha información es relevante para el puesto. En algunos casos, pueden hasta crearse falsos recuerdos de eventos consistentes con las creencias, que ayudan a corroborar el estereotipo. Por lo tanto, las expectativas negativas de desempeño que surgen de la falta de percepciones adecuadas pueden conducir, cuando los profesionales no están suficientemente preparados, a distorsiones en el procesamiento de la información que produzcan eventualmente evaluaciones sesgadas de parte de las mujeres que se someten a procesos de selección[181].

3. SESGOS DE GÉNERO Y TOMA DE DECISIONES EN LAS ORGANIZACIONES

Los puestos vistos como masculinos deberían producir expectativas de desempeño más negativas para las mujeres que los no vistos como masculinos, lo que conduciría a niveles más altos de sesgo de género y resultados de selección más negativos para ellas ante dichos puestos. Hay algunos estudios que

---

180 PITTINSKY et al., 2000).

181 HEILMAN.M.E. et.al. 2015

podrían sugerir esta conexión. DAVISON Y BURKE [182]observaron que los evaluadores discriminaban a mujeres y hombres en contextos de selección simulados cuando los trabajos eran, respectivamente, del tipo masculino y femenino. LYNESS Y HEILMAN[183] mostraron que las mujeres en una gran empresa de servicios financieros recibieron evaluaciones de rendimiento menos favorables que los hombres en puestos de línea (agencia), si bien no fue así en puestos de personal (comunalidad); las mismas autoras reconocieron, no obstante, que el uso de datos de archivo les impidió descartar que las diferencias en la evaluación emanaran de diferencias reales en desempeño y no de estereotipos de género.

Las percepciones de falta de adecuación y las subsiguientes expectativas negativas de desempeño se exacerban cuando los estereotipos de género están muy activados[184]. Esto ocurre cuando el género es sobresaliente. De por sí, el género tiende a ser una señal destacada en nuestro entorno: se detecta fácilmente y requiere poca reflexión para ser discernido. No obstante, existen condiciones que pueden resaltar más el género de una mujer que, de acuerdo con el modelo de falta de ajuste[185], también deberían aumentar la activación de los estereotipos de género y producir resultados evaluativos más negativos para las mujeres que solicitan trabajos de tipo masculino. Algunas investigaciones (Braun et al., 2012) sugirieron que el atractivo físico, que demostró mejorar las percepciones

---

182 DAVISON, H. K., & BURKE, M. J., "Sex discrimination in simulated employment contexts: a meta-analytic investigation", *Journal of Vocational Behavior, 56*(2), 2000, 225–248.

183 LYNESS, K. S., & HEILMAN, M. E., "When fit is fundamental: performance evaluation and promotions of upper-level female and male managers", *Journal of Applied Psychology,* 91(4), 2006, 777–785.

184 HEILMAN.M.E. et.al. 2015

185 HEILMAN, M. E., "Gender stereotypes and workplace bias", *Research in Organizational Behavior,* 32, 2012, 113–135.

de feminidad, condujo a evaluaciones más negativas de mujeres que solicitan y se desempeñan en puestos de género masculino. Por otro lado, la información acerca de que una mujer es madre, un rol social que hace que el género destaque, agrava el sesgo de género en las decisiones de selección en puestos masculinos.

Puede darse incluso el llamativo caso de que las prácticas organizacionales como las iniciativas de diversidad que están diseñadas para fomentar la igualdad de género en las organizaciones pueden poner el foco sobre el género y activar estereotipos involuntariamente. Las mujeres que se consideran beneficiarias de iniciativas de diversidad son calificadas como menos competentes e inducen aumentos salariales más modestos que los hombres y mujeres que no están asociados con estas prácticas organizacionales.

Según HEILMAN y colegas[186], otro factor que puede acentuar los sesgos de género en selección de personal es la ambigüedad, referida a cuando la información sobre el candidato al puesto es incompleta, inconsistente o no relevante, y también cuando desde la organización falta claridad sobre los criterios a considerar en el proceso. Los altos niveles de ambigüedad darían margen a los seleccionadores en cuanto a tomar sus decisiones, y las expectativas de desempeño brindarían una guía para emitir juicios en tales situaciones[187]. No obstante, cabría señalar que es función de los seleccionadores buscar activamente la información que les falta para valorar las candidaturas, por lo que en este caso la comisión de un sesgo de género se hallaría fuertemente supeditado a un problema de

---

186 HEILMAN.M.E. et.al. 2015

187 HEILMAN, M. E., & HAYNES, M. C., "Subjectivity in the appraisal process: a facilitator of gender bias in work settings", en *Psychological Science in Court: Beyond Common Knowledge,* Larry Erlbaum Associates, 2008, pp. 127–156.

escasa profesionalidad, como contraposición a sesgos más sutiles como los que apuntábamos anteriormente, referidos a la atención, la interpretación o la recuperación de información.

En definitiva, como vemos, las mujeres podrían hallarse sujetas en algunos casos a las consecuencias de la comisión de sesgos basados en los estereotipos de género en procesos organizacionales como el reclutamiento y la selección de personal, lo cual parece estar particularmente agravado en puestos de trabajo a los que se atribuyen características masculinas, como alertan los modelos de congruencia en discriminación (en adelante, "MCD").

4. INTERACCIÓN ENTRE ESTEREOTIPOS DE GÉNERO Y ROLES

En teoría, los MCD son "ciegos al género". Predicen que la discriminación ocurre debido a una incongruencia percibida entre los estereotipos de género y los estereotipos ocupacionales. Por lo tanto, los MCD predicen un efecto simétrico: las mujeres serán consideradas menos competentes que los hombres en dominios tradicionalmente masculinos y los hombres serán considerados menos competentes que las mujeres en dominios tradicionalmente femeninos. El resultado de estas expectativas basadas en estereotipos debería ser la discriminación de género.

Según los MCD, los estereotipos que representan a las mujeres como comunales y a los hombres como agentes no siempre conducen a resultados negativos. Más bien, la discriminación de género surge cuando estos estereotipos entran en conflicto con lo que se piensa que predice el éxito en funciones y ocupaciones específicas (Manzi, 2019). Aunque diferentes trabajos ciertamente requieren diferentes competencias para un desempeño exitoso, sus requisitos percibidos y la importancia relativa que se le atribuye a cada uno también están influenciados por los estereotipos de género. Por ejemplo, se tiende a considerar que los trabajos en los que las mujeres están sobrerrepresentadas requieren más características comunales que las ocupaciones en las que los hombres son mayoría, los cuales se consideran más agentes[188]. De esta manera, las ocupaciones en sí mismas tienen género, y el lugar de trabajo se divide en muchos casos en "trabajo de mujeres" y "trabajo de hombres". Las creencias sobre el tipo de género de los diferentes roles y ocupaciones se manifiestan muy temprano[189]. Además, las asociaciones entre hombres, mujeres y roles específicos (por ejemplo, hombreejecutivo, mujer-secretaria) son automáticas y difíciles de suprimir.

Los MCD se centran en esta interacción entre los estereotipos de género y el tipo de género de roles y ocupaciones particulares, argumentando que la discriminación basada en el género es el resultado de un desajuste percibido entre lo que se piensa que son los hombres y las mujeres y los rasgos considerados necesarios para el éxito laboral. Este desajuste percibido, a su vez, da lugar a expectativas negativas sobre el potencial de éxito de un individuo en un dominio incongruente con su género. Es decir, los estereotipos de género conducen a la creencia de que las mujeres y los hombres no están bien equipados para desempeñarse de manera efectiva en ocupaciones históricamente dominadas por el sexo opuesto y que, por lo tanto, serán menos competentes en estos roles.

---

188 CEJKA, M. A., & EAGLY, A. H., "Gender-stereotypic images of occupations correspond to the sex segregation of employment", *Personality and Social Psychology Bulletin,* 25(4), 1999, 413–423.

189 MARTIN, C. L., & RUBLE, D., "Children's search for gender cues: cognitive perspectives on gender development", *Curr. Dir. Psychol. Sci.* 13, 2004, 67–70. doi: 10.1111/j.0963-7214.2004.00276.x

De acuerdo con las predicciones de los MCD, también parece ser que el grado de sesgo contra las mujeres en una ocupación específica puede variar en el seno de un dominio masculino si los estereotipos de lo que se considera necesario para ese puesto cambian, lo que apoya la afirmación de que el sesgo de género se deriva de un desajuste percibido entre los estereotipos ocupacionales y los estereotipos de género. La investigación sugiere que tal cambio puede estar ocurriendo en el dominio del liderazgo[190]. Los estereotipos sobre los líderes generalmente se parecían a los estereotipos sobre los hombres, creando la percepción de que los hombres están más equipados naturalmente para cumplir con estos roles y dando lugar a la subsiguiente discriminación contra las mujeres en contextos de liderazgo[191]. Sin embargo, los estereotipos sobre los líderes parecen haber incorporado más características comunales (por ejemplo, habilidades blandas) y la discriminación contra las mujeres en roles de liderazgo parece estar disminuyendo. En línea con este cambio, un metanálisis [192]no encontró evidencia de sesgo de género en las evaluaciones de las personas sobre mujeres líderes en entornos de tipo masculino.

En línea con los MCD, parece ser que, cuando se ofrece información que reduce las percepciones de incongruencia, se reduce el sesgo de género. Tal efecto ha sido documentado para mujeres individuales que son representadas como claramente contrarias a los estereotipos. Por ejemplo, presentar a una mujer individual como inequívoca o excepcionalmente competente reduce de manera confiable el sesgo de género

---

190 MANZI, F., "Are the processes underlying discrimination the same for women and men? A critical review of congruity models of gender discrimination", *Frontiers in psychology*, 10, 2019, 469.

191 EAGLY et al., 1995.

192 PAUSTIANUNDERDAHL et al. 2014.

contra esa mujer en entornos de tipo masculino[193]. Bajo ciertas circunstancias, estas mujeres fuertemente contrarias a los estereotipos pueden incluso ser preferidas a los hombres, por ser consideradas competentes. De hecho, estudios recientes sugieren que las mujeres inequívocamente exitosas se ven favorecidas sobre los hombres igualmente calificados, incluso en dominios muy masculinos[194]. Por lo tanto, presentar a una mujer individual como una clara "excepción a la regla" puede reducir su incongruencia percibida para un rol determinado y, como resultado, la discriminación se atenúa en gran medida o incluso se revierte a su favor.

BIBLIOGRAFÍA

BIERNAT, M., & DEAUX, K., "A history of social psychological research on gender", en *Handbook of the History of Social Psychology*, Psychology Press, 2012, pp. 475–498.

BRAUN, S., PEUS, C., & FREY, D. "Is beauty beastly? Gender-specific effects of leader attractiveness and leadership style on followers' trust and loyalty", *Zeitschrift für Psychologie*, 220(2), 2012, 98–108.

CEJKA, M. A., & EAGLY, A. H., "Gender-stereotypic images of occupations correspond to the sex segregation of employment", *Personality and Social Psychology Bulletin*, 25(4), 1999, 413–423.

DAVISON, H. K., & BURKE, M. J., "Sex discrimination in simulated employment contexts: a meta-analytic investigation", *Journal of Vocational Behavior*, *56*(2), 2000, 225–248.

DIEKMAN, A. B., & EAGLY, A. H., "Stereotypes as dynamic constructs: women and men of the past, present, and future", *Personality and Social Psychology Bulletin*, 26(10), 2000, 1171–1188.

DUEHR, E. E., & BONO, J. E., "Men, women, and managers: are stereotypes finally changing?", *Personnel Psychology*, 59(4), 2006, 815–846.

---

193 KOCH et al., 2015.

194 LESLIE, L. et. al. 2017

EAGLY, A. H., KARAU, S. J., & MAKHIJANI, M. G., "Gender and the effectiveness of leaders: a meta-analysis", *Psychol. Bull.,* 117, 1995, 125–145. doi: 10.1037/0033-2909.117.1.125

ELLEMERS, N., "Gender stereotypes", *Annual review of psychology,* 69, 2018, 275-298.

FAVERO, J. L., & ILGEN, D. R., "The effects of ratee prototypicality on rater observation and accuracy", *Journal of Applied Social Psychology,* 19(11), 1989, 932–946.

HEILMAN, M. E., "Gender stereotypes and workplace bias", *Research in Organizational Behavior,* 32, 2012, 113–135.

HEILMAN, M. E., & HAYNES, M. C., "Subjectivity in the appraisal process: a facilitator of gender bias in work settings", en *Psychological Science in Court: Beyond Common Knowledge,* Larry Erlbaum Associates, 2008, pp. 127–156.

HEILMAN, M. E., MANZI, F., & BRAUN, S, "Presumed incompetent: Perceived lack of fit and gender bias in recruitment and selection", en *Handbook of gendered careers in management,* Edward Elgar Publishing, 2015 pp. 90-104.

INE (2023): «Encuesta de población activa» [en línea], 2023, <https://www.ine.es/jaxiT3/Datos.htm?t=4121>. [Consulta: 01/02/2023.]

KOCH, A. J., D'MELLO, S. D., & SACKETT, P. R., "A meta-analysis of gender stereotypes and bias in experimental simulations of employment decision making", *J. Appl. Psychol.,* 100, 2015, 128–161. doi: 10.1037/a0036734

KUNDA, Z., SINCLAIR, L., & GRIFFIN, D., "Equal ratings but separate meanings: stereotypes and the construal of traits", *Journal of Personality and Social Psychology,* 72(4), 1997, 720–734.

LESLIE, L. M., MANCHESTER, C. F., & DAHM, P. C., "Why and when does the gender gap reverse? Diversity goals and the pay premium for high potential women", *Acad. Manag. J.,* 60, 2017, 402–432. doi: 10.5465/amj.2015.0195

LYNESS, K. S., & HEILMAN, M. E., "When fit is fundamental: performance evaluation and promotions of upper-level female and male managers", *Journal of Applied Psychology,* 91(4), 2006, 777–785.

MANZI, F., "Are the processes underlying discrimination the same for women and men? A critical review of congruity models of gender discrimination", *Frontiers in psychology,* 10, 2019, 469.

MARTIN, C. L., & RUBLE, D., "Children's search for gender cues: cognitive perspectives on gender development", *Curr. Dir. Psychol. Sci.* 13, 2004, 67–70. doi: 10.1111/j.0963-7214.2004.00276.x

PAUSTIAN-UNDERDAHL, S. C., WALKER, L. S., & WOEHR, D. J., "Gender and perceptions of leadership effectiveness: a meta-analysis of contextual moderators", *J. Appl. Psychol.* 99, 2014, 1129–1145. doi: 10.1037/a0036751

PITTINSKY, T. L., SHIH, M., & AMBADY, N., "Will a category cue affect you? Category cues, positive stereotypes and reviewer recall for applicants", *Social Psychology of Education, 4*(1), 2000, 53–65.

PLAKS, J. E., STROESSNER, S. J., DWECK, C. S., & SHERMAN, J. W., "Person theories and attention allocation: preferences for stereotypic versus counterstereotypic information", *Journal of Personality and Social Psychology,* 80(6), 2001, 876–893.

SCHEIN, V. E., "A global look at psychological barriers to women's progress in management", *Journal of Social Issues,* 57(4), 2001, 675–688.

Capítulo 2

Acoso sexual en el empleo y principio antidominación

KARIN CASTRO CRUZATT
Doctora en Derecho
Profesora asociada de Derecho Constitucional, Universidad de Valladolid
Correo electrónico: karin.castro@uva.es, karincastrocruzatt@gmail.com

1. INTRODUCCIÓN

En la actualidad el acoso sexual en el empleo se concibe como una de las manifestaciones más graves de la violencia contra las mujeres. Diversas legislaciones nacionales tipifican, proscriben o sancionan estas conductas en el empleo y en otros ámbitos como el entorno educativo, comercial y en otras esferas privadas. El movimiento *me too*, que se inició en los Estados Unidos de América y que ha tenido reflejo en diversos países, constituye una prueba palpable de que este fenómeno se encuentra lejos de considerarse una reliquia del pasado[195]. El acoso sexual constituye una práctica extendida y

---

[195] Para una revisión del ingente número de demandas de acoso sexual promovidas ante la Comisión de Igualdad de Oportunidades de los Estados Unidos –*U.S. Equal Employment Opportunity Commission*- en el período comprendido entre febrero de 2018 y febrero de 2021 se puede consultar el informe *Sexual Harassment in Our Nation's Workplace*, de abril de 2022. Disponible en: https://www.eeoc.gov/data/sexual-harassment-our-nations-workplaces. Visitado el 08/02/2023.

que produce consecuencias funestas en la vida de las mujeres que lo padecen. Pero además incide en el estatus de las mujeres como grupo social, reforzando la posición subordinada en la que se encuentran en un ámbito especialmente sensible y trascedente para su desarrollo autónomo como el empleo.

Este ensayo tiene por objetivo analizar los orígenes y las premisas que dieron lugar a la conformación del acoso sexual en el empleo como una categoría en el Derecho Antidiscriminatorio estadounidense. Para tal efecto, haré una breve revisión de las dos lecturas que han dominado la interpretación de la *Equal Protection Clause* o Cláusula de Igualdad de la Constitución americana, conocidas como el Principio Anticlasificación y el Principio Antisubordinación. Como se demostrará, la conceptualización del acoso sexual como un fenómeno sexualmente discriminatorio fue posible gracias a la irrupción del Principio Antidominación. Esta construcción, impulsada por el feminismo norteamericano, defiende la necesidad de abrazar una concepción estructural, asimétrica y grupal de la igualdad y comparte las premisas básicas del principio Antisubordinación. Después, exploraremos los principales criterios que guiaron a las cortes en la resolución de los casos de acoso sexual hasta llegar a ***Meritor Savings Bank v. Vinson,*** dictada en el año 1986. En un apartado final, analizaré críticamente las objeciones más relevantes que se han esgrimido contra la conceptualización del acoso sexual a la luz del Principio Antidominación.

2. LAS CONCEPCIONES DOMINANTES DE LA IGUALDAD EN EL DERECHO ANTIDISCRIMINATORIO ESTADOUNIDENSE

A través del tiempo el Tribunal Supremo ha interpretado la Cláusula de Igualdad desde distintas concepciones, siendo las más extendidas las que hoy se conocen como Principio Anticlasificación y Principio Antisubordinación. El principio

Anticlasificación defiende una comprensión formal de la igualdad, que la concibe como una prohibición de establecer tratamientos diferenciados sin que medie una causa que así lo justifique. Su comprensión neutral e individualista es indiferente a la posición especialmente desaventajada de ciertos colectivos y a cualquier inclinación asimétrica o unilateral de la igualdad, de allí la apelación a su "ceguera" frente a las diferencias de estatus basadas en la raza –*color blind*-, el sexo –*sex blind*- u otras características. En consonancia con la neutralidad que se proclama desde este paradigma, los tratamientos diferenciados despiertan suspicacia, sin importar las personas que resulten afectadas por éstos y sin que los objetivos para los que se adoptaron sean un elemento relevante en su enjuiciamiento.

Frente a este paradigma, el Principio Antisubordinación postula una visión de la igualdad y del derecho a no ser discriminado consciente de las diferencias de estatus y del prejuicio que recae sobre ciertos grupos sociales. La discriminación que padecen las personas que pertenecen a estos colectivos, forma parte de un engranaje o estructura que suele estar históricamente arraigada y que se manifiesta en diversos planos como el político, el social o el económico. Estos sistemas de opresión basados en fenómenos como el sexismo, el racismo o la homofobia, por ejemplo, ubican a quienes pertenecen a estos grupos en una posición subordinada. De allí que sea más adecuado hacer referencia a los grupos subordinados (como las mujeres, las minorías raciales, las personas homosexuales, etcétera), y no a rasgos o clasificaciones sospechosas (como la raza, el sexo o la orientación sexual).

Por ello, aunque estemos frente a actos concretos e individualizados de discriminación, su naturaleza trasciende de dicha caracterización. Como bien afirma Barrère, la discriminación que afecta a las personas que pertenecen a colectivos subordinados se produce en virtud de "lo que significa e implica social (mente)" la pertenencia a dichos colectivos. Si bien estos actos "se percibe(n) o se manifiesta(n) individualmente", poseen una "base (...) presumiblemente grupal". Y a su vez, la relevancia de estos actos individuales de discriminación, no se limita al terreno individual sino que tienen el potencial de reforzar la posición subordinada de estos colectivos[196].

El bienestar de los individuos y de los grupos a los que pertenecen, por tanto, se encuentra en una relación de interdependencia[197]. Por ello la atención al componente grupal es una condición ineludible a efectos de proteger a los miembros del grupo subordinado individualmente considerados[198]. Es decir, es una suerte de medio para proteger a los individuos que integran dichos grupos, y que son los destinatarios de los derechos protegidos por la Constitución.

Aunque las dos perspectivas que se acaban de revisar han estado presentes a lo largo del desarrollo del Derecho Antidiscriminatorio estadounidense, es hacia el final de la etapa conocida como Revolución de los Derechos Civiles en donde su carácter antagónico se hizo evidente. Las premisas sobre las que se funda el principio Antisubordinación justificaron un conjunto de medidas de carácter transformador que se aprobaron en este periodo con el objetivo de desmontar el sistema de segregación racial conocido como *Jim Crow,* que subyugaba a los afroamericanos y afroamericanas. Estas políticas se pusieron en marcha al asumir que los afroamericanos y afroamericanas constituían un grupo subordinado y que se

---

196 BARRÈRE, M. A., "Problemas del Derecho Antidiscriminatorio: subordinación versus discriminación y acción positiva versus igualdad de oportunidades", Cuadernos electrónicos de Filosofía del Derecho, 9, 2003, p. 4.

197 FISS, O., "Another Equality", en *The Origins and Fate of Antisubordination Theory,* Yale University Press, New Haven, 2003, p. 20.

198 ROSENFELD Michel, Affirmative Action and Justice. A Philosophical and Constitutional Inquiry, Yale University Press, New Haven, Londres, 1991, pp. 296 y 297.

encontraban en una posición de desapoderamiento que se reflejaba en diversas esferas. La incorporación de la Cláusula de Igualdad –*Equal Protection Clause*– en la Constitución estadounidense en 1868 de poco había servido para detener el sistema de subyugación racial que los convirtió en ciudadanos y ciudadanas de segunda categoría.

Cuando la continuidad de estas medidas se empezó a poner en tela de juicio y se precipitó un período de regresión, las premisas sobre las que se asienta el Principio Antisubordinación se organizaron alrededor de éste, adquiriendo existencia formal. Su objetivo fue ofrecer una lectura alternativa a la aproximación formal e individualista de la Cláusula de Igualdad que defendían quienes se oponían a las políticas que permitieron los mayores avances en materia de igualdad racial a lo largo de la década de los cincuenta y sesenta[199].

3. EL PRINCIPIO ANTIDOMINACIÓN

Los avances en materia de igualdad que se alcanzaron en el plano racial no se limitaron a este escenario, sino que sirvieron de acicate para que otros colectivos discriminados cuestionen normas, políticas y prácticas de carácter subordinante. Es así como el movimiento feminista obtiene importantes avances. Por ejemplo, en *Reed v. Reed*, 404 U.S. 71 (1971), el Tribunal Supremo consideró que la legislación civil de Idaho, que concedía la preferencia en la administración del patrimonio de una persona difunta a los hombres frente a las mujeres,

---

199 BALKIN, JACK y SIEGEL, R, "The American Civil Rights Tradition: Anticlassification or Antisubordination?", *University of Miami Law Review*, 58, 2003, pp. 28 y 29, FISS, O., "Groups and the Equal Protection Clause" en *Equality and Preferential Treatment. A Philosophy & Public Affairs Reader*, Princeton University Press, Princeton, 1977, p.120.

vulneraba la Cláusula de Igualdad. Dos años después, en *Frontiero v. Richardson,* 411 U.S. 677 (1973), se estableció que el sexo constituye un rasgo sospechoso.

Pero en las victorias judiciales de este período la orientación formal de la igualdad tenía un marcado predominio. En *Reed v. Reed,* por ejemplo, el Supremo anuló la legislación enjuiciada señalando que la Cláusula de Igualdad impedía a los estados "legislar para que se dé un trato a personas ubicadas por una ley en diferentes clases sobre la base de criterios totalmente carentes de relación con el objetivo de la ley". Las clasificaciones, proclamó el Alto Tribunal, "deben ser razonables y no arbitrarias". En *Frontiero v. Richardson,* en cambio, tuvo en cuenta la larga historia de discriminación padecida por las mujeres y consideró su situación de desventaja en distintas esferas para concluir que se trataba de un grupo que requería de protección especial de la Cláusula de Igualdad. Pero el carácter sospechoso fue atribuido al sexo y no hubo declaración relativa a la protección reforzada que habría que dispensar a las mujeres como grupo subordinado.

Gracias al trabajo de Mackinnon y de otras académicas como Kate Millett y Andrea Dworkin se evidenciaron las limitaciones del enfoque hegemónico. El Principio Antidominación, como se denominó a esta formulación, se inspiró en el movimiento por los derechos civiles que entendía que la discriminación de los afroamericanos y afroamericanas no constituía un problema generado por la diferenciación racial, sino que suponía un problema de opresión provocado por la "supremacía blanca"[200].

---

200 MACKINNON, C. *Feminismo Inmodificado. Discursos sobre la vida y el derecho,* (Traducc. Teresa de Arijón, con la colaboración de Marcela Rodríguez), Siglo Veintiuno Editores, Buenos Aires, 2014, p. 74.

Para ello planteó una crítica aguda al feminismo liberal que había centrado sus esfuerzos en la búsqueda de "una igualdad formal (...) y una lucha de reconocimiento por 'la diferencia'" a través de dos vías[201]. En primer lugar, mediante la defensa de la *mismidad* entre hombres y mujeres, derivada de una supuesta neutralidad o estándar único, se buscaba garantizar a éstas el "acceso a lo mismo a lo que acceden los hombres"[202]. Pero esta ruta resultaría ineficaz si se carece de un punto de comparación concreto a partir del cual demostrar la ruptura de la igualdad entre ambos sexos[203]. Adicionalmente, su afán universalista había contribuido a dejar de lado las necesidades particulares de las mujeres. Por ejemplo, la autora observó que este enfoque había llevado a que la legislación relativa a la violación sexual y al control de la natalidad que constituían "áreas cruciales para la construcción del estatus inferior de las mujeres (y) que están cargadas de misoginia"[204], lo que explicará que no se hayan considerado relevantes en el debate relativo a la igualdad.

En segundo lugar, el enfoque de la diferencia o doble estándar, que constituía una excepción al enfoque de la *mismidad* a la par de su complemento, se reconocían las diferencias entre hombres y mujeres. El reconocimiento de la femineidad *-womanhood-* como una condición que conlleva atributos únicos, se establecía a partir de las diferencias consideradas naturales

---

201 CUITLÁHUAC, C., "Feminismo Inmodificado: Discursos sobre la vida y el derecho. Catharine Mackinnon", *Ciencia Jurídica,* 9, 2016,p. 165.

202 MACKINNON, C. *Feminismo Inmodificado. Discursos sobre la vida y el derecho,* cit. p. 59.

203 MACKINNON, C. *Sexual Harassment of Working Women. A case of Sex Discrimination,* Yale University Press, New Haven y Londres, 1979, p. 3.

204 MACKINNON, C., "Reflections on Sex Equality Under Law", *The Yale Law Journal,* 100, 1991, p. 1297.

pero que en verdad derivaban de las estructuras sociales que situaban a la mujer en una posición subordinada[205]. Por esta misma razón, aunque se admitía legislación compensatoria, siempre que se encuentre fundada en estas diferencias "naturales" entre ambos sexos, estas medidas terminaban reproduciendo las barreras opresoras, en lugar de eliminarlas. Mackinnon destacó que ambas aproximaciones reposaban sobre la noción de que "el sexo es una diferencia, una división, una distinción bajo la cual yace un estrato de comunidad humana, de *mismidad*"[206].

Mackinnon también observó dentro de esta perspectiva dominante, la masculinidad se erige como el referente universal de la igualdad y en consecuencia "las mujeres somos medidas según nuestra correspondencia con el hombre"[207]. La autora norteamericana fue especialmente crítica con este enfoque por su indiferencia frente a la jerarquía de poder entre ambos sexos y a la diferencia de estatus que de esta situación se deriva. La desigualdad entre hombres y mujeres, afirmó, no es consecuencia de las diferencias naturales entre los sexos, sino que se explica en virtud de la "subordinación de las mujeres a los hombres"[208]. Es decir, está condicionada por la supremacía masculina y la consecuente subordinación femenina. El centro del problema reside, entonces, en el "inequitativo reparto de

[205] MACKINNON, C. *Sexual Harassment of Working Women. A case of Sex Discrimination*, cit. p. 59.

[206] MACKINNON, C. *Sexual Harassment of Working Women. A case of Sex Discrimination*, cit. p. 59.

[207] MACKINNON, C. *Sexual Harassment of Working Women. A case of Sex Discrimination*, cit. p. 59.

[208] MACKINNON, C. *Sexual Harassment of Working Women. A case of Sex Discrimination*, cit. p. 75.

poder"[209], y, en este sentido, sostuvo que la igualdad debe ser analizada como una cuestión de jerarquía.

La visión que propugnó es grupal –no individualista- y crítica, pues analiza las estructuras que sitúan a las mujeres en una situación de inferioridad, para plantear su modificación. Diversas cuestiones que carecerían de relevancia desde la orientación dominante adquirieron, gracias al enfoque Antidominación –*Dominance Approach*-, relevancia en términos de igualdad: el acoso sexual, la pornografía, la prostitución, la violación sexual, la libertad reproductiva, entre otras, ocurren casi exclusivamente a las mujeres en virtud de su posición subordinada y escapan al análisis en clave de igualdad desde una visión formal.

4. LA CONCEPTUALIZACIÓN DEL ACOSO SEXUAL COMO UNA MANIFESTACIÓN SEXUALMENTE DISCRIMINATORIA A LA LUZ DEL PRINCIPIO ANTIDOMINACIÓN

Uno de los principales aportes de la teoría Antidominación fue su conceptualización del acoso sexual como una forma de discriminación basada en el sexo. Mackinnon la definió como "la imposición no deseada de exigencias sexuales en el contexto de una relación de poder desigual"[210].

Este fenómeno se describió a partir de dos variantes: el *quid pro quo* o acoso sexual de intercambio y *condition of work,* actualmente denominado acoso sexual por ambiente hostil. En

---

209 CUITLÁHUAC, C., "Feminismo Inmodificado: Discursos sobre la vida y el derecho. Catharine Mackinnon", cit. p. 165.

210 MACKINNON, C. *Sexual Harassment of Working Women. A case of Sex Discrimination,* cit. pp. 1 y 2.

el primero, se dirigen insinuaciones y propuestas sexuales a una trabajadora a cambio o como condición de acceder o conservar su empleo u obtener algún tipo de beneficio, ventaja o condición de trabajo. El elemento definitorio constituye el uso de la coerción para obtener favores sexuales, al condicionar la obtención de algún beneficio, ventaja o la conservación del empleo, a la aceptación de las exigencias sexuales no deseadas. Por su parte, el acoso sexual por ambiente hostil se produce sin que se condicione la conservación del empleo o a la obtención de alguna ventaja tangible en el empleo. Lo característico son las conductas o expresiones, de naturaleza sexual, que se dirigen unilateralmente a la trabajadora y que, aunque no tienen como objetivo final la obtención de una relación sexual, tienen como resultado convertir el ambiente de trabajo en "insoportable" por su carácter humillante, intimidante y lascivo[211].

La formulación de Mackinnon estuvo condicionada por las condiciones particulares del mercado laboral estadounidense de la década de los setenta. Esta realidad laboral se caracterizaba por la segregación horizontal del trabajo, pues las mujeres realizaban, predominantemente, oficios considerados "para mujeres" y su presencia en puestos "para hombres" se consideraba una amenaza. Otra nota distintiva era la estratificación vertical del empleo que las situaba en posiciones subordinadas, alejadas de los puestos de dirección que eran acaparados por los hombres. Todo ello daba lugar a una significativa desigualdad salarial, una condición que no solo se apreciaba en las labores desarrolladas por hombres y mujeres en proporciones similares, sino que también era visible en los puestos "para mujeres", que recibían los salarios más bajos y eran infravalorados.

La presencia de la mujer en la esfera laboral en los Estados Unidos en la década de los sesenta y setenta, tenía lugar,

---

211 MACKINNON, C. *Sexual Harassment of Working Women. A case of Sex Discrimination,* cit. p. 40.

primordialmente, en actividades que reproducían su rol de cuidadora en oficios feminizados como maestras, enfermeras, secretarias, o en aquéllas que replicaban su rol de objeto sexual[212]. Su incorporación a la vida laboral se produjo solo bajo condición de que esta esfera sea un terreno en el cual el *statu quo* no solo no se quiebre, sino que, se reproduzca y refuerce. La progresiva incorporación en puestos que escapaban a los roles que les habían sido tradicionalmente atribuidos, se ha topado con diversos obstáculos. El acoso sexual es una de las manifestaciones más perversas de esta resistencia y se ha expresado a través de conductas que incluyen las agresiones sexuales, físicas y verbales que han pretendido impedir el ingreso de las mujeres a estas parcelas de dominio masculino[213].

Pero, como bien han apuntado diversas autoras, el acoso dirigido contra las mujeres no siempre está plagado de un contenido sexual. Existen manifestaciones del acoso basado en el sexo que pueden ser particularmente ofensivas y nocivas, sin estar encaminadas a la obtención de favores sexuales, ni plantearse en términos sexuales. Prácticas como el sabotaje, el menosprecio y el aislamiento, ostentan un carácter claramente lesivo, y, sin embargo, están privadas de un contenido sexual, aunque, ciertamente, se fundan en el sexo de sus víctimas. También es posible encuadrar dentro del acoso basado en el sexo conductas dirigidas a disciplinar a las mujeres que no se alinean a los estereotipos de femineidad y que ponen en cuestión las normas de jerarquía de género que se pretenden preservar[214].

---

212 ABRAMS, K., "The new jurisprudence of sexual harassment", *Cornell Law Review*, 83, 1998, p. 1205.

213 ABRAMS, K., "The new jurisprudence of sexual harassment", cit. p. 1206.

214 ABRAMS, K., "The new jurisprudence of sexual harassment", cit. p. 1208.

5. EL ACOSO SEXUAL Y SU ENCAJE COMO UN PROBLEMA DE DISCRIMINACIÓN BASADA EN EL SEXO

Aunque el acoso sexual constituye un fenómeno que ha estado presente a lo largo de la historia, los primeros casos que intentaron enmarcar esta práctica dentro de la prohibición de discriminación basada en el sexo encontraron una fuerte resistencia en los tribunales estadounidenses. El primer obstáculo que debía ser superado -de orden formal- era la falta de mención al acoso sexual como una manifestación sexualmente discriminatoria y ausencia de historia legislativa del Título VII de la Ley de Derechos Civiles que contenía la prohibición de discriminación en el empleo por distintas razones. Esto se debe a que la prohibición de discriminación basada en el sexo en el Título VII de la citada Ley, fue incluida el día anterior a su aprobación. Su incorporación fue promovida por "Congresistas opuestos a la Ley que esperaban que la inclusión del 'sexo' resaltara lo absurdo del esfuerzo y que contribuyera a su fracaso"[215]. Aunque finalmente el objetivo perseguido no se alcanzó, esto impidió contar con antecedentes y debates previos que sirvan de guía para la determinación de las prácticas que podrían ser consideradas sexualmente discriminatorias[216]. Esta situación añadía dificultad a la ya de por sí difícil tarea de encuadrar el acoso sexual como una práctica contraria a la prohibición de discriminación basada en el sexo contenida en el Título VII de la Ley de Derechos Civiles.

Por ello no es de extrañar que las primeras sentencias que tuvieron que enfrentar este tipo de demandas, esgrimiesen la falta de historia legislativa de la Ley de Derechos Civiles como una razón para desestimar estas demandas. En adición a lo señalado, existían razones de fondo que explicaban la

---

[215] ESTRICH, S., "Sex at Work", *Stanford Law Review*, 43, 1991, p. 816.

[216] ESTRICH, S., "Sex at Work", *Stanford Law Review*, cit. p. 817.

tolerancia frente a este tipo de actos, que eran vistos como manifestaciones inevitables y carentes de relevancia desde el punto de vista jurídico.

Como aprecia Franke, estos casos estaban guiados por una comprensión del acoso sexual como una práctica "inevitable", una suerte de consecuencia generada por la irrupción de los ambientes laborales sexualmente mixtos o "el precio que las mujeres deben de pagar por participar en igualdad de condiciones en la esfera pública"[217]. El acoso sexual era caracterizado como un asunto privado y no como una práctica discriminatoria. Por esta razón, no solo no era objetado, sino que incluso era justificado[218]. Por ejemplo, en el conocido caso Corne v. Bausch & Lomb, 390 F. Supp. 161 (D. Ariz. 1975), una corte federal de Arizona afirmó que las conductas denunciadas podían calificarse como "una proclividad personal, una peculiaridad o amaneramiento (...) (para) satisfacer un impulso personal".

Pese a que la perspectiva Antidominación tuvo un papel decisivo en la paulatina modificación de este enfoque y en la

---

217 FRANKE, K, "What's wrong with sexual harassment", *Stanford Law Review,* 49, 1997, p. 700.

218 En el mismo sentido se respondió en el caso Tomkins v. Public Service Electric & Gas Co., 422 F. Supp. 53 (D.N.J. 1976), rev'd and remanded, 568 F.2d 1044 (3d Cir. 1977), en el que un tribunal federal rechazó la demanda de la afectada sosteniendo que:
"Si la visión de la demandante se amparase, ningún superior podría, prudentemente, intentar iniciar un diálogo social con una subordinada (...). Una invitación a cenar podría convertirse en una invitación a iniciar un juicio federal cuando una relación armoniosa cambiara de tono en un momento posterior. Y si un acercamiento de un supervisor ebrio a una subordinada en la cena de navidad de la oficina pudiera servir de base para un juicio federal por discriminación basada en el sexo, si una promoción o un aumento de salario es posteriormente denegada a la subordinada, necesitaríamos 4000 jueces federales en lugar de 400".

conceptualización del acoso sexual como una práctica sexualmente discriminatoria, los primeros casos que avanzaron en esta dirección lo hicieron desde una visión formal de la igualdad. Barnes v. Costle, 561 F.2d 983, 990 (D.C. Cir. 1977), considerado el primer litigio en el que un tribunal federal calificó las conductas de acoso contra una trabajadora como sexualmente discriminatorias, apreció que las circunstancias a las que se vio sometida la afectada tuvieron lugar en virtud de su sexo *–but for her sex-*. Según indicó la sentencia, "de no ser por su femineidad (…) su participación en una actividad sexual nunca se le hubiera solicitado". El acoso sexual constituía, desde esta postura, una violación de la igualdad formal en tanto suponía una conducta que afectaba solamente a las mujeres y no los hombres.

Progresivamente, las cortes federales fueron ampliando su comprensión del acoso sexual para incorporar dentro de este fenómeno las conductas sexuales en las que no se utilizaba la coerción para la obtención de favores sexuales a cambio de ventajas laborales, pero en donde el ambiente laboral terminaba siendo insoportable. En *Bundy v. Jackson,* 641 F.2d 934 (D.C. Cir. 1981), sentenciado en el año 1981, la Corte de Apelaciones de Washington D.C. apeló, nuevamente, al argumento de la igualdad formal para resolver un caso en el que se combinaban aspectos del denominado acoso *quid pro quo* y de lo que posteriormente se denominaría acoso sexual por ambiente hostil. Esta Corte de apelaciones se preguntaba "¿habría la empleada demandante sufrido el acoso si hubiera sido de un género distinto?", concluyendo que el acoso del que había sido víctima la afectada se explicaba en virtud de su sexo. La posesión de este rasgo había provocado un trato distinto, que no tenían que soportar los trabajadores de sexo masculino.

Hay que indicar que Mackinnon, consciente de la influencia de la orientación formal y neutra de la igualdad, ofreció, junto a su argumentación sobre el acoso sexual inspirada en el principio Antidominación, una explicación ortodoxa de este instituto. Arguyó que el acoso sexual también podía considerarse como una práctica que viola la igualdad (formal) entre hombres y mujeres, en tanto afecta solamente a éstas:

> "el acoso sexual es discriminación sexual *per se* porque la práctica daña de manera diferente a un grupo definido en virtud de su género en una esfera –la sexualidad en el empleo– en la cual el tratamiento de los hombres y las mujeres puede ser comparado (...). Si solo los hombres fuesen acosados sexualmente, eso sería también un tratamiento arbitrario basado en el sexo, por tanto, discriminación sexual. Si ambos sexos lo fuesen, bajo este argumento el tratamiento probablemente no sería considerado basado en el género, por esta razón (tampoco sería considerado) sexualmente discriminatorio"[219].

El argumento *but for sex* también guió la resolución de los primeros casos que abordaron el acoso sexual entre personas del mismo sexo. En *Wright v. Methodist Youth Services Inc.*, 511 F. Supp. 307 (N.D. IIL. 1981), el tribunal entendió que el supervisor demandado había dirigido sus demandas sexuales al afectado en virtud de su sexo, a diferencia de las trabajadoras, que no estaban expuestas a dichas proposiciones, por lo que concluyó que se trataba de un caso de trato dispar discriminatorio. Este criterio ha sido utilizado por otros tribunales que han afirmado que las insinuaciones sexuales dirigidas por un supervisor homosexual a un subordinado de su mismo sexo, en tanto no se realizan a empleados del sexo opuesto (por la orientación sexual del supervisor), configuran "una situación en donde, de no ser por el sexo del subordinado, éste no hubiera sido sometido a dicho tratamiento" (EEOC v. Walden Book Co., 885 F. Supp. 1100 (M.D. Tenn. 1995).

Un aspecto particular en los casos de acoso sexual entre personas del mismo sexo es que las cortes solían requerir que

---

[219] MACKINNON, C. *Sexual Harassment of Working Women. A case of Sex Discrimination,* cit. p. 6.

la orientación sexual del demandado se encuentre acreditada, pues solo de este modo podían determinar que el razonamiento *but for sex*, es decir, la ruptura de la igualdad formal, se había producido. Consecuentemente, en los supuestos en donde existen indicios que apuntaban a la orientación heterosexual del demandado, las cortes se consideran imposibilitadas de aplicar el razonamiento de *Wright*, al no poderse afirmar que el acoso sexual que han padecido las víctimas se haya producido en virtud de su sexo[220]. Esta línea de análisis fomenta la indagación en el reducto íntimo del demandado y asume que las personas tienen, alternativamente, una orientación sexual homosexual o heterosexual, dejando de lado la posibilidad de que el agresor tenga una orientación bisexual. De este modo, la protección antidiscriminatoria se condiciona a una prueba compleja y constitucionalmente reprochable –como es la indagación en la orientación sexual de una de las partes– sino queda sustancialmente restringida por las dificultades que ofrece esta exigencia y porque niega la protección antidiscriminatoria donde el agresor tiene orientación bisexual.

Con todas estas y otras decisiones de soporte, y con el respaldo de las directrices de la Comisión de Igualdad de Oportunidades, la Corte Suprema reconoció el acoso sexual en el caso *Meritor Sav. Bank, FSB v. Vinson,* 477 U.S. 57 (1986), en donde señaló que la protección contra la discriminación basada en el sexo que dispensa el Título VII de la Ley de Derechos Civiles, "no está limitada a la discriminación 'económica' o 'tangible (en el empleo)'", sino que permite cuestionar también un conjunto mucho más amplio de conductas y decisiones que se deben entender comprendidas dentro de la prohibición de trato dispar en virtud del sexo que consagra el Título VII de la Ley de Derechos Civiles.

---

[220] FRANKE, K, "What's wrong with sexual harassment", cit. p. 713.

Sobre el acoso sexual por ambiente hostil, la Corte señaló que éste tiene lugar cuando el entorno laboral "está impregnado de una conducta discriminatoria que es suficientemente severa o generalizada para crear un ambiente de trabajo (...) hostil o abusivo". La existencia de un ambiente hostil, indicó, se debe determinar a partir de una apreciación de la totalidad de las circunstancias como, por ejemplo, "la frecuencia de la conducta discriminatoria, su severidad, si hay amenaza física o humillación, o una mera expresión ofensiva, o si ésta interfiere de manera irrazonable con el desempeño laboral del empleado". Pese a la relevancia de este pronunciamiento, la Corte no explicó por qué el acoso sexual debía considerarse una práctica sexualmente discriminatoria.

6. CRÍTICAS A LA DEFINICIÓN DEL ACOSO SEXUAL A LA LUZ DEL PRINCIPIO ANTIDOMINACIÓN

Pese al enorme influjo que ha tenido la conceptualización del acoso sexual como una práctica sexualmente discriminatoria en diversos ordenamientos jurídicos, en la academia norteamericana no existe consenso acerca de la concepción de la igualdad a partir de la cual debe definirse esta práctica. No todas las académicas y académicos dedicados al estudio de este instituto concuerdan en abordarlo a partir de los postulados de la visión Antidominación. Por otro lado, aunque la mayoría de quienes estudian este fenómeno están de acuerdo en abordarlo desde la igualdad, hay quienes rechazan ubicar la protección frente al acoso sexual en el Derecho Antidiscriminatorio. Este sector sostiene que este fenómeno lesiona la dignidad de todas las personas, y, por esta razón, afirman que no debería entenderse como una práctica que discrimina a las mujeres como grupo social. En este apartado se analizan críticamente estas propuestas.

Kathryn Abrams considera que la definición del acoso sexual debe seguir girando, primordialmente, alrededor de la subordinación de las mujeres, pero que no debe centrar su atención exclusivamente en la experiencia de las mujeres. Esta autora estima que el acoso, como expresión sexista dirigida a reforzar la jerarquía entre los hombres y las mujeres, no se agota en la relación entre los sexos biológicos. Por el contrario, abarca también "una valoración de las normas masculinas –aquellas prácticas o características asociadas con los hombres", y, paralelamente, conlleva también "una devaluación de las normas femeninas- aquellas prácticas o características asociadas con las mujeres". En tal sentido, señala que el acoso sexual debe considerarse un fenómeno dirigido a "preservar el control masculino y reforzar las normas masculinas en el trabajo"[221]. Desde su perspectiva, este planteamiento permitiría abarcar el acoso sexual entre personas del mismo sexo, sin abandonar la perspectiva asimétrica, ni la especial referencia a la subordinación de la mujer que explica el surgimiento de este fenómeno.

En una línea similar a la planteada por Abrams, Katherine Franke ha ofrecido una crítica a la definición del acoso realizada a la luz del Principio Antidominación. Señala que la conceptualización de este fenómeno como una forma de discriminación contra las mujeres es heterosexista, pues asume que el acosador siempre será una persona de sexo masculino. Esta visión, según apunta, tiene un sesgo heteropatriarcal en tanto deja fuera de protección frente al acoso a las personas del mismo sexo y, en general, los casos en los que la víctima no es una mujer y el agresor no es un hombre[222].

---

[221] ABRAMS, K., "The new jurisprudence of sexual harassment", *Cornell Law Review*, 83, 1998, p. 1209.

[222] FRANKE, K., "Gender, Sex, Agency and Discrimination: A reply to Professor Abrams", *Cornell Law Review*, 83, 1998, p. 1246.

En este sentido, entiende que el acoso sexual constituye una forma de discriminación sexual mediante la cual se procura "el control de las normas de género heteropatriarcales en el trabajo"[223]. Para K. Franke, el acoso sexual de un hombre a una mujer constituye una manifestación del sexismo pues en él se manifiestan los principales estereotipos de género que conciben a los "hombres como conquistadores sexuales y mujeres como sexualmente conquistadas; hombres como sujetos sexuales masculinos y mujeres como objetos sexuales femeninos"[224]. Pero, según sostiene, el acoso sexual no solo afecta a las mujeres, sino que también ejerce un poder disciplinario o aleccionador sobre los hombres que son sometidos a una suerte de control y vigilancia mediante el cual las normas heteropatriarcales de género son puestas en vigor. Este instituto, por tanto, se puede definir como una "práctica disciplinaria que inscribe, ejecuta y vigila las identidades tanto del acosador y la víctima de acuerdo con un sistema de normas de género que concibe a las mujeres como objetos (hetero)sexuales femeninos, y a los hombres como sujetos (hetero)sexuales masculinos"[225].

El objetivo fundamental de K. Franke, según sus propias palabras, es bosquejar un enfoque del acoso sexual en el que las mujeres sigan siendo el principal referente, pero que no ignore los efectos que esta práctica tiene sobre los hombres. Como otras autoras, pretende dar respuesta a las demandas de acoso sexual entre personas del mismo sexo, así como a los casos en los que las víctimas son los hombres "afeminados, inexpertos sexuales o que se apartan, de otras formas, de la

---

223 FRANKE, K., "Gender, Sex, Agency and Discrimination: A reply to Professor Abrams", cit. p. 1246.

224 FRANKE, K, "What's wrong with sexual harassment", cit. p. 693.

225 FRANKE, K, "What's wrong with sexual harassment", cit. p. 693.

masculinidad convencional"[226]. Aunque Franke reconoce que el acoso sexual recae, principalmente, sobre las mujeres, no duda en aceptar que también puede afectar a hombres y, en cada caso, con distintos propósitos. Tratándose de las mujeres, el acoso sexual puede dirigirse a reforzar el desprecio hacia la "feminidad convencional o como un medio de disciplinar su conducta no femenina", mientras, en el caso de los hombres, puede dirigirse a disciplinar a los hombres que no se asimilan en el "modelo dominante de masculinidad"[227].

Ambas autoras no se manifiestan contrarias a la visión asimétrica de la igualdad que caracteriza la definición del acoso sexual desde el enfoque Antidominación, pero la conceptualización que ofrecen sí pone en cuestión este pretendido carácter asimétrico. Al delimitar el acoso sexual con el objetivo de trascender de su comprensión como una práctica que afecta a las mujeres y que surge en virtud del sistema sexo/género, y abarcar aquellas conductas que tengan el objetivo de reforzar la jerarquía de género, los colectivos que resultan protegidos se amplían (pues las personas protegidas serán todas aquellas las afectadas por cualquier conducta que tenga por objetivo reproducir y reforzar la jerarquía de género). Pero ¿resulta ésta una definición más rigurosa y coherente con el carácter asimétrico y unilateral que proclaman defender? A mi juicio estamos frente a una propuesta que presenta dos debilidades. La primera es que termina incluyendo dentro de la protección contra el acoso sexual a sujetos pero que no necesariamente forman parte de colectivos oprimidos, como los hombres que no siguen las normas de género heteropatriarcales y por ello son objeto de conductas de acoso sexual. Aunque

---

226 ABRAMS, K., "The new jurisprudence of sexual harassment", cit. p. 1192.

227 ABRAMS, K., "The new jurisprudence of sexual harassment", cit. p. 1193.

los estereotipos de género pueden estar en el origen de una serie de prácticas excluyentes, una comprensión de la igualdad en clave asimétrica exige que la protección antidiscriminatoria se dirija a colectivos subordinados por algún sistema de opresión. Esta propuesta quiebra esta primera regla. A este respecto Barrère ha señalado que "una conducta de acoso sexual a un hombre puede que cercene el dominio de los hombres, pero en ningún caso perpetúa su subordinación"[228]. En segundo lugar, esta construcción, edificada sobre la base de las normas de género heteropatriarcales, sugiere que el problema de discriminación que está en la base del acoso sexual reside en el género, pero se invisibiliza el componente sexual de esta opresión.

Por otra parte, el acoso sexual del que son víctimas las personas homosexuales no tiene su origen en el sexismo, sino en la homofobia. Por tanto, la protección contra este tipo de acoso discriminatorio no tiene por qué resentir la protección del acoso sexual contra las mujeres, y su reconocimiento no pone en cuestión las premisas sobre las que se asienta el Principio Antidominación, una formulación diseñada para cuestionar el sistema sexo/género y sus consecuencias en la posición de las mujeres.

También Vicki Schultz ha sido crítica con el enfoque del acoso sexual desde la perspectiva Antidominación. Esta autora considera que el acoso sexual constituye un instituto que debe enmarcarse en la protección contra la discriminación basada en el sexo contenida en la Ley de Derechos Civiles, pero formula dos críticas a la propuesta original de Mackinnon.

---

228 BARRÈRE, M. A., "El 'acoso sexual': una mirada a sus orígenes y a su evolución en la Unión Europea" en *Acoso sexual y acoso por razón de sexo: actuación de las actuaciones públicas y de las empresas*, Generalitat de Catalunya, Centre d'Estudis Jurídics i Formació Especialitzada, Barcelona, 2013, p. 23.

En primer lugar, explica que una de las consecuencias más perjudiciales de este enfoque es que está centrado en exceso en "la conducta sexual", por lo que suele ignorar formas no sexuales de acoso laboral que sufren las mujeres[229]. Afirma que, de este modo, se impide comprender una serie de actos de acoso motivados en el sexo, en los que el ingrediente sexual no está presente, pero que tienen como principal efecto excluir a las mujeres de ciertas posiciones laborales[230].

Su propuesta pretende ubicar el acoso sexual dentro de un modelo destinado a combatir la exclusión del trabajo. A diferencia del "modelo sexual", como denomina al enfoque de Mackinnon, que describe como uno que entiende el acoso sexual como un conjunto de prácticas a través de las cuales los hombres utilizan su posición dominante en el empleo para obtener favores sexuales de las mujeres, esta autora nos invita a ver al acoso sexual como la manera en la que los hombres "usan el sexo para apropiarse del trabajo para sí mismos"[231]. Así, tanto el acoso *quid quo pro,* como el acoso sexual por ambiente hostil, constituirían parte de un engranaje a través del cual las mujeres son excluidas de las posiciones más atractivas y relegadas a las de menor estatus.

La autora también dirige una crítica a la visión *top-down* que, según estima, postula la perspectiva Antisubordinación y que, según advierte, atiende al poder que emana de las jerarquías formales en las organizaciones y desatiende el que emerge de las relaciones horizontales, como el que surge entre compañeros de trabajo que, por lo demás, es bastante recurrente. Los casos de acoso basado en el sexo, concluye, deben verse como

---

229 SCHULTZ, V., "Talking about Harassment", Journal of Law and Policy, 9, 2001, p. 421.

230 SCHULTZ, V., "Talking about Harassment", cit. p. 424.

231 SCHULTZ, V., "Talking about Harassment", cit. p. 419.

"parte de un largo patrón para excluir a las mujeres o para comunicarles el mensaje de que son diferentes e inferiores"[232].

Diversos puntos de la crítica planteada por Schultz resultan poco exactos. Schultz señala que "el problema con el acoso en el empleo es el sexismo, no el deseo sexual"[233], pero esta afirmación no es negada por quienes comparten la visión del acoso sexual desde una orientación en clave Antidominación, que tiene como premisa la situación de subordinación que recae sobre las mujeres. De hecho, esto explica el desarrollo de los casos de acoso sexual por ambiente hostil en donde el demandado no pretende obtener favores sexuales por parte de la afectada, y que puede tener lugar a través de actos o expresiones que carecen de naturaleza sexual. Esta forma de acoso, además, puede producirse entre "pares" dentro de una organización, por lo que no es necesario acreditar la existencia de una relación de jerarquía formal entre la afectada y el responsable, más aún si se tiene en cuenta que desde la perspectiva Antidominación la desigualdad entre sexos se concibe como una expresión de jerarquía o estatus. La alusión al deseo sexual como una premisa sobre la cual está construida la visión Antidominación es, por tanto, equivocada, pues dicho modelo nunca ha señalado a dicho elemento como el origen o fundamento del acoso sexual.

Otra voz crítica del enfoque Antidominación ha sido la de Ellen Frankel (1990) que defiende una visión neutra de la igualdad y sostiene que el enfoque Antidominación promueve una visión de las mujeres como "víctimas indefensas, dependientes económicamente de los hombres y al servicio de (su)

---

232 SCHULTZ, V., "Talking about Harassment", cit. p. 424.

233 SCHULTZ, V., "Open Statement on Sexual Harassment from Employment Discrimination Law Scholars", *Stanford Law Review Online*, 71, 2018, p. 18.

deseo sexual"[234]. La autora estima que el planteamiento de Mackinnon, al que califica de "victimología", asigna a los hombres y mujeres un rol dentro de la sociedad del cual no pueden escapar: de un lado las mujeres son representadas como seres físicamente débiles, económicamente dependientes e indefensas frente a un sistema que las oprime, frente a los hombres que ocupan la posición de victimarios y promotores de un sistema diseñado para garantizar su posición de dominio.

En consonancia con lo señalado anteriormente, Frankell rechaza la conceptualización del acoso sexual como una manifestación de la discriminación que recae sobre las mujeres como grupo desfavorecido porque, según indica, mientras que "la discriminación menosprecia o devalúa a todos los miembros de un grupo, (...) el acosador sexual solamente selecciona a alguien que él encuentra atractiva"[235]. La puesta en cuestión de la visión grupal sobre la que reposa la formulación del acoso sexual resulta, desde mi opinión, sumamente frágil. Franke acierta cuando señala que las víctimas de conductas de acoso sexual son seleccionadas en virtud de sus características personales, pues, de hecho, no todas las mujeres que forman parte de la plantilla de una empresa resultan afectadas por estas conductas. Pero este hecho no niega la faceta grupal y estructural que explica este fenómeno. Las conductas que se pueden enmarcar dentro de un supuesto de acoso sexual suponen una afectación grupal o colectiva, en la medida que constituyen una manifestación de la subordinación del colectivo al que la víctima pertenece y reafirman la situación de opresión de este grupo, aunque se expresen de manera individualizada y concreta.

---

234 FRANKELL, E., "Sexual Harassment as Sex Discrimination: A Defective Paradigm", cit. p. 348.

235 FRANKELL, E., "Sexual Harassment as Sex Discrimination: A Defective Paradigm", cit. p. 350.

Frankell apunta como una objeción adicional la dificultad de distinguir el acoso sexual, con lo que entiende pueden ser cortejos e insinuaciones legítimas que se producen en los entornos laborales. El acoso sexual, según indica, podría ser confundido con "conductas legítimas de una naturaleza privada y sexual que podría iniciarse en el trabajo"[236]. La dificultad de establecer diferencias entre las proposiciones de naturaleza sexual en las que no exista coerción y las que se pueden inscribir dentro de un supuesto de acoso sexual, puntualiza, se acrecienta aún más si se tiene en cuenta que la percepción personal constituye un aspecto que puede resultar extremadamente variable[237]. Estos argumentos son bastante débiles pues existe una diferencia considerable entre los cortejos e insinuaciones legítimas y las conductas que podrían configurar supuestos de acoso sexual, a menos que se pretenda calificar como cortejos, insinuaciones o propuestas a conductas violentas y corporal o verbalmente invasivas, y se considere que las mujeres debemos tolerarlas estoicamente, claro.

Finalmente, y como mencionamos previamente, existen autoras que se oponen a conceptualizar el acoso sexual como una forma de discriminación contra la mujer pasible de ser cuestionada desde los alcances del Título VII de la Ley de Derechos Civiles, y, en su lugar, proponen conceptualizar este fenómeno como uno que vulnera la dignidad de las personas. Destaca entre ellas Rosa Ehrenreich, que afirma que existe cierta confusión entre el daño que genera el acoso sexual sobre sus víctimas el cual, según entiende, constituye un daño a su dignidad; y el contexto discriminatorio en el que la vulneración a la dignidad tiene lugar. En este sentido, advierte que caracterizar

---

236 FRANKELL, E., "Sexual Harassment as Sex Discrimination: A Defective Paradigm", cit. pp. 333 y 357.

237 FRANKELL, E., "Sexual Harassment as Sex Discrimination: A Defective Paradigm", cit. p. 357.

al acoso sexual como una manifestación de la discriminación contra la mujer constituye un error. En su lugar, sostiene que el acoso debería ser comprendido como una vulneración a la dignidad en la medida que "todas las acciones discriminatorias suponen la imposición de daños dignatarios", y, por tanto, la discriminación debe considerarse comprendida dentro del concepto más amplio de daño a la dignidad[238].

La autora señala que el acoso constituye una vulneración a la dignidad de las personas afectadas sin importar el sexo de éstas, ni el sexo de los responsables de este tipo de conductas. En este sentido, refiere que el acoso a las mujeres en el empleo resulta pernicioso "porque las mujeres son seres humanos y comparten con todos los demás seres humanos el derecho a ser tratadas con respeto y consideración"[239]. Desde su postura manifiestamente neutral y simétrica, el enfoque de la dignidad permitiría combatir diferentes formas de abuso en el trabajo que, aunque causan un daño a la dignidad, no son necesariamente discriminatorias.

Adicionalmente, considera que la premisa sobre la que está asentada la consideración del acoso sexual como una forma de discriminación sexual, -la existencia de hostilidad o prejuicio contra las mujeres-, no es acertada en la medida que el acoso sexual puede tener distintas motivaciones como el simple deseo sexual, la antipatía o animadversión hacia la víctima o algún otro motivo distinto que no sea equiparable con la hostilidad hacia las mujeres[240]. La imposibilidad de trascender de

---

238 EHRENREICH, R., "Dignity and Discrimination: Toward a pluralistic understanding of workplace harassment", *The Georgetown Law Journal*, 88, 1999, p. 63.

239 EHRENREICH, R., "Dignity and Discrimination: Toward a pluralistic understanding of workplace harassment", cit. p. 60.

240 EHRENREICH, R., "Dignity and Discrimination: Toward a pluralistic understanding of workplace harassment", cit. p. 10.

una visión grupal del acoso sexual, señala, impide advertir que es una práctica que afecta a todos los trabajadores y no solo a las mujeres[241].

Ehrenreich indica que su formulación se asienta en dos premisas complementarias. La primera es que "toda persona tiene el derecho de no ser objeto de trato abusivo en el centro de trabajo", y, la segunda que la "discriminación contra miembros de ciertos grupos históricamente menos poderosos es un problema social serio y real"[242]. Esta última afirmación no parece presidir su razonamiento y tampoco es coherente con su insistencia en abandonar la definición del acoso sexual como un fenómeno que afecta a las mujeres en virtud de su posición subordinada. La asimetría, por tanto, no parece tener un rol central en su planteamiento, aunque sí está presente en su retórica más general[243]. La equiparación entre el acoso sexual y el derecho a no ser objeto de un trato abusivo en el trabajo que menciona la autora constituye un asunto que escapa de cualquier definición medianamente rigurosa del acoso sexual, y, en general, sitúa a este instituto fuera de las fronteras del Derecho Antidiscriminatorio, desvirtuando su existencia.

Como puede advertirse, las teorías de la dignidad, dentro de las que se inscribe la propuesta de Ehrenreich, postulan una definición simétrica del acoso sexual pues, aunque admiten su existencia y la necesidad de mantener la regulación de este instituto, lo hacen desde un enfoque indiferente a las estructuras que dan dado lugar a su aparición y a su reconocimiento en múltiples legislaciones.

---

241 EHRENREICH, R., "Dignity and Discrimination: Toward a pluralistic understanding of workplace harassment", cit. p. 54.

242 EHRENREICH, R., "Dignity and Discrimination: Toward a pluralistic understanding of workplace harassment", cit. p. 15.

243 EHRENREICH, R., "Dignity and Discrimination: Toward a pluralistic understanding of workplace harassment", cit. p. 62.

Su formulación neutra puede parecer atractiva por sus alcances más extensos. En teoría permitiría cuestionar el acoso sexual, sin importar quién sea la víctima, ni el responsable de estas conductas. Desde esta perspectiva, los hombres y las mujeres estamos expuestos a ser víctimas de esta práctica -que representa una afectación a nuestra dignidad-, en igualdad de condiciones. Como indica Anderson, esta posición "es potencialmente capaz de persuadir a cualquiera, incluso a los defensores de la dominación masculina y de la moralidad sexual convencional, de que el acoso sexual es malo"[244]. Pero precisamente en este aspecto reside su principal riesgo. La ceguera es la principal objeción que se debe plantear a las teorías que conciben el acoso sexual *únicamente* como un daño a la dignidad. A partir de esta conceptualización simétrica se pone en tela de juicio la premisa sobre la que se asienta la definición de este fenómeno: como un mal que enfrentan las mujeres en virtud de la condición de subordinación que experimentan y que está originada por el sistema sexo-género. Ubicar la protección del acoso sexual fuera del Derecho Antidiscriminatorio permite incluir diversos tipos de abuso que pueden tener lugar en los centros de trabajo, pero también disuelve la esencia de esta construcción, que enfrenta y combate una parcela en la que se expresa de la manera más cruda la subordinación a la que se encuentran expuestas las mujeres.

Como ha destacado Barrère, la invocación de la dignidad es peligrosa como justificación sustitutiva del acoso sexual pues "carece de virtualidad explicativa del acoso entendido como fenómeno grupal y sistémico y, con ello, como punto de partida válido para su comprensión y prevención"[245]. La

---

244 ANDERSON, E. "Recent Thinking about Sexual Harassment: A Review Essay", Philosophy *& Public Affairs,* 34, 2006, p. 292.

245 BARRÈRE, M. A., "El 'acoso sexual': una mirada a sus orígenes y a su evolución en la Unión Europea", cit. p. 48.

introducción de la dignidad como justificación del acoso sexual en desmedro de la igualdad, que tiene una presencia creciente en Europa, es perniciosa porque puede opacar la comprensión del acoso sexual como un fenómeno que tiene su origen en el sistema sexo-género y su concreta proyección en el ámbito del empleo[246]. Frente a justificaciones pretendidamente neutras, el reconocimiento de la subordinación del colectivo afectado por este sistema –las mujeres- se desvanece y la necesaria asimetría con la que se deben evaluar los fenómenos a través de los que esta subordinación se manifiesta también. Se trataría, claramente, de un retroceso en la protección contra la discriminación de las mujeres. La lectura formal, individualista y neutra de la igualdad ha impedido a lo largo de mucho tiempo combatir una serie de prácticas excluyentes y violentas que han mantenido a las mujeres marginadas a una posición de ciudadanas de segunda categoría. Solo a través de un cambio de paradigma es posible enfrentar la discriminación y adoptar medidas transformadoras que modifiquen estas estructuras.

7. CONCLUSIONES

Como se ha tenido ocasión de comprobar, la caracterización del acoso sexual como un fenómeno sexualmente discriminatorio se consolidó gracias al enfoque Antidominación, que vino a ofrecer una comprensión de la igualdad capaz de hacer frente a una serie de fenómenos y prácticas a través de las cuales se manifiesta y se refuerza la posición subordinada de las mujeres. Ubicar la protección contra el acoso sexual fuera del campo del Derecho Antidiscriminatorio y del Principio Antidominación, como pretenden quienes defienden su anclaje

---

246 BARRÈRE, M. A., "El 'acoso sexual': una mirada a sus orígenes y a su evolución en la Unión Europea", cit., p. 48.

exclusivo en la dignidad, resulta una opción cuestionable. No solo porque es indiferente a la verdadera naturaleza del acoso sexual, como un fenómeno que tiene su origen en el sistema sexo-género y que promueve la posición evaluada de las mujeres; sino porque fomenta una lectura formal, individualista y neutra de la igualdad.

BIBLIOGRAFÍA

ABRAMS, K., "The new jurisprudence of sexual harassment", *Cornell Law Review*, 83, 1998, pp. 1169-1230.

ANDERSON, E. "Recent Thinking about Sexual Harassment: A Review Essay", Philosophy *& Public Affairs*, 34, 2006, pp. 284-312.

BALKIN, JACK Y SIEGEL, R, "The American Civil Rights Tradition: Anticlassification or Antisubordination?", *University of Miami Law Review*, 58, 2003, pp. 9-33.

BARRÈRE, M. A., "Problemas del Derecho Antidiscriminatorio: subordinación versus discriminación y acción positiva versus igualdad de oportunidades", Cuadernos electrónicos de Filosofía del Derecho, 9, 2003, pp. 1-26.

BARRÈRE, M. A., "El 'acoso sexual': una mirada a sus orígenes y a su evolución en la Unión Europea" en *Acoso sexual y acoso por razón de sexo: actuación de las actuaciones públicas y de las empresas*, Generalitat de Catalunya, Centre d'Estudis Jurídics i Formació Especialitzada, Barcelona, 2013, pp.17-50.

CUITLÁHUAC, C., "Feminismo Inmodificado: Discursos sobre la vida y el derecho. Catharine Mackinnon", *Ciencia Jurídica*, 9, 2016, pp. 165-170.

EHRENREICH, R., "Dignity and Discrimination: Toward a pluralistic understanding of workplace harassment", *The Georgetown Law Journal*, 88, 1999. pp. 1-64.

ESTRICH, S., "Sex at Work", *Stanford Law Review*, 43, 1991, pp.813-861.

FISS, O., "Groups and the Equal Protection Clause" en *Equality and Preferential Treatment. A Philosophy & Public Affairs Reader*, Princeton University Press, Princeton, 1977, pp.107-177.

FISS, O., "Another Equality", en *The Origins and Fate of Antisubordination Theory,* Yale University Press, New Haven, 2003, pp. 1-20.

FRANKE, K, "What's wrong with sexual harassment", *Stanford Law Review,* 49, 1997, pp. 691-792.

FRANKE, K., "Gender, Sex, Agency and Discrimination: A reply to Professor Abrams", *Cornell Law Review,* 83, 1998, pp.1244-1256.

FRANKELL, E., "Sexual Harassment as Sex Discrimination: A Defective Paradigm", *Yale Law & Policy Review,* 8, 1990, pp. 333-365.

MACKINNON, C. *Sexual Harassment of Working Women. A case of Sex Discrimination,* Yale University Press, New Haven y Londres, 1979.

MACKINNON, C., "Reflections on Sex Equality Under Law", *The Yale Law Journal,* 100, 1991, pp. 1281-1328.

MACKINNON, C. *Feminismo Inmodificado. Discursos sobre la vida y el derecho,* (Traducc. Teresa de Arijón, con la colaboración de Marcela Rodríguez), Siglo Veintiuno Editores, Buenos Aires, 2014.

ROSENFELD M., *Affirmative Action and Justice. A Philosophical and Constitutional Inquiry,* Yale University Press, New Haven, Londres, 1991.

SCHULTZ, V., "Talking about Harassment", *Journal of Law and Policy,* 9, 2001, pp. 417-433.

SCHULTZ, V., "Open Statement on Sexual Harassment from Employment Discrimination Law Scholars", *Stanford Law Review Online,* 71, 2018, pp. 17-48.

SENTENCIAS CITADAS

Tribunal Supremo federal

Reed v. Reed, 404 U.S. 71 (1971)

Frontiero v. Richardson, 411 U.S. 677 (1973)

Meritor Sav. Bank, FSB v. Vinson, 477 U.S. 57 (1986)

Tribunales estatales

Corne v. Bausch & Lomb, 390 F. Supp. 161 (D. Ariz. 1975)

Tomkins v. Public Service Electric & Gas Co., 422 F. Supp. 53 (D.N.J. 1976), rev'd and remanded, 568 F.2d 1044 (3d Cir. 1977)

Barnes v. Costle, 561 F.2d 983, 990 (D.C. Cir. 1977)

Bundy v. Jackson, 641 F.2d 934 (D.C. Cir. 1981)

Wright v. Methodist Youth Services Inc., 511 F. Supp. 307 (N.D. IIL. 1981)

EEOC v. Walden Book Co., 885 F. Supp. 1100 (M.D. Tenn. (1995)

Sitios web

Comisión para la igualdad de oportunidades de EE.UU *-U.S. Equal Employment Opportunity Commission-* https://www.eeoc.gov/data/sexual-harassment-our-nations-workplaces

Capítulo 3

El diagnóstico de situación previo al plan de igualdad en la empresa: naturaleza y cuestiones controvertidas

CARLOS TERUEL FERNÁNDEZ

Profesor Ayudante Doctor de Derecho del Trabajo y de la Seguridad Social UCAM, Abogado laboralista, cteruel@ucam.edu

1. INTRODUCCIÓN

En toda empresa donde se vaya a proceder a la negociación y elaboración de un Plan de Igualdad, tras la constitución de la respectiva Comisión Negociadora, debe de elaborarse el denominado diagnóstico de situación, como resultado del proceso de toma y recogida de datos de la empresa. Estos datos determinarán los posibles desajustes que a través del plan de igualdad deberán ser corregidos para conseguir la igualdad efectiva entre hombres y mujeres. La elaboración del diagnóstico no suele ser un tema sencillo, no sólo porque requiere de la adopción de acuerdos por parte de los representantes de los trabajadores y de la empresa que conforman la Comisión Negociadora, sino porque existen determinados aspectos del Real Decreto 901/2020, de 13 de octubre, por el que se regulan los planes de igualdad y su registro y se modifica el Real Decreto 713/2010, de 28 de mayo, sobre registro y depósito de convenios y acuerdos colectivos de trabajo (en adelante, RD 901/2020) que no resultan del todo claros.

Ante esta situación, y dada la posición contrapuesta que suele existir entre las partes social y empresarial en el seno de las Comisiones Negociadoras, se hace necesario conocer cómo interpretar algunos de los puntos más controvertidos del citado Real Decreto para reducir la conflictividad y agilizar la elaboración del diagnóstico. Para ello, y a falta de jurisprudencia que siente un criterio taxativo, no deja de ser interesante analizar cómo podemos interpretar la normativa de igualdad, reflejar en parte mi experiencia profesional y comprobar qué criterios está adoptando la Inspección de Trabajo y de la Seguridad Social (en adelante, ITSS).

De esta manera, siendo conocedores de determinados criterios actuales, las empresas, representantes de trabajadores y otros profesionales podrán proceder a la elaboración de un diagnóstico de situación más fiel y ajustado a Derecho que servirá a las partes legitimadas que conforman la Comisión Negociadora para proponer medidas efectivas a incluir en el plan de igualdad.

2. EL DIAGNÓSTICO DE SITUACIÓN

2.1. Evolución

Aunque el art. 46 de la Ley Orgánica 3/2007, de 22 de marzo, para la igualdad efectiva de mujeres y hombres (en adelante LO 3/2007) ya citaba el diagnóstico de situación, no se ofreció demasiada luz sobre esta figura hasta la aprobación del Real Decreto-ley 6/2019, de 1 de marzo, de medidas urgentes para garantía de la igualdad de trato y de oportunidades entre mujeres y hombres en el empleo y la ocupación (en adelante, RDL 6/2019). Dicho RDL modificó el citado precepto de la LO 3/2007 añadiendo determinados aspectos fundamentales del diagnóstico:

1) Éste debe de ser negociado con los representantes de los trabajadores y elaborado en el seno de la Comisión Negociadora del Plan de Igualdad (en adelante, CNPI).

2) Debe contener, como mínimo, un análisis de las siguientes materias: proceso de selección y contratación, clasificación profesional, formación, promoción profesional, condiciones de trabajo, incluida la auditoría salarial entre mujeres y hombres, ejercicio corresponsable de los derechos de la vida personal, familiar y laboral, infrarrepresentación femenina, retribuciones y prevención del acoso sexual y por razón de sexo.

3) La obligación de las empresas de facilitar todos los datos y la información necesaria para su elaboración, así como la información del registro salarial regulado en el art. 28.2 del Estatuto de los Trabajadores (en adelante, ET)[247]. Esta obligación de contar con un registro retributivo lo fue desde el 8 de marzo de 2019, fecha en que entró en vigor el RDL.

4) Se realizó una remisión reglamentaria a futuro que desarrollaría el diagnóstico de situación, su contenido, materias, así como las auditorías salariales, sistemas de seguimiento y evaluación de los planes de igualdad y, finalmente, el Registro de Planes de Igualdad, en lo relativo a su constitución, características y condiciones para la inscripción y acceso. El resultado de esta remisión fue la aprobación del RD 901/2020, así como del Real Decreto 902/2020, de 13 de octubre, de igualdad retributiva entre mujeres y hombres (en adelante, RD 902/2020).

---

[247] Este apartado del ET, incluyendo la obligación de llevar un registro salarial fue introducido igualmente por el RDL 6/2019.

No fue hasta la aprobación del RD 901/2020 cuando el legislador detalló con bastante más detalle en qué consistía el diagnóstico y la estructura que éste debe de seguir para que sea considerado un diagnóstico completo y eficaz para la optimización de la efectividad de las medidas a proponer y aplicar durante la negociación del plan de igualdad en la empresa. Concretamente, cabe señalar el art. 7, así como el Anexo que se acompaña al final del citado RD sobre los criterios a seguir a la hora de desglosar cada uno de los apartados del diagnóstico de situación.

2.2. *Concepto y objeto*

En primer lugar, se ofrece una visión clara de cuál será el objetivo del diagnóstico, contemplándose como la primera fase para la elaboración del plan de igualdad. El art. 7 RD 901/2020 señala que el resultado de esta recogida de datos que realiza el diagnóstico va dirigido "*a identificar y a estimar la magnitud, a través de indicadores cuantitativos y cualitativos, de las desigualdades, diferencias, desventajas, dificultades y obstáculos, existentes o que puedan existir en la empresa para conseguir la igualdad efectiva entre mujeres y hombres*" y, además, indica que esto "*permitirá obtener la información precisa para diseñar y establecer las medidas evaluables que deben adoptarse, la prioridad en su aplicación y los criterios necesarios para evaluar su cumplimiento*".

Los indicadores cuantitativos serán todos aquellos datos que sean cuantificables y permitan dar una visión concreta sobre la situación real de la empresa en cada una de las materias que deben ser objeto de análisis en el diagnóstico. Por su parte, los indicadores cualitativos son aquellos que explican los resultados ofrecidos por los cuantitativos. La empresa no sólo debe ofrecer unos datos numéricos y porcentuales que sean un reflejo real de la situación actual de la empresa, sino que deberá añadir una explicación de los mismos de forma que sean fácilmente interpretables y, por tanto, se consiga una visión más completa que permita seleccionar las medidas más apropiadas a la hora de completar el plan de igualdad.

Independientemente de la imprecisa nomenclatura utilizada por el legislador para la recopilación de todos estos datos, a lo que más tarde me referiré, parece evidente que lo que se pretende es conseguir una transparencia total de la empresa en las materias más relevantes que afectan a todos los derechos de los trabajadores en aras a comprobar si en alguno de estos aspectos existe algún atisbo de discriminación directa o indirecta que deba de ser solventada. Como indica LOUSADA AROCHENA, "*resulta interesante constatar las ventajas que, a los efectos de aplicación y eventual mejora del plan de igualdad, presenta especificar con detalle en el mismo plan de igualdad los resultados del diagnóstico de situación y la metodología utilizada. De ahí la alabanza a los planes de igualdad que sí lo hacen lo que, en la muestra usada, acaece más o menos en la décima parte*"[248].

No parece que los RD 901/2020 y 902/2020 hayan nacido con una intención sancionadora, siendo bastante flexibles a la hora de adaptarse a los plazos y a su contenido. De hecho, pocas son las sanciones que hasta ahora la ITSS ha impuesto por el incumplimiento de la nueva regulación, siendo conscientes de algunas imprecisiones normativas (a las que haremos referencia) y de que, en ocasiones, la negociación entre empresa y representantes de los trabajadores no es una cuestión pacífica. De cualquier manera, no debe olvidarse que "el procedimiento de negociación del diagnóstico y del plan de igualdad se

---

248 LOUSADA AROCHENA, F., "Aspectos dinámicos de los planes de igualdad: (Diagnóstico de situación; Adopción e implantación; Seguimiento y evaluación; Comisiones de igualdad; Solución extrajudicial de conflictos)" en *Aequalitas: Revista jurídica de igualdad de oportunidades entre mujeres y hombres*, nº 34, p. 11, 2014.

tendrá que regir por la buena fe de ambas partes, tendente a conseguir un acuerdo”[249].

Otra obligación introducida por el RD 901/2020 fue la incorporación de un resumen del diagnóstico dentro del plan de igualdad. No se trata de incorporar el diagnóstico completo dentro del plan de igualdad sino de realizar un breve resumen de las conclusiones principales ofreciendo de forma escueta la información de por qué se ha llegado a las mismas. La CNPIs suele decidir incorporar este resumen como Anexo I a los planes de igualdad.

Cabe destacar otro igualmente la información complementaria ofrecida por el Anexo del RD 901/2020 y que viene desglosada en cinco puntos a los que se denominan “*Condiciones generales*”. Estos puntos o condiciones son igualmente relevantes para la elaboración del diagnóstico y vienen a indicar lo siguiente:

1) Todos los indicadores que se reflejen en el diagnóstico con respecto a cada una de las materias indicadas en el art. 7 del RD deben de estar desagregados por sexo.

2) El diagnóstico debe contener la información básica, provenga de fuentes internas o externas, sobre las características, estructura organizativa y situación individual de cada empresa atendiendo a las particularidades del centro y la actividad que desarrollen.

3) Debe señalarse la metodología que pretende utilizarse para la elaboración del documento de diagnóstico, además de los datos analizados, fecha de recogida de información y de realización del propio diagnóstico, así

---

[249] ARAGÓN GÓMEZ, C. y NIETO ROJAS, P., “Preguntas y respuestas sobre planes de igualdad” en *Revista de Derecho Laboral vLex*, p. 25, diciembre 2021.

como una referencia a los intervinientes en su elaboración. En este punto, lo más sencillo y recomendable siempre es realizar el diagnóstico siguiendo la estructura fijada en el anexo del propio RD 901/2020 para ir recopilando y ordenando la información siguiendo un criterio uniforme.

4) La posibilidad de que intervengan asesores externos que aconsejen a los miembros de las CNPIs durante la celebración de las sesiones. No puede tratarse de cualquier persona, sino que deben de ser personas con especial formación y/o experiencia en igualdad de trato y oportunidades entre mujeres y hombres en el ámbito del empleo y las condiciones de trabajo. Tanto en art. 5.3 como el propio anexo del RD 901/2020 indican que las partes legitimadas "podrán" acudir con asesores.

5) El anexo, por último, hace hincapié en que el diagnóstico debe mostrar un fiel reflejo de en qué medida la igualdad se encuentra integrada en la gestión y estructura de la empresa, así como los ámbitos prioritarios de actuación.

2.3. Materias objeto de análisis

Las materias objeto de análisis para la elaboración del diagnóstico de situación fueron introducidas por el RD 6/2019 al modificar el art. 46.2 de la LO 3/2007 y aunque el RD 901/2020 traspuso estas materias dentro de su art. 7, lo cierto es que su anexo cumplió con lo que dispuso el art. 46.6 de dicha LO (introducido a su vez por el propio RD), completando detalladamente la información que debe ser incorporada en el diagnóstico por cada una de dichas materias. A continuación, pasamos a enumerar cada una de las materias, incluyendo los aspectos más relevantes de cada una de ellas:

A. Proceso de selección y contratación

Sobre esta materia, deben analizarse los principales procesos de gestión de RR.HH. de selección y contratación, en clave de igualdad de género, por si pudieran existir principios o prácticas discriminatorias.

B. Clasificación profesional

Con respecto a esta materia, se analiza el sistema de clasificación profesional aplicado por la empresa desde el punto de vista de la igualdad de género, analizando tanto el sistema de clasificación del convenio colectivo como, en su caso, el interno de la empresa.

C. Formación

En esta materia, se trata de analizar el proceso de detección de necesidades formativas y la formación diseñada e impartida por la empresa, valorándola en clave de igualdad de género.

D. Promoción profesional

Se trata de analizar el sistema de promoción aplicado por la empresa desde el punto de vista de la igualdad de género.

E. Condiciones de trabajo y distribución del tiempo de trabajo

Para completar esta materia debe comprobarse si las condiciones de trabajo existentes son equiparables entre las personas trabajadoras del sexo masculino y las del sexo femenino.

F. Ejercicio corresponsable de los derechos de la vida personal, familiar y laboral

Para el desarrollo de esta materia se deberá comprobar la existencia de medidas e iniciativas implantadas por la empresa que ayuden a las personas trabajadoras a compatibilizar y conciliar su vida laboral y familiar y que contribuyan a un reparto más equilibrado de las responsabilidades familiares, mediante la corresponsabilidad (permisos, excedencias, servicios de apoyo a la conciliación, flexibilidad de tiempo y espacio de trabajo, etc.).

G. Infrarrepresentación femenina

El objetivo de esta materia es la analizar la posibilidad de aplicar medidas e iniciativas a través de las cuales se consiga una mayor representación de las mujeres en aquellas categorías profesionales en que se hallan infrarrepresentadas, de forma que se consiga o se mantenga la paridad entre hombres y mujeres y se elimine la feminización o masculinización de determinados grupos o categorías profesionales.

H. Política y estructura retributiva

Este criterio tiene por objeto valorar si se aplica el principio de igualdad retributiva en la empresa, a través del análisis de la totalidad de los conceptos salariales y extrasalariales que perciben las personas trabajadoras y de las políticas implantadas en la empresa en materia de retribución, midiéndose el cumplimiento de las mismas con indicadores cuantitativos que confirme, en su caso, si se da esa neutralidad entre la retribución de las mujeres y la de los hombres.

I. Prevención del acoso sexual por razón de sexo

Por último, el análisis de esta materia tiene por objeto comprobar la sensibilización de la empresa y de su plantilla por evitar conductas de acoso, y se toma en consideración la existencia de algún protocolo que prevea la existencia de un comité o comisión responsable de actuar frente a las situaciones de acoso y la existencia de algún mecanismo de comunicación para presentar quejas o denuncias de este tipo.

3. ASPECTOS CONTROVERTIDOS

3.1. Origen y consecuencias de las controversias

Muchos son los aspectos del diagnóstico de situación que pueden dar lugar a cierta controversia. De hecho, en ocasiones las CNPI se enfrentan a ciertos retos interpretativos promovidos por determinadas disposiciones normativas e instrucciones ministeriales que en gran medida son resueltos por la ITSS en el desarrollo de su función de vigilancia y control de que las empresas cumplan con su deber.

Es cierto que a veces es complicado llegar a acuerdos en las CNPI por las diferencias interpretativas de la parte social y empresarial y es en estos casos cuando en muchas ocasiones interviene la ITSS para dar un poco de luz a la normativa a falta de criterios firmes y uniformes por parte de los juzgados y tribunales del orden social. Ha de tenerse en cuenta que la normativa sobre el diagnóstico de situación es una normativa joven que apenas ha pasado aún por los Juzgados de lo Social, por lo que para que tengamos jurisprudencia consolidada del Tribunal Supremo (en adelante, TS) que establezca criterios taxativos parece que aún queda un largo recorrido.

Ante esto, siendo consciente de las dificultades interpretativas que presenta la elaboración del diagnóstico de situación y de que la CNPI es una comisión paritaria, en muchas ocasiones con intereses contrapuestos, la ITSS está siendo algo laxa a la hora de imponer sanciones pecuniarias a las empresas, máxime cuando de la documentación solicitada (normalmente, las actas de las reuniones) se comprueba que existe una voluntad por ambas partes (representantes de la empresa y representantes de los trabajadores) de avanzar con las negociaciones y completar tanto el diagnóstico de situación, como la auditoría retributiva, el registro salarial y, finalmente, el plan de igualdad.

La ITSS comprende que a veces no es sencillo recopilar toda la información solicitada por el RD 901/2020 por el detalle exigido en el mismo. Ahora bien, si comprobara que exige alguna dilación injustificada imputable a la empresa, podrá usar su arma principal, el Real Decreto Legislativo 5/2000, de 4 de agosto, por el que se aprueba el texto refundido de la Ley sobre Infracciones y Sanciones en el Orden Social (en adelante, LISOS), para sancionar la conducta infractora. En concreto, la LISOS tipifica como infracción grave el hecho de no cumplir con las obligaciones señaladas por la LO 3/2007 en materia de planes y medidas de igualdad[250]. Además, el art. 8.17 del mismo texto legal tipifica como infracción muy grave la no elaboración o no aplicación del plan de igualdad o su aplicación en términos distintos a lo en él previsto[251]. Por su parte, las sanciones por cometer este tipo de infracciones pueden llegar de 751 a 1.500 euros (grado mínimo), 1.501 a 3.750 euros (grado medio) o de 3.751 a 7.500 euros (grado máximo) si se tratara de una sanción grave; o de 7.501 a 30.000 euros (grado mínimo), 30.001 a 120.005 euros (grado medio) o 120.006 a 225.018 euros (grado máximo) si se tratara de una sanción muy grave[252].

3.2. Nomenclatura de "diagnóstico".

La Real Academia Española (en adelante, RAE) define la palabra "diagnóstico" como "*determinación de la naturaleza de una enfermedad mediante la observación de sus síntomas*" y "*calificación que da el médico a la enfermedad según los signos que advierte*"[253]. Por

---

[250] Véase art. 7.13 LISOS.

[251] Véase art. 8.17 LISOS.

[252] Véase art. 40.1 LISOS.

[253] Véase la web de la RAE https://dle.rae.es/diagnóstico [Consultado el 10/02/2023]

tanto, dicha palabra no deja de estar relacionada con la terminología médica, indicando la naturaleza de calificación de una enfermedad.

Es cierto que la brecha de género en el ámbito laboral es una lacra y una triste realidad en algunas empresas privadas y públicas pero el hecho de que todas las empresas con más de cincuenta personas trabajadoras o aquellas que deseen crear un plan de igualdad voluntariamente[254] deban de realizar un "diagnóstico" no tiene por qué suponer que todas las empresas presenten esa patología. Se usa el término de forma general como si todas las empresas basaran sus políticas internas en la discriminación por razón de sexo cuando esto no es así. No se puede diagnosticar nada a alguien que no esté enfermo, por lo que las empresas donde exista igualdad no deberían ser "diagnosticadas".

Quizás el término más apropiado hubiera sido el de "estudio de igualdad" o "informe de situación" porque finalmente de lo que se trata es de averiguar cuál es la situación actual de la empresa en términos de igualdad para comprobar los desajustes y, en su caso, proceder a adoptar las medidas adecuadas para su corrección.

3.3. Elaboración del diagnóstico por consultoras externas

Un tema que ha sido objeto de debate en el seno de las CNPIs es la posibilidad de que la empresa pueda encargar a una consultora externa la elaboración del diagnóstico de situación. Por los representantes de los trabajadores esto se ha visto con algo de recelo ya que pueden llegar a considerar que se trata

---

[254] DOMÍNGUEZ MORALES, A., "El diagnóstico de la situación como fase previa a la elaboración de planes de igualdad" en *Femeris,* Vol. 5, No. 2, p. 59, 2020.

de un diagnóstico parcial y no negociado ya que no ha contado con su participación.

Efectivamente, la empresa no puede imponer un diagnóstico de situación pero sí que es importante tener de cuenta que es la empresa la que posee todos los datos para la cumplimentación de los diferentes puntos del diagnóstico y, dada la complejidad y detalle de la información solicitada por la normativa de igualdad, no es extraño que las empresas contraten a consultoras externas especializadas para que les ayuden a cumplir con toda la legislación vigente y así evitarse problemas de cara a la ITSS o a los juzgados competentes.

Por tanto, no es extraño que las empresas utilicen tales servicios para poner sobre la mesa, como punto de partida, un borrador de diagnóstico que servirá como documento de trabajo para que, a partir del mismo, la CNPI pueda seguir incluyendo, modificando o suprimiendo todos aquellos extremos que consideren oportunos. Pese a la posible reticencia en el seno de algunas CNPIs a que sea la empresa la que aporte este borrador, lo cierto es que siempre será lo más adecuado. De hecho, en la experiencia de este autor, normalmente hasta en ocasiones suele aceptarse sin ningún inconveniente sabiendo en todo momento de que tal documento no deja de ser un borrador y que el contenido del mismo siempre deberá ser aprobado por la mayoría de la Comisión.

Este tema ya ha sido objeto de estudio por el TS, determinando en un supuesto concreto que no se ha discutido en ningún momento que el diagnóstico aportado por la empresa y que ésta a su vez encargó a una consultora externa cumpliera con las exigencias legales vigentes y que, además, dicho diagnóstico "*se aporta con mucha antelación a la conclusión del proceso negociador y son varias las reuniones con la comisión negociadora que se celebran con posterioridad, por lo que no hay duda alguna de que debe considerarse como un diagnóstico negociado, desde el momento en el que esas ulteriores reuniones todas las partes dispusieron de la posibilidad de poner de manifiesto sus objeciones y alegaciones al respecto, siendo de hecho ratificado con la firma del acuerdo sobre el plan de igualdad finalmente alcanzado con la RLT*"[255]. Efectivamente, "*el diagnóstico puede ser elaborado por una empresa externa siempre que posteriormente pueda ser negociado y ampliado a instancia de la representación de trabajadores*[256]".

3.4. El resumen del diagnóstico en el Plan de Igualdad

El RD 901/2020 exige la elaboración de un resumen del diagnóstico de situación, así como de sus principales conclusiones y propuestas, para su inclusión dentro del plan de igualdad[257]. Normalmente, este documento se adjuntará como Anexo I al documento definitivo de plan de igualdad.

Este documento normalmente contendrá un resumen de las conclusiones alcanzadas para cada una de las materias objeto de estudio, con sus propuestas de mejor, y un resumen justificativo de tales conclusiones, esto es, deberán relatarse de forma escueta los hechos que han dado lugar a la consideración de dichas conclusiones de manera que exista un hilo conductor claro entre situaciones de hecho, conclusiones y propuestas de mejora. Este resumen, al igual que el resto de aspectos del diagnóstico, deberá ser negociado y aprobado por las representaciones que conforman la CNPI.

---

[255] STS 590/2021, de fecha 01/06/2021, de la Sala Cuarta, de lo Social, del Tribunal Supremo (rec. 32/2020).

[256] MARÍN MORAL, I., "La negociación de los Planes de Igualdad: diagnóstico de situación y alcance del acuerdo", en *Revista de Derecho Laboral vLex,* p. 219, diciembre 2021.

[257] Véase párrafo 2º del art. 7 RD 901/2020.

3.5. ¿Hasta dónde puede conocer la representación de la parte social? El límite de la protección de datos personales de los trabajadores

En este punto cabe recordar que la LO 3/2007, en la redacción dada por el RD RDL 6/2019, dispone que "*la elaboración del diagnóstico se realizará en el seno de la Comisión Negociadora del Plan de Igualdad, para lo cual, la dirección de la empresa facilitará todos los datos e información necesaria para elaborar el mismo en relación con las materias enumeradas en este apartado, así como los datos del Registro regulados en el artículo 28, apartado 2 del Estatuto de los Trabajadores*"[258]. Por su parte, el RD 901/2020 dispone que "*constituida la comisión negociadora, y a los efectos de elaborar el diagnóstico de situación, las personas que la integran tendrán derecho a acceder a cuanta documentación e información resulte necesaria a los fines previstos, estando la empresa obligada a facilitarla en los términos establecidos en el artículo 46.2 de la Ley Orgánica 3/2007, de 22 de marzo*"[259]. Por tanto, por un lado, nos encontramos con que existe una obligación por parte de la empresa de facilitar toda la información necesaria para elaborar el diagnóstico y, por otro lado, un derecho de acceso a toda esa información por parte de los miembros de la CNPI.

En principio, parece que no existe ningún tipo de límite a ese derecho de acceso o a esa obligación empresarial de facilitar "*todos los datos o información*" siempre que estén relacionados con las materias contenidas en los arts. 46.2 LO 3/2007 y 7 RD 901/2020 (como pudo comprobarse, son exactamente las mismas), materias que ya han sido objeto de análisis con anterioridad. De hecho, suele ser habitual que los representantes de la parte social se acojan en todo momento a estos preceptos para exigir su derecho de acceso a todos los documentos,

---

258 Véase párrafo 21 del art. 46.2 LO 3/2007.

259 Véase art. 5.7 RD 901/2020.

archivos y demás información que esté en poder de la empresa para conocer todos los datos brutos que les permitan conocer al detalle el contenido de su documentación interna.

Es cierto que, siguiendo el tenor literal de los citados preceptos, no parece que exista ninguna barrera, pero hay un derecho de todas las personas trabajadores que debe ponerse sobre la mesa: el derecho a la protección de los datos personales. Es este punto cabe tener en cuenta el contenido del Reglamento (UE) 2016/679 del Parlamento Europeo y del Consejo, de 27 de abril de 2016, relativo a la protección de las personas físicas en lo que respecta al tratamiento de datos personales y a la libre circulación de estos datos y por el que se deroga la Directiva 95/46/CE, este es, el conocido como Reglamento General de Protección de Datos (en adelante, RGPD). Este Reglamento recoge el denominado principio de minimización de datos, según el cual, los datos personales aportados deben ser los "*adecuados, pertinentes y limitados a lo necesario en relación con los fines para los que son tratados*"[260]. Por tanto, se entiende que las empresas no deben ceder a los representantes de la parte social, ni estos deberán tratar, más datos de los que se consideren estrictamente indispensables para el ejercicio de sus funciones en el seno de la CNPI. Además, dichos representantes serán responsables de los datos que traten para cumplir sus funciones en la CNPI, con las consecuencias que puede conllevar su publicación o pérdida[261].

Así las cosas, las empresas tendrán que ceder todos aquellos datos que sean inherentes a los deberes fijados por la normativa de igualdad, pero teniendo siempre en cuenta el citado

---

260 Véase art. 5.1.c) RGPD.

261 Cabe destacar el deber de sigilo que deben mantener todas las personas integrantes de la CNPI, así como en su caso, los asesores que asistan a las mismas, de conformidad con lo dispuesto en el art. 5.8 RD 901/2020.

principio para proteger en todo caso el derecho a la protección de datos personales de las personas trabajadoras.

3.6. Intervención de asesores externos

Finalmente, cabe destacar un tema que no está tampoco exento de polémica: el de la intervención de asesores externos especializados en el seno de la CNPI.

En este punto, el art. 5.3 del RD 901/2020 puede resultar algo confuso ya que incorpora la posibilidad de acudir con asesores externos en un apartado que parece tratar únicamente sobre las empresas en la que no existen representantes legales de los trabajadores. Concretamente, el último párrafo de este apartado indica que "*la comisión negociadora podrá contar con apoyo y asesoramiento externo especializado en materia de igualdad entre mujeres y hombres en el ámbito laboral, quienes intervendrán con voz, pero sin voto*".

Por tanto, con respecto a este precepto podemos plantearnos un par de cuestiones:

1) Parece que el legislador quiere establecer que la intervención de los asesores es sólo una posibilidad ("*podrá contar*") pero no establece si dicha posibilidad debe de ser fijada por la mayoría de la propia CNPI o si cada parte legitimada, a su propia instancia, puede decidir de forma unilateral acudir con asesores a las reuniones de la CNPI.

2) Otra pregunta sería la formulada con anterioridad, esta es, el hecho de que la intervención de los asesores esté recogida en el art. 5.3 RD 901/2020, ¿significa que sólo tienen derecho a acudir con asesores los integrantes de las CNPIs en empresas donde no exista representación legal de los trabajadores?

La segunda pregunta parece que puede entenderse respondida con la lectura del primer punto del anexo del RD 901/2020 ("*Condiciones Generales*"), en el momento en el que el apartado 4º dispone que "*en la elaboración del diagnóstico podrán participar, con el objeto de asesorar, a las personas legitimadas para negociar, personas con formación o experiencia específica en igualdad de trato y oportunidades entre mujeres y hombres en el ámbito del empleo y las condiciones de trabajo*". Es este caso no se hace distinción alguna sobre si esto será posible en empresas donde exista o no representantes de los trabajadores, por lo que se entiende que será posible la intervención de asesores externos en toda clase de empresas. Aún así, también aparece otro elemento subjetivo que es el nivel de preparación o experiencia en igualdad que debe de tener una persona para que sea considerada como idónea para ser asesor externo.

En cuanto a la primera cuestión, no parece que quede del todo clara ya que el anexo utiliza igualmente el término "*podrán*". Sin embargo, la ITSS está siguiendo el criterio de que, si cualquier parte legitimada desea acudir con asesor, tiene derecho a hacerlo sin que sea una decisión que deba ser sujeta a votación en ningún caso. Así, si alguna de las partes minoritarias que conformen la CNPI se viera privada de esta facultad por decisión de la mayoría del resto de partes legitimadas, esta decisión sería nula y podría suponer incluso que las actuaciones posteriores sean declaradas nulas por parte de la ITSS desde el momento que alguna de las partes solicitara su intervención con asesores y no le fuera permitido. En este caso, y en cumplimiento de lo dispuesto por la ITSS, habría que retrotraer las actuaciones y continuar negociando el diagnóstico con la participación de los asesores (con voz, pero sin voto) de aquellas partes legitimadas que deseen contar con ellos en las reuniones de la Comisión.

4. CONCLUSIONES

A modo de conclusión, y en primer lugar, cabe destacar que dentro del poco recorrido jurídico del a mi juicio mal llamado "diagnóstico" en nuestro ordenamiento, éste se ha convertido en documento esencial para la elaboración del plan de igualdad en todas las empresas con más de cincuenta trabajadores y no son pocas las dudas que el mismo ha suscitado. Por un lado, porque la profunda amplitud del mismo otorga un derecho a las partes legitimadas de las Comisiones Negociadoras para acceder casi sin límites a los documentos y archivos de la empresa, con la única excepción de aquéllos que supongan una vulneración de la protección de datos personales de las personas trabajadoras. Por otro lado, por algunas de las imprecisiones contenidas en la normativa de igualdad que dificulta la toma de decisiones en el seno de tales Comisiones.

A falta de jurisprudencia que complemente en gran medida el régimen jurídico del diagnóstico de situación, de momento es la ITSS la que vigila y completa el cumplimiento de la normativa cuando comprueba (de oficio o previa denuncia) que, a su juicio, no está siendo acatada adecuadamente. Pese a esto, y como se ha mencionado, la ITSS, siendo conocedora de la situación actual, no está siguiendo una línea dura de sanciones contra las empresas siempre y cuando observen la existencia de buena fe en las negociaciones.

Una de las resoluciones judiciales que ya ha sido dictada por el TS es la relativa a la posibilidad de elaboración del diagnóstico por consultoras especializadas, pero, sin duda, son muchas más las sentencias que llegarán y darán cobertura no sólo las lagunas legales expuestas en el presente trabajo, sino también aquellas que continúen surgiendo por la aplicación de la normativa en la práctica.

5. BIBLIOGRAFÍA

ARAGÓN GÓMEZ, C. y NIETO ROJAS, P., "Preguntas y respuestas sobre planes de igualdad" en *Revista de Derecho Laboral vLex*, p. 25, diciembre 2021.

DOMÍNGUEZ MORALES, A., "El diagnóstico de la situación como fase previa a la elaboración de planes de igualdad" en *Femeris*, Vol. 5, No. 2, p. 59, 2020.

LOUSADA AROCHENA, F., "Aspectos dinámicos de los planes de igualdad: (Diagnóstico de situación; Adopción e implantación; Seguimiento y evaluación; Comisiones de igualdad; Solución extrajudicial de conflictos)" en *Aequalitas: Revista jurídica de igualdad de oportunidades entre mujeres y hombres*, nº 34, p. 11, 2014.

MARÍN MORAL, I., "La negociación de los Planes de Igualdad: diagnóstico de situación y alcance del acuerdo", en *Revista de Derecho Laboral vLex*, p. 219, diciembre 2021.

Capítulo 4

Protocolos de actuación para la prevención y el tratamiento de situaciones de violencia en el ámbito laboral

DR. JUAN FERRER
Docente e Investigador Universidad Siglo 21–Universidad Nacional de Córdoba.
Correo electrónico: drjuanferrer@gmail.com.

MGTER. MAXIMILIANO CACERES FALKIEWICZ
Docente e Investigador Universidad Siglo 21.
Correo electrónico: maxicaceresf@gmail.com.

1. LA PROBLEMÁTICA DE LA VIOLENCIA LABORAL EN LAS ORGANIZACIONES

La violencia de género logró -desde hace unos años- la despenalización legal y social que necesitaba para salirse del ámbito privado y pasar a ser un tema público y político, que atañe tanto a los particulares como al Estado. En este sentido, con el tiempo se amplió también el espectro de los tipos reconocidos de violencia entendiendo que la misma puede ser física, sexual, psicológica, económica, simbólica, entre otras y sus modalidades se manifiestan en distintos ámbitos, siendo uno de ellos el trabajo.

Históricamente las mujeres han sido discriminadas del mercado laboral por el sólo hecho de ser mujeres, privadas de ascensos, mal pagadas, destinadas a los llamados empleos "feminizados", cuestiones que se extienden a la actualidad. Este cúmulo de discriminaciones se traducen e identifican como violencia laboral. La ley N° 26.485 de "Protección integral para prevenir, sancionar y erradicar la violencia contra las mujeres en los ámbitos en que desarrollen sus relaciones interpersonales" en su artículo 6, inciso c) establece que "la violencia laboral contra las mujeres es aquella que discrimina a las mujeres en los ámbitos de trabajo públicos o privados y que obstaculiza su acceso al empleo, contratación, ascenso, estabilidad o permanencia en el mismo, exigiendo requisitos sobre estado civil, maternidad, edad, apariencia física o la realización de test de embarazo. Constituye también violencia contra las mujeres en el ámbito laboral quebrantar el derecho de igual remuneración por igual tarea o función. Asimismo, incluye el hostigamiento psicológico en forma sistemática sobre una determinada trabajadora con el fin de lograr su exclusión laboral".

Ahora bien, en el año 2019, el Instituto para el Desarrollo Empresarial de la Argentina (IDEA) publicó el "Pulso de gestión empresarial: el abordaje de la violencia (de género) en las empresas"[262]. La iniciativa de "IDEA Diversidad", relevó un total de 97 organizaciones y entre algunas cuestiones de interés para este artículo, podemos ver como más de un 60% de las mismas no contaba con políticas y/o prácticas formales para actuar frente a situaciones de violencia. Entre las que sí abordaban de alguna forma la temática, lo hacían en un 71% abordando la violencia en el ámbito laboral. Lo curioso es que en sólo un 5% el enfoque correspondía a la violencia de género. Puntualmente, con respecto a la adopción de protocolos,

---

262 Disponible en: https://www.argentina.gob.ar/sites/default/files/mteyss-violencia-laboral-informe- 2021.pdf

un 47% declaró no poseer ningún tipo de protocolos, un 27% declaró estar en proceso de elaboración de protocolo y dentro del 26% que posee protocolos: un 74% era sobre violencia laboral, un 4% sobre violencia doméstica y un 22% abordaba ambos tipos de violencia.

Por su parte, jurisprudencialmente también fue abriendo camino en relación a la temática, a través de diversos fallos siendo uno de los más destacables "Sisnero, Mirtha Graciela y otros c/ Tadelva S.R.L. y otros s/ Amparo" resuelto por la Corte Suprema de Justicia de la Nación.

Asimismo, la Organización Internacional del Trabajo (en adelante, OIT) no fue ajena a la cuestión y sumó al cúmulo de Convenios y Recomendaciones aplicables a este tema el Convenio N° 190 sobre la "Eliminación y la violencia en el mundo del trabajo", que Argentina ratificó por la Ley N° 27.580.

En este marco, es claro –muy claro– que en la actualidad caracterizada por ser esencialmente dinámica, es necesario la adopción de medidas conducentes al tratamiento efectivo de la violencia laboral, estableciendo un Protocolo de Actuación en el ámbito empresario a los fines de prevenir e intervenir adecuadamente en caso de ocurrencia.

Hoy, el concepto de violencia laboral se entiende como toda conducta activa u omisiva, ejercida en el mundo laboral destinado a provocar, directa o indirectamente, daño físico, psicológico o moral a un trabajador o trabajadora, sea como amenaza o acción consumada. La misma incluye violencia de género, acoso psicológico, moral y sexual en el trabajo, sin perjuicio de otros actos, y puede provenir de niveles jerárquicos superiores, del mismo rango o inferiores. Puede presentarse tanto en sentido vertical (ascendente o descendente) como entre pares, afectando la salud y el bienestar de las personas que trabajan y configura una violación a los derechos humanos y laborales.

De tal guisa, el ya referido Convenio OIT Nro. 190, consideró que "...el mundo del trabajo no sólo abarca el lugar de trabajo físico tradicional, sino también el trayecto hacia y desde el trabajo; los eventos sociales relacionados con el trabajo, los espacios públicos; también para los trabajadores de la economía informal tales como los vendedores ambulantes; y el hogar, en particular para los trabajadores a domicilio, los domésticos y los teletrabajadores". Cabe destacar que incluso amplio la noción "lugar de trabajo", ésta ya no se limita solo al lugar de trabajo físico, sino que incluye otras circunstancias y entornos, como los retiros realizados en el contexto del trabajo, los eventos sociales que tienen lugar después de la jornada laboral, o los desplazamientos cotidianos, e incluyen asimismo las comunicaciones profesionales, en particular las que tienen lugar mediante las Tecnologías de la información y comunicación (TICs).

En concomitancia con ello, el artículo 14 bis de la Constitución Nacional de la República Argentina establece que se deben garantizar condiciones dignas y equitativas de labor y velar por la protección a la salud de los trabajadores y trabajadoras. Para ello es necesario adoptar las medidas de prevención que garanticen la salud psicofísica de los que componen la organización laboral, tal como lo establece la normativa sustantiva laboral, específicamente el artículo 75 de la Ley de contrato de Trabajo Nro. 20744.

La temática de la violencia laboral reviste importancia al afectar la salud de las trabajadoras y trabajadores, repercutiendo en el clima laboral, lo que impacta directamente en la productividad de la organización empresarial, generando un mal precedente, costos innecesarios ya sea por altos índices de enfermedad, como así también la judicialización de situaciones que podrían prevenirse. Ante esta realidad es necesario considerar un protocolo de intervención que especifique acciones preventivas, que brinde asesoramiento a las personas que sufren violencia laboral y prevea medidas para el cese de dichas conductas.

Por ello, una organización será saludable en la medida en que se realicen esfuerzos sistemáticos, planificados y proactivos para mejorar la salud de los empleados y empleadas, mediante buenas prácticas relacionadas con la mejora del ambiente laboral y de la organización.

Otra cuestión que no debiera desatenderse es la cadena de responsabilidades que las situaciones de violencia implican ya que la escala de mando es responsable necesario si no acciona de manera adecuada frente al acontecimiento, el evento no se agota en el binomio agresor – agredido.

En las organizaciones de trabajo es fácil encontrar roces o discusiones puntuales entre compañeros y/o superiores e inferiores, pero algo distinto es cuando una persona o un grupo de personas ejercen una violencia psicológica extrema, de forma sistemática durante un tiempo prolongado, sobre otra persona en el lugar de trabajo. En estos casos podemos hablar de mobbing. Este término es el que se suele emplear en la literatura psicológica internacional (del inglés to mob: acosar). En castellano, los términos utilizados para denominarlo son: acoso moral en el trabajo, acoso psicológico en el trabajo, psicoterror laboral u hostigamiento psicológico en el trabajo.

Nos parece importante destacar al respecto, que la empresa no podrá despedir a una empleada víctima de violencia de género por las ausencias o retrasos al trabajo provocados por el ejercicio de los derechos relacionados con tal condición, como la tutela judicial efectiva, los de protección o su derecho a la asistencia social integral.

A modo ejemplificativo, en materia institucional y ámbito público, en México, la Secretaría del Trabajo y Previsión Social (STPS) creó la Norma Oficial Mexicana NOM-35-STPS-2018 (publicada en el DOF el 23 de octubre de 2018), como una herramienta para identificar y analizar los factores de riesgo psicosociales en los centros de trabajo que puedan afectar el bienestar, integridad y salud del trabajador y deriven en estrés laboral.

La Organización Mundial de la Salud ha sido conteste y ha reconocido que la violencia resulta, en la actualidad, una amenaza para la salud pública y un obstáculo para el desarrollo de las naciones (Primer Informe Mundial sobre la violencia y la salud, 2003), en tanto la OIT, destaca que la violencia en el ámbito laboral –tanto física como moral o psicológica– viene creciendo en los casos registrados, alcanzando niveles preocupantes tanto en la frecuencia de las conductas violentas como en las consecuencias devastadoras que impactan no sólo a los directamente afectados, sino también a sus entornos familiares y otros grupos de pertenencia.

A su turno, el artículo 14 de la Recomendación N° 206 de la OIT enumera las vías de recurso y reparación y entre ellas dispone, el derecho a dimitir y percibir una indemnización, la readmisión del trabajador/a, indemnización apropiada por los daños resultantes, pago de honorarios de asistencia letrada y costas, entre otras cuestiones[263].

Por su parte, el artículo 9 del Convenio N° 190 de la OIT establece que todo Estado Miembro deberá adoptar una legislación que exija a los empleadores tomar medidas apropiadas y acordes con su grado de control para prevenir la violencia y el acoso en el mundo del trabajo, incluidos la violencia y el acoso por razón de género. A su turno, el artículo 10 del referido instrumento establece que todo miembro deberá

---

263 Puedeconsultarse: https://aldiaargentina.microjuris.com/2021/06/29/fallos-violencia-de-genero-los- directivos-de-una-empresa-deberan-disculparse-con-las-azafatas-victimas-de-maltrato-y-ademas- deberan-realizar-un-curso-de-capacitacion-sobre-violencia-laboral-y-persp/

adoptar medidas apropiadas para -entre otras cuestiones detalladas- prever que las víctimas de violencia y acoso por razón de género en el mundo del trabajo tengan acceso efectivo a mecanismos de presentación de quejas y de solución de conflictos, asistencia, servicios y vías de recurso y reparación que tengan en cuenta las consideraciones de género y que sean seguros y eficaces.

En este estado, podemos entender como violencia laboral como toda acción, omisión o comportamiento destinado a provocar, directa o indirectamente, daño físico, psicológico o moral a un trabajador o trabajadora, sea como amenaza o acción consumada. La misma incluye violencia de género, acoso psicológico, moral y sexual en el trabajo, y puede provenir tanto de niveles jerárquicos superiores, como del mismo rango o inferiores[264].

Es menester tener presente y a contrario sensu de lo expresado que no debe considerarse como situaciones de violencia laboral toda una serie de situaciones que suelen generarse en el ámbito laboral tales como:

a) Conflictos laborales, por tratarse de divergencias o dificultades de relación entre las personas o por reclamos relativos a las condiciones laborales. Los problemas y sus causas o motivos son explícitos o pueden identificarse fácilmente. Ejemplo de ello resultan: roces, tensiones generadas en el ámbito laboral, reclamos laborales, etc;

b) Las exigencias organizacionales, tampoco caen en la órbita de violencia laboral y pueden presentarse situaciones orientadas a satisfacer exigencias de la organización, guardando el respeto debido a la dignidad del trabajador. Ejemplo de ello son los cambios de puesto, sector u

---

264 Resolución N' 05/07 del Ministerio de Trabajo, Empleo y Seguridad Social CABA.

horario, períodos de mayor exigencia para los trabajadores, siempre que sean conformes al contrato de trabajo y a la normativa vigente;

c) El estrés laboral, como consecuencia de la actividad o tarea que se manifiesta en una serie de alteraciones psicológicas y físicas, no es supuesto de violencia laboral; y

d) El denominado *Burn Out* también conocido como síndrome de agotamiento profesional, que se manifiesta con episodios de despersonalización, agotamiento emocional y sentimientos de baja realización personal, no se trata de situaciones de violencia laboral.

Así, la violencia laboral puede ejercerse de distintas formas, algunas claramente visibles y otras no tanto pero igual de dañinas. La violencia laboral puede traducirse mediante:

Agresión física: toda conducta que directa o indirectamente esté dirigida a ocasionar un daño físico sobre el trabajador o la trabajadora.

Acoso sexual: toda conducta o comentario reiterado con connotación sexual basados en el poder, sean superiores jerárquicos o colegas, no consentidos por quien los recibe.

Agresión sexual: cualquier forma de contacto físico con o sin acceso carnal, con violencia física o moral y sin consentimiento.

Acoso psicológico: situación en la que una persona o grupo de personas ejercen un maltrato modal o verbal, alterno o continuado, recurrente y sostenido en el tiempo sobre un trabajador o trabajadora buscando desestabilizarlo, aislarlo, destruir su reputación, deteriorar su autoestima y/o disminuir su capacidad laboral, con el objetivo de someterlo y/o eliminarlo progresivamente del lugar que ocupa.

Es dable destacar que con el desarrollo tecnológico de las comunicaciones, han surgido y multiplicado nuevas formas de violencia laboral, por ejemplo el *cyber* acoso. Las características de este tipo de acoso son: el hostigamiento virtual, intencional y continuo contra un individuo o grupo, que se lleva a cabo a través de medios tales como el correo electrónico, las redes sociales, los blogs, la mensajería instantánea, los mensajes de texto, los teléfonos móviles y los websites.

2. LA IMPLEMENTACIÓN DE PROTOCOLOS DE ACTUACIÓN PARA EL ABORDAJE INTEGRAL DE SITUACIONES DE VIOLENCIA. PRINCIPIOS QUE DEBEN ESTRUCTURARLOS

En concordancia con la problemática actual de violencia generada en el ámbito de las relaciones laborales, es indispensable la adopción de medidas conducentes al tratamiento efectivo de la misma, estableciendo protocolos de actuación en el ámbito empresario a los fines de prevenir e intervenir adecuadamente en los casos de ocurrencia.

La evidencia muestra que la violencia laboral afecta la salud de las trabajadoras y trabajadores, repercutiendo en el clima laboral, lo que impacta directamente en la productividad de la organización empresarial, genera un mal precedente, costos innecesarios ya sea por altos índices de enfermedad, como así también la judicialización de situaciones que podrían prevenirse. Ante esta realidad es necesario considerar un protocolo de intervención que especifique acciones preventivas (de difusión y capacitación), brinde asesoramiento a las personas que sufren violencia laboral y prevea medidas para el cese de dichas conductas.

Los protocolos de actuación para la prevención y el tratamiento de situaciones de violencia en el ámbito laboral, se vislumbran como las herramientas más útiles y eficaces que pueden utilizar las organizaciones empresariales para evitar y prevenir cualquier conflicto derivado directa o indirectamente por violencia laboral.

A tal fin, los agentes de aplicación del protocolo deberán regirse o tener como directriz, los principios de asesoramiento respecto a situaciones de violencia; respeto, confidencialidad y privacidad; contención y acompañamiento y la no re-victimización.

Se trata del mecanismo idóneo de prevención atento el abordaje integral de distintas líneas de acción, ya que dicho instrumento realizado por personal idóneo y con un mayúsculo compromiso empresarial implicara necesariamente un fortalecimiento y desarrollo de distintas líneas de acción. Entre ellas podemos mencionar:

- *Acciones de Prevención* tendientes a la sensibilización, capacitación, información e investigación, tendientes a visualizar y desnaturalizar la violencia laboral con el objetivo de favorecer un proceso de conocimiento y apropiación de derechos a una vida libre de violencias y desmitificando patrones y estereotipos que reproducen la violencia laboral.
- *Acciones de Sistematización* de información y estadísticas, que implicará elaborar un registro de todas las actuaciones donde consten datos demográficos y de pertenencia institucional de la persona de consulta y denuncia; descripción de los casos de discriminación y/o violencia laboral; evaluación de los mismos; estrategias de intervención planeadas; observaciones y sugerencias; tramitación dada a los casos presentados, entre otros datos. Esta línea de acción, permitirá promover diagnósticos permanentes sobre la magnitud y características de las situaciones, su evaluación en el tiempo a fin de ajustar o elaborar nuevas estrategias.

A tener en cuenta, los protocolos deben contemplar todas las situaciones posibles para saber cómo actuar ante su aparición y los mismos deben ser explicados y conocidos por toda la comunidad laboral.

Claramente, las situaciones de violencia laboral y de violencia laboral por motivos de género -en todas sus modalidades y manifestaciones- se constituyen como una vulneración a los derechos humanos y no constituyen una novedad. En este sentido, la creación de un protocolo de actuación que tenga por finalidad prevenir acciones catalogadas como violentas, pero también dar cauce a denuncias o reclamos que se puedan formular al respecto por quienes hayan sido víctimas es una necesidad[265].

Es cierto que la adopción de un protocolo *per se* y aisladamente no es una solución, este tipo de medidas deben estar acompañadas necesariamente por campañas de sensibilización, charlas, talleres y varias cuestiones en materia de prevención que van a depender del tipo de empresa que se trate, su estructura y sus recursos. Pero también es cierto que su no adopción trae costos financieros asociados, tanto directos (ausentismo, disminución del volumen de negocios, costo de litigios, pago de indemnizaciones, etc.) como indirectos (disminución de productividad, baja de la buena reputación de la empresa, desconfianza social).

El objetivo de diseñar un procedimiento para la intervención y actuación relativa al fenómeno de la Violencia Laboral, en todo el ámbito de incumbencia de la organización, debe contemplar la adopción de medidas tendientes a la erradicación de toda forma de discriminación, desigualdad de género y violencia laboral.

---

265 Rinaldi, Juan A. "Violencia de género en el trabajo". Año 2021, Astrea, Buenos Aires, pág. 114.

A tal fin, es preciso establecer un Protocolo de trabajo para todos/as los/las trabajadores/as que requieran ser asistidos ante un hecho de Violencia Laboral; llevar a cabo cursos de capacitación orientada preferentemente hacia la prevención de tales situaciones; establecer canales de comunicación pertinentes para efectuar la difusión de los marcos normativos vigentes y el Protocolo de actuación; definir un trabajo articulado entre las dependencias de las diferentes áreas siempre en beneficio de la salud del/la trabajador/a víctima de violencia laboral; garantizar la accesibilidad a todos los trabajadores/as a fin de poder realizar en modo tempestivo y anónimo la denuncia correspondiente; propiciar mecanismos de articulación interinstitucional para enriquecer el conocimiento sobre las metodologías y abordajes a la problemática; y realizar un seguimiento tanto cualitativo como cuantitativo de la violencia laboral a fin de adoptar a futuro nuevas medidas de prevención y perfeccionar las existentes.

En cuanto a los lineamientos de tales protocolos es aconsejable que en los protocolos se precise detalladamente los sujetos alcanzados y el ámbito de aplicación, a todo aquel personal sujeto a la facultad de dirección empresarial de la organización. Asimismo, resulta conveniente determinar que sea de aplicación en toda la esfera de las relaciones laborales de la Empresa, en cualquier espacio físico donde se desarrollen funciones y/o actividades, sin importar a estos efectos si son de su propiedad o no, como también fuera del espacio físico o de sus dependencias y anexos, o a través de medios telefónicos, virtuales o de otro tipo y que estén contextualizados en el marco de las relaciones laborales.

Otro actor fundamental en el proceso de actuación son las comisiones interdisciplinarias, quienes tendrán la misión de llevar a cabo todas las acciones tendientes a la aplicación de los protocolos. Un equipo de trabajo interdisciplinario enfocado en establecer y desarrollar distintas líneas de acción, compuesto por profesionales de los recursos humanos, abogados y psicólogos, capacitados para promover acciones de sensibilización, capacitación e información en el ámbito de la organización para la visualización y desnaturalización de la violencia laboral, con el objetivo de favorecer un proceso de conocimiento y apropiación del derecho a una vida libre de violencias, en aras de prevenir la ocurrencia de conductas que configuren violencia laboral.

Las comisiones interdisciplinarias deben tener además la misión de asesorar y asistir a los trabajadores y/o trabajadoras que se consideren afectados/as o que sean testigos directos de situaciones de violencia laboral en el mundo del trabajo.

Un aspecto fundamental a tener en cuenta consiste en la implementación de mecanismos de multientrada o multiventanilla que facilite la presentación de denuncias de violencia laboral en el ámbito de la organización, garantizando la confidencialidad a los trabajadores y trabajadoras.

En cuanto a las denuncias, debería permitirse que sean anónimas, poniendo a disposición números telefónicos dedicados y casillas de correo específicas. En el caso que el denunciante desee hacerlo, debe permitirse registrar nombre y apellido completo, tipo y número de documento, cargo y sector en el que se desempeña, con una breve descripción de las tareas que realiza habitualmente. Por otra parte, es esencial que se indique el nombre completo del denunciado/a, sector en el que se desempeña, nivel o función que ostenta el/la denunciado/a en la relación laboral. Todo ello para identificar a los actores.

Asimismo, se requerirá un relato preciso y circunstanciado de la situación que se denuncia, mencionando los presuntos autores y/o favorecedores y/o partícipes de ejercer violencia laboral. En cuanto sea posible, debería solicitarse al denunciante que acompañe los elementos de prueba y/o indiciarios como el ofrecimiento de testimonios que pudieran generar convicción respecto a la existencia de la violencia generada. En caso de corresponder, se le pedirá que proporcione datos de contacto a fin de poder recabar más información sobre los hechos relatados en caso de ser necesario.

Ahora bien, debe quedar en claro que la falta o insuficiencia del cumplimiento de los requisitos formales nunca puede significar el rechazo de la denuncia y su archivo, no obstante, las comisiones interdisciplinarias deben poder solicitar al denunciante mayores detalles a fin de contar con elementos de investigación que permitan verificar los hechos denunciados.

Las Comisiones Interdisciplinarias deben tener la facultad para someter las denuncias recibidas a una instancia en la que sean valoradas técnica y jurídicamente respecto a la verosimilitud de los hechos enunciados, resultando de dicha valoración una opinión de admisibilidad o inadmisibilidad, notificando de dicha resolución al denunciante.

De todo lo actuado se deberá elaborar un informe final, indicando recomendaciones a cada área específica según su competencia, en relación a los hechos denunciados. Las medidas a adoptar variarán según las circunstancias específicas de cada caso, pudiendo disponerse el traslado transitorio del personal, la aplicación de sanciones disciplinarias, y todas aquellas que estime conveniente a los fines de lograr un ambiente laboral sobre la base de la dignidad y el respeto, exento de violencia y acoso laboral, así como proteger a la persona denunciante de forma tal que no resulte obstruido su normal desarrollo laboral ni afectado tampoco el de los demás involucrados en las actuaciones que se sustancien.

Por último, es necesario garantizar en todas y cada una de las fases del proceso disciplinario, el derecho de defensa de el/la denunciado/a, respetando su derecho a ser escuchado y permitiendo el aporte del material probatorio que haga a su defensa, eventualmente con acompañamiento de representante sindical o de asesor letrado. Las distintas fases de las actuaciones revestirán el carácter de privadas y confidenciales, en atención a la naturaleza de las cuestiones que se ventilan, con la salvedad de las que sean requeridas en sede judicial.

3. REFLEXIONES FINALES

En función de lo expuesto podemos decir que, la adopción de protocolos de prevención y actuación contra la violencia laboral son más que necesarios dadas las condiciones actuales. Tal como se expresó, tiene que ver con una cuestión de salud y seguridad laboral pero también es una cuestión de derechos humanos, y tanto el Estado como los particulares deben tomar las medidas que sean necesarias.

Un buen paso inicial para las organizaciones estaría dado por la elaboración de códigos de conducta, buenas prácticas y Protocoles preventivos y correctivos de Violencia Laboral.

Así, la adopción de protocolos como los descriptos, se presenta como un requisito necesario e ineludible para las empresas que pretendan ser socialmente responsables. Es decir, la RSE presenta e impone como obligación para las empresas contar con los protocolos mencionados para cumplir con los objetivos sociales, económicos y ambientales, y en ellos debe garantizarse, privacidad, confidencialidad, asistencia profesional interdisciplinaria, que las personas que denuncien no padezcan represalias ni sanciones por denunciar, que las intervenciones sean rápidas y eficaces adoptando medidas preventivas y que las víctimas puedan ser reinsertadas en sus puestos de trabajo.

BIBLIOGRAFÍA

ANTACLI, G.C.. Los derechos humanos y la responsabilidad social empresaria: dos conceptos complementarios. Revista del instituto de estudios interdisciplinarios en derecho social y relaciones del trabajo (ideides-untref), año 2016.

DENIS SULMONT, la nueva empresa: introducción a la responsabilidad social empresarial, 2001.

FLORES, J., OGLIASTRI, e., Peinado-Vara, E. y Petry, E. (eds.), año 2007. El argumento empresarial de la rse: 9 casos de américa latina y el caribe. new york: bid / incae. recuperado el 7 de septiembre de 2009.

OCDE (2013), líneas directrices de la OCDE para empresas multinacionales, OCDE publishing. http://dx.doi.org/10.1787/9789264202436-es.

Principios rectores sobre las empresas y los derechos humanos. Puesta en práctica del marco de las naciones unidas para "proteger, respetar y remediar, año 2011, disponible en: https://www.ohchr.org/documents/publications/guidingprinciplesbusinesshr_sp.pdf

RINALDI, JUAN A. Violencia de género en el trabajo, año 2021, Astrea, Buenos Aires.

PARTE III

RETOS POR LA IGUALDAD EN EL CONTEXTO SOCIAL

Capítulo 1

La perspectiva de género y las cuotas electorales en el sistema de derecho internacional

PROF. LUIS PÉREZ OROZCO
Universidad de Alicante

INTRODUCCIÓN

Históricamente los prejuicios sexistas han marcado los escenarios de las relaciones entre mujeres y hombres, lo que ha generado una necesidad constante de las féminas de buscar sus propios espacios de plenitud. Uno de esos ámbitos ha sido el de la vida política, en el que los Estados han reforzado la participación femenina mediante las llamadas cuotas electorales de género. Estas medidas no han estado exentas de polémicas e incluso controversia judicial, pues han sido vistas como contrarias al equilibrio respecto al sexo masculino.

Una multiplicidad de países posee hoy día diversas expresiones en sus ordenamientos jurídicos de normativas generales o específicas para las cuotas electorales de género. Sin embargo, en el sistema de Derecho Internacional no queda del todo claro cómo la comunidad de naciones en su conjunto acciona en pos de favorecer estas medidas. De ahí que esta investigación se proponga como objetivo principal analizar las disposiciones internacionales que inciden en la implementación de las cuotas electorales de género.

1. PRESUPUESTOS TEÓRICOS PARA LA CONSTRUCCIÓN DE LAS CUOTAS ELECTORALES DE GÉNERO

Las cuestiones de género han sido debatidas con amplitud en interrelación dialéctica con los términos igualdad y discriminación. La igualdad ocupa un lugar importante en las discusiones filosóficas, políticas y jurídicas, de ahí la multiplicidad de conceptos y dimensiones como valor, principio y derecho humano. En cualesquiera de sus variantes surge como respuesta a todo tipo de discriminación y constituye la esencia para conformar un sistema de Derecho y de justicia. La igualdad es el elemento esencial para la realización de los derechos, es la salvaguarda de la legalidad y la seguridad jurídica. Asumida como valor, supone considerar a la persona en un plano de equilibrio frente a sus semejantes, por el solo hecho de ser humano, garantía general a un trato digno y no discriminatorio. Por su parte, en calidad de principio, alude a criterios de justicia y otorgar el mismo valor a personas diversas, diferentes, integrantes todas de una sociedad.[266] Entendida como derecho humano, es igualdad de trato ante la ley, oportunidades y posibilidades equitativas de defensa y reconocimiento en el ordenamiento jurídico, no a la semejanza de capacidades. Puede

---

266 "El principio de la igualdad es objetivo y no formal; él se predica de la identidad de los iguales y de la diferencia entre los desiguales. Se supera así el concepto de la igualdad de la ley a partir de la generalidad abstracta, por el concepto de la generalidad concreta, que concluye con el principio según el cual no se permite regulación diferente de supuestos iguales o análogos y prescribe diferente normación a supuestos distintos. Con este concepto sólo se autoriza un trato diferente si está razonablemente justificado. Se supera también, con la igualdad material, el igualitarismo o simple igualdad matemática. La igualdad material es la situación objetiva concreta que prohíbe la arbitrariedad." Corte Constitucional de Colombia, Sentencia T-432 de 25 de junio de 1992.

ser formal si es recogida en el ordenamiento constitucional y ordinario; material en caso de ser asimilada en las esferas de vida social; y jurídica cuando es el presupuesto para el ejercicio de los derechos, el cumplimiento de los deberes y la realización del principio de seguridad ciudadana.

El paradigma que representa alcanzar la igualdad en materia de género implica la paridad de derechos, responsabilidades y oportunidades de las personas, independientemente del sexo de nacimiento, el reconocimiento de la diversidad existente y el fomento progresivo de la equidad, en algunos casos diferenciada. Lograr la sociedades más justas y equilibradas en este ámbito compete tanto a los Estados como a sus ciudadanos, quienes deben partir del desmontaje de las relaciones patriarcales. El desarrollo de políticas públicas, intervenciones comunitarias, inversiones y un ordenamiento jurídico garantista, influyen considerablemente en actitudes sobre los roles de género. Sin embargo, lo alcanzado hasta hoy en materia de género es insuficiente, pues todavía persisten limitaciones a la actuación y desenvolvimiento de las mujeres por ejemplo en el acceso a la participación en la economía, la esfera social y la política, donde la hegemonía masculina se vislumbra aún.

Por otra parte, "la cláusula de no discriminación estaba implícita en la idea de igualdad, pero se condensó después de más de una centuria de que se registrara la igualdad formal de los ciudadanos, ante la evidencia de que esta no había evitado la exclusión por motivos de sexo y raza, ni la marginación de sectores de la sociedad".[267] El término discriminación ha sido utilizado indistintamente, por ello se precisa que no todas las situaciones donde existen tratos diferenciados, suponen desigualdades o prácticas discriminatorias de género. En ocasiones es necesario establecer cierta distinción en el trato, solo así

---

[267] VILLABELLA ARMENGOL, C. M., *Estudios de Derecho Constitucional*, Editorial Unijuris, La Habana, 2020, p. 151.

se logra comprender que son fenómenos completamente diferentes y que llevan por tanto una solución acorde a esas particularidades.[268] De este modo la discriminación se desdobla en positiva y negativa, las cuales comprenden modos distintos de actuación y consecuencias, mientras la primera favorece, la segunda genera desigualdades.

La discriminación negativa es la practicada en la vida cotidiana. Se manifiesta sobre grupos determinados en base a prejuicios, restricciones y estereotipos que constituyen obstáculos para la construcción de una sociedad respetuosa de los derechos humanos. En esta tipología la discriminación genera un daño real mediado por la intención de limitar derechos y restringir las libertades.[269] Se considera la negación y degradación de lo propiamente humano. En materia de género, las manifestaciones de discriminación negativa en contextos como el político conlleva la imposibilidad o dificultad de acceso a cargos públicos por las mujeres.

En cambio, la discriminación positiva, más que una práctica, es una necesidad ante determinadas situaciones, pues equipara el trato en lo que respecta a Derecho y favorece a los grupos más vulnerables. Las medidas de discriminación positiva, tienen por objeto proporcionar consideraciones especiales a los individuos sobre la base de su pertenencia a un grupo social que ha sido identificado con alguna desventaja en relación con

---

268 BARRERE UNZUETA, A., Igualdad y Discriminación Positiva: Un esbozo de análisis teórico-conceptual, *Cuadernos electrónicos de filosofía del derecho,* 9, 2003, pp. 2-27.

269 Véase CANÇADO TRINDADE, A. A. y GONZÁLEZ VOLIO, L., *Estudios básicos de Derechos Humanos,* tomo III, 1ª reimpresión, Universidad Nacional Autónoma de México, México,1992.

otros grupos sociales, dígase niños, mujeres, indígenas o afrodescendientes por solo citar algunos.[270]

La materialización de las medidas de discriminación positiva tiene un claro exponente en las llamadas cuotas electorales de género. "Las cuotas de género son medidas orientadas a establecer una presencia mínima (número o porcentaje) de mujeres en posiciones políticas. Constituyen una forma de acción afirmativa para superar obstáculos socioculturales que inhiben la participación política de las mujeres en igualdad de condiciones frente a los hombres. Su naturaleza es temporal, pues están diseñadas para existir sólo en tanto subsista la asimetría de género; es decir, los niveles de subrepresentación que les dan origen".[271]

Constituyen una muestra del empoderamiento de la mujer y su posición ascendente en las sociedades, además de su independencia y capacidad. Por lo general, estas cuotas inciden a lo interno de los partidos políticos y/o en los procesos electorales de asambleas según la división político-administrativa de cada país. No obstante, las cuotas de género como número determinado de participación femenina en la vida política, para integrar, acceder y tomar decisiones, no pueden ser vistas como logros alcanzados. "Dicho sistema de cuotas está destinado a reservar determinados cupos a grupos o sectores de personas que han sido históricamente minusvalorados. son mecanismos de acción afirmativa orientados a asegurar la efectiva igualdad ante la ley. Existen respecto de grupos o colectivos cuya subordinación es histórica o prolongada, situación que

---

270 JARA-LABARTHÉ, V, "Discursos y prácticas de la discriminación positiva para políticas indígenas en educación superior", *Cinta de Moebio,* 63, 2018, 331-342.

271 NAVA ESCUDERO, C. y FERRER MAC-GREGOR, E., *Diccionario de Derecho Procesal Constitucional y Convencional,* Universidad Nacional Autónoma de México, México, 2014, p. 295.

los ha debilitado severamente, obligando a corregir o compensar dicha secular desventaja. La acción afirmativa supone un beneficio para ese colectivo, que sin el mismo permanecería en su situación de subordinación".[272]

Existen varios tipos de cuotas de género. La cuota de escaños reservados define así los espacios de representación que sólo podrán ser ocupados exclusivamente por mujeres. Las leyes cuota son mecanismos que modifican el sistema electoral al exigir cierto porcentaje de candidaturas ocupadas por mujeres. Este sistema es el que más se ha extendido en la práctica. Las cuotas en partidos políticos es otra manera de llamar a las cuotas voluntarias. La medida no busca necesariamente un umbral específico en los órganos de representación del Estado. Las cuotas de resultados consisten en fijar un número determinado de escaños o porcentaje de la representación para ser ocupado por mujeres. Una modalidad de la anterior es el sistema de mejor perdedor, el cual va asignando escaños a aquellas mujeres que recibieron el mayor número de votos (sin haber ganado), hasta obtener el número establecido. Las cuotas horizontales exigen la elección o postulación de un número o porcentaje de candidaturas, tomando en cuenta el número total de un mismo cargo de elección. El enfoque vertical consiste en que respecto a los cargos que se eligen por planilla también debe obligarse la aplicación del principio de equidad y alternancia entre el hombre y la mujer en orden descendente.[273]

La inclusión de estas medidas se suele llevar a cabo a través de su establecimiento en la Constitución o en normas de rango inferior, como las leyes electorales, de igual modo pueden estar presentes al interior de los partidos políticos u otros ór-

---

272 Tribunal Constitucional de Chile, Sentencia Rol Nº 2777-15, de 30 de marzo de 2015.

273 Véase NAVA ESCUDERO, C. y FERRER MAC-GREGOR, E., *Op. Cit.*

ganos. "Se pretende, en suma, que la igualdad efectivamente existente en cuanto a la división de la sociedad con arreglo al sexo no se desvirtúe en los órganos de representación política con la presencia abrumadoramente mayoritaria de uno de ellos. Una representación política que se articule desde el presupuesto de la divisoria necesaria de la sociedad en dos sexos es perfectamente constitucional, pues se entiende que ese equilibrio es determinante para la definición del contenido de las normas y actos que hayan de emanar de aquellos órganos. No de su contenido ideológico o político, sino del precontenido o sustrato sobre el que ha de elevarse cualquier decisión política: la igualdad radical del hombre y de la mujer. Exigir a quien quiera ejercer una función representativa y de imperio sobre sus conciudadanos que concurra a las elecciones en un colectivo de composición equilibrada en razón del sexo es garantizar que, sea cual sea su programa político, compartirá con todos los representantes una representación integradora de ambos sexos que es irrenunciable para al gobierno de una sociedad que así, necesariamente, está compuesta".[274]

No obstante, además de su reconocimiento y el establecimiento de medidas, se requiere crear junto a ellas los requisitos que garanticen su eficacia para que no queden en letra muerta. A partir de la década de los 90, la sanción de las leyes de cuotas en América Latina y sus diversos impactos sobre el acceso de las mujeres a los cargos electivos en la región, fortalecieron el papel de las variables institucionales como factores imprescindibles para explicar y comprender el ascenso de la participación política de las mujeres.[275] Entonces, constituye la

---

[274] Tribunal Constitucional de España, Sentencia 12/2008, de 29 de enero de 2008. Publicado en: «BOE» núm. 52, de 29 de febrero de 2008, pp. 4-22.

[275] ARCHENTI, N. y TULA, M. I., "Cuotas de género y tipo de lista en América Latina", *Opinião Pública,* 13(1), junio de 2007, pp. 185-218.

cumbre para cualquier sociedad, la conquista de la democracia paritaria, nacida luego de haber transitado por un arduo camino en los intentos de búsqueda de igualdad y equidad que fortalecen el liderazgo efectivo de las mujeres. Basada en el principio de igualdad plena, sin fijar un número de acceso de las mujeres a la vida política, ni adoptar medidas de discriminación positiva, porque se ha llegado a la democratización máxima de acceso en igualdad a los cargos públicos.[276] Pero llegar hasta esa democracia paritaria requiere también del consenso mundial y que desde las instancias internacionales se fomente con intencionalidad la equidad de género.

2. EL ORDENAMIENTO POLÍTICO-JURÍDICO INTERNACIONAL Y SU TUTELA DE LAS CUOTAS ELECTORALES DE GÉNERO

La tutela jurídica de los derechos debe encontrar su asidero en los instrumentos internacionales, pues así se garantizaría el compromiso de un Estado ante la comunidad de naciones para hacerlos cumplir. En el caso de las cuotas electorales de género como una expresión de los derechos de participación, a la igualdad y la no discriminación, encuentran referencias en diversas fuentes del Derecho Internacional, aunque generalmente su identificación obedece más a la labor interpretativa que a su reconocimiento explícito.

Uno de los primeros y más importantes instrumentos internacionales lo constituye la Declaración Universal de los Derechos Humanos de 1948. Con ella "se develan distintas formas de

---

[276] Véase MEDINA ESPINO, A. y BENÍTEZ MÁRQUEZ, R. G., *La participación política de las mujeres. De las cuotas de género a la paridad*, Centro de Estudios para el Adelanto de las Mujeres y la Equidad de Género, México, 2010.

discriminación, que vulneran el tejido social y nutren la agenda misma de los derechos humanos. Los temas del bienestar, la vida digna y la construcción de ciudadanía plena ganan un espacio en las agendas internacionales y las políticas internas".[277] La Declaración reconoce la visión general del principio de igualdad ante la ley y la no discriminación. Además, dispone en su artículo 21 que toda persona tiene derecho a participar en el gobierno de su país, directamente o por medio de representantes libremente escogidos y al acceso, en condiciones de igualdad, a las funciones públicas. Tales preceptos encuentran un respaldo también en los artículos I, II y III de la Convención sobre los Derechos Políticos de la Mujer de 1952 y en el 25 y 26 del Pacto internacional de derechos civiles y políticos.

Hacia fines de la década de 1980, la Convención sobre la Eliminación de Todas las Formas de Discriminación contra la Mujer (conocida como *CEDAW* por sus siglas en inglés) declaró entre sus principales objetivos: la inclusión femenina en el gobierno y el impulso de políticas de equidad desde el Estado. En particular, insta a los Estados a tomar todas las medidas apropiadas para eliminar la discriminación contra la mujer en la vida política y pública.[278] "En el marco de la definición

---

277 VARIOS, *La apuesta por la paridad: democratizando el sistema político en América Latina. Los casos de Ecuador, Bolivia y Costa Rica*, Instituto Internacional para la Democracia y la Asistencia Electoral, Perú, 2013, p. 44.

278 Véase los artículos 4o. y 7o. de la *CEDAW*. En sentido similar, el Comité para la Eliminación de la Discriminación contra la Mujer de la Organización de Naciones Unidas, en su Recomendación General No. 5 (sobre medidas especiales temporales, adoptada en su 7º periodo de sesiones, 1988), recomendó que los Estados Partes de la *CEDAW* hicieran mayor uso de medidas especiales de carácter temporal como la acción positiva, el trato preferencial o los sistemas de cupos para que la mujer se integrara en la educación, la economía, la política y el empleo.

que nos brinda la Convención, las cuotas de género o acciones afirmativas, son medidas especiales de carácter temporal, que tienen por objeto fomentar el empoderamiento del género femenino, de frente al ejercicio pleno, en los hechos (igualdad sustantiva), de sus derechos y garantías, a partir de reconocerse una situación real estadísticamente documentada: el género femenino se encuentra en desventaja respecto del masculino, en ocupar espacios de toma de decisión, de representación, de acceso a la salud, a la educación, al trabajo (acceso y remuneración igualitaria) y al desarrollo pleno.- Las cuotas, podemos sostener, son el mecanismo eficaz para romper los "techos de cristal", estas barreras que sin ser evidentes o visibles, se traducen en obstáculos que dificultan a las mujeres acceder a cargos jerárquicamente superiores y a espacios de toma de decisiones".[279]

En julio de 1985 se realizó la III Conferencia Mundial de Naciones Unidas sobre la Mujer en Nairobi, Kenia. Esta conferencia recomendó a los Estados un conjunto de más de 300 acciones necesarias para la eliminación de muchas de las prácticas discriminatorias que mantienen a las mujeres subordinadas en todo el mundo. Estas acciones se materializaron en un documento denominado Estrategias de Nairobi Orientadas hacia el Futuro para el Adelanto de la Mujer, que fue adoptado en forma unánime. Dichas estrategias reinterpretaron los conceptos de igualdad, desarrollo y paz con el paradigma de la *CEDAW*, evidenciando algunas formas específicas de violencia hacia las mujeres por primera vez en un documento de Naciones Unidas. Sin embargo, no hubo pronunciamientos explícitos sobre la equivalencia entre violaciones a los derechos de las mujeres y derechos humanos. Tampoco se establecieron

---

[279] CIENFUEGOS SALGADO, D. y VÁZQUEZ-MELLADO GARCÍA, J. C., *Vocabulario Judicial*, Instituto de la Judicatura Federal–Escuela Judicial de México, México, 2014, pp. 229-230.

mecanismos que garantizaran un cumplimiento y monitoreo efectivo de las estrategias a nivel internacional.

La IV Conferencia Mundial de las Naciones Unidas sobre la Mujer fue celebrada en Beijing, China, en 1995. Es la conferencia con mayor impacto mundial de todas las realizadas hasta ese momento, tanto desde el punto de vista de la participación, como por el enfoque que se hace de la igualdad entre mujeres y hombres. En Beijing se aprueba por unanimidad una Declaración y una Plataforma de Acción. Este cónclave puso de relieve la subrepresentación de las mujeres en los órganos de decisión y abogó por la adopción de una serie de medidas para corregir esta falta de representación. De ahí que "fue en Beijing, donde se asentó el concepto de género, entendiendo que toda la estructura de la sociedad y todas las relaciones entre hombres y mujeres debían ser reevaluadas. Y, sólo así, sería posible potenciar el papel de las mujeres hacia un plano igualitario".[280] El punto 13 de la declaración se refiere al empoderamiento de las mujeres y a partir de aquí son numerosos los documentos multilaterales que se refieren al concepto de democracia paritaria o lo ratifican. Además, irrumpe con fuerza la noción de la transversalidad del enfoque de género, lo que implica repensar la vida desde la perspectiva de género, analizando y valorando las distintas implicaciones de hombres y mujeres en cualquier faceta del desarrollo humano. La Conferencia de Beijing dejó planteada, entre otras cosas, la necesidad de eliminar las condiciones de discriminación política y fomentar la organización y participación de las mujeres en

---

280 TULA, M. I.: «Reformas político-electorales y género en América Latina. Perspectivas de consolidación y desafíos pendientes» [en línea], (2014), <https://reformaspoliticas.org/wp-content/uploads/2018/04/2.MariaInesTula.pdf> [Consulta: 17/03/2023.]

la esfera pública.[281] Dentro de los mecanismos sugeridos para compensar este déficit figura la adopción de cuotas electorales por varios países latinoamericanos que ampliaron las proporciones de parlamentarias nacionales.

Otro proceso ha sido la creación de instituciones para contribuir a la igualdad de las mujeres al más alto nivel: ONU Mujeres, una entidad para la igualdad de género y el empoderamiento; así como la Comisión de la Condición Jurídica y Social de la Mujer. Gracias a su trabajo conjunto fue posible llegar en el año 2012, con una avanzada Resolución de la Asamblea General que promovía la igualdad de las mujeres en la representación política y la toma de decisiones en todos los niveles. Es importante resaltar que la mayoría de los países que integran el sistema de Naciones Unidas apoyan resoluciones de este tipo.[282]

---

281 En particular, la Plataforma reconoció que "las modalidades tradicionales de muchos partidos políticos y estructuras gubernamentales siguen siendo un obstáculo para la participación de la mujer" (artículo 182) y estableció expresamente el objetivo de garantizar la igualdad de acceso y la plena participación femenina en las estructuras de poder (Objetivo estratégico G.1), incluyendo reformas electorales "que alienten a los partidos políticos a integrar a las mujeres en los cargos públicos electivos y no electivos" (artículo 190, incisos b y d). Por su parte el inciso a) del artículo antes mencionado insta a comprometerse a establecer el objetivo del equilibrio entre mujeres y hombres en los órganos y comités gubernamentales, así como en las entidades de la administración pública y en la judicatura, incluidas, entre otras cosas, la fijación de objetivos concretos y medidas de aplicación a fin de aumentar sustancialmente el número de mujeres con miras a lograr una representación paritaria de las mujeres y los hombres, de ser necesario mediante la adopción de medidas positivas en favor de la mujer, en todos los puestos gubernamentales y de la administración pública.

282 ONU Mujeres: «*La hora de la igualdad sustantiva, participación política de las mujeres en América Latina y el Caribe hispano*» [en línea], (2015), <https://lac.unwomen.org/sites/default/files/Field%20Offi-

El ámbito regional también se ha hecho eco de las normativas internacionales relativas a la igualdad de género. En 1992 un grupo ministras y ex ministras europeas se reunieron en Grecia con motivo de la I Cumbre Europea Mujeres en el Poder quienes suscribieron un documento conocido como la Declaración de Atenas. En él se consignó que la igualdad formal y real entre mujeres y hombres es un derecho fundamental del ser humano y que exige la paridad en la representación y administración de las naciones, en la toma de decisiones públicas y políticas. También se acuñó un nuevo concepto que intentaba ir más allá del reconocimiento formal de derechos plasmado en los textos constitucionales: la democracia paritaria. Este término surge en oposición a la idea de una democracia deficitaria que excluye a las mujeres de la participación en la toma de decisiones. "El manifiesto de Atenas contiene una vindicación política de participación paritaria de las mujeres en el poder político y una exigencia de renegociación del contrato social. Las feministas europeas parten del supuesto de que el contrato social, pese a su formulación ética y política universal, se ha desarrollado a lo largo de la modernidad en la dirección de satisfacer las aspiraciones de ciudadanía de los varones. El feminismo europeo sostiene que la exclusión de las mujeres del contrato social exige la redefinición del mismo a fin de transformar las actuales democracias patriarcales en democracias más representativas y más legítimas".[283]

Uno de los primeros instrumentos internacionales en el área de América Latina para respaldar la igualdad entre mujeres y hombres fue la Convención Interamericana sobre Concesión

---

ce%20Americas/Documentos/Publicaciones/LA%20HORA%20DE%20LA%20IGULDAD%20SUSTANTIVA 180915 2.pdf> [Consulta: 19/03/2023.]

283 COBO, R., "Democracia paritaria y sujeto político feminista", *Anales de la Cátedra Francisco Suárez,* 36, 2002, p. 30.

de los Derechos Políticos a la Mujer de 1948, que en su artículo 1o. precisa sobre la no exclusión o restricción de ninguna persona de su derecho a votar por razones de sexo. La jurisprudencia mexicana se ha pronunciado sobre este instrumento al decir que: "(...) es importante destacar que en el tema de cuotas de género (...) en el ámbito interamericano, hay una amplia coincidencia en el sentido de que el principio de no discriminación se ha convertido en una norma de *ius cogens*, es decir, en una norma interpretativa de derecho internacional de los derechos humanos que no admite disposición en contrario".[284]

La Convención Americana sobre Derechos Humanos plantea en su artículo 23 sobre los derechos políticos que todos los ciudadanos tienen derecho de participar en la dirección de los asuntos públicos, directamente o por medio de representantes libremente elegidos; de votar y ser elegidos en elecciones periódicas auténticas, realizadas por sufragio universal e igual y por voto secreto que garantice la libre expresión de la voluntad de los electores, y de tener acceso, en condiciones generales de

---

284 Además, se invoca en la motivación de la sentencia a la Constitución Política Federal, el Pacto Internacional de los Derechos Civiles y Políticos, el Pacto Internacional de Derechos Económicos Sociales y Culturales, la Convención Americana sobre Derechos Humanos, la Convención de la eliminación de todas las formas de discriminación a la mujer y la Convención Interamericana para prevenir, sancionar y erradicar la violencia contra la mujer "en el sentido de que todas las personas son iguales ante la ley no pudiendo establecerse diferencias o exclusiones con motivo de la raza, color, sexo, idioma, religión u opinión política, salvo aquellos objetivos y razonables, como las cuotas de género". Véase Tribunal Electoral del Poder Judicial de la Federación Mexicana, Sala Regional, Quinta Circunscripción Plurinominal, Expediente No. ST-JDC-86/2010, 10 de diciembre de 2010 en Comisión Interamericana de Derechos Humanos, *Estándares jurídicos vinculados a la igualdad de género y a los derechos de las mujeres en el sistema interamericano de derechos humanos: desarrollo y aplicación*, OEA, Estados Unidos, 2015, pp. 95-96.

igualdad, a las funciones públicas de su país. Por su parte, la Convención Interamericana para Prevenir, Sancionar y Erradicar la violencia contra la mujer estipula que toda mujer podrá ejercer libre y plenamente sus derechos, entre los que se incluyen, los políticos. Además, reconoce el derecho a tener igualdad de acceso a las funciones públicas de su país y a participar en los asuntos públicos, incluyendo la toma de decisiones.

La Comisión Económica para América Latina y el Caribe (CEPAL) es otro organismo que ha contribuido a lograr el consenso en el área. En la X como en la XI conferencias regionales organizadas por la CEPAL en Quito 2007 y Brasilia 2010 se firmaron sendos acuerdos que avalaron todos los pactos internacionales anteriormente firmados y se avanzó en el establecimiento de paridad entre los géneros como meta y reclamo de profundización democrática. El Consenso de Quito fue ratificado tres años más tarde en la XI Conferencia sobre la Mujer de América Latina y el Caribe que tuvo lugar en Brasilia. Aquí se reafirmó el principio de paridad y la adopción de marcos legales igualitarios como condición fundamental para la democracia. Ratificó este llamado hacia la paridad abogando, una vez más, por la adopción de políticas afirmativas y la importancia de garantizar no solo una composición paritaria de las listas electorales sino también la paridad de resultados en los cargos y el acceso de las mujeres a los espacios de decisión de los partidos políticos, al financiamiento de campañas y a la propaganda electoral.[285] Además, se destacaron los progresos realizados en la adopción de marcos legales igualitarios.

En esta misma línea, el Parlamento Latinoamericano afirmó el compromiso con la paridad mediante la Resolución AO/2013/12 sobre la Participación Política de las Mujeres y, con apoyo de ONU Mujeres, aprobó la llamada Norma Marco

---

[285] Véase VARIOS, *La apuesta por la paridad: ... Op. Cit.*, p. 20.

para consolidar la Democracia Paritaria que aboga por "un modelo de democracia en el que la paridad y la igualdad sustantiva encarnan los dos ejes vertebradores del Estado inclusivo".[286] De acuerdo a esta última, la paridad en la representación política se expresa en "disposiciones legales y regulatorias de regímenes y sistemas electorales que incorporan en las listas oficializadas el 50% de candidaturas para cada sexo, tanto en cargos titulares como suplentes; en posibilidades de acceso a la representación en iguales condiciones de oportunidad entre hombres y mujeres". Además, incorpora la paridad vertical y horizontal como dos criterios ordenadores en las listas electorales sin importar su espécimen.

Todo el cúmulo de instrumentos internacionales hasta aquí analizados ha influido inexorablemente en los ordenamientos nacionales. Tal es así que: "la cuestión de las candidaturas electorales ha ocupado, y ocupa, un lugar central en el proceso democratizador que se ha expandido por toda América Latina a lo largo, prácticamente, del último cuarto de siglo. Y en este contexto histórico encuentran su lógica las sucesivas reformas constitucionales y legales que han incidido sobre esta materia, de las que bien podría ser considerado un ejemplo paradigmático en el último decenio el progresivo fortalecimiento del acceso de la mujer a los cargos representativos, lo que se trata de lograr a través de cláusulas legales que fijan cuotas de género en las candidaturas electorales. A ello habría que añadir la progresiva apertura del espectro de instancias legitimadas para la designación y ulterior presentación de candidaturas electorales con vistas a su participación en la lid electoral, con el progresivo

---

[286] ONU Mujeres: «*La hora de la igualdad sustantiva, participación política de las mujeres en América Latina y el Caribe hispano*» [en línea], (2015), <https://lac.unwomen.org/sites/default/files/Field%20Office%20Americas/Documentos/Publicaciones/LA%20HORA%20DE%20LA%20IGULDAD%20SUSTANTIVA_180915_2.pdf> [Consulta: 19/03/2023.]

abandono del monopolio partidista. En cualquier caso, creemos hallarnos en presencia de una materia cuya ordenación sigue estando abierta y es susceptible de permanente evolución".[287]

Luego, el principio de paridad se plasmó en las Constituciones de Bolivia, Ecuador y México que incorporó la paridad en una enmienda constitucional y en su legislación. De forma similar ocurrieron modificaciones en la legislación electoral de Honduras, Nicaragua, Costa Rica y Panamá. Las normas constitucionales son las primeras receptoras de las disposiciones emanadas de la codificación internacional de los derechos de las mujeres y la implementación de las cuotas electorales. Si bien, esa realidad no es del todo generalizable pues aún permanecen determinadas Cartas Magnas que se refieren a la igualdad de género de una manera muy general, e incluso no regulan en su respectivo ordenamiento interno el sistema de cuotas. Otra cuestión mucho más compleja es la incorporación formal de los tratados internacionales ya mencionados al Derecho Interno de los Estados, pero explicar ese fenómeno excede el espacio concedido para esta investigación. De manera que las cuotas electorales de género constituyen un asunto que no se agota en estas páginas, y sobre todo si se observan desde el prisma del Derecho Internacional Público.

3. A MODO DE CONCLUSIONES

Para las mujeres, igualdad y no discriminación, son dos estándares por los que todavía resta mucho por conquistar y garantizar en la sociedad actual. La tensión entre esos dos paradigmas

---

[287] VARIOS, *Tratado de derecho electoral comparado de América Latina,* 2ª edición, Instituto Interamericano de Derechos Humanos, Universidad de Heidelberg, International IDEA, Tribunal Electoral del Poder Judicial de la Federación, Instituto Federal Electoral, México, 2007, p. 528.

incide inevitablemente en la postura que los Estados adoptan para el paulatino desmontaje de las barreras impuestas por el machismo. En ese camino se ubican las cuotas electorales de género como medidas de discriminación positiva que buscan asegurar la igualdad de acceso y oportunidades de las mujeres a cargos públicos, así como el pleno disfrute de sus derechos políticos. Existen diferentes tipologías de cuotas según el enfoque y las características de cada país; pero generalmente se refrendan en los postulados de la Carta Magna y las leyes de desarrollo. Sin embargo, su apoyo en el ordenamiento internacional posee luces y sombras. El reconocimiento a la igualdad de género y la no discriminación por ese motivo en el sistema internacional y regional, y la participación equilibrada en el acceso a cargos políticos se ha convertido en un objetivo clave de los organismos multilaterales. Sin embargo, ese empeño de los Estados para fomentar esa participación se dificulta con la falta de fuerza normativa y la escasa precisión de algunos instrumentos en lo concerniente a las acciones que deben poner en marcha los Estados para la consecución de las cuotas electorales de género y/o la democracia paritaria como fin último. Ambos conceptos poseen un marcado carácter de indeterminación en la normativa internacional, de ahí la necesidad de que los compromisos contraídos se materialicen en normas jurídicas y políticas públicas.

BIBLIOGRAFÍA

ARCHENTI, N. y TULA, M. I., "Cuotas de género y tipo de lista en América Latina", *Opinião Pública,* 13(1), junio de 2007, 185-218.

BARRERE UNZUETA, A., Igualdad y Discriminación Positiva: Un esbozo de análisis teórico-conceptual, *Cuadernos electrónicos de filosofía del derecho,* 9, 2003, 2-27.

CANÇADO TRINDADE, A. A. y GONZÁLEZ VOLIO, L., *Estudios básicos de Derechos Humanos,* tomo III, 1ª reimpresión, Universidad Nacional Autónoma de México, México,1992.

VARIOS, *La apuesta por la paridad: democratizando el sistema político en América Latina. Los casos de Ecuador, Bolivia y Costa Rica*, Instituto Internacional para la Democracia y la Asistencia Electoral, Perú, 2013.

CIENFUEGOS SALGADO, D. y VÁZQUEZ-MELLADO GARCÍA, J. C., *Vocabulario Judicial*, Instituto de la Judicatura Federal–Escuela Judicial de México, México, 2014.

COBO, R., "Democracia paritaria y sujeto político feminista", *Anales de la Cátedra Francisco Suárez*, 36, 2002, 29-44.

NAVA ESCUDERO, C. y FERRER MAC-GREGOR, E., *Diccionario de Derecho Procesal Constitucional y Convencional*, Universidad Nacional Autónoma de México, México, 2014.

GONZÁLEZ LUNA, T., RODRÍGUEZ ZEPEDA, J. y SAHUÍ MALDONADO, A., *Para discutir la acción afirmativa*, Volumen 2, Democracia, procesos y circunstancias, Universidad de Guadalajara, México, 2017.

JARA-LABARTHÉ, V, "Discursos y prácticas de la discriminación positiva para políticas indígenas en educación superior", *Cinta de Moebio*, 63, 2018, 331-342.

MEDINA ESPINO, A. y BENÍTEZ MÁRQUEZ, R. G., *La participación política de las mujeres. De las cuotas de género a la paridad*, Centro de Estudios para el Adelanto de las Mujeres y la Equidad de Género, México, 2010.

VARIOS, *Tratado de derecho electoral comparado de América Latina*, 2ª edición, Instituto Interamericano de Derechos Humanos, Universidad de Heidelberg, International IDEA, Tribunal Electoral del Poder Judicial de la Federación, Instituto Federal Electoral, México, 2007.

ONU Mujeres: «*La hora de la igualdad sustantiva, participación política de las mujeres en América Latina y el Caribe hispano*» [en línea], (2015), <https://lac.unwomen.org/sites/default/files/Field%20Office%20Americas/Documentos/Publicaciones/LA%20HORA%20DE%20LA%20IGULDAD%20SUSTANTIVA_180915_2.pdf> [Consulta: 19/03/2023.]

TULA, M. I.: «Reformas político-electorales y género en América Latina. Perspectivas de consolidación y desafíos pendientes» [en línea], (2014), <https://reformaspoliticas.org/wp-content/uploads/2018/04/2.MariaInesTula.pdf> [Consulta: 17/03/2023.]

VILLABELLA ARMENGOL, C. M., *Estudios de Derecho Constitucional*, Editorial Unijuris, La Habana, 2020.

Capítulo 2

Hacia una dimensión igualitaria del desarrollo sostenible a través del género y del medioambiente

PROFª. ESTER RENEDO SANTAMARÍA
Profesora de derecho administrativo Universidad Isabel I
Investigadora predoctoral Universidad de Burgos

PROFª. MARINA MARTÍN MORO
Profesora de derecho civil Universidad Isabel I
Investigadora predoctoral Universidad de Salamanca

INTRODUCCIÓN

Esta investigación va a tratar sobre los modelos de desarrollo humano en los ámbitos económico, social o tecnológico, entre otros. La crisis global en la que se encuentra inmersa nuestra sociedad capitalista, desde las últimas décadas, colisiona con el modelo de desarrollo sostenible que se quiere alcanzar de acuerdo con la Agenda 2030.

Desde la esfera de la educación, el cambio de estos modelos ha supuesto una alteración de todos los procesos naturales. Estos procesos han originado que el medioambiente sufriera una degradación constante y una distribución injusta de los recursos. Esto afecta directamente a la población y genera pobreza entre los seres humanos, en especial, en las mujeres. Esto impide a las mujeres un desarrollo económico y social justo e igualitario.

El papel de la mujer en la sociedad se está comenzando a valorar hoy en día, pero, para que este se reconozca y se visibilice como desarrollo humano sostenible, se tiene que hacer un especial hincapié en los conocimientos y en el rol de las mujeres. Todo esto va a estar completamente relacionado con la educación. La educación es el pilar más importante, ya que va a desarrollar el resto de las esferas de la personalidad. Si realmente queremos ver cuál es el papel de las mujeres y cómo se puede desarrollar, la educación se va a convertir en una pieza fundamental de concienciación como instrumento clave, a través del cual se crearán diferentes tipos de espacios de diálogo y comunicación con perspectiva de género y se fomentará el desarrollo igualitario y equitativo de las capacidades humanas, promoviendo así un verdadero equilibrio en el desarrollo sostenible.

1. EL «MAL DESARROLLO»: EL EFECTO PROVOCADOR DE LA ACTUAL CRISIS AMBIENTAL

El constante deterioro de la Tierra no es algo novedoso. Actualmente, los estudios que tratan sobre los límites planetarios reflejan que se está consumiendo por encima de los recursos que genera un planeta al año. Si utilizamos la medida de «un planeta» observamos que existen casos extremos como el de Qatar, que consume casi 9 planetas al año para generar todos sus recursos con tan solo 3 000 000 de habitantes, por el contrario, España consume 2,5 planetas anuales con 47 000 000 de habitantes. Está claro que los modelos económicos y sociales de desarrollo no son sostenibles y que no se adecuan a las demandas que necesita el planeta, y todo ello se debe a la falta de principios éticos como el respeto por las etapas de regeneración de la Tierra[288].

Por tanto, afecta profundamente al desarrollo humano, lo que provoca un aumento de la pobreza y deriva en un crecimiento exponencial de la población, como sucede en India, que, demográficamente, va a superar a China; lo que genera cambios en las distribuciones demográficas. Los países del sur, como Marruecos o Argelia, tienen una tendencia migratoria a países del norte como España, Portugal o Francia. Estos cambios en la demografía occidental tienen consecuencias positivas y negativas: positivas como la promoción de la natalidad en una Europa cada vez más envejecida, y negativas como los problemas raciales y culturales que muchas veces entran en conflicto, en ocasiones, con la noción antropocentrista europea del respeto de los derechos humanos, lo que provoca una crisis de culturas[289].

En una entrevista que realizó el periódico *El País* a John Berger, este aseguró: «Hoy en día no sólo están extinguiéndose especies animales y vegetales, sino prioridades humanas, que una tras otra, se ven sistemáticamente rociadas no de plaguicidas, sino de «eticidas»: agentes que matan la ética y, por consiguiente, cualquier idea de historia y de justicia[290]».

---

288 GUHL NANNETTI, E., *Antropoceno: la huella humana: La frágil senda hacia un mundo y una Colombia sostenibles,* Colombia, Pontificia Universidad Javeriana, 2022, [web]. Recuperado de: Antropoceno: La huella humana La frágil línea de la sostenibilidad (arcgis.com)

289 MOLINA, M., SARUKHÁN, J., y CARABIAS, J., *El cambio climático: causas, efectos y soluciones,* México, Fondo de Cultura Económica, 2017.

290 BERGER, J., El coro que llevamos en la cabeza, *El País,* 2006, [web], Recuperado de:http://www.elpais.com/articulo/semana/coro/llevamos/cabeza/elpeputec/20060826elpbabese_3/Tes

Está claro que esta crisis global es provocada por el sistema de desarrollo actual, que potencia un modelo de vida que incrementa, cada vez más, la brecha entre los pobres y los ricos, las desigualdades entre mujeres y hombres, las diferencias entre los países del norte y los del sur, y los problemas entre los núcleos rurales y los urbanos.

En el año 2011 un informe de desarrollo humano, publicado por el Programa de las Naciones Unidas para el Desarrollo (PNUD) expuso que las tendencias ambientales actuales amenazan el desarrollo humano. Este informe hizo hincapié en que conseguir alcanzar la sostenibilidad ambiental de forma justa y eficaz es un reto que roza la imposibilidad. Este informe de desarrollo humano puso de relieve las desigualdades existentes entre el acceso a la salud, al trabajo, a la educación y a los ingresos. Estas desigualdades, en ocasiones, son originadas por la desigualdad de género[291].

Para que podamos ver la relación existente entre la desigualdad entre mujeres y hombres y la sostenibilidad ambiental, tenemos que plantear que, en el modelo global de desarrollo económico, el 80 % de la población mundial malvive; de hecho, los países con super población son los países menos desarrollados, y señalo malviven, ya que solo disponen del 20 % de los recursos mundiales. Esta situación afecta directamente a las mujeres y se conoce como *feminización de la pobreza.* Este término hace referencia

> al crecimiento de las mujeres entre la población empobrecida, las diferencias y desigualdades que existen a nivel mundial suponen que las mujeres estén más expuestas a situaciones de vulnerabilidad, que muestran una tendencia a que

---

291 MELERO AGUILAR, N., y SOLÍS ESPARRALLAGAS, C, "Género y medio ambiente. El desafío de educar hacia una dimensión humana del desarrollo sustentable" en *Revista Internacional de Investigación en Ciencias Sociales,* 8(2),Paraguay, pp. 235-237, 2012.

> la representación desproporcionada de las mujeres entre los pobres aumente progresivamente[292].

Otros informes como el Fondo de las Naciones Unidas para las Mujeres indican que el 70 % de las personas que viven con menos de un dólar al día son mujeres, por lo que podemos decir que la pobreza sí que tiene rostro de mujer. Esto produce un paradigma, ya que de este 70 %, el 53 % de las productoras de alimentos son mujeres, y de este 53 %, solo el 1 % ha conseguido ser titular de la propiedad de la tierra. Esto es una total incongruencia, ¿cómo puede ser que más de la mitad de la población mundial sean mujeres productoras de alimentos y no tengan acceso a la propiedad de la tierra que cultivan? Por todo esto, hablamos de «mal desarrollo», ya que el deterioro del planeta, que sufre por la explotación de recursos naturales y desencadena en un agotamiento de los recursos que, al final, afecta a la economía, a la cultura y a la política de las relaciones sociales[293]. Por consiguiente, es importante hacer referencia a la relación que tienen las mujeres con su entorno y el papel que ejercen el desarrollo de su comunidad. Las mujeres siempre han sido recolectoras y cuidadoras, lo que establece un rol social cada vez más cambiante en las sociedades desarrolladas, pero un rol que en los países en vías de desarrollo sigue existiendo y que contribuye a la utilización de los recursos de una forma equitativa y sostenible. Es una contribución a la sociedad

---

292 MURGUIALDAY, C., "Marcos para el Análisis de Género" en *Diccionario de acción humanitaria y cooperación al desarrollo*, Universidad del País Vasco, Bilbao, 2000, [web], Recuperado de: https://www.dicc.hegoa.ehu.eus/listar/mostrar/113

293 SHIVA, V., *Abrazar la Vida. Mujer, ecología y desarrollo*, Horas y Horas, Andalucía, 1998.

que se refleja en diversas tareas, de carácter reproductivo, productivo y de gestión de los bienes comunes[294].

Por lo tanto, si analizamos los siguientes datos podemos ver como estas referencias se manifiestas de la siguiente forma:

Según Thrupp, «en un tercio de los hogares del mundo las mujeres son las únicas fuentes de ingreso, ya que además las mujeres orientan una gran proporción de sus ingresos a la satisfacción de las necesidades básicas»[295].

Por otro lado, según la Organización de las Naciones Unidas para la Alimentación y la Agricultura[296], la mujer produce un 80 % de los alimentos en África, un 60 % en Asia y un 40 % en Latinoamérica, con estos datos podemos observar como la mujer tiene un papel más activo en la economía doméstica[297], ya que son las encargadas de proporcionar a sus familias bienes básicos como alimentos, agua, combustibles, medicinas o alimentos para los animales. Esto se debe a que las mujeres conocen la importancia de la existencia de los ecosistemas saludables y diversos tal y como muestran investigaciones realizadas en Uttar Pradesh (India)[298].

---

294 BOSERUP, E., *Las mujeres y el desarrollo económico,* Minerva, Perú, 1993.

295 THRUPP, L.A., "The Gender Perspective in Forest Management in Central America, Washington, DC" en *Center for International Development and Environment,* p.25, 1994.

296 FAO., "La seguridad alimentaria y nutricional: importancia de la producción de alimentos" en *El estado mundial de la agricultura y la alimentación 2000,* FAO, p.36, 2000.

297 GARCÍA, I., *El aporte de la mujer rural a la conservación de la biodiversidad,* Ministerio de la Juventud, Mujer, la Niñez y la Familia de la República de Panamá, Panamá, 2000.

298 MELERO AGUILAR, N., y SOLÍS ESPARRALLAGAS, C, "Género y medio ambiente…" op.cit., pp. 238-240.

Si observamos lo que sucede en el medio rural, suelen ser las mujeres quiénes tienen un mayor conocimiento de la biodiversidad local y de cómo tratar a esta. Según los estudios realizados por Aguilar y Blanco[299] para la Unión Internacional para la Conservación de la Naturaleza (UICN), en sesenta huertos familiares de la zona de Tailandia se identificaron doscientas treinta especies y todas ellas habían sido rescatadas por mujeres que habitaban en los bosques cercanos antes de que estos fueran destruidos. Otro gran ejemplo es Sierra Leona que tiene un ecosistema muy rico en todo tipo de especies, a pesar de ser conocido tan solo por los diamantes. En la frontera con Liberia, los Mendé, cuyo grupo de mujeres se denomina «sociedad sande», las mujeres nombraron treinta y un usos diferentes para los árboles de las tierras de cultivo y del bosque, mientras que los hombres denominados «sociedad poro» solo encontraron ocho usos para las especies. Al final, las mujeres recolectoras y curanderas de este grupo étnico podían determinar un mayor uso de las especies vegetales, ya que, si las usaban para cocinar, podían elegir determinadas semillas y conocer su tiempo óptimo de cocción, sus propiedades alimenticias, su resistencia al clima o a las aves, su época de cultivo y de cosecha, etc., entre otras cualidades[300].

Parece increíble que, aunando tantos conocimientos, se les siga negando el acceso a la tierra. Que la pueden trabajar, pero no la pueden poseer. Si seguimos analizando la situación de la mujer en el continente africano, en países como Kenia, las mujeres solo tienen acceso a las tierras de menor valor. Estas son las tierras alejadas de las aldeas, aquellas que los hombres no

---

299 AGUILAR, L. y BLANCO, M., "Diversity Makes the Difference", en *Ponencia presentada en COP 7,* Unión Internacional para la Conservación de la Naturaleza, Suiza, 2004.

300 MELERO AGUILAR, N., y SOLÍS ESPARRALLAGAS, C., "Género y medio ambiente…" op.cit., pp. 244-246.

van a reclamar. Por consiguiente, las mujeres keniatas recogen las plantas medicinales de los costados de los caminos o de las cercas y obtienen agua y combustible de estas[301].

Otra investigación, realizada por el departamento de Antropología de la Universidad de Northwestern en Estados Unidos, mostró como en los procesos de construcción de las urbes en México, eran las mujeres mayas quienes trasmitían los conocimientos y la cultura[302].

Estos son breves ejemplos que demuestran la existencia de una clara diferencia entre el rol de la mujer y el del hombre en la comunidad. Las mujeres tienen un rol más cercano a la naturaleza en muchas situaciones por sus labores en la comunidad; son más conocedoras del medio, pero son rechazadas como expertas por su papel en la sociedad. La exclusión sufrida por las mujeres en los procesos de desarrollo está relacionada con las semejanzas establecidas entre la mujer y la naturaleza y su consecuente desvalorización, considerándose históricamente a ambas como «improductivas»[303].

En este sentido, «la recuperación del principio femenino es un desafío intelectual y político al mal desarrollo como proyecto patriarcal de dominar y destruir, de violentar, subyugar y desposeer a la mujer y la naturaleza y prescindir de ambas»[304]. Por esa razón, el desarrollo sostenible e igualitario debe ser un proceso global que tienda a mejorar el bienestar de los individuos cuyos principales objetivos sean la erradicación de la pobreza y del hambre, así como de la atención de las necesidades básicas

---

301 SALCEDO S., y GUZMÁN L., *Agricultura familiar en América Latina y el Caribe,* FAO, Chile, 2000.

302 GREENGURB, T.L., *Behavioral Ecology: The Role of Culture and the Trivers-Willard Hypothesis,* University of Northwestern, Illinois, 2003.

303 MELERO AGUILAR, N., y SOLÍS ESPARRALLAGAS, C., "Género y medio ambiente..." op.cit., p.247.

304 SHIVA, V, "*Abrazar la Vida...*" op.cit., pp.47-49.

de la población que lo necesite. Si apostamos por un desarrollo que se base en lo «humano» y lo «sostenible» apoyado por los valores de libertad, solidaridad, justicia y equidad social para mujeres y hombres se conseguirá garantizar un impulso y armonía en la gestión de las políticas ambientales[305].

Con todo esto se trata de apostar por modelos de desarrollo más justos y equitativos que contribuyan a una equiparación del rol de la mujer y del hombre para mejorar su calidad de vida y bienestar social[306].

2. HACIA UN DESARROLLO SOSTENIBLE A TRAVÉS DE LA CONCEPCIÓN HUMANA

El concepto de desarrollo sostenible tal y como lo conocemos se fraguó en el año 1987. En este año, Gro Harlem Brundtland, en aquel entonces primera ministra de Noruega, redactó un informe para las Naciones Unidas, originalmente «Nuestro Futuro Común» (en inglés *Our Common Future*), que tuvo tal relevancia que acabó tomando el nombre de su autora, llamándose así Informe Brundtland. Este informe contrastó y enfrentó las posturas existentes sobre el desarrollo económico que no eran compatibles con la sostenibilidad ambiental. Además, se definió por primera vez el término *desarrollo sostenible* definido como aquel que «satisface las necesidades del presente sin comprometer las necesidades de las futuras generaciones»[307].

---

305 CARIDE, A. y MEIRA, P., *Educación ambiental y desarrollo humano*, Ariel, Barcelona, 2001.

306 MELERO AGUILAR, N., y SOLÍS ESPARRALLAGAS, C., "Género y medio ambiente..." op.cit., p.248.

307 BRUNDTLAND, G., "El desarrollo sostenible" en *Informe de la Comisión Mundial sobre el Medio Ambiente y Desarrollo. Asamblea General de las Naciones Unidas,* Nueva York, 1987.

Este documento, implica un cambio muy importante en cuanto a la idea de sostenibilidad, principalmente ecológica, y a un marco que también da énfasis al contexto económico y social del desarrollo de forma oficial, tal y como hoy lo conocemos. En él, se expuso con vehemencia que el futuro del planeta no era sostenible con el desarrollo económico globalista y con el crecimiento exponencial de la población. En este, se intenta analizar, criticar e incluso replantear las propias políticas de desarrollo económico globalizador. Si unimos el término *desarrollo sostenible* con el concepto de la dimensión humana, nace el concepto de *desarrollo humano*, que se puede definir de la siguiente forma:

> El *desarrollo humano* es el proceso por el que una sociedad mejora las condiciones de vida de sus miembros a través de un incremento de los bienes con los que puede cubrir sus necesidades básicas y complementarias, y de la creación de un entorno social en el que se respeten los derechos humanos de la población. También se considera como la cantidad de opciones que tiene un ser humano en su propio medio, para ser o hacer y que produzca un beneficio para su comunidad. El *desarrollo humano* podría definirse también como una forma de medir la calidad de vida del ser humano en el medio en que se desenvuelve[308].

Si analizamos la perspectiva del *desarrollo humano* en un sentido genérico, este podría definirse como «la adquisición de parte de los individuos, comunidades e instituciones de la capacidad de participar efectivamente en la construcción de una civilización mundial que es próspera tanto en un sentido material como espiritual»[309].

---

308 TAU, R., "Possible in Human Development" en *Springer International Publishing*, pp.1-8, 2000, [web], Recuperado de: https://link.springer.com/referenceworkentry/10.1007/978-3-319-98390-5_252-1

309 ÍBIDEM., pp.5-6.

También es muy importante decir que «el *desarrollo humano* es parte integral para que el individuo logre un conocimiento más profundo de sí mismo; es decir, no tanto de forma externa, sino más íntima con uno mismo»[310]. Así pues, el Programa de Naciones Unidas para el Desarrollo define hoy al *desarrollo humano* como «el proceso de expansión de las capacidades de las personas que amplían sus opciones y oportunidades»[311]. Esta definición aúna varios conceptos como, el progreso y bienestar social con el ser humano, por ello, según PNUD, el desarrollo va a incluir varios aspectos como son el social, el sostenible y el económico. Es decir, «el *desarrollo humano* se puede alcanzar tanto de manera individual como de manera colectiva. Cada ser humano puede desplegar sus capacidades, habilidades, emociones, conocimientos en condiciones de vida digna y plena dentro de un colectivo social»[312].

Tal y como enuncia Amartya Sen, el *desarrollo humano* viene del pensamiento clásico, de filósofos como Aristóteles, quien consideraba que alcanzar la plenitud del desarrollo de las capacidades humanas es lo que le da un sentido y un fin al individuo[313].

Si seguimos analizando el concepto de *desarrollo humano*, vemos que no es un concepto aislado, sino que se va de la mano de otros conceptos como el de «desarrollo económico». El *desa-*

---

310 QUIROGA, F., "¿Qué es el índice de desarrollo humano (IDH)?" en *Tu Economía Fácil* [Blog], 2019., Recuperado de: ¿Qué es el índice de desarrollo humano (IDH)?–TU ECONOMÍA FÁCIL (tueconomiafacil.com)

311 PROGRAMA DE LAS NACIONES UNIDAS., *Informe sobre Desarrollo Humano 2011*, PNUD, Nueva York, 2011.

312 CASTILLO CONTRERAS, R. D., *Desarrollo del capital humano en las organizaciones,* Red Tercer Milenio, México, 2012.

313 ROJAS-MULLOR, M., *La idea de progreso y el concepto de desarrollo.* Universidad Rey Juan Carlos, Madrid, 2011.

rrollo humano es un término más amplio, pero no deja de aunar aspectos relativos a la economía que van ligados a la calidad de vida y de bienestar del individuo, tal y como se expone en los arts. 22 y siguientes de la Declaración Universal de los Derechos Humanos de 1948. En este sentido, Sen considera que la pobreza y las condiciones de vida de millones de personas se producen porque algo falla en las capacidades de estas para funcionar adecuadamente; es decir, por no tener cubiertas necesidades básicas como la alimentación, la salud y la educación para vivir dignamente[314].

Una teoría que promueve Sen es que las personas pueden hacer realidad sus posibilidades, viviendo de forma productiva, de acuerdo con sus necesidades, intereses y capacidades, con el derecho de cada persona a construir su propio destino, bajo la libertad personal, respetando las diferencias individuales entre los seres humanos. Así pues, Espinosa Jiménez, Gómez Becerra, Luna Moros, y Pardo Benito enunciaron

> Si el *desarrollo humano*, atiende al capital humano, pues el desarrollo será sostenible, sólo si coincide al mismo tiempo con el crecimiento económico, con la equidad social, económica y la sostenibilidad ambiental; se requiere erradicar la pobreza, y por eso, se debe hablar de desarrollo humano, de invertir en capital humano y buscar el bienestar humano como fin[315].

De este modo, el concepto de *desarrollo humano* debe extenderse a lo *sostenible* al contemplar, no sólo una visión economicista y ambientalista, sino social, que permita contribuir a la

---

314 SEN, A., *Desarrollo y libertad.* Planeta, Barcelona, 2000.

315 ESPINOSA JIMÉNEZ, A. M., GÓMEZ BECERRA, M. P., LUNA MOROS, L. B., y PARDO BENITO, C. C., *Aproximación conceptual de la relación entre aprendizaje organizacional y desarrollo humano,* [Trabajo de fin de grado], Universidad de la Sabana, Colombia, 2012, Repositorio Universidad de Sabana: https://intellectum.unisabana.edu.co/bitstream/handle/10818/2526/130171.pdf?sequence=1&isAllowed=y

mejora de la calidad humana de mujeres y hombres, la igualdad entre ambos y la equidad en sus relaciones[316].

El principio ético de este paradigma debe promover, principalmente, el respeto a la integridad de las personas, buscando ampliar las opciones de los seres humanos a partir de las opciones políticas, sociales y económicas, con el objetivo de asegurar la participación, la libertad de oportunidades y la garantía de los derechos humanos. Se trata de impulsar al ser humano como ser activo y partícipe de su propio desarrollo, generando la confianza en el individuo y el auto respeto consigo mismo y con el resto de la comunidad a la que pertenece[317].

Para tratar este principio nos nutrimos principalmente de las aportaciones realizadas desde el feminismo, que en palabras de Amorós supone «un tipo de pensamiento que tiene como referente la idea racionalista e ilustrada de igualdad entre los sexos»[318]. Siguiendo a Amorós:

> La idea de igualdad funciona por abstracción, no por homologación ni por identificación. La igualdad se da en la medida en la que se establece una «relación de equipolencia» basada en la decisión de estimar como relevantes cualesquiera características que no individualizan y se determina la existencia de un parámetro a partir del cual se va a considerar pertinente para definir la relación de igualdad, por lo que se pone en juego la abstracción[319].

Esta forma de desarrollo establece un replanteamiento sobre cómo interpretar la realidad, ya que, para que el *desarrollo*

---

316 CONFERENCIA DE BEIJING, Informe de la Cuarta Conferencia Mundial sobre la mujer, 1995.

317 SEN, A., "*Desarrollo y libertad*", op.cit., p.34.

318 AMORÓS, C., *Diez palabras claves sobre mujer*, Verbo Divino, Navarra, 1996.

319 AMORÓS, C., *Tiempo de feminismo, Sobre feminismo, proyecto ilustrado y posmodernista,* Cátedra, Madrid, 1997.

sostenible y el *desarrollo humano* sean una realidad, hay que analizar los procesos humanos con especial incidencia en los dirigentes políticos, en los actores del desarrollo u otras piezas clave cualesquiera en la sociedad, como los principales responsables para analizar y asimilar esta nueva norma de construir la sociedad basada en las necesidades humanas.

3. ¿CUÁLES VAN A SER LOS ESPACIOS DONDE LAS MUJERES PUEDAN DESARROLLAR SU EMPODERAMIENTO?

El proceso de transformación que ha sufrido la posición y situación de las mujeres en el ámbito mundial, regional y local es considerado como uno de los procesos de transformación más complejos y rápidos del siglo XX[320].

En países europeos sí se han podido observar grandes cambios en las estructuras sociales; es decir, existe, en estos países, un mayor número de mujeres en trabajos cualificados, mujeres que sobrepasan el techo de cristal e incluso líderes mundiales, por otro lado, en países latinoamericanos vemos que estos cambios estructurales son más lentos. Son países en los que los feminicidios están a la orden del día, en los que la vida de la mujer, en ocasiones, no tiene valor, por ello, no podemos ver estos avances materializados como los vemos en Europa, pero sí comienzan a aparecer en iniciativas públicas. Si los Estados trabajan en avanzar en perspectiva de género, se obtienen iniciativas como los Planes de Igualdad de Oportunidades, que se convierten en un punto de partida para que el trabajo en estas

---

320 MCLUHAN, M., y POWERS, B. R., *La aldea global: transformaciones en la vida y los medios de comunicación mundiales en el siglo XXI*, Gedisa, Barcelona, 2000.

estrategias tenga una perspectiva tanto de parte de la ciudadanía como del propio Estado[321].

El establecimiento de políticas públicas en materia de género no es sencillo, por lo que uno de los puntos clave de esta transformación en las políticas feministas latinoamericanas ha sido establecer espacios de encuentro en los que las mujeres se sintieran seguras y tuvieran la oportunidad de reflexionar sobre sus necesidades, espacios en los que pudieran adquirir conocimientos o intercambiar experiencias con otras mujeres; es decir, desde el activismo feminista, espacios donde pudieran alzar la voz y exponer su preocupación en diferentes esferas de la sociedad que no han sido tratadas anteriormente. Mencionando a Maquieira, el establecimiento de estas políticas públicas feministas «supone la aparición de nuevos sectores protagonistas de la acción colectiva y la irrupción organizada en el espacio público de entidades que propugnan un cambio social y, podríamos añadir, un cambio de modelo de desarrollo más sostenible»[322].

El fenómeno social del asociacionismo lo podemos definir como la tendencia a formar asociaciones (grupos de personas) para defender intereses comunes. El asociacionismo posibilitará la asunción de protagonismos que ayudarán a diferenciarlo de una mera participación. La Constitución española se encarga tanto de recoger el derecho de asociación en el art. 22 CE[323]

---

[321] MELERO AGUILAR, N., y SOLÍS ESPARRALLAGAS, C., "Género y medio ambiente…" op.cit., p.249.

[322] MAQUIEIRA, V., "Asociaciones de mujeres en la Comunidad Autónoma de Madrid" en *Ortega-López, M. (dir.). Las mujeres de Madrid como agentes de cambio social,* Instituto Universitario de Estudios de la Mujer, Madrid, 1995, pp.263-338.

[323] CONSTITUCIÓN ESPAÑOLA., BOE, n.311, de 29 de diciembre de 1978, Art.22:

1. Se reconoce el derecho de asociación.

y el de participación en el art. 23 CE[324].Por ende, vemos que los países europeos, como es el caso de España, en sus Constituciones ya recogen esta serie de garantías, mientras que, en los países en vías de desarrollo, como es el caso de los países de Latinoamérica, se están empezando a trabajar en ellas a través de las diferentes asociaciones de mujeres y de las participaciones de estas en las políticas públicas activas. Parece que todo esto es muy novedoso, pero ya en 1989 Vance aseguró que

> los movimientos sociales, incluido el femenino, se mueven hacia una visión; no pueden actuar sólo sobre el miedo. No basta con alejar a las mujeres del peligro y la opresión, es necesario moverse hacia algo; hacia el placer, la acción, la autodefinición. El feminismo debe aumentar el placer y la alegría de las mujeres, no sólo disminuir nuestra desgracia[325].

El principal desafío que se va a encontrar la mujer es seguir luchando y cambiando su rol social, así como construirlo desde una perspectiva de género. Se tiene que seguir trabajando en el establecimiento de líderes históricas con el fin de que haya

---

2. Las asociaciones que persigan fines o utilicen medios tipificados como delito son ilegales.
3. Las asociaciones constituidas al amparo de este artículo deberán inscribirse en un registro a los solos efectos de publicidad.
4. Las asociaciones sólo podrán ser disueltas o suspendidas en sus actividades en virtud de resolución judicial motivada.
5. Se prohíben las asociaciones secretas y las de carácter paramilitar

324 CONSTITUCIÓN ESPAÑOLA, BOE, n.311, de 29 de diciembre de 1978, Art.23:
Los ciudadanos tienen el derecho a participar en los asuntos públicos, directamente o por medio de representantes, libremente elegidos en elecciones periódicas por sufragio universal.
Asimismo, tienen derecho a acceder en condiciones de igualdad a las funciones y cargos públicos, con los requisitos que señalen las leyes.

325 VANCE, C., *El placer y el peligro; hacía una política de la sexualidad*, Revolución, Andalucía, 1989.

modelos de comportamiento para las futuras generaciones, se tienen que poner en marcha los grandes desafíos dentro de su nuevo rol en los ámbitos sociales, políticos y económicos, ya que su papel y derecho reproductivo sigue siendo un punto de inflexión que, en ocasiones, no les permites desarrollar todo su potencial en la esfera en la que se encuentren en un ámbito global de integración[326].

En la actualidad, el movimiento feminista es uno de los movimientos sociales más fuertes y extendidos por todo el globo. En este, las mujeres van a tener que abordar el reto de la gobernanza democrática con perspectiva de género, así como los diferentes tipos de discriminación, y el reflejo de construcción ciudadana que se va a dejar a las generaciones futuras en la búsqueda de la equidad[327].

La mujer tiene cada vez más visibilidad en todas las esferas de la vida, de hecho, podemos observar como la perspectiva de género ha inundado la Agenda del Milenio o Agenda 2030, en la que sus principales objetivos tienen base en la igualdad entre mujeres y hombres. Por lo que Podemos entender el derecho de las mujeres como una consecuencia derivada del reconocimiento de la autonomía y de la libertad que corresponde al ser humano, no solo en su esfera personal, sino también en su esfera jurídica. Por ello, la visibilidad de la mujer, en todas sus esferas, es una lucha constante en los países con democracias representativas que pueden plantear políticas públicas con perspectiva de género.

---

326 GARRETÓN, M.A., "La política y el Estado en América Latina desde las ciencias sociales" en *Revista Paraguaya de Sociología*, n. 34, p.100, 1997.

327 BAREIRO, L. y TORRES, I., *Gobernabilidad democrática, género y derechos de las mujeres en América Latina y el Caribe*, Canadá, Barcelona, 2010.

BIBLIOGRAFÍA

AGUILAR, L. y BLANCO, M., "Diversity Makes the Difference", en *Ponencia presentada en COP 7,* Unión Internacional para la Conservación de la Naturaleza, Suiza, 2004.

AMORÓS, C., *Diez palabras claves sobre mujer,* Verbo Divino, Navarra, 1996.

AMORÓS, C., *Tiempo de feminismo, Sobre feminismo, proyecto ilustrado y posmodernista,* Cátedra, Madrid, 1997.

BAREIRO, L. y TORRES, I., *Gobernabilidad democrática, género y derechos de las mujeres en América Latina y el Caribe,* Canadá, Barcelona, 2010.

BERGER, J., El coro que llevamos en la cabeza, *El País,* 2006.

BOSERUP, E., *Las mujeres y el desarrollo económico,* Minerva, Perú, 1993.

CARIDE, A. y MEIRA, P., *Educación ambiental y desarrollo humano,* Ariel, Barcelona, 2001.

CASTILLO CONTRERAS, R. D., *Desarrollo del capital humano en las organizaciones,* Red Tercer Milenio, México, 2012.

ESPINOSA JIMÉNEZ, A. M., GÓMEZ BECERRA, M. P., LUNA MOROS, L. B., y PARDO BENITO, C. C., *Aproximación conceptual de la relación entre aprendizaje organizacional y desarrollo humano,* [Trabajo de fin de grado], Universidad de la Sabana, Colombia, 2012.

FAO., "La seguridad alimentaria y nutricional: importancia de la producción de alimentos" en *El estado mundial de la agricultura y la alimentación 2000,* FAO, p.36, 2000.

GARCÍA, I., *El aporte de la mujer rural a la conservación de la biodiversidad,* Ministerio de la Juventud, Mujer, la Niñez y la Familia de la República de Panamá, Panamá, 2000.

GARRETÓN, M.A., "La política y el Estado en América Latina desde las ciencias sociales" en *Revista Paraguaya de Sociología,* n. 34, p.100, 1997.

GREENGURB, T.L., *Behavioral Ecology: The Role of Culture and the Trivers-Willard Hypothesis,* University of Northwestern, Illinois, 2003.

GUHL NANNETTI, E., *Antropoceno: la huella humana: La frágil senda hacia un mundo y una Colombia sostenibles,* Colombia, Pontificia Universidad Javeriana, 2022.

MAQUIEIRA, V., "Asociaciones de mujeres en la Comunidad Autónoma de Madrid" en *Ortega-López, M. (dir.). Las mujeres de Madrid como agentes de cambio social,* Instituto Universitario de Estudios de la Mujer, Madrid, 1995, pp.263-338.

MCLUHAN, M., y POWERS, B. R., *La aldea global: transformaciones en la vida y los medios de comunicación mundiales en el siglo XXI*, Gedisa, Barcelona, 2000.

MELERO AGUILAR, N., y SOLÍS ESPARRALLAGAS, C, "Género y medio ambiente. El desafío de educar hacia una dimensión humana del desarrollo sustentable" en *Revista Internacional de Investigación en Ciencias Sociales*, 8(2), Paraguay, pp. 235-237, 2012.

MOLINA, M., SARUKHÁN, J., y CARABIAS, J., *El cambio climático: causas, efectos y soluciones*, México, Fondo de Cultura Económica, 2017.

MURGUIALDAY, C., "Marcos para el Análisis de Género" en *Diccionario de acción humanitaria y cooperación al desarrollo*, Universidad del País Vasco, Bilbao, 2000.

QUIROGA, F., "¿Qué es el índice de desarrollo humano (IDH)?" en *Tu Economía Fácil* [Blog], 2019.

ROJAS-MULLOR, M., *La idea de progreso y el concepto de desarrollo*. Universidad Rey Juan Carlos, Madrid, 2011.

SALCEDO S., y GUZMÁN L., *Agricultura familiar en América Latina y el Caribe*, FAO, Chile, 2000.

SEN, A., *Desarrollo y libertad*. Planeta, Barcelona, 2000.

SHIVA, V., *Abrazar la Vida. Mujer, ecología y desarrollo*, Horas y Horas, Andalucía, 1998.

TAU, R., "Possible in Human Development" en *Springer International Publishing*, pp.1-8, 2000.

THRUPP, L.A., "The Gender Perspective in Forest Management in Central America, Washington, DC" en *Center for International Development and Environment*, p.25, 1994.

VANCE, C., *El placer y el peligro; hacía una política de la sexualidad*, Revolución, Andalucía, 1989.

Capítulo 3

El marco jurídico de la promoción de la igualdad en el sistema educativo valenciano

DR. LUIS SEBASTIÁN CASTAÑARES

l.sebastiancastana@edu.gva.es

1. INTRODUCCIÓN

La igualdad se establece como uno de los pilares fundamentales de la sociedad actual, siendo un elemento esencial de las relaciones democráticas y un valor predominante en los sistemas jurídicos basados en el Estado de Derecho en todo el mundo. A lo largo de la historia, el constitucionalismo ha integrado cartas de derechos que reflejen una protección jurídica de la dignidad humana. Esta dignidad humana es un valor otorgado a todas las personas debido a sus características inherentes, como la voluntad libre, la capacidad de amar, la conciencia del bien y del mal, y el discernimiento. Por lo tanto, la dignidad humana es un absoluto, el fundamento y la razón principal de los derechos humanos, tal como se deriva de la Declaración Universal de los Derechos Humanos. De esta forma, la dignidad humana, los derechos humanos y los derechos fundamentales forman un vínculo inseparable.

Desde la perspectiva del desarrollo doctrinal de los derechos humanos, se observa la conexión entre la idea de igual dignidad y la noción misma de los derechos humanos. Esta idea de igual dignidad, arraigada en el pensamiento humanista, implica una conceptualización de la dignidad de cada ser humano basada únicamente en su propia naturaleza, independientemente de cualquier otra circunstancia[328].

La igualdad de género, a su vez, se puede conceptualizar como un derecho humano fundamental y el fundamento de una sociedad justa. A través de políticas públicas y la creación de normas equitativas, se puede lograr una equidad de género que supere las diferencias históricas en las condiciones entre hombres y mujeres. La equidad es, entonces, un instrumento necesario para alcanzar la igualdad. La igualdad implica que las responsabilidades, derechos y oportunidades no dependan del género con el que se nace, y que las necesidades de mujeres y hombres sean igualmente importantes.

La educación, como política pública o conjunto de políticas públicas, tiene un gran potencial transformador, lo que significa un avance sustancial en términos de igualdad. Por lo tanto, la promoción de la igualdad en y a través de la educación es una herramienta esencial para el desarrollo de una sociedad consciente y comprometida con el bienestar de todos sus miembros por igual.

Por todo ello, la promoción efectiva de la igualdad en la educación supera claramente cualquier esfuerzo o sacrificio que pueda implicar, ya que sus resultados positivos no solo beneficiarán a los contemporáneos, sino que también se difundirán en el futuro y fomentarán nuevas y más ambiciosas acciones orientadas a mejorar la convivencia en nuestras sociedades.

---

[328] BALLESTEROS LLOMBART, J., FERNÁNDEZ RUIZ-GÁLVEZ, E. y GARIBO PEYRÓ, A. P. Derechos humanos. Publicaciones de la Universitat de València, 2007.

2. MARCO LEGISLATIVO VALENCIANO SOBRE PROMOCIÓN DE LA IGUALDAD

Aunque en el estudio de la promoción de la igualdad en el sistema educativo valenciano contamos con una norma específica como lo es el Decreto 195/2022, del Consell, no debemos obviar otros elementos de la normativa valenciana que enriquecen el análisis de las tendencias específicas en el impulso y protección de derechos fundamentales en el marco de la Administración Pública en general y de la educativa en particular. Así, encontramos normas tan diversas como planes de igualdad o regulaciones sobre la organización de centros educativos. Sin ánimo de exhaustividad, consideramos importante señalar la interrelación existente entre algunos de los principios constitucionales/derechos humanos y fundamentales, como la igualdad y la equidad, que se refleja en la normativa específica.

Aunque Ley Orgánica del Estado, el Estatuto de Autonomía de la Comunitat Valenciana es el referente legislativo -junto con la Constitución-, del que dimanan el resto de normas autonómicas. A este respecto, encontramos ya en su artículo 10, respecto de los derechos de los valencianos y las valencianas, una referencia explícita a la igualdad de derechos de hombres y mujeres en todos los ámbitos y, en particular, en los relativos al empleo, la protección contra la violencia y la atención social de los inmigrantes. El acceso pleno a una participación laboral, social, familiar y política sin discriminación (artículo 11) o el valor de un autogobierno en términos de igualdad (Disposición adicional segunda) son algunas de las otras referencias que el texto nos brinda.

Desde la óptica de la administración general, el III Plan de Igualdad para acabar con la discriminación entre hombres y mujeres en la plantilla de la Generalitat se postula como una herramienta jurídica "como conjunto ordenado de medidas, adoptadas después de realizar un diagnóstico de situación, tendentes a alcanzar en la administración la igualdad de trato y de oportunidades entre mujeres y hombre y a eliminar la discriminación de sexo". De este modo, el Plan aborda las necesidades del personal al servicio de la Administración de la Generalitat con un alcance global e integral, a fin de consolidar la igualdad de trato y de oportunidades entre todos los miembros de la organización, y con el foco en la erradicación de cualquier forma de discriminación directa o indirecta por razón de sexo. Entre los objetivos específicos del Plan se pueden destacar el fomento de la formación en igualdad y perspectiva de género y el fomento de la comunicación en igualdad -si bien mediante el uso del concepto jurídico indeterminado de lenguaje inclusivo-. Aunque el Plan elabora un estudio exhaustivo sobre datos de movilidad funcional, organigrama, salud laboral y otros elementos que no son objeto de este estudio, sí que nos parece interesante la reflexión siguiente: los funcionarios, y los profesores que imparten docencia en centros públicos lo son, deben de integrar el valor de la igualdad entre hombres y mujeres en su ámbito laboral y profesional, o de lo contrario, es consabido, serán incapaces de promover igualdad o valores algunos entre sus discentes. Desde la perspectiva puramente educativa, la Conselleria de Educación Cultura y Deporte no ha desarrollado todavía un plan marco de igualdad y convivencia, por lo que, respetando la autonomía de los centros, ha promocionado la elaboración de planes individualizados.

A colación, la ley valenciana sobre la autoridad del profesorado, establece en su artículo 3 -principios generales-, la promoción de la convivencia en los centros docentes, así como el reconocimiento, respeto, ejercicio correcto y efectiva garantía de los derechos y deberes de todos los miembros de la comunidad educativa. Así, y de una forma indirecta, el legislador autonómico incide de nuevo en la necesidad del respeto a valores como la igualdad de todos los individuos que componen la colectividad de los centros docentes. Aunque el objeto de la ley es reconocer la autoridad del personal docente y establecer sus condiciones básicas de ejercicio, no es menos cierto que expone una relación de derechos (artículo 4), que pueden ser fácilmente relacionados con los objetivos de la promoción de la igualdad y equidad, a saber: desarrollar la función docente en un ambiente educativo adecuado, recibir colaboración para la mejora de la convivencia escolar y autonomía para el mantenimiento de un adecuado clima de convivencia. Como vemos, prerrogativas orientadas todas a ellas a fomentar un deber que, como veremos más adelante, la ley exige a los docentes *ex* artículo 45 del Decreto del Consell de Igualdad y Convivencia.

Igualmente, destacable es el Decreto 106/2022, de 5 de agosto, del Consell, de ordenación y currículo de la etapa de Educación Primaria, por el cual se deroga el Decreto 30/2014, de 14 de febrero, del Consell, regulador de la declaración de compromiso familia-tutor entre las familias o representantes legales del alumnado y los centros educativos de la Comunitat Valenciana. Esta norma hace hincapié en la importancia de la Educación Primaria en el desarrollo de un entorno de aprendizaje amable y positivo posibilitador de la igualdad de oportunidades educativas, así como de la igualdad de derechos. En su artículo 7, a la hora de establecer sus objetivos, incide nuevamente en el fomento de una perspectiva crítica que ayude a comprender la igualdad de derechos y oportunidades de hombres y mujeres y la no discriminación de personas por ningún motivo. La coeducación, la perspectiva de género y la educación para la paz también son conceptos que aparecen a lo largo del texto, siempre en relación con el fomento de la igualdad de oportunidades entre hombres y mujeres. La acción tutorial o el diseño de materiales didácticos son elementos sobre los que el texto explicita una asunción especial del principio de igualdad.

Respecto de la implementación de medidas organizacionales conviene citar el Decreto 252/2019, del Consell, que señala como función del equipo directivo en su artículo 10 el impulso y desarrollo de actuaciones para la igualdad entre mujeres y hombres. También, el consejo escolar deberá designar los miembros de la comisión de inclusión, igualdad y convivencia, la cual tendrá como objetivo específico "el diseño y la puesta en marcha de iniciativas encaminadas a la inclusión y la eliminación de las barreras al acceso, participación y aprendizaje, y a la igualdad entre hombres y mujeres" (artículo 31). El trabajo de la comisión se desarrolla en paralelo con el de coordinador o coordinadora de igualdad y convivencia, establecida en el artículo 49 y desarrollada en el artículo 53. En este último artículo, se exponen las funciones de este coordinador o coordinadora, como la coordinación de las actuaciones prevista en el plan de igualdad, así como la participación en su desarrollo y, específicamente la coordinación de actuaciones para garantizar el ejercicio de derechos fundamentales de las personas LGTBI. Ciertamente, contrasta esta especificidad con la ausencia de mención expresa a acciones concretas respecto de la violencia de género más allá de las eventualmente estipuladas por los planes de igualdad de los centros y en el proyecto educativo de centro.

Mención aparte merecen las medidas en el ámbito de la educación (Capítulo 3) de la Ley valenciana de igualdad de la las personas LGTBI. Estas medidas hacen uso de conceptos distintos a los analizados hasta ahora, que estaban enfocados a un eje de máximos respecto a la igualdad entre hombres y mujeres y el principio de no discriminación. Así como en el resto del marco jurídico se evidencia un uso mayoritario de los términos violencia de género, igual dignidad entre hombres y mujeres, y no discriminación por ninguna circunstancia o razón; en esta norma la prohibición de no discriminación se circunscribe a motivos como la orientación sexual, la identidad de género, la expresión de género o el desarrollo sexual o grupo familiar. De hecho, la mayoría de medidas recogidas en esta ley en relación al sistema educativo, están orientadas al tratamiento, estudio, agregación en los currículos y elaboración de programas sobre diversidad de orientaciones sexuales, e identidades y expresiones de género y desarrollo sexual. Mención especial merece la elaboración de programas y guías de educación sexual, y sobre la que apostilla la propia norma que debe realizarse "desde un punto de vista científico y no doctrinal" (artículo 21.2.e), lo que resalta el cariz conflictivo de la cuestión.

Como se puede observar, existe una gran cantidad de normas autonómicas cuyo ámbito y objeto de aplicación están en menor o mayor medida relacionadas con la promoción de la igualdad y la equidad en el sistema educativo valenciano. En este punto podríamos incluir también las resoluciones por las que se aprueban las instrucciones para la organización y el funcionamiento de los centros educativos. Como existen varias de ellas, dependiendo del nivel educativo, y su contenido se asemeja en esta cuestión, citamos las relativas a los centros de Educación Secundaria Obligatoria y Bachillerato para el curso 2022-2023. Esta normativa, en el anexo que desarrolla el Proyecto Educativo de Centro, establece en el punto 1.2.6.3 las medidas para el fomento de la igualdad y la convivencia, estableciendo la obligación de elaborar medidas coherentes con los objetivos establecidos en la legislación concreta, como lo son los decretos del Consell 104/2018 y 195/2022, así como toda la legislación educativa general, muy prolija. Aquí, curiosamente, la redacción sí que se desarrolla de nuevo en relación con los conceptos de derechos humanos, coeducación, convivencia positiva, prevención de los conflictos y la violencia de género.

Y, por último, y antes de acometer el análisis del Decreto 195/2022, merece ser reseñado el Decreto 104/2018, por el que se desarrollan los principios de equidad y de inclusión en el sistema educativo valenciano. De la redacción de esta norma se desprende un enfoque distinto del trabajado hasta ahora, pues el objeto de la misma pone el foco en el desarrollo de un modelo inclusivo más centrado en la equidad e igualdad de oportunidades en el acceso y progreso del alumnado, orientado a la inclusión especial de las personas en situación de vulnerabilidad y en riesgo de exclusión social, más allá del eje varónmujer. A lo largo del texto esta idea se ve reforzada, como se puede observar respecto de los principios generales de la norma, que define el concepto de educación inclusiva como una respuesta favorecedora del desarrollo de todo el alumnado y capaz de eliminar todas las formas de exclusión y vulnerabilidad. En definitiva, se puede comprobar de forma evidente a lo largo de todo el escrito que se incide en este aspecto.

2.1. Decreto 195/2022, del Consell, de igualdad y convivencia en el sistema educativo valenciano

El Decreto 195/2022, de 11 de noviembre, del Consell, de igualdad y convivencia en el sistema educativo valenciano, constituye la herramienta fundamental de promoción de la igualdad en educación en la Comunitat Valenciana. Esta norma, generada en base a la autonomía normativa de las CCAA en España, está estructurada en tres títulos y un título preliminar. Este Título Preliminar expone el objeto de la norma, apuntando la necesidad de la creación de un modelo global de gestión en los centros educativos, de forma que se pueda conseguir construir una convivencia positiva basada en el principio de igualdad material. También, y de forma paralela a la redacción de los Títulos II y III, se señala la intención de regular la organización y funcionamiento del Observatorio de la Igualdad y la Convivencia del sistema educativo valenciano, así como la regulación de los derechos y deberes de los miembros de la comunidad educativa.

Más allá del lenguaje retórico de parte de la norma, esta exige integrar desde el mismo proyecto educativo de centro el diálogo y la prevención de la violencia como bases de la promoción de la igualdad. De esta manera, el centro debe asegurarse de incorporar a su labor educativa principios y valores que se compadezcan totalmente con una convivencia positiva, basada en la participación de todos, la diversidad, la equidad, la justicia y la igualdad de derechos. Así mismo, el decreto establece los principios rectores en el modelo de gestión de la igualdad que propone afiliar en todo momento el respeto por los derechos humanos, la solidaridad, la paz y los valores democráticos. No obstante, no puede decirse que el empleo de tal cantidad de nociones, principios e ideas facilite la labor de los equipos docentes en la concreción de su labor diaria. Da la sensación en parte, a nuestro juicio, que existe una intencionalidad de emplear una aparatosa cantidad de virtuosos vocablos que eventualmente ayuden a justificar ciertos postulados de la normativa. En el caso de la generación de normas de igualdad y convivencia (artículo 9.3), el decreto estipula que su elaboración deberá contar con la participación de todo el alumnado, incluido las consecuencias jurídicas de su incumplimiento. Aunque consideramos absolutamente imprescindible la implicación de los alumnos en todas las iniciativas que les afecten, no parece justa para los discentes la obligación de sopesar y calibrar la profundidad de todos y cada uno de los principios estipulados como orientadores de la política educativa objeto de este estudio. Más bien, estimamos como evidente la presunción de que la abstracción de todos estos valores tan importantes sea convenientemente delimitada por la Administración educativa de turno.

Respecto del conjunto de prácticas educativas propuestas incluidas en el Capítulo IV del Título I, el decreto las define como un conjunto de estrategias específicas orientadas a la promoción de la igualdad, la convivencia positiva y la prevención de la violencia. Aunque estos son fines más que elogiables, aquí el redactor y responsable de la potestad reglamentaria, haya podido incurrir en cierto pleonasmo cuya razón únicamente pueda asentarse en una pretensión altilocuente. Así y todo, la propuesta que se realiza es más que sugestiva, pues incorpora metodologías contrastadas como el modelo dialógico, el aprendizaje y servicio o la mediación.

Ahora, otro de los elementos que la normativa estudiada incluye como indispensable para la igualdad efectiva entre hombres y mujeres, se substancia en la coeducación de niños y niñas en parcelas como la educación afectivo sexual, la prevención de la violencia de género y el fomento del espíritu crítico y la ciudadanía activa. La coeducación se define como un proceso de intervención educativa que tiene como meta el desarrollo holístico de los alumnos, independientemente de su sexo. Así, la coeducación implica un respeto a la individualidad personal, también respecto a su naturaleza antropológica, sin que esta pueda condicionar y menos determinar el pleno desarrollo de la persona, y nunca limitado a los posibles roles de género establecidos en la sociedad. La coeducación conlleva, de esta forma, la búsqueda de la colaboración entre niñas y niños o adolescentes de ambos sexos, el respeto a la individualidad personal y sexual alejado de modelos preestablecidos de comportamiento y el fomento de interrelaciones basadas en la comprensión, respeto, tolerancia, confianza y aceptación del otro[329].

Como podemos observar a lo largo de toda la redacción de la norma, el diálogo se concibe como una herramienta fundamental para la resolución de conflictos entre el alumnado, introduciendo como novedad en el Capítulo V del Título I de la norma herramientas para un debate enriquecedor que promueva la estima de las necesidades personales y el impacto negativo de las dinámicas de género. Todo lo cual, implica necesariamente una participación activa y positiva por parte de todos los miembros de la comunidad educativa, no únicamente los alumnos, para fomentar un paradigma de sistema

---

329 MUÑOZ GIRÓN, C. Coeducación en M. Román Onsalo (Coord.), *Manual de agentes de igualdad* (pp. 19-26). Diputación de Sevilla, 2009.

educativo que contribuya a la idea de que la igualdad es trabajo de todos.

No se puede poner en duda la encomiable pretensión del decreto al poner el foco en valores tan válidos. Sin embargo, el texto adolece de un excesivo manejo de conceptos jurídicos indeterminados y muy interpretables. En el caso de las estrategias de la gestión de conflictos alteradores de la convivencia, la norma propone el desarrollo de identidades saludables. Como bien expone RUIZ GÁLVEZ[330] la identidad propiamente solo se da en las relaciones de identidad de un objeto consigo mismo, por lo que en el caso de los seres humanos la identidad propiamente dicha es algo absolutamente personal. Pretender conciliar el estímulo por ser uno mismo, el desarrollo personal y la defensa de las ideas propias con términos como "identidades saludables" (artículo 12), que aportan muy poco al autodesarrollo de los alumnos y se asemeja a una acometida contra la autopercepción de los niños y jóvenes, lo que nos parece en buena parte contradictorio con el espíritu que debe orientar cualquier labor educativa. Para mayor abundamiento, el texto recoge la referencia de la Ley Orgánica 3/2020, de 29 de diciembre, de educación, que insta a una educación en el respeto por las identidades.

A colación de las conductas contrarias a la convivencia, el Decreto recoge una relación de medidas "de abordaje educativo" ante conductas perjudiciales poco imaginativas, aunque muy contrastadas. Amonestaciones, comparecencias ante el equipo directivo, realización de trabajos y tareas, retirada de objetos o sustancias no permitidos, o suspensión del derecho de asistencia son, en su conjunto, medidas habituales y ordinarias que no suelen suponer un cambio de pautas en muchos casos. Es por ello por lo que se echa en falta la incorporación

---

[330] FERNÁNDEZ RUIZ-GÁLVEZ, E. Igualdad y Derechos Humanos. Tecnos, 2003.

de prácticas concretas de reflexión, co reflexión y valoración de esas conductas por parte del sujeto de forma acompañada y que recoja todas las bienintencionalidades imbuidas en la norma. Este punto contrasta con la ampulosidad del texto en sus partes no normativas, pues se omiten en un punto crucial herramientas ya citadas muy interesantes como el modelo dialógico y otros.

Ya respecto al Título II, en relación con la creación y funcionamiento del Observatorio de la Igualdad y la Convivencia, se estipula su carácter al servicio de todo el sistema educativo valenciano a la hora de analizar los datos que puedan recopilarse en los centros educativos. De esta forma, se valoran las orientaciones realizadas por UNESCO (2019) respecto a la integración efectiva del género en la concepción de los programas de educación, donde la recopilación de datos y la realización de análisis de género que incluyan identificación de barras y obstáculos, iniciativas y estrategias adecuadas para el cambio y seguimiento de la implementación y evaluación de los resultados de género. De esta forma, y como recoge la norma, se tiene la capacidad de realizar propuestas y acompañar a las comunidades educativas en materia de igualdad y convivencia. En principio, este Observatorio está en disposición de crear una base empírica de promoción de una mayor igualdad de género en la elaboración de planes educativos. También, se erige como un instrumento interesante en la orientación de los planes de convivencia de los centros educativos en el marco de la Orden 62/2014, de 28 de julio, de la Conselleria de Educación, Cultura y Deporte, por la que se actualiza la normativa que regula la elaboración de los planes de convivencia en los centros educativos de la Comunitat Valenciana y se establecen los protocolos de actuación e intervención ante supuestos de violencia escolar (artículo 7).

De forma estructural, el decreto pretende recoger los postulados de la normativa más actual en la materia, como la Ley orgánica 8/2021, de 4 de junio, de protección integral a la infancia y la adolescencia frente a la violencia; la Ley 8/2021, de 2 de junio, por la que se reforma la legislación civil y procesal para el apoyo a las personas con discapacidad en el ejercicio de su capacidad jurídica para la inclusión; la Ley 26/2018, de 21 de diciembre, de la Generalitat, de derechos y garantías de la infancia y adolescencia; la Ley 23/2018, de 29 de noviembre, de la Generalitat, de igualdad de las personas LGTBI; la Ley 8/2017, de 7 de abril, de la Generalitat, integral del reconocimiento del derecho a la identidad y a la expresión de género en la Comunitat Valenciana; Ley 15/2010, de 3 de diciembre, de la Generalitat, de autoridad del profesorado; Ley 11/2003, de 10 de abril, de la Generalitat, sobre el Estatuto de las personas con discapacidad, modificada por la Ley 9/2018, de 24 de abril, de la Generalitat; y la Ley 7/2012, de 23 de noviembre, de la Generalitat, integral contra la violencia sobre la mujer en el ámbito de la Comunitat Valenciana; el Decreto 104/2018, de 27 de julio, del Consell, por el cual se desarrollan los principios de equidad y de inclusión en el sistema educativo valenciano; el Decreto 72/2021, de 21 de mayo, del Consell, de organización de la orientación educativa y profesional en el sistema educativo valenciano; y el Decreto 30/2014, de 14 de febrero, del Consell, por el cual se regula la declaración de compromiso familia-tutor entre las familias o representantes legales del alumnado y los centros educativos de la Comunitat Valenciana.

Finalmente, en los Capítulos III, IV y V, se establecen los derechos y deberes de la comunidad educativa, personificados en el alumnado, las familias y el profesorado. Aquí, la norma realiza un ejercicio de exhaustividad a la hora de enumerar las facultades del alumnado, componente nuclear del sistema educativo. Todo ello, además, con la justificación propia de la dignidad de los menores, los principios democráticos, los derechos de la infancia y la Declaración Universal. Respecto a los deberes de los discentes (artículo 41), destacan el respeto a los demás y practicar la convivencia positiva; deber que, por su parte, implica el cumplimiento de las normas de convivencia, la participación activa y positiva en el desarrollo de las actividades educativas y el posicionamiento activo a favor de las personas más vulnerables. Quizá, aquí, podría valorarse una mejora de la redacción, pues entendemos que el término víctima, en lugar de vulnerable, debería ser el único término preciso. Resulta interesante recalcar además el deber del profesorado (artículo 45) de fomentar un clima positivo de convivencia, puesto que los centros deben tener la capacidad de generar entornos inspiradores de igualdad y convivencia. También, de ser parte activa en la prevención, detección y gestión del conflicto, asumiendo en base al deber de tutela de proyectar la igualdad como valor superior de las sociedades democráticas.

En definitiva, el Decreto 195/2022 de igualdad y convivencia en el sistema educativo valenciano pretende ser un marco normativo coherente y armonizado con el resto de la ordenación del sistema educativo y sus principios: un modelo inclusivo, igualitario, diverso, coeducativo y de calidad. En suma, el sistema educativo, más allá de proporcionar aprendizaje técnico, debe encaminarse también al aprendizaje socioemocional necesario que permita desarrollarse íntegramente como persona y ciudadano, al mismo tiempo que se es capaz de favorecer ese mismo progreso a los iguales, independientemente de las características intrínsecas de cada individuo.

3. CONCLUSIONES

La igualdad es una de las ideas morales más intuitivas. De esta manera, la igualdad se convierte en un componente esencial de la moral social, que comprende el conjunto de normas de un grupo social que integra la moral de la conciencia individual orientada al bien y la moral de los sistemas religiosos o filosóficos predominantes en un grupo humano específico. No es sorprendente, entonces, que una de las funciones del

Derecho implique un papel activo en la promoción de situaciones justas. Igualdad y justicia se presentan como un binomio, basado en la idea de igual dignidad de todos los seres humanos, que constituye el fundamento y origen de la idea de los derechos humanos como derechos universales.

Además, la igual dignidad no solo es la base de los derechos humanos, sino que también se establece como un valor y principio ético, según el cual, los seres humanos, a pesar de sus diferencias, deben ser tratados como iguales, ya que la igualdad no solo implica reconocer una realidad empírica, sino que es una exigencia ética. De esta forma, una sociedad que busca la igualdad respeta la dignidad humana de todas las personas: mujeres y hombres, niños, adultos, no nacidos, ancianos, inmigrantes y enfermos.

La igualdad no significa imitación, simetría, conformidad ni homogeneidad, sino que implica afirmar que todos los seres humanos son iguales en cuanto a seres humanos y dignidad, sin negar sus diversas diferencias. La igualdad no es un concepto opuesto a las diferencias, sino a las desigualdades. Por lo tanto, promover la igualdad en la sociedad es un compromiso ético activo orientado hacia la idea de justicia y que debe utilizar los mecanismos jurídicos necesarios y herramientas metajurídicas para erradicar las desigualdades.

Por lo tanto, resulta interesante analizar la legislación de promoción de la igualdad en y desde la educación, ya que, más allá de la importancia económica y de progreso de esta política pública, implica un claro deseo por parte de los poderes públicos y de la opinión pública de consolidar una sociedad comprometida con la dignidad de la persona en su máxima expresión. Al analizar el marco jurídico sobre la promoción de la igualdad en el sistema educativo valenciano, hemos observado paralelismos en la redacción con respecto a esta fundamentación del principio de igualdad. Este fundamento también se desarrolla en los diferentes niveles administrativos y de competencias, respetando el valor primordial de la dignidad humana.

La inmensa mayoría de la normativa estudiada plantea un interés proactivo de la Administración en consonancia con la búsqueda de una igualdad y equidad estructurales, proponiendo medidas a corto, medio y largo plazo para la promoción de estos valores buscados. Sin embargo, las acciones concretas de sensibilización, prevención, detección y tratamiento educativo de los conflictos, muy bien fundamentadas, adolecen en algunos casos de un pragmatismo poco ambicioso. La mayoría de las respuestas al conflicto y a la transgresión de la paz escolar carecen de novedad, como hemos visto en el análisis. Y, por otra parte, y aunque de forma redundante se propugna como necesaria una convivencia pacífica y respetuosa, se echa en falta acciones concretas respaldadas por modelos de acompañamiento, reflexión conjunta y dialéctica.

Además, si bien la prevención es un elemento que se desarrolla en la legislación, hay un exceso de figuras más burocráticas que pragmáticas que se pretende intervengan en el proceso de coeducación, a saber: comisión de igualdad, coordinador de igualdad, proyecto educativo de centro sensibilizado y plan de igualdad. El proceso de elaboración de medidas y acciones concretas es complejo y excesivamente retórico. Por ello, existe un contraste claro con la especificidad de las medidas relativas al estímulo de la diversidad sexual, identidad y expresión de género y desarrollo sexual. También, en cuanto a la variación del eje mujer-varón hacia otro que gira en torno a los conceptos de orientación sexual, identidad de género o expresión de género.

Entendemos que el estudio de los planes de igualdad individuales de los centros educativos valencianos puede enriquecer el análisis de medidas concretas, aunque sin excesivo enardecimiento, pues en muchas ocasiones los centros docentes no están dispuestos a innovar jurídicamente, pues son conscientes de la fiscalización ejercida por la inspección educativa. Nos referimos, específicamente, no únicamente a las líneas y criterios básicos que deben orientar el establecimiento de medidas a medio y largo plazo para la promoción de la igualdad y la equidad, sino a una relación específica de acciones sobre las que toda la comunidad educativa debe trabajar para construir un clima escolar igualitario, no discriminatorio y defensor acérrimo de los derechos humanos.

Si bien el desarrollo de la legislación es redundante en los términos empleados, no es menos cierto que pretende una defensa contumaz de la sensibilización, prevención, detección, tratamiento educativo de los conflictos, acciones y hechos contrarios al principio de igualdad formal. Entendemos, finalmente, que esta exigencia jurídica tiene un impacto positivo en la igualdad material en la vida social y académica; por lo que el desarrollo legislativo y normativo analizado está más que justificado, es necesario y bueno en términos generales para el sistema educativo valenciano y para la defensa de los derechos humanos y la estimación de la dignidad humana de todo el alumnado en sus comunidades educativas concretas.

BIBLIOGRAFÍA Y LEGISLACIÓN

ÁLVAREZ CONDE, E. Curso de Derecho Constitucional. Tecnos, 2006

BALLESTEROS LLOMBART, J., FERNÁNDEZ RUIZ-GÁLVEZ, E. y GARIBO PEYRÓ, A. P. Derechos humanos. Publicaciones de la Universitat de València, 2007.

CORTES GENERALES. Ley Orgánica 5/1982, de 1 de julio, de Estatuto de Autonomía de la Comunidad Valenciana.

FERNÁNDEZ RUIZ-GÁLVEZ, E. Igualdad y Derechos Humanos. Tecnos, 2003.

FERNÁNDEZ RUIZ-GÁLVEZ, E. Educación para la paz desde una perspectiva de género en E. Bea Pérez (Coor.) y Fernández Ruiz-Gálvez, E., *Cien años de discurso femenino sobre la guerra y la paz* (pp. 271-296). Tirant lo Blanch, 2007.

GENERALITAT VALENCIANA. Ley 15/2010, de 3 de diciembre, de la Generalitat, de Autoridad del Profesorado.

GENERALITAT VALENCIANA. Decreto 104/2018, de 27 de julio, del Consell, por el que se desarrollan los principios de equidad y de inclusión en el sistema educativo valenciano.

GENERALITAT VALENCIANA. Ley 23/2018, de 29 de noviembre, de la Generalitat, de igualdad de las personas LGTBI.

GENERALITAT VALENCIANA. Decreto 252/2019, de 29 de noviembre, del Consell, de regulación de la organización y el funcionamiento de los centros públicos que imparten enseñanzas de Educación Secundaria Obligatoria, Bachillerato y Formación Profesional.

GENERALITAT VALENCIANA. Acuerdo de 5 de agosto de 2022, del Consell, de aprobación del III Plan de igualdad de mujeres y hombres de la Administración de la Generalitat.

GENERALITAT VALENCIANA. Decreto 106/2022, de 5 de agosto, del Consell, de ordenación y currículo de la etapa de Educación Primaria.

GENERALITAT VALENCIANA. Resolución de 12 de julio de 2022, del secretario autonómico de Educación y Formación Profesional, por la que se aprueban las instrucciones para la organización y el funcionamiento de los centros que imparten Educación Secundaria Obligatoria y Bachillerato durante el curso 2022-2023.

GONZÁLEZ-ZAPATERO, J. M. El principio de igualdad en González Zapatero, J. M., Sánchez de la Torre, A. y Fuertes-Planas Aleix, C., *Horizontes de cambio en el Derecho* (pp. 131-160). Dykinson, 2017.

LÓPEZ GUERRA, L. *et al.* Derecho Constitucional. Volumen I. Tirant lo Blanch, 2003.

MUÑOZ GIRÓN, C. Coeducación en M. Román Onsalo (Coord.), *Manual de agentes de igualdad* (pp. 19-26). Diputación de Sevilla, 2009.

MURILLO RIBES, A. y PASTOR ARNAU, J. (22-25 de marzo de 2021). *La creació sonora a l´abast de tothom: pràctiques igualitàries a través de la creativitat i la creació sonora en contextos educatius.* II Congrés d´Humanitats, Ciències Socials i Educació. Les dones a les humanitats i les ciències, Comunitat Valenciana, España.

PÉREZ LUÑO, A. E. Derechos Humanos, Estado de Derecho y Constitución. Tecnos, 2001.

URIOS MOLINER, S. La promoción de la igualdad: un desafío común para los hombres y las mujeres. *Asparkía. Investigació Feminista,* 9, pp. 161-170, 2013.

Capítulo 4

La representación de la mujer en el cómic, ¿epítome de desigualdad?

VICENT SEBASTIÁN-FABUEL
Universitat de València

1. INTRODUCCIÓN

Esta aportación pretende examinar la representación femenina dentro del cómic en relación al tema de la igualdad y cómo influye en su apreciación por la sociedad. La representación de las mujeres ha sufrido cambios influida por las actuaciones tanto de los creadores como de los consumidores de cómics a lo largo de los años. Por lo tanto, a través de esta investigación, el objetivo es conocer estas diferentes imágenes y mostrar cómo el medio del cómic exhibe las opiniones culturales predominantes sobre las mujeres, primero en EEUU y luego, por extensión, en el resto de países de la órbita occidental, y que afectan a sus representaciones modernas dentro de los medios de comunicación.

Ninguno de nosotros se ha liberado completamente de las atribuciones tradicionales de roles sociales. Las ideas de cómo se comportan o deben de comportarse las mujeres y los hombres no desaparecen de nuestras mentes en la misma medida en que cambia la base jurídica y normativa. Por lo tanto, sigue mereciendo la pena reflexionar sobre los roles de género y dejar que surjan nuevas imágenes en nuestro pensamiento.

Ciertamente, la igualdad no significa que las mujeres y los hombres sean lo mismo, sino que los derechos, las obligaciones y las oportunidades no dependen del sexo con el que nacieron. La igualdad supone que se tengan en cuenta sus intereses, necesidades y prioridades, reconociéndose su diversidad.

Para ello hemos recurrido a un recurso poco habitual, los cómics, para observarlos sobre cuestiones de género en evolución, dado que la *cultura pop* ofrece una excelente perspectiva de la sociedad, y los cómics, en particular, tienden a incorporar tramas ricas y complejas, que reflejan los tiempos que se viven.

2. METODOLOGÍA

Para responder a estas cuestiones, se realizó una revisión de diversos cómics mediante el análisis histórico y textual para extraer las distintas representaciones de las mujeres; y también se analizó cómo se producen los cambios en su diseño en las novelas gráficas observando acontecimientos históricos e imágenes de personajes a lo largo de diferentes periodos.

Los cómics proporcionan reflexión y paralelismos con el clima político de aquellos tiempos, sin ir más lejos podemos evocar aquí el caso de *Mafalda* de Quino, como expone CATALÀ CARRASCO[331]. Hay varias agendas ocultas, o no tanto, detrás de cada imagen y diálogo en una tira cómica o *comic-book* . Los cómics, pues, no van dirigidos únicamente a la población de 18 o 21 años, incluyen cuestiones políticas en cada una de sus viñetas, por ese motivo debe leerse entre líneas al igual que las imágenes que presenta.

---

[331] CATALÁ CARRASCO, J.L.-, Drinot, P.- Scorer, J. (Eds.) *Cómics y memoria en América latina.* Cátedra. 2019.

La cultura de masas y los cómics ofrecen al lector una mirada al interior de cómo funcionaba la sociedad cuando se escribieron, son paralelos a la cultura, los valores y la política, como asevera BLANCH[332] y uno de los beneficios de analizar el género a través de los cómics es su capacidad de rastrear actitudes a lo largo del tiempo.

Desde esta perspectiva se examinan los cómics del pasado y del presente para discernir qué mensajes se trasladan sobre el papel de la mujer anteriormente y en la sociedad actual. De este modo, podemos observar cómo están cambiando los roles de la mujer y cómo se puede seguir impulsando la igualdad de género. Para ello, siguiendo a MURPHY[333], se tuvo en cuenta siete indicadores de roles o estatus de género femenino que incluyen: la portada[334], el test de Bechdel[335], el argumento, la

---

332 BLANCH, C. (2013). *What Do Comic Books Teach Us About Gender Attitudes? en* <https://www.forbes.com/sites/forbeswomanfiles/2013/01/23/what-do-comic-books-teach-us-about-gender-attitudes/?sh=555ff3b72c16> [Consulta: 16/03/2023.

333 MURPHY, K. J. (2016) Analyzing Female Gender Roles in *Marvel Comics from the Silver Age (1960) to the Present Discussions* vol. 12 No. 2.

334 El análisis de las portadas de los cómics incluyen el número de mujeres en la portada, el número de superheroínas en relación con el número de personajes masculinos, su tamaño y proporción y su actividad o pasividad. Para profundizar en esta cuestión, ver Larew, K. G. (1997). Planet women: The image of women in Planet Comics, 1940-1953. Historian 59(3), 590-612. doi: 10.1111/j.1540-6563.1997.tb01007. y Merino, N. (2014). Gender roles, 1st edition. Farmington Hills, Michigan: Greenhaven Press

335 Desarrollada por Alison Bechdel, en la tira The Rule, de su cómic *Dykes to Watch Out For* (1985). Originalmente fue creado como una prueba para cine. Tiene en cuenta tres criterios: El primero es que el material debe tener al menos dos personajes femeninos con nombre; segundo, esos dos personajes deben hablar entre sí; y tercero, que la conversación sea sobre algo más que hombres *Unas lesbianas de cuidado* Reservoir Books (2014)

ocupación, el equilibrio de poder, la sexualización y la violencia ejercida contra la mujer.

Se pueden examinar las representaciones visuales de las mujeres en los cómics y compararlas con las imágenes de los hombres. En esa línea, el sociólogo GOFFMAN[336] revisó el sesgo de género en la publicidad y propuso un enfoque sistemático para analizar los anuncios. Se fijó en los códigos específicos presentes y consideró lo que decían sobre la sociedad y las relaciones comunitarias.

Un elemento interesante a observar también es que el grupo demográfico de lectores de cómics está "envejeciendo", por ejemplo, y las portadas de estilo retrato de mujeres podrían interpretarse como un intento de captar la atención. Muchas de estas portadas también parecen mostrar una similitud gráfica y conceptual con las representaciones fotográficas de las mujeres en la pornografía[337]. Esta opresión de género es descrita al extremo en el proyecto *Women in Refrigerators*, de Gail Simone[338], que muestra un cuadro opresivo de las representaciones negativas y los hechos violentos que sufren las mujeres en los cómics de superhéroes.

---

336 GOFFMAN, E.: *La presentación de la persona en la vida cotidiana*. Amorrortu. 2021.

337 IGLESIAS, A.–ZEIN, M. *Lo que esconde el agujero. El porno en tiempos obscenos*. Catarata. 2018.

338 En 2007, se convirtió en la primera escritora en dirigir Wonder Woman de DC en toda su historia https://comicvine.gamespot.com/women-in-refrigerators/4015-43763/

3. LOS CAMBIOS EN LA NARRACIÓN DEL PANORAMA DE GÉNERO

La integración de la perspectiva de género como enfoque integrador y global de la sociedad va más allá del concepto de política de promoción e igualdad de la mujer. Las imágenes de mujeres y hombres que se transmite influyen inconscientemente en gran medida en nuestras percepciones. Se plantea la cuestión de hasta qué punto el cómic utiliza los estereotipos de los roles de género o los rompe. Con los cómics, se puede crear conciencia sobre género e igualdad entre hombres y mujeres, estimular debates y, sin duda, provocar muchos cambios, también en situaciones cotidianas. Basta con analizarlos desde la perspectiva de la igualdad: ¿cuántos chicos y chicas participan y qué tareas les asignan?, ¿quién da un discurso?, ¿quién modera?, ¿quién hace el trabajo socialmente reconocido y quién el no reconocido en un proyecto?, ¿quién está en primer plano y quién realiza un trabajo indispensable en segundo plano?

En la década de 1920 aparece un tipo de personaje cuyo origen se puede ver en la figura de *Cenicienta*: una joven que debe luchar por sobrevivir en un entorno hostil[339] pero busca también ser princesa. También en la década de los 30 algunos personajes famosos en el cine animado pasan al papel y este es el caso de *Betty Boop*, el arquetipo femenino de curvas acentuadas representando a una mujer liberada con peinado y faldas cortos que bailaba, bebía y fumaba, como señala SUÁREZ[340].

---

339 ORENSTEIN, P., (24 de diciembre de 2006). Cinderella and Princess Culture. What's Wrong With Cinderella?, The New York Times.

340 SUÁREZ, V. (2019). "Betty Boop La nueva mujer". *L'Esclat dels clàssics*. MUVIM.

En la década de 1940, se sumarán, en el género superheróico, *Lois Lane*[341] y *Wonder Woman*, que a lo largo de la historia, son personajes que reflejaron los cambios en el papel de la mujer en Estados Unidos y la evolución de los roles normativos de género. Como ejemplo, cuando se lanzó el icono de los cómics, *Superman*, el amor de *Lois Lane*, esta fue descrita como independiente, fuerte y respetada en su profesión. Esta visión proviene de una época en que los hombres luchaban contra Hitler y las mujeres tomaban el relevo en las fábricas y oficinas en casa, en un reflejo sobre cómo los estadounidenses veían a las mujeres durante la Segunda Guerra Mundial. Sin embargo, hacia el final de la guerra, el personaje asumió un nuevo comportamiento: deferente con sus homólogos masculinos y aparentemente indefensa frente a una avalancha constante de villanos empeñados en secuestrarla. En general, a lo largo de sus años de historia, tanto una como otra han presentado no sólo el cambiante rol social de la mujer en la cultura occidental, sino también las influencias que rodean estos cambios en la industria del cómic. En estos años, estos dos personajes de ficción esbozaron los diferentes contextos sociales e históricos que influyeron en lo que significaba ser mujer a lo largo de este periodo y, esencialmente, proporcionaron una cápsula del tiempo de las normas sociales y comportamentales percibidas como apropiadas y sinónimo de femineidad.

En la década de 1950, estos dos personajes reflejaban puntos de vista conservadores con respecto a la representación del género, mediatizados por una industria sometida a investigación. En 1954, la industria del cómic implementó la *Autoridad del Código de Cómics* como un medio para reducir la violencia, la sangre y las insinuaciones sexuales que se encontraban en

---

341 Apareció por primera vez en Action Comics # 1 (1938). Lois es una periodista y el principal interés amoroso de Superman y su alter ego, Clark Kent.

algunos cómics. La creación de la *Comics Code Authority* indica que: "Se desaconseja específicamente la inclusión de mujeres en las historias. Las mujeres, cuando se usan en la estructura de la trama, deben tener una importancia secundaria[342]". Todo lo que pueda evocar la sexualidad está prohibido y esto se traduce, entre otras cosas, en el rechazo incluso de los personajes femeninos. Esto dio como resultado que las historias enfatizaran los conceptos patriarcales tradicionales del comportamiento de las mujeres, los roles de género y la domesticidad.

En 1961, *Atlas Comics* publicó por primera vez un título llamado *Night Nurse* (*Linda Carter, estudiante de enfermería*)[343], con la intención de atraer a un tipo de lectora adolescente. La casta *Linda* vivió su vida únicamente al servicio de los superhéroes masculinos caídos, una representación típica de las enfermeras en ese momento. A diferencia de las enfermeras de cómic de las décadas de 1940 y 1950, se representan como independientes, capaces e inteligentes. Sin embargo, las narrativas de la historia siguen siendo estereotipadas.

Afectados los cómics, como otros medios, por la liberación de las costumbres y la revolución sexual, los cómics descubrieron el erotismo en los años sesenta, y poco a poco empezaron a dar más espacio a los personajes femeninos. De las heroínas "liberadas" de Guido Crepax (1965)[344] o Jean-Claude Forest (1962)[345], a menudo sólo se ha subrayado la desnudez,

---

342 La "Comics Code Authority" es parte de la Asociación de Revistas de Cómics de los Estados Unidos y fue creada para regular el contenido de los *cómic books* estadounidenses.

343 Linda Carter fue creado por Stan Lee y Al Hartley, en 1972 Marvel lanza otra versión creada por el escritor Jean Thomas, que apareció por primera vez en *Night Nurse # 1*

344 *Valentina*, de Norma Editorial

345 *Barbarella* Les Humanoïdes Associés

mientras que eran mujeres activas, independientes, realizadas, inteligentes, en ningún caso reducibles a su dimensión erótica.

En la década de 1970, *Wonder Woman* se centraba en una representación del género a través de la cultura de la moda predominante, basada en el beneficio económico y en el movimiento feminista.

Ya desde la década de 1980 hasta principios de la década de 2000, el género se representó exclusivamente a través del cuerpo, combinando la sexualidad presentada a principios de la década de 1940 por *Wonder Woman* y la hiperfeminidad de la década de 1990.

Si al principio de la industria del cómic, los lectores podían acceder y comprar una amplia variedad tipos de cómic: románticos, de aventuras, de terror, sobre crímenes, de ciencia ficción, de humor...; poco a poco, como consecuencia sobre todo de la Segunda Guerra Mundial y la Guerra Fría, había más cómics de superhéroes y menos de todo lo demás y estos se convirtieron en sinónimo de "cómics de superhéroes de universo compartido", y todo lo que estaba fuera de ese género limitado, quedó relegado. Una vez que el medio cómic se define desproporcionadamente por un solo tipo, el siguiente paso es vincularlo a un grupo demográfico específico y limitado, por ejemplo, hombres blancos entre las edades de 16 y 35 años; lo que provocará un sexismo en las narrativas excluyendo al público femenino con una representación femenina poco realista.

4. LA HIPERSEXUALIZACIÓN

La mujer ha estado clásicamente limitada en los cómics a unos pocos roles que se pueden resumir en dos categorías. El primero es el de la mujer "común" como el ama de casa o la secretaria. La segunda es la "criatura soñada", eternamente prometida del héroe[346], o *femme fatale* y toda una diversa cohorte de reinas y guerreras[347], tomados de la ficción histórica o cuentos *de fantasía*. Así, parece que, a partir de un borrado de la mujer como sujeto, recordemos que *Sue Storm*[348], el elemento femenino de los *Cuatro Fantásticos*, tenía precisamente el superpoder de ¡hacerse invisible!, pasando, así, a una exhibición agresiva y sobreexplotación de la mujer-objeto hipersexuada (Groensteen y Pilloy, 1994).

Aunque hay que aclarar que la representación de las mujeres no es uniforme y existen variaciones relacionadas con la edad. Así, las niñas suelen ser simpáticas, alejadas de los estereotipos negativos asociados a la mujer. Las mujeres mayores también reciben un mejor trato. Es poco probable que estas heroínas sean seducidas, ya que sus cuerpos no están erotizados y escapan al discurso misógino.

Son varias las consecuencias de esta objetivación. Las representaciones de mujeres adultas brindan a las niñas y chicas modelos que pueden usar para moldear sus propios comportamientos, autoconceptos e identidades. Dado el entorno cultural altamente sexualizado en el que están inmersas, sus elecciones sobre la ropa, el cabello, el maquillaje y la actuación erótica precoz en la que se involucran algunas adolescentes, pueden ser el resultado de ese modelaje. La atención crónica a la apariencia física deja menos recursos cognitivos disponibles para otras actividades mentales y físicas; limita la forma de los movimientos físicos de las niñas; conduce a un aumento de los sentimientos de vergüenza por el propio cuerpo; crea ansiedad

---

346 Por referirnos a los tebeos españoles: *Claudia* y *el Jabato, Ana María* y e*l Guerrero del Antifaz, Sigrid* y *el Capitán Trueno, Lady Roxana* y *el Corsario de Hierro*. Aunque llenas de *virtudes* femeninas no adolecían de fortaleza de carácter.

347 Por ejemplo, *Red Sonja* en *Conan el Bárbaro #23* (1973) Marvel.

348 *La Mujer Invisible*

de apariencia, y finalmente conduce a una mayor insatisfacción corporal entre las niñas y mujeres jóvenes y puede asociarse con resultados negativos de salud mental en las adolescentes.

Por su parte, también la imagen de la mujer en el *manga* varía según la época y corresponde al desarrollo del lugar de la mujer en la sociedad japonesa. Cuando el rol asignado es ser ama de casa, los personajes femeninos son débiles, retraídos y muchas veces esperan al héroe que vendrá a salvarlas. La liberación de la mujer va acompañada de una transformación de esas representaciones: las mujeres comienzan a ser más activas, muestran más carácter y no son tan sumisas. Una forma particular de feminidad, la joven guerrera, aparece en varios *mangas,* al igual que en cómics y videojuegos[349]. Estas imágenes de chicas muy jóvenes además facilitan a determinados lectores cumplir fantasías pedófilas. De hecho, muchos *manga* destinados a hombres o adolescentes presentan a las mujeres jóvenes solo como objetos de deseo, que, según la edad y el género al que va dirigido, su aspecto predominante es el *kawaii*[350] o *hentai*[351]; existiendo entre estos dos extremos toda una variedad para evocar la sexualidad de una forma más o menos cruda.

5. ¿HACIA UN CÓMIC FEMENINO?

El tebeo, el cómic..., desde un principio, fue más bien creado por hombres, para un público masculino, aunque las series destinadas a chicas jóvenes o mujeres se estrenó bastante

---

349 Como puede ser el caso de *MotoKo Kusagani,* protagonista de *Ghost in the Shell.* Planeta Cómic

350 Diseño gráfico japonés que presenta en sus contenidos visuales su filosofía oriental de la vida, con rasgos simples y privilegiando los diseños elegantes y sencillos y que trasmiten dulzura.

351 Género pornográfico

pronto. En este género encontramos en España en la década de 1950 revistas como *Azucena, Esther y su mundo, Florecita, Lily, Anita Diminuta, Esther, Florita, Sissi,* etc[352]. Además de historietas románticas (Ramírez, 1975) y series sentimentales, que trasmitían, a juicio de Vázquez de Parga (1980), un carácter moralizante para chicas decentes.

En cierta medida, la escasez de autoras y la gran mayoría de lectores masculinos pueden haber agravado esta cuestión. Personajes femeninos extremadamente sexualizados con figuras voluptuosas y confinamiento de la mujer a roles secundarios y personalidades planas o frívolas. Como decíamos, la exposición a estas representaciones puede afectar las creencias sobre los roles de género y en las mujeres más jóvenes, aumentar el valor que le dan a la imagen corporal y dar como resultado creencias y expectativas menos igualitarias.

Se puede considerar que se requieren dos cosas para lograr una verdadera igualdad en los cómics con superheroínas: una buena trama que no recurra a la narración centrada en el género del personaje, y personajes femeninos que tengan valores fundamentales coherentes y se vistan y actúen pensando en sí mismos en lugar de en un público masculino.

6. OTRA MISIÓN PARA EL CÓMIC

Los cómics son un fenómeno emocionante porque históricamente son un medio masivo de la cultura popular y siempre han sido muy diversos, también por sus propiedades mediáticas caracterizadas por el examen de la imagen, el texto y las estructuras

---

352 BARRERO, M. *et al. Tebeos. Historietas para chicas.* ACT Ediciones. 2021. CONDE, J. *Del tebeo al cómic, Un mundo de aventuras.* Libsa. 2000. MEDIAVILLA, M. *El tebeo femenino.* Alberto Santos 2011 MEDINA, G. *Chicas de cómic.* Glenat España. 2008.

y perspectivas, a veces opuestas, que se desarrollan a partir de ellos. Estas son cualidades muy específicas de la narración gráfica, lo que hace que los cómics sean tan atrayentes para temas tan a menudo tan complejos, como demuestra que existe una fuerte tendencia hacia las historietas autobiográficas, especialmente de mujeres, que tratan temas como la sexualidad y el abuso.

Una de las respuestas es hacer cambios aparentemente radicales en un personaje, como que *Thor* se convierta en una mujer, o que un hombre negro se convierta en el *Capitán América.*

En definitiva, una creciente literatura muestra que la información relacionada con el género transmitida en los medios populares puede afectar las percepciones personales y los estándares culturales sobre el género. Claramente, las cosas que vemos, incluso si son fantásticas o sensacionalistas, afectan nuestras creencias.

Pero un cómic también puede contener mucha información sobre los roles de género, aunque no busque abordar en absoluto la diferencia entre hombres y mujeres: *Y the Last Man*[353] muestra un mundo post-apocalíptico donde, a excepción del héroe, solo han sobrevivido mujeres; cómic que puede servir como un libro de texto de género (Burton, 2021) porque trata muchos roles de género al mismo tiempo.

7. LA MUJER MARAVILLA COMO ARQUETIPO

LEPORE[354] examina la transformación histórica de la superheroína *Wonder Woman* analizando cómo el movimiento por el sufragio femenino influyó en la creación del personaje,

---

353 *Y, el último hombre en España, editado en* 2003 por Norma Editorial

354 LEPORE, J. (2014). *The Secret History of Wonder Woman.* New York: Knopf.

así como las relaciones y la carrera de su creador. EMAD[355] realizó un análisis similar de los cambios en su representación conectando estos cambios con las transformaciones de la cultura estadounidense que se estaban produciendo en la época y encuentra paralelismos en los cambios en el papel de la mujer durante la década de 1940, cuando muchas mujeres entraron por primera vez en el mundo laboral. Durante este periodo, *Wonder Woman* aparece como una mujer fuerte y se presenta como un símbolo positivo del feminismo; sin embargo, cuando esta termina, sus cómics se centran más en que presente un comportamiento conservador y femenino durante los años cincuenta y sesenta.

Su creador [356].fue William Moulton Marston, un psicólogo estadounidense que se inspiró en el contexto social y político de la época, y en la búsqueda constante de la igualdad de generor[357]. El hecho de que se centrara en presentarla como poderosa, femenina y seductora se consideró controvertido para la época y sin duda sus características se vieron influidas por aspectos de su vida: vivía con su esposa y con la compañera de vida polígama de la pareja. Además Marston es conocido por su invención de la prueba de la presión arterial sistólica, creando el detector de mentiras, el cual se reflejó en una de las armas de la heroína: el lazo de la verdad. Hizo todo lo posible por presentar su forma de entender el género dentro de *Wonder Woman,* en *The American Scholar* en 1943[358]: "Ni siquiera las

---

355 EMAD, M. C. (2006) The Journal of Popular Culture Reading Wonder Woman's Body: Mythologies of Gender and Nation

356 Primera aparición en *All Star Comics #8* 1941

357 Otro símbolo de lucha femenina de la época es *Rosie the Riveter,* muy representada en carteles sindicalistas y feministas, una obrera que personifica un gesto de poder junto a la frase We can do it!

358 MARSTON, W. M. (8 de junio de 2017). *Why 100,000,000 Americans read comics.* < https://theamericanscholar.org/wonder-woman/> [Consulta: 16/03/2023.]

niñas quieren ser niñas mientras nuestro arquetipo femenino carezca de fuerza, fortaleza y poder".

A primera vista, puede parecer una superheroína feminista empoderada y combativa en medio de un reino dominado por superhéroes masculinos. Precisamente, en 2016, *Wonder Woman* desempeñó el papel de embajadora honoraria de la ONU. Su nombramiento fue recibido con protestas argumentando, entre otras quejas, que su apariencia sexualizada la hacía inadecuada como su representante[359]. Este hecho señala la importancia del personaje y su papel como embajadora de la ONU supone un importante precedente histórico. Reconoce la representación a menudo problemática de las mujeres en muchas iteraciones del género de los superhéroes, y resalta las quejas sobre su modo de vestir en el contexto de los argumentos que históricamente se han utilizado para prohibir la entrada de las mujeres en política.

8. UN CONTEXTO EN CAMBIO

Como señala COCCA[360] los orígenes de los personajes de cómic responden a contextos socioculturales específicos y a una discusión constante entre roles y expectativas de género; su principal punto de debate es que las superheroínas están sumamente subrepresentadas y estereotipadas, incluso en el panorama cada vez más diverso de hoy, e identifica un *statu quo* jerárquico y basado en privilegios donde la mayoría de las superheroínas son mujeres blancas, heterosexuales, de clase media alta y sin discapacidad, interpretando esta subrepresentación como una

---

[359] Fuente: https://www.20minutos.es/noticia/2911473/0/wonder-woman-pierde-cargo-embajadora-naciones-unidas/

[360] COCCA, C. (2016). *Superwomen: Gender, Power, and Representation.* Bloomsbury Academic.

dinámica compleja de diferentes factores sociales, culturales, políticos e ideológicos, argumentando que la representación diversa de personajes femeninos es vital para ejercer influencias positivas en el actual mercado de la *cultura pop* heteronormativa y dominada por los hombres, empoderando a las mujeres de todos los espectros sociales.

El extremo lo hallamos en la existencia de personajes femeninos, afortunadamente con poco éxito, que minorizan a la mujer hasta extremos rayanos en lo ridículo: *Gin Genie*, una superheroína que es más fuerte cuanto más alcohol ha ingerido; *Big Bertha*, que para salvar al mundo engorda 300 kilos, que luego vomita. Todo un ejemplo a imitar por las chicas: alcoholismo y bulimia...

No solo es la representación de las superheroínas; dejando de lado por un momento los cómics de superhéroes, podemos recordar la creación de Peyo en 1967 del personaje *Pitufina*, invento del mago *Gargamel* con el propósito de desestabilizar el mundo de los *Pitufos* [361]. A continuación la brutal "receta" de Gargamel: "Un poco de coquetería, una sólida capa de parcialidad, tres lágrimas de cocodrilo, un cerebro de pardillo, polvo de lengua de víbora, un quilate de engaño, un puñado de ira, un dedo de tela de mentira, cosida con hilo blanco, por supuesto, un celemín de gula, un cuarto de mala fe, un dado de inconsciencia, una pizca de soberbia, una pizca de envidia, una pizca de sentimentalismo, una parte de estupidez y una parte de astucia, mucho espíritu volátil y mucha terquedad"[362]. A partir del personaje se ha llegado a dar nombre al *principio de Pitufina* o *síndrome de Pitufina*[363], como única representante

---

361 *La Schtroumpfette*; *La Pitufina* editado en España en 2006 por Planeta de Agostini.

362 En el cómic *La pitufita Los pitufos nº 3* Colección Olé 1979.

363 SARKEESIAN, A. *(22 de abril de 2011). The Smurfette Principle (Tropes vs. Women)* Serie documental "Tropos contra mujeres" (archivo de

femenina en un grupo de varones y con un rol habitualmente inferior, decorativo o poco importante; lo cual tiene unas consecuencias muy graves para la representación de la igualdad. Por ejemplo el "síndrome de la impostora", definido por experimentar sentimientos de insuficiencia y fraude a pesar de la evidencia de competencia y logros, que afecta, sobre todo, a mujeres de alto rendimiento: a pesar de haber conseguido buenas calificaciones, haber trabajado duro, haber liderado proyectos exitosos o haber alcanzado metas que justifiquen y demuestren su éxito, sienten que no lo merecen. Esto puede provocar que experimenten una constante sensación de ansiedad, limitando sus capacidades y constituyendo un obstáculo psicológico que puede impedirles seguir cosechando éxitos[364]. Estas barreras mentales influyen incluso a la hora de presentarse candidata a un puesto de trabajo (Ministerio de Educación y Formación Profesional, 2022).

9. HACIA UNA REPRESENTACIÓN MÁS IGUALITARIA

Pero los avances recientes no eclipsan el hecho de que las mujeres han sido ignoradas en los cómics durante décadas, y todavía no las acercan a la paridad: las mujeres constituyen aproximadamente uno de cada cuatro personajes de cómics.

Es cierto que la situación de los personajes femeninos es mejor que nunca, pero eso es lo que hace que los casos de sexismo que aún existen en los cómics sean tan evidentes. Incluso si las superheroínas que aparecen en las páginas de

---

vídeo). Youtube. <https://www.youtube.com/watch?v=opM3T2lZA> [Consulta: 16/03/2023.]

364 CALVARD, T. "Impostor syndrome as a way of understanding gender and careers" Annals of Entrepreneurship. *Education and Pedagogy. 2018.*

los cómics favoritos son tan fuertes y están tan bien diseñadas como sus contrapartes masculinas, todavía tienen una especie de hipersexualidad que no es típica de las imágenes de *Batman* y otros superhéroes masculinos, circunstancia que plantea la cuestión: ¿qué se necesitaría para abordar y reparar con éxito la desigualdad en los cómics?

Esta investigación muestra que existe un sesgo hacia la representación de personajes femeninos en la ficción fantástica enfatizando valores más centrados en lo masculino, como el valor y el honor, y representando a personajes femeninos con esos rasgos. A finales de la década de los 90 supuso un cambio en la forma de escribir sobre las mujeres porque era necesario que hubiera más representación de "personajes femeninos fuertes". Ahora que la sociedad está cambiando de nuevo, hay otro cambio que debería producirse, y es el de adoptar cualidades tradicionalmente femeninas como heroicas.

Y si solo unas pocas mujeres quieren trabajar en diseñar cómics de superhéroes y poseen esas sensibilidades estéticas y narrativas, entonces tal vez deberíamos preguntarnos ¿Cómo se puede definir una línea de cómics que acoja y utilice sus habilidades?. Afortunadamente, existe en la actualidad un número creciente de novelas gráficas feministas que pueden utilizarse para complementar las colecciones existentes y atraer a nuevos lectores. No hay muchas mujeres que trabajen en cómics de acción convencionales, pero en la actualidad hay mujeres por todas partes: están en los personajes y en la mesa de dibujo. Los personajes femeninos son tan frecuentes como los masculinos en las páginas de los cómics alternativos y las novelas gráficas. La tendencia a incluir más protagonistas femeninas fuertes en los cómics de superhéroes está empezando a extenderse aunque muchos cómics tradicionales tienen historias interesantes de empoderamiento femenino.

Creadoras como G. Willow Wilson, Kim Yale y Gail Simone han aportado una nueva visión a una industria dominada por creadores masculinos. En sus cómics *Ms. Marvel*[365], *Escuadrón Suicida*[366] y *Birds of Prey*[367], estas autoras han aportado diversidad y empoderamiento con supermujeres fuertes, complicadas y con defectos. Y no solo ellas, existen cada vez más ejemplos de una situación que está cambiando, con cómics, como muestra un botón: *Sally Heathcote, Sufragista*[368], *El diario de Anne Frank* [369], *Yo, Gorda*[370], *Persepolis*[371], *El cuento de la criada (novela gráfica)*[372], *Estamos todas bien*[373], *El día 3* [374] o *Giganta*[375]... y con agrupaciones de autoras que dan respuesta a la cuestión inicialmente planteada, como la *Asociación de Autoras de Cómic* o *Créatrices de Bande Dessinée contre le Sexisme* con una carta fundacional reflexiva y reivindicativa[376].

---

365 Contraparte femenina del *Capitán Marvel*, aparece en Marvel Super-Heroes # 13 (1968), de Roy Thomas y Gene Colan

366 Aparece por primera vez en *The Brave and the Bold # 25* (1959) y se relanzó en Legends # 3 (1987) pertenece a DC Comics

367 *Birds of Prey* (2003) de Simone para DC Comics es un equipo femenino de lucha contra el crimen.

368 De la autora Talbot, M. M.–Charlesworth, K–Talbot, B. (2014) Ed. La Cúpula

369 Cómic creado por Folman, Ari-Polonski, David (2017) Debolsillo

370 Cómic desarrollado por Bosch, Meritxel (2017)La Cúpula

371 Creado por Satrapi, Marjane (2020 Reservoir Books

372 Escrito por Atwood, Margaret (2020) Salamandra Graphic

373 De la autora Penyas, Ana (2017) Salamandra Graphic

374 De Durán, Cristina (2018) Astiberri

375 Por Tamarit, Núria (2021) Norma

376 Fuente: http://bdegalite.org/

10. CONCLUSIÓN

La participación plena e igualitaria de la mujer en todos los componentes de la sociedad es un derecho humano básico, sin embargo, a nivel global, ya sea en la política, el entretenimiento o el lugar de trabajo, las mujeres están muy poco representadas (ONU, 2022).

Los cómics han reflejado el hecho de que las mujeres eran esencialmente "invisibles" y/u ornamentales, tanto en los cómics como en la sociedad estadounidense de los años cincuenta, evolucionando a lo largo del tiempo. Esto demuestra la importante asociación entre el cómic y la vida real. Como ya se ha dicho, los cómics tienen la capacidad de moldear y representar los cambios que la sociedad ha ido introduciendo, algo que ha ido cambiando a lo largo de los años. Y aunque los cómics no muestran un avance continuo hacia la paridad, en las portadas las representaciones pasivas de las mujeres han disminuido considerablemente en los últimos años. Sin embargo, a pesar de la mejora de las interpretaciones gráficas, este estudio también deja abierta la cuestión de si las imágenes cada vez más prominentes de la mujer equivalen necesariamente a mejores representaciones. ¿Puede atribuirse la prominencia de las mujeres en las portadas de los cómics a una mayor aceptación de las representaciones poderosas de la feminidad? ¿O se debe esta preponderancia, todavía, a una objetivación sexual de los personajes femeninos? Las diversas variaciones temporales reveladas por este análisis establecen momentos clave que podrían apoyar un análisis de contenido cualitativo y una serie de conclusiones sobre los factores que conforman la cultura del cómic y el género y su representación.

De todo lo anterior podemos extraer una visión positiva y optimista de que el camino hacia una mayor igualdad en la representación de los sexos en la cultura de masas está más que iniciado, dejando atrás las tinieblas de la desigualdad en las imágenes femeninas como código social. Dado que los cómics y las novelas gráficas utilizan llamativos detalles visuales para transmitir superhéroes u otras figuras poderosas, las nuevas narrativas son muy propicias para relatar historias de empoderamiento y agenda femeninos, cada vez más abundantes en un campo que puede y debe seguir avanzando con la inclusión de personajes femeninos fuertes dignos de ser emulados y servir de paradigma.

BIBLIOGRAFÍA

BARRERO, M. *et al.* (2021). *Tebeos. Historietas para chicas.* ACT Ediciones.

BLANCH, C. (2013). *What Do Comic Books Teach Us About Gender Attitudes?* en <https://www.forbes.com/sites/forbeswomanfiles/2013/01/23/what-do-comic-books-teach-us-about-gender-attitudes/?sh=555ff3b72c16> [Consulta: 16/03/2023.]

BOSCH, M. (2017). *Yo, Gorda.* La Cúpula.

BURTON, J. (13 de septiembre de 2021). How «Y: The Last Man» creators defiende vender in a world without men. Newsweek. <https://www.newsweek.com/y-last-man-gender-world-without-men-ben-schnetzer-ashley-romans-1628391> [Consulta: 16/03/2023.]

CALVARD, T. (2018) "Impostor syndrome as a way of understanding gender and careers" Annals of Entrepreneurship. *Education and Pedagogy.*

CATALÁ CARRASCO, J.L.-, Drinot, P.- Scorer, J. (Eds.) (2019). *Cómics y memoria en América latina.* Cátedra.

COCCA, C. (2016). *Superwomen: Gender, Power, and Representation.* Bloomsbury Academic.

CONDE, J. (2000). *Del tebeo al cómic, Un mundo de aventuras.* Libsa.

DURÁN, C. (2028). *El día 3.* Astiberri.

EMAD, M. C. (2006) The Journal of Popular Culture Reading Wonder Woman's Body: Mythologies of Gender and Nation

FOLMAN, A.-POLONSKI, D. (2017). *El diario de Anne Frank.* Debolsillo.

GOFFMAN, E. (2021). *La presentación de la persona en la vida cotidiana.* Amorrortu.

GROENSTEEN, T. "Femme: La représentation de la femme" en *Dictionnaire esthétique et thématique de la bande dessinée, Neuvièmeart2.0,* <http://neuviemeart.citebd.org/spip.php?article677> [Consulta: 16/03/2023.]

GROENSTEEN, T. "Femme: la création au féminin", en *Dictionnaire esthétique et thématique de la bande dessinée, Neuvièmeart2.0,* <http://neuviemeart.citebd.org/spip.php?article727> [Consulta: 16/03/2023.]

IGLESIAS, A.–ZEIN, M. (2018). *Lo que esconde el agujero. El porno en tiempos obscenos.* Catarata.

LAREW, K. G. (1997). "Planet women: The image of women in Planet Comics, 1940-1953". *Historian 59*(3), 590-612. doi: 10.1111/j.1540-6563.1997.tb01007.x

LEPORE, J. (2014). *The Secret History of Wonder Woman.* New York: Knopf.

MARSTON, W. M. (8 de junio de 2017). *Why 100,000,000 Americans read comics.* < https://theamericanscholar.org/wonder-woman/> [Consulta: 16/03/2023.]

MEDIAVILLA, M. (2011) *El tebeo femenino.* Alberto Santos ed.

MEDINA, G. (2008). *Chicas de cómic.* Glenat España.

MERINO, N. (2014). *Gender roles.* Farmington Hills, Michigan: Greenhaven Press.

Ministerio de Educación y Formación Profesional (2022) Igualdad en cifras MEFP.

MURPHY, K. J. (2016) Analyzing Female Gender Roles in *Marvel Comics from the Silver Age (1960) to the Present Discussions* vol. 12 No. 2.

ONU (s.f.-a). Generation equality: realizing women´s rights for an equal future. <https://www.unwomen.org/en/get-involved/beijing-plus-25> [Consulta: 16/03/2023.]

ORENSTEIN, P., (24 de diciembre de 2006). Cinderella and Princess Culture. What's Wrong With Cinderella?, The New York Times.

PILLOY, A. (1994). *Les Compagnes des héros de B.D. Des femmes et des bulles,* L'Harmattan, "Logiques sociales".

RAMÍREZ, J. A. (1975). *El cómic femenino en España., arte sub y alienación.* Cuadernos para el Dialogo.

SARKEESIAN, A. *(22 de abril de 2011). The Smurfette Principle (Tropes vs. Women)* Serie documental "Tropos contra mujeres" (archivo de vídeo). Youtube. <https://www.youtube.com/watch?v=opM3T2__lZA> [Consulta: 16/03/2023.]

SUÁREZ, V. (2019). "Betty Boop La nueva mujer*". L'Esclat dels clàssics.* MUVIM.

VARIOS<https://www.20minutos.es/noticia/2911473/0/wonder-woman-pierde-cargo-embajadora-naciones-unidas/> [Consulta: 16/03/2023.]

VÁZQUEZ DE PARGA, S. (1980). *Los comics del franquismo*. Planeta.

Capítulo 5

La custodia compartida como factor de igualdad entre los progenitores

PROF. DR. D. JOEL HARRY CLAVIJO SUNTURA
Área de Derecho Civil
Universidad Isabel I

1. INTRODUCCIÓN

Desde el año 2005, el legislador español prevé en la norma sustantiva no solo la custodia monoparental, sino también la custodia compartida. Lastimosamente, la regulación de esta modalidad de custodia ha generado un debate en el ámbito jurídico que se ha extendido a la sociedad civil. En parte, debido principalmente a un enfoque equivocado sobre la utilidad de esta figura jurídica que identifica a las madres con la custodia monoparental y a los padres con la custodia compartida. Así, por ejemplo, se afirma que han proliferado asociaciones que defienden la custodia compartida como un derecho a favor del progenitor, por cuanto, de forma tradicional en la mayoría de casos la custodia monoparental ha sido atribuida a la progenitora[377].

---

377 AÑON LARREY, A., "El régimen de guarda y custodia compartida ¿puede ser impuesto o requiere la solicitud de los progenitores?", Actualidad Jurídica Iberoamericana, 3, 2020, 363.

Sobre el tema, de forma oportuna las STS de 20 de septiembre de 2016 y de 26 de enero de 2017, señalan que el régimen de custodia compartida sirve para que los hijos tengan estabilidad alternativa con ambos progenitores. Por lo que, el régimen de la custodia compartida se ha introducido para dejar atrás la atribución de la custodia a un cónyuge como premio y las visitas al otro como premio de consolación[378]. En contra de ello, en el ámbito jurisprudencial, la STS de 11 de marzo de 2010, de 1 de octubre de 2010, así como la SAP de Barcelona de 27 de febrero de 2013, señalan que la aplicación de la custodia compartida no consiste en un premio o castigo al progenitor que se haya comportado mejor durante la crisis matrimonial. En efecto, en la determinación de la modalidad de custodia aplicable a un caso concreto, se debe valorar el contacto periódico de los hijos tanto con el padre como con la madre, con la finalidad de fortalecer su desarrollo estable.

Además de lo anterior, resulta oportuno puntualizar que la normativa internacional y nacional es uniforme con relación al interés del menor como criterio preferencial. Así se tiene establecido en el art. 3.1.de la Convención sobre los Derechos del Niño de 1989, en el art. 39.4 de Constitución española que prevé que los hijos gozarán de la protección prevista en los instrumentos internacionales, en el art. 2 de la Ley Orgánica de Protección Jurídica del Menor 1/1996, de 15 de enero que establece como principio general el interés del menor, así como en los arts. 90 y siguientes del Código Civil que preponderan el beneficio del menor y el art. 159 de la misma norma sustantiva que consagra el beneficio de los hijos.

Sin embargo, en situaciones de crisis matrimoniales o de ruptura de uniones de hecho siempre que las circunstancias concretas en función de la casuística lo permitan, es importante

---

378 CAMPO IZQUIERDO, J. l., La conflictividad y los procesos matrimoniales. Boletín de Derecho de Familia el Derecho, 2006, 2.

valorar la utilidad que brinda la aplicación de la custodia compartida no solo a los hijos, sino también a los progenitores. Al respecto, la custodia compartida es una modalidad que más se ajusta a los intereses de los integrantes de la estructura familiar luego de la ruptura de los progenitores, puesto que, supone un ejercicio conjunto alternativo de los derechos y obligaciones que surgen del ejercicio de la patria potestad. En ese contexto, resulta oportuno puntualizar que el ejercicio de la patria potestad en sede matrimonial es conjunto.

Si bien es cierto que se debe analizar si es factible la custodia compartida de forma casuística, no es fácil que exista una situación ideal luego de la desestructuración de la familia. En esa línea, resulta conveniente que exista buena relación entre ambos progenitores en el marco del respeto, aunque en la práctica esto no sucede, principalmente porque la relación es conflictiva por diversos motivos como; diferentes caracteres, o formas de entender la educación de los hijos, entre otros, han sido motivo para que hayan decidido la ruptura del vínculo que les unía. No obstante, los progenitores deben en su caso realizar ciertas concesiones ante todo en función del menor y en segundo lugar también en función de sus necesidades, toda vez que, deben replantearse la reorganización de sus vidas.

En ese sentido, la modalidad de custodia compartida debido a su régimen abierto permite compaginar el cuidado de sus hijos, así como la vida personal y profesional de los progenitores. Aspecto, que no ocurre con la custodia monoparental de los hijos que generalmente se atribuye a las madres, quienes en la mayoría de los casos durante los días laborales asumen el cuidado exclusivo de sus hijos. Esto significa, que su libertad de movimiento se encuentra condicionada a las actividades del menor, que especialmente durante la infancia requiere un contacto y asistencia ininterrumpido. Por lo que, difícilmente la progenitora puede invertir su tiempo en actividades de tipo personal, o bien profesional sin contar con un apoyo externo –red familiar- que le permita, por ejemplo, asistir a su fuente laboral, o bien a un centro de formación. En esa línea, la SAP de Barcelona de 30 de noviembre de 2012, pone de manifiesto que, para el establecimiento judicial del régimen de custodia compartida, se valorarán entre otros la ayuda de la familia extensa. En el mismo sentido, se pronuncia la SAP de Castellón de 24 de octubre de 2014, al determinar la custodia compartida debido a que ambos progenitores cuentan con una familia extensa de apoyo que comprende los abuelos y los hermanos.

En virtud de ello, conviene expandir la concepción de la utilidad de la custodia compartida no solo en favor de los hijos, sino también de la madre en el tema que estudiamos y que por ende también beneficiará al padre.

De forma concreta, en el presente trabajo se analizará la utilidad de la modalidad de custodia compartida como factor de igualdad entre ambos progenitores. Esto no significa, que obviemos el interés del menor que si bien se afirma es variable en cada caso concreto e inclusive discrecional en algunos casos si se deja a criterio del Juez, no deja de ser el criterio rector al momento de determinar una modalidad de custodia[379]. Así pues, analizaremos las ventajas que implica la aplicación de esta modalidad de custodia, una vez que, dado el análisis del caso se haya determinado en primer término que favorece al interés del menor. En esta línea, la estructura del trabajo comienza con un estudio comparativo entre el régimen de visitas y la custodia compartida. Luego de ello, estudiaremos los requisitos para hacer viable la custodia compartida. Igualmente, analizaremos los factores que influyen a favor de la igualdad entre los progenitores, para finalizar con una serie de conclusiones sobre el tema objeto de estudio.

---

379 CAMPO IZQUIERDO, J. l., La conflictividad y los procesos matrimoniales. Boletín de Derecho de Familia el Derecho, 2006, 2.

2. RÉGIMEN DE VISITAS -AMPLIO- VS CUSTODIA COMPARTIDA

En primer término, se debe reconocer que son dos modalidades de custodia que se diferencian en función de la exclusividad que tiene el progenitor con los hijos. Es decir, que la exclusividad se refleja en el tiempo que el progenitor custodio se encuentra con los hijos.

No obstante, el régimen normalizado o estandarizado de visitas se ha incrementado en los últimos años. Esto significa, que ha pasado de establecerse un régimen de visitas en fines de semana alternos y la mitad de las vacaciones a implementar un par de visitas intersemanales, incluso con pernocta, aspecto que se traduce en repartir el tiempo equitativamente entre el progenitor custodio y el que no ejerce la custodia[380]. En ese sentido, la SAP de Ciudad Real de 13 de marzo de 2019, con relación al régimen de visitas establece que los progenitores pueden fijar un régimen de visitas y comunicaciones que consideren más conveniente para el interés del menor y según sus posibilidades. Ello, con la finalidad de que la separación matrimonial no ocasione transformaciones sustanciales que afecten a los hijos[381].

Si analizamos la naturaleza jurídica de ambas figuras jurídicas, el denominado régimen normalizado o estandarizado de visitas es una forma solapada de negar el régimen de custodia compartida. Pese a ello, conviene resaltar que se debe dejar de lado la concepción errónea de que el régimen de custodia compartida implica de forma obligatoria repartir el tiempo de

---

380 ORDÁS ALONSO, M., "Custodia monoparental con régimen de visitas amplio versus custodia compartida. Más allá del nomen", Revista Actualidad Jurídica Iberoamericana, 16, 2 2022, 1413.

381 GARAY MOLINA, A. C., "La custodia compartida en las relaciones familiares en conflicto". Revista Ius Vacatio, 4, 4, 2021, 82.

convivencia del menor con cada uno de los padres a tiempos iguales, como si fuera una operación aritmética. En esa línea, se señala que el tiempo de convivencia con ambos progenitores no tiene que ser siempre igual, máxime cuando la disponibilidad de ambos para cuidar a los hijos no sea la misma debido a motivos laborales, entre otros[382].

En el ámbito jurisprudencial también se tiene la misma postura, por ejemplo, la SAP de 10 de junio de 2011, afirma que la custodia compartida no significa que los periodos de estancia de los progenitores con los hijos sean iguales.

De lo anterior, se tiene que un régimen amplio de visitas desnaturaliza la concepción inicial de la custodia monoparental. Por su parte, la custodia compartida no implica un reparto del tiempo del menor a partes iguales. Sin embargo, el régimen compartido provee a los menores una mejor calidad de vida, toda vez que, los dos padres responden y satisfacen sus necesidades. De igual forma, establecen un fuerte lazo afectivo con ambos y reduce el sentimiento de perdida y frustración que se presenta en los casos de desestructuración familiar[383].

Otro aspecto que conviene analizar se encuentra relacionado a la relación entre los progenitores para hacer viable la custodia compartida. En ese marco, la Jurisprudencia no en un

---

382 DE VERDA Y BEAMONTE, J.R. y MARTÍNEZ, P. J., La Ley 5/2011, de 1 de abril, de la Generalitat, de relaciones familiares de los hijos cuyos familiares no conviven: Un estudio en clave jurisprudencial. Cuadernos Jurídicos del Instituto de Derecho Iberoamericano, 2015, 22.

383 *Cfr.* PÉREZ FUENTES, G., "La guarda y custodia compartida en México. Una solución jurisprudencial", *Revista Actualidad Jurídica Iberoamericana*, 16, 2, 2022, 1447.

caso se ha inclinado por rechazar la aplicación de esta modalidad de custodia por la mala relación entre los progenitores[384].

No obstante, cabe resaltar que la mala relación entre los progenitores no solo debe ser motivo para rechazar la aplicación de la custodia compartida, sino también la custodia monoparental, toda vez que, en ambas modalidades de custodia, los progenitores de una u otra forma deben mantener al menos un contacto mínimo. Por lo que, la mala relación entre los progenitores no se debe considerar como un elemento determinante para desechar la aplicación de la custodia compartida.

Por su parte, en los casos donde la mala relación se convierta en supuestos de enfrentamiento, o bien de conflictividad extrema entre los progenitores se entiende que la aplicación de la custodia compartida no es recomendable[385]. Esa línea, sigue la Jurisprudencia, por ejemplo, la STSJ de Cataluña de 25 de junio de 2009; decide mantener el régimen de custodia monoparental debido al grado de conflictividad entre los progenitores que ha desencadenado una serie de denuncias de malos tratos e incumplimiento del régimen de visitas.

Sin embargo, una vez más consideramos que en estos casos no solo es inviable el régimen de custodia compartida, sino también la custodia monoparental, porque la conflictividad y la violencia no desaparecerán con la aplicación de una u otra modalidad de custodia. En virtud de ello, en casos extremos en los cuales el contacto entre los progenitores sea desaconsejable lo más conveniente es recurrir a puntos de encuentro

---

384 Así, por ejemplo, han seguido esa corriente; la SAP de Bizkaia de 31 de octubre de 2008, la SAP de Madrid de 21 de julio de 2009, la STS de 09 de marzo de 2012, la SAP de Almería de 27 de diciembre de 2012, y la STS de 30 de octubre de 2014, entre otros.

385 PINTO ANDRADE, C., "La custodia compartida en la práctica judicial española: los criterios y factores para su atribución", op. cit., 159.

neutrales que hagan posible la custodia monoparental, o bien la custodia compartida.

En el supuesto que se determine la custodia compartida en casos en los cuales exista conflictividad entre los progenitores, resulta aconsejable valorar si la relación parental con los hijos durante el matrimonio ha sido óptima aspecto que convendría fomentar[386]. En ese sentido, se pronuncia la STS de 16 de octubre de 2014, al valorar de forma positiva la favorable disposición de los hijos y la gran aptitud de ambos progenitores durante el ejercicio de la custodia, que además se abstienen de predisponer negativamente a los hijos en contra del otro progenitor. Por todo ello, dice la resolución judicial que el régimen compartido es perfectamente viable en el caso concreto.

3. REQUISITOS PARA HACER VIABLE LA CUSTODIA COMPARTIDA

3.1. Proximidad de domicilios

Sin duda, si los domicilios de los progenitores se encuentran cerca el uno del otro será más factible la aplicación de la custodia compartida. Al respecto, bien se afirma que no tiene sentido establecer visitas intersemanales si los domicilios de los progenitores se encuentran a muchos kilómetros de distancia[387].

---

386 PINTO ANDRADE, C., "La custodia compartida en la práctica judicial española: los criterios y factores para su atribución", op. cit., 159.

387 ORDÁS ALONSO, M., "Custodia monoparental con régimen de visitas amplio versus custodia compartida. Más allá del nomen", op. cit., 1409.

La proximidad de domicilios se debe tomar en cuenta en función del lugar donde habitan los progenitores y los hijos. En esa línea, se presentan diferentes supuestos que conviene analizar:

En primer lugar, si la familia desestructurada radica en una ciudad o pueblo relativamente pequeño no resulta importante la distancia entre los domicilios, porque los progenitores se pueden desplazar al domicilio o al colegio donde se encuentran los hijos, o bien al punto de encuentro señalado, esto incluye recoger a los hijos del centro educativo. En este contexto, la progenitora en el tema que tratamos dispone de más tiempo para poder realizar sus actividades personales y por ende también resulta beneficiado el menor porque tiene más contacto con sus padres.

Es conveniente que la presencia paterna no se reduzca únicamente a determinados períodos o vacaciones de los hijos, sino que comprenda también a los periodos en los cuales desarrolla su actividad rutinaria y ordinaria diariamente[388]. De esta forma, se fortalece la relación entre los hijos y los progenitores, por cuanto, tienen la oportunidad de compartir entre ellos más tiempo.

En segundo lugar, si los progenitores radican en una misma ciudad, relativamente grande, la proximidad de los domicilios juega un rol preponderante, toda vez que, de ello dependerá si es factible la aplicación de la custodia compartida, en función del tema que tratamos para que la progenitora pueda dedicar más tiempo en lo que respecta el desarrollo de actividades personales. Al respecto, la SAP de Valencia de 8 de septiembre de 2014, establece que no es inconveniente el hecho de que los

---

388 CHÁVEZ CASTILLO, J. E., "Incidencia de los principios constitucionales de desarrollo integral del menor en condición de custodia compartida". Revista dominio de las ciencias, 6, 3, 2020, 91.

progenitores tengan su residencia en localidades distintas, en virtud de la proximidad de las dos localidades que pertenecen a una misma comarca y se encuentran a solo 17 kilómetros de distancia. En igual sentido, se pronuncia la SAP de Valencia de 19 de mayo de 2015, al afirmar que no es motivo para denegar la custodia compartida, toda vez que, la distancia entre las dos ciudades es corta.

En tercer lugar, si la residencia de los progenitores se encuentra establecida en diferentes ciudades, la aplicación del régimen compartido resulta inviable para que la progenitora pueda desarrollar de forma periódica actividades de carácter personal. No obstante, si bien hay diferentes modalidades de custodia compartida que comprenden incluso periodos largos que pueden ser anuales, su aplicación resulta complicada en función del interés del menor, porque los cambios de entorno que experimenta el menor que implica no solo el domicilio, sino los amigos, entre otros, no son fáciles de asumir desde el plano emocional.

Al respecto, se afirma que en estos casos es recomendable que uno de los progenitores traslade su lugar de residencia al lugar de residencia del otro progenitor. Si bien es una opción para viabilizar la regulación de la custodia compartida, no es de fácil concreción, porque no depende únicamente de la predisposición del progenitor, sino de otros factores externos como, por ejemplo, la decisión del empleador del progenitor. A menos que tenga una actividad autónoma que le permita cambiar de residencia.

En cuarto lugar, si la residencia de los progenitores se encuentra fijada en diferentes países que inclusive se extiende a diferentes continentes, la utilidad de la custodia compartida de acuerdo con el tema objeto de investigación en favor de la progenitora prácticamente es nula, toda vez que, inclusive implica un cambio de costumbres y de idioma. Esto no implica, que los hijos no tengan contacto con el progenitor no custodio, sin embargo, en ese contexto es recomendable establecer un régimen de custodia monoparental.

No obstante, resulta oportuno puntualizar que en los supuestos en los cuales se determina la aplicación de la custodia monoparental los problemas para los hijos persisten, en cuanto a la cultura e idioma, entre otros. Por lo que, en estos casos, se debe analizar si es más factible que el progenitor se desplace al lugar de residencia de los hijos durante el tiempo que tenga concedido el contacto con los hijos. Esto no significa, limitar o prohibir el contacto con la cultura y costumbres del progenitor no custodio, sino que en determinados casos especialmente cuando los hijos son de corta edad conviene posponer su inmersión, algo que no debe ocurrir con el estudio del idioma que habla el progenitor no custodio, porque de ello depende que el contacto sea fluido, aspecto que también fortalece la relación afectiva entre hijo y progenitor.

En virtud de todo lo anterior, resulta importante la proximidad de domicilios entre los progenitores en función de su lugar de residencia, por cuanto, como acabamos de analizar en determinados casos aun cuando los domicilios no se encuentren cerca el uno del otro, si la dimensión del lugar de residencia no es significativa, la aplicación del régimen compartido es viable.

3.2. Profesión de los progenitores

La ocupación de los progenitores juega un rol preponderante para determinar la modalidad de custodia aplicable, pero no en función a la formación que tienen, sino en función de la disponibilidad de tiempo para cuidar a los hijos.

En ese sentido, se debe partir de que no todos los progenitores trabajan en los mismos horarios durante la semana, por lo que, se debe valorar si es conveniente una u otra modalidad de custodia. Esto significa, que la ocupación de los progenitores no es un parámetro únicamente para descartar la custodia compartida, sino que también atañe a la custodia monoparental.

Así pues, se presentan diferentes supuestos que conviene analizar:

Si uno de los progenitores trabaja en horario nocturno, consideramos que es más conveniente que se determine la custodia compartida, porque en ese horario puede permanecer con el otro progenitor. Esto, porque si el progenitor que tiene turno de noche tiene asignada la custodia monoparental implica que los hijos se queden con una tercera persona, que si bien forma parte del entorno familiar no reemplaza la figura de ninguno de los progenitores, aspecto que se agrava cuando la tercera persona es ajena al ámbito familiar.

En los supuestos en los cuales uno de los progenitores trabaja los fines de semana, igualmente, es procedente la aplicación de la modalidad compartida, porque durante esos días puede asumir la custodia de los hijos el otro progenitor[389]. Sin embargo, en este caso para que la custodia de los hijos no se limite a los fines de semana y por consiguiente, no se asemeje a la custodia monoparental, es necesario que durante los días de la semana también se le asigne una franja horaria para que ejerza la custodia de sus hijos.

En el supuesto de que uno de los progenitores sea autónomo y trabaje por cuenta propia la adopción de la custodia compartida se torna más factible, por cuanto, la disponibilidad de horarios depende del mismo progenitor y no de una tercera persona, por lo que, será determinante su predisposición para ajustar su tiempo a la disponibilidad del otro progenitor.

---

389 GARAY MOLINA, A. C., "La custodia compartida en las relaciones familiares en conflicto", op. cit., 84.

En los tres supuestos la progenitora resultará beneficiada, porque a diferencia de lo que ocurre con la aplicación de la custodia monoparental, con la aplicación de la custodia compartida su disponibilidad horaria aumentará significativamente. Sin embargo, la viabilidad de los tres supuestos depende de la predisposición de ambos progenitores. Al respecto, con acierto se manifiesta que la situación ideal para establecer la modalidad de custodia compartida depende de la voluntad de ambos progenitores. Por nuestra parte, consideramos que la predisposición no solo influye en la determinación de la custodia compartida, sino también en el establecimiento de la custodia monoparental. La predisposición de los progenitores debe ser vista como un acto de desprendimiento en favor de los hijos y no como una concesión al otro progenitor. Esto, debido a que luego de la separación matrimonial o desestructuración de una unión de hecho, la relación entre los progenitores por lo general suele ser tensa.

4. FACTORES QUE INFLUYEN A FAVOR DE LA IGUALDAD ENTRE LOS PROGENITORES

4.1. El trabajo y la custodia compartida

Una vez que se ha superado el modelo tradicional de familia que asignaba a la progenitora un rol exclusivo dedicado a las labores de casa y al progenitor una ocupación laboral externa, el dilema que se presenta es la distribución de tiempo, factor que en muchos casos genera contratiempos entre los progenitores ya en sede matrimonial y se agrava cuando la familia se desestructura. En esa línea, la custodia compartida se presenta como una alternativa que permite a ambos progenitores tras el divorcio ejercer la convivencia y el cuidado directo de los hijos menores por periodos de alternancia de forma equitativa más que igualitaria, con el objetivo de que prevalezca la corresponsabilidad parental, debiendo ponderarse en su determinación el elemento cuantitativo en cuanto a tiempo y frecuencia y el elemento cualitativo en lo que respecta a la implicación real y efectiva del progenitor en la crianza de los hijos[390].

Sobre el tema, vamos a hacer referencia a supuestos en los cuales no existe una red familiar de apoyo. Aspecto, que resulta innegable destacar, dado que en muchos casos en la sociedad actual la ayuda que prestan los abuelos en la crianza de los nietos es imprescindible[391]. De igual forma, la situación económica de los progenitores en muchos casos no permite contratar personal de apoyo remunerado. En estos supuestos, la responsabilidad se concentra únicamente en ambos progenitores.

En ese contexto, en caso de que se determine la aplicación de la modalidad de custodia monoparental, normalmente el progenitor no custodio tiene contacto con sus hijos durante los fines de semana, y la progenitora a cargo de la custodia monoparental debe compaginar esta labor con su ocupación laboral.

Al respecto, la edad de los hijos juega un rol determinante, por cuanto, mientras más dependientes son los hijos menos disponibilidad de tiempo tiene la progenitora a cargo de la custodia. Las guarderías y los centros educativos son recursos paliativos que le permiten tener a la progenitora cierta flexibilidad, no obstante, no es una solución plena porque no le permite -por ejemplo- ejercer una ocupación laboral a tiempo

---

390 Vid. PINTO ANDRADE, C., "La custodia compartida en la práctica judicial española: los criterios y factores para su atribución". Revista de Derecho y Ciencias Sociales, 9, 2015, op. cit., 146, 147 y 166.

391 DE VERDA Y BEAMONTE, J.R. y MARTÍNEZ, P. J., La Ley 5/2011, de 1 de abril, de la Generalitat, de relaciones familiares de los hijos cuyos familiares no conviven: Un estudio en clave jurisprudencial, op. cit., 40.

completo. Es decir, que la progenitora que custodia a los hijos no puede contraer una obligación laboral de 8 horas diarias, sino una jornada parcial mientras los hijos asistan a una guardería, o bien a un centro educativo. Al respecto, los profesores De Verda y Beamonte y Martínez suman otro motivo al afirmar que con el régimen de convivencia compartida si es más conveniente para el hijo el progenitor puede solicitar una reducción de su jornada laboral[392].

A priori, se soluciona la dependencia de los hijos con la progenitora a medida que crecen, por cuanto, pueden permanecer solos en el domicilio familiar, o bien asistir a activades extraescolares. No obstante, no es una solución ideal, porque la progenitora custodia será responsable en caso de algún imprevisto que surja con los hijos durante el tiempo que permanecen solos. En virtud de ello, consideramos -no solo- por la responsabilidad que eso implica para la progenitora, que la custodia compartida se convierte en una alternativa idónea en estos supuestos, por cuanto, de esta forma el menor tiene una libertad guiada y controlada, por cuanto, siempre estará bajo control de uno de los progenitores.

En contrapartida, el progenitor no custodio no tiene este dilema porque los días laborales tiene disponibilidad horaria, aspecto que le permite asistir a su fuente laboral, toda vez que, su rol de custodio se limita a los fines de semana.

En virtud de ello, la aplicación de la modalidad de custodia compartida se presenta como una opción que permite a los progenitores regular y compaginar la distribución de tiempo durante los días laborales de forma ecuánime.

---

392 DE VERDA Y BEAMONTE, J.R. y MARTÍNEZ, P. J., La Ley 5/2011, de 1 de abril, de la Generalitat, de relaciones familiares de los hijos cuyos familiares no conviven: Un estudio en clave jurisprudencial, op. cit., 32.

Al respecto, la SAP de Barcelona de 20 de diciembre de 2006 y de 27 de febrero de 2013, recomiendan valorar la disponibilidad de tiempo de los progenitores para dedicarlo a sus hijos. Sin embargo, se debe reconocer que si los progenitores tienen un mismo horario de trabajo se dificulta la distribución, aunque, como alternativa de solución es más factible que el empleador acceda a una flexibilidad horaria durante determinados días de la semana y no todos los días como sucedería en los supuestos de una custodia monoparental.

4.2. Formación profesional

La formación profesional no es una situación ajena a los progenitores, esto significa, que no todos los progenitores al momento de contraer matrimonio cuentan con una formación profesional, por lo que, es factible que durante la convivencia conyugal, o bien una vez que la familia se ha desestructurado decidan iniciar o retomar sus estudios, con la finalidad de adquirir una formación superior o profesional.

En ese sentido, en los supuestos de custodia unilateral el tiempo que dispone la progenitora se encuentra condicionado a la edad de sus hijos, como analizamos en el epígrafe sobre el trabajo y la custodia durante el tiempo que los hijos se encuentren en una guardería, o bien cuando los hijos asistan a un centro educativo. Esto significa, que la progenitora -por ejemplo- no puede asistir a un centro educativo de formación superior en horario de tarde y menos en horario de noche, aspecto que es extensivo a la formación online, porque si bien puede permanecer en su domicilio con sus hijos, se requiere una disponibilidad total para atender las clases *on line*, o bien para estudiar, este supuesto se agrava si los hijos se encuentran en periodo de lactancia, o cuando todavía no pueden caminar de forma independiente.

En virtud de ello, la custodia compartida permite a los progenitores acordar de forma flexible entre ellos la distribución de horarios, adecuándose a las necesidades de ambos. En esa línea, si el progenitor trabaja y la progenitora estudia, resulta factible que durante el día el progenitor asista a su centro de trabajo y durante la tarde-noche la progenitora asista a su centro educativo. De esta forma, se beneficiará el núcleo familiar incluso en supuestos de desestructuración, por cuanto, una vez que la progenitora concluya sus estudios de formación tendrá la oportunidad de mejorar su calidad de vida y por ende la de sus hijos accediendo a un trabajo -mejor- remunerado.

4.3. Vida personal

En este caso vamos a analizar la situación personal post–matrimonial de los progenitores. En esa línea, la modalidad de custodia que se adopte adquiere importancia al momento de valorar la disponibilidad de tiempo que tiene cada progenitor para rehacer su vida sentimental.

Al respecto, de forma atinada se señala que es contraproducente establecer visitas intersemanales desde la salida del colegio si el padre que debe disfrutar de la compañía de su hijo trabaja en las tardes[393]. Esto significa, que si se extrapola esta afirmación al ámbito de la custodia compartida, la distribución de tiempo debe ser lógica, porque no tiene sentido determinar la custodia en favor de uno de los progenitores si en esa franja horaria se encuentra ocupado laboralmente.

Esto no significa, que todos los progenitores se encuentren obligados a rehacer su vida personal, sino que en función de

---

393 ORDÁS ALONSO, M., "Custodia monoparental con régimen de visitas amplio versus custodia compartida. Más allá del nomen", op. cit., 1411.

la modalidad de custodia que se determine tendrán la posibilidad abierta para poder planificar y disponer mejor su tiempo libre.

A priori la custodia monoparental le favorece a la progenitora, porque si se establece un régimen de visitas de fin de semana con pernoctación en el domicilio del progenitor puede disponer el fin de semana de forma libre y continuada. En cambio, un régimen de visitas sin pernoctación durante el fin de semana impide que la progenitora pueda planificar de forma abierta el fin de semana en actividades de tipo personal. Esto significa, que la disponibilidad de tiempo bajo el régimen de custodia monoparental se encuentra condicionada a los horarios establecidos. De todas formas, en ambos supuestos se debe reconocer que los días de descanso laboral son más favorables para quien ha sido beneficiado con la custodia de los hijos.

No obstante, comenzar una nueva relación sentimental no se limita a los fines de semana. En esa línea, resulta fundamental que los hijos también participen en este proceso de forma gradual, aspecto que no se llevará a cabo en el régimen de custodia monoparental, porque esta se limita a un determinado periodo de tiempo que generalmente como acabamos de ver son los fines de semana

Así pues, el régimen de custodia compartida permite planificar una relación sentimental con una tercera persona no solo durante los fines de semana, sino también durante los días de la semana. Esto implica, también la posibilidad de que los hijos tengan la posibilidad de conocer -llegado el caso- a esta persona, quien puede convertirse en la pareja oficial de uno de sus progenitores e hipotéticamente coadyuvar en la crianza de los hijos de su pareja.

Al respecto, resulta fundamental que los hijos tengan un contacto gradual con la pareja sentimental -en este caso- de la progenitora, de esta forma, la situación emocional de los hijos no sufrirá un resquebrajamiento. En ese sentido, se debe puntualizar que ya la separación de sus progenitores influye negativamente en su estado emocional. Por lo que, resulta importante procurar lo menos posible afectar nuevamente su estado afectivo, más aún si se trata de una persona que reemplazará a uno de sus progenitores al menos de forma física.

En el mismo sentido, hay que tomar en cuenta que la modalidad de custodia compartida beneficia también a la tercera persona que tiene una relación sentimental con uno de los progenitores, porque se asume que también tiene obligaciones en función de su estado civil. Por ejemplo, en el supuesto de que también sea una persona divorciada, tendrá una mayor facilidad para planificar su horario no solo en función de su disponibilidad horaria, sino también en función del tiempo de su nueva pareja.

Por todo ello, pensamos que mientras más personas participen en este proceso más determinante es la modalidad de custodia que se adopte, y en ese contexto, el régimen de custodia compartida permite administrar con mayor discrecionalidad el tiempo libre de cada progenitor.

CONCLUSIONES

La relación conflictiva entre los progenitores no necesariamente debe ser considerada como causa para negar la aplicación del régimen compartido, toda vez que, la relación inestable entre los progenitores también afecta al ejercicio de la custodia monoparental.

En la determinación de la custodia compartida ante todo debe preponderar el interés de los hijos, una vez que ello ocurra, el régimen compartido se convierte en una modalidad que permite ejercer la custodia en condiciones de igualdad, aspecto que le permite a la progenitora reorganizar su vida en diferentes ámbitos.

La proximidad de los domicilios se convierte en un aspecto determinante para determinar la modalidad compartida de custodia. No obstante, esto no significa que tengan que vivir en un mismo espacio geográfico, sino que dependerá de la distancia entre los domicilios de los progenitores.

La aplicación del régimen compartido de custodia le permite a la progenitora asumir una ocupación laboral a tiempo completo. En cambio, la aplicación del régimen monoparental condiciona la disponibilidad horaria de la progenitora, por cuanto, debe compaginar la custodia de los hijos y el trabajo.

El régimen compartido de custodia le permite a la progenitora compatibilizar el ejercicio de la custodia con la asistencia a centros educativos de enseñanza superior. Igualmente, le brinda la posibilidad de rehacer su vida en el ámbito sentimental, toda vez que, no condiciona su disponibilidad horaria a los días laborales, o bien a los fines de semana.

BIBLIOGRAFÍA

AÑON LARREY, A., "El régimen de guarda y custodia compartida ¿puede ser impuesto o requiere la solicitud de los progenitores?", *Actualidad Jurídica Iberoamericana,* 3, 2020, 360 – 381.

DE VERDA Y BEAMONTE, J.R. y MARTÍNEZ, P. J., *La Ley 5/2011, de 1 de abril, de la Generalitat, de relaciones familiares de los hijos cuyos familiares no conviven: Un estudio en clave jurisprudencial.* Cuadernos Jurídicos del Instituto de Derecho Iberoamericano, 2015.

ORDÁS ALONSO, M., "Custodia monoparental con régimen de visitas amplio versus custodia compartida. Más allá del nomen", *Revista Actualidad Jurídica Iberoamericana,* 16, 2 2022, 1400-1433.

CAMPO IZQUIERDO, J. l., *La conflictividad y los procesos matrimoniales.* Boletín de Derecho de Familia el Derecho, 2006.

CHÁVEZ CASTILLO, J. E., "Incidencia de los principios constitucionales de desarrollo integral del menor en condición de custodia compartida". *Revista dominio de las ciencias,* 6, 3, 2020, 84–99.

GARAY MOLINA, A. C., "La custodia compartida en las relaciones familiares en conflicto". *Revista Ius Vacatio*, 4, 4, 2021, 73 – 98.

PÉREZ FUENTES, G., "La guarda y custodia compartida en México. Una solución jurisprudencial", *Revista Actualidad Jurídica Iberoamericana*, 16, 2, 2022, 1434 – 1463.

PINTO ANDRADE, C., "La custodia compartida en la práctica judicial española: los criterios y factores para su atribución". *Revista de Derecho y Ciencias Sociales*, 9, 2015, 143 – 175.

PARTE IV

IMPACTO Y MANIFESTACIONES DE DESIGUALDAD: TIPOS ESPECIALES DE VIOLENCIA

Capítulo 1

Desigualdad de género en el umbral de violencia en el ciberespacio

PROF. EDUARDO FERNÁNDEZ GARCÍA
Universidad Isabel I
eduardo.fernandez.garcia@ui1.es

1. A MODO DE INTRODUCCIÓN: UMBRALES DE TOLERANCIA EN EL CIBERESPACIO

Diferentes enfoques multidisciplinares en relación con el uso del ciberespacio han puesto a lo largo de la última década de manifiesto una disparidad de criterios relativos a los usos relacionales y nuevas costumbres cibernéticas. Superan la mera esfera de la etiqueta para afectar a las relaciones sociales que han pasado del espacio físico presencial a los espacios públicos y privados digitales. No es una simple cuestión de decoro, sino de respeto a los derechos fundamentales, que desde el punto de vista de su conculcación se convierten mecánicamente en ilícitos penales. Lo que es un fenómeno constatado empíricamente desde las Ciencias de la Educación y el comportamiento ha alcanzado una relevancia suficientemente preocupante también para el Derecho y la Criminología.

Hay una primera desigualdad de género al imponerse una visión sesgada que implica que las mujeres deben tener más tolerancia que los hombres ante la compulsión en el ciberespacio.

Las consecuencias perniciosas de esa percepción cultural de profundas reminiscencias machistas dan paso a un umbral de tolerancia que no sólo es desigual entre hombres y mujeres, sino que engarza la desigualdad con la ciberviolencia. Deben conciliarse dos dimensiones de análisis, la relativa a la desigualdad y las cuestiones del umbral de tolerancia específico en la violencia hacia mujeres y menores en el mundo físico presencial y la atinente al nivel de tolerancia genérico en el ciberespacio hacia todo tipo de comportamientos que tienen trascendencia jurídica. Dos planos que se autorrefuerzan negativamente para producir un nuevo fenómeno que ha comenzado a ser conocido en sus múltiples manifestaciones como ciberviolencia[394]. En relación con la primera dimensión son abundantes las evidencias empíricas en investigaciones académicas sobre la perduración de la relajación práctica del rechazo teórico ante comportamientos abusivos presenciales[395]. Respecto a la segunda, sigue evidenciándose menos reactividad frente a ciberataques que frente a conculcaciones presenciales con una paradójica amplificación de la permisividad en relación con conductas ciberviolentas a la vez que crece la intolerancia, en las redes sociales sobre todo[396].

Esta realidad que intuitivamente se percibe en distintos ámbitos disciplinares desvela la perduración de un marco más amplio relacionado con la brecha de género que afecta a los

---

394 RODRÍGUEZ FERNANDEZ, R. Y GARRIDO ANTÓN, M.J.. Violencia de género a través de internet (ciberviolencia): análisis psicológico-jurídico. *La ley penal: revista de derecho penal, procesal y penitenciario*, 2022. 154.

395 MUÑOZ FERNÁNDEZ, M.C. La violencia de género en las relaciones sentimentales de los adolescentes. *Agathos: Atención sociosanitaria y bienestar*, 2015. *15, 2*, 31.

396 CARVALHO QUADRADO, J. Y DA SILVA FERREIRA, E.. Ódio e intolerância nas redes sociais digitais. *Revista Katálysis, 23, 3.* 2020. 419-428.

niveles de transigencia que se rechazan o toleran en el acoso y violencia en el ciberespacio. El asunto tiene para distintos enfoques académicos -más allá de las posiciones ideológicas desde la óptica de un politólogo- interés descriptivo y vocación de transformación social práctica.

A pesar de tan manifiestas dificultades, consideramos que no solo existe un amplio campo sobre el que se carece de evidencia estadística suficiente para distinguir la realidad del mundo urbano respecto a las del rural. Es más, no se alcanzarán políticas públicas eficaces si no se obtiene evidencia mesurable de la gravedad y extensión del problema, de manera que salte de las preocupaciones académicas a los consensos políticos como parte de una política de Estado y de ahí necesariamente a las reformas legislativas. Estas tienen que sacar algunas de las conclusiones que aquí se ofrecen del mero voluntarismo para construir herramientas jurídicas cada vez más robustas que vayan dejando menos resquicios a conductas socialmente reprobables, pero jurídicamente aún no atacadas. Que el Instituto Nacional de ciberseguridad Incibe tenga que seguir realizando campañas bajo el lema “tolerancia cero ante el ciberacoso denota una carencia persistente. Sigue habiendo con las conductas violentas un nivel de tolerancia que no es cero, sino un nivel residual apreciablemente inaceptable, por encima de las previsiones de los planes públicos de igualdad y por encima de las expectativas legislativas.

2. ¿DESDE CUÁNTAS PERSPECTIVAS SE MIDE LA DESIGUALDAD EN LA CIBERVIOLENCIA?

Al estar aún por definirse algunos componentes sustantivos del concepto de ciberviolencia, la violencia de género producida en entornos virtuales no representa simplemente una cuestión de forma o especie, sino que transforma verdaderamente la naturaleza de la violencia, incrementando exponencialmente su onda expansiva negativa[397], en particular para los adolescentes[398].

A pesar de tan amplio consenso de inicio, la percepción, la valoración de la intensidad y particularmente las medidas a adoptar difieren notablemente. Que todavía haya fuerzas políticas que cuestionen la extensión y profundidad del problema después de una década de polémicas por unas cifras que condicionan la necesidad de adoptar medidas parlamentarias más enérgicas [399]no es únicamente consecuencia de esa divergencia ideológica, sino también de la ausencia de una metodología generalmente aceptada de medición del problema.

Esta constatación está en la base de la investigación que hemos iniciado y de la que este capítulo es primera aproximación del marco teórico que sirve para correlacionar hipótesis de trabajo, a modo de intuiciones obtenidas de la experiencia real y las copiosas investigaciones previas, y objetivos de reforma legislativa que tienen que orientar la medición de la desigualdad actual directamente en atención a la existencia, e incluso al incremento, de conductas violentas en el ciberespacio, que pasan de la violencia psicológica a la verbal, de ahí a las sexual y finalmente a la física, poniendo en peligro grave la integridad emocional y física de muchas personas. Una democracia avanzada y de calidad de una sociedad moderna y abierta no puede aceptar siquiera un riesgo residual.

---

397 DONOSO VÁZQUEZ, T. Y REBOLLO CATALÁN, Á. (dirs). *Violencia de género en entornos virtuales.* Octaedro. 2018.

398 VILLAR, MÉNDEZ Y BARREIRO, Violencia de género en entornos virtuales: una aproximación a la realidad adolescente. *Electronic Journal of Research in Educational Psychology, 19(3).* 2021 . 527

399 OSBORNE, R. (2008). De la "violencia" (de género) a las "cifras de la violencia": una cuestión política. *Empiria: Revista de metodología de ciencias sociales, 15*, 99-124.

De ahí que no se haya rehuido un planteamiento cuantitativo para una investigación llamada a ofrecer conclusiones cualitativas. Esta es una tensión inevitable en los estudios multidisciplinares, que requiere un acercamiento metodológico complejo, que está en permanente revisión, particularmente cuando se trata de medir comportamientos y no resultados[400]. Este capítulo persigue únicamente explicitar los fundamentos de una investigación que consideramos pueden servir de cierto modelo para la elaboración de políticas públicas legislativas o normativas. Responde a la pregunta de investigación ¿desde cuántas perspectivas se mide la desigualdad en la ciberviolencia con el objetivo de reformar la legislación vigente? No prejuzga enfoques distintos de otras investigaciones que han tenido objetivos diferentes y que arrojan resultados ilustrativos.

Para una mejor articulación de los trabajos del equipo de investigación multidisciplinar esa pregunta se ha desgranado a través de tres hipótesis de trabajo.

- Hipótesis 1: el umbral de tolerancia hacia la desigualdad y la dominación de género se incrementa en el ciberespacio con respecto al mundo físico presencial.
- Hipótesis 2: los patrones de comportamiento dominante favorecen la práctica de conductas violentas incentivadas por imaginarios falsos amplificados en el ciberespacio.
- Hipótesis 3: el consumo incremental de pornografía digital en edades tempranas crea imaginarios de relación humana, afectiva y sexual, distorsionados en favor de una dominación de género que se manifiesta en las relaciones virtuales y también en las reales.

---

400 APARICIO GARCÍA, M.E. Y VINAGRE GONZÁLEZ, A.M. (2022). Violencia de Género: una revisión de instrumentos de medida. *Revista iberoamericana de diagnóstico y evaluación psicológica, 5 (66)*, 142.

Unas breves precisiones. Se propone la mejora de la metodología de medición de la desigualdad que tiene trascendencia jurídica y no solo social, es decir, de aquella que contraviene el principio constitucionalmente consagrado en el artículo 14 de nuestra Carta Magna. La perspectiva de nuestra investigación se orienta específicamente hacia la puesta al día del ordenamiento jurídico español vigente, tanto del administrativo en materia de protección personal e igualdad de género, como del penal en materia de delitos de violencia, especialmente contra las mujeres jóvenes.

2.1 El marco epistémico interdisciplinar

Un volumen como este pone de relieve no solo la conveniencia, sino la necesidad de propiciar una perspectiva interdisciplinar. Esta comunicación muestra como se ha construido el marco teórico inicial para desarrollar una investigación multidisciplinar que se ha propuesto fijar una metodología de medición de la tolerancia permitida y la desigualdad residual socialmente admisible superando los tradicionales modelos teóricos a los que frecuentemente recurren las Ciencias Sociales.

Se considera preferible una metodología parcialmente diferente, que parta de los estudios de caso en cada una de las disciplinas. Es necesario resaltar además de la multidisciplinariedad en la composición del equipo de investigación la transversalidad desde el punto de vista de las orientaciones ideológicas personales, de manera que no sé impone una visión unívoca de la sociedad, sino que se pretende proporcionar una pauta para la medición de la desigualdad que pueda informar las próximas reformas legislativas de lo que debería ser una política de Estado no sujeta a los cambios abruptos de la política partidista.

3. EL MARCO METODOLÓGICO

Las dificultades para desarrollar una metodología estable de medición y los debates en torno a la medición de las zonas fronterizas entre prácticas tradicionales culturales machistas y primeras evidencias sintomáticas de la violencia de género han añadido incertidumbre a un debate político sustentado a partir de un falso dilema entre intervencionismo a partir de las grandes cifras y restitución del daño y la alarma social.

La finalidad de proveer argumentos para la reforma legislativa obliga a compaginar un enfoque iuspublicista positivo con otro que provea evidencias psicolegales, más allá del campo más restringido de la psicología forense[401]. Es imprescindible un análisis multicausal. La estadística preferente es secuencial y pasa por tres hitos: la de denuncias policiales, procedimientos judiciales incoados en vía penal y sentencias condenatorias dictadas.

Sin embargo, la especialización introducida por el ciberespacio a este respecto desdibuja enormemente esa evidencia cuantitativa: tomemos la medida de los cinco años anteriores, y se constata que el número de ciberataques y ciberincidentes de cierta gravedad supera en cada uno los años según los datos aportados por Incibe los ciento veinte mil. Es cierto que en semejante cifra aparecen ataques graves intencionales caracterizados por el dolo e incidentes que tienen que ver con la negligencia e incluso con el fallo o colapso de algunas infraestructuras de las TICs; y también que existe otro enorme grupo de delitos contra el patrimonio y contra el orden económico y no contra la libertad sexual. El total de procedimientos judiciales abiertos se sitúa en un 10% de la cifra anterior, y a la vez

---

401 REDONDO GUTIÉRREZ, L.. *Propuesta de una técnica para la evaluación forense en violencia sexual a mujeres.* [Tesis doctoral. Universidad de Vigo]. 2021

aproximadamente recae un 10% de sentencias condenatorias anuales, de acuerdo con los datos proporcionados por la Fiscalía General del Estado y el Consejo General del Poder Judicial.

El Derecho Digital ha aportado ya análisis muy interesantes: 1º) las diferencias de tratamiento persecutorio derivadas de la diferencia perspectiva tecnológica, por un lado, jurídica por otro y, especialmente de ambas con la perspectiva criminológica y psicológica, más cercanas a la alarma social, 2º) las diferencias de concepto y terminología entre ciberataque y ciberdelito referidos a las ciberviolencia de género, con muy diferente grado de perseguibilidad, 3º) un número mucho más bajo de denuncias policiales del esperado cuando se consultan los datos cuantitativos obtenidos en informes e investigaciones académicas basadas en herramientas de investigación social directamente obtenidas de las víctimas o de grupos de estudio.

Lo que más interesa desde el punto de vista jurídico es la averiguación de qué parte de esa menor constatación de denuncias se produce por una relajación del umbral de tolerancia hacia la ciberviolencia de género y qué parte tiene que ver con otras cuestiones genéricas de naturaleza jurídica, como el afrontamiento de las dificultades del procedimiento policial o la complejidad de la construcción de un sólido soporte probatorio procesal, o de naturaleza extrajurídica, como la comprensible duda ante el temor a la estigmatización de las víctimas o la eventual revictimización digital.

Analizar los diarios de sesiones de los debates en el Congreso de los Diputados y en el Senado permite reducir los focos de atención política: los políticos siempre actúan por reducción o simplificación de los problemas en función del impacto mediático y la previsión del eventual rendimiento electoral de sus posiciones; la Ciencia Política previene contra tal conclusión y proporciona evidencias de que, en realidad, la política recurre a la simplificación para una mejor traslación de las propuestas a la ciudadanía, hay que considerar la naturaleza dual del legislador a este respecto. Cuando se analiza la mayor o menor disponibilidad del legislador a debatir y luchar por cambios legislativos más ambiciosos que proporcionen un mayor grado de defensa en el ciberespacio a las víctimas y acentúen el carácter tuitivo y hasta preventivo del del Derecho Digital frente al Derecho Penal, debe tenerse presente que el legislador está compuesto por las mismas personas que intervienen en todos los debates políticos en el Parlamento nacional. Dos son las principales conclusiones que pueden extraerse a la vista de tales debates parlamentarios: de un lado, la tendencia a la reducción de la ciberviolencia de género al ámbito jurídico penal; de otro, hacerlo exclusivamente en lo que se refiere a las penas, sin gran especialidad respecto a la violencia de género del mundo presencial, por lo que no se modifican los elementos objetivos del tipo, sino únicamente se incluye la previsión de la utilización de medios informáticos en la comisión. En consecuencia, al refugiarse en el ámbito penal el tratamiento de estos asuntos queda en gran medida desguarnecido el flanco social de la aculturación en una verdadera igualdad.

De ahí la necesidad de promover una más completa combinación de dos perspectivas, para que el debate parlamentario se enriquezca con la pluralidad de enfoques que muestran las discusiones académicas y las aportaciones profesionales sectoriales como las *Conclusiones del XVII seminario de fiscales especialistas delegados en violencia sobre la mujer* de febrero de 2022, la reflexión del balance del Consejo General del Poder Judicial a los quince años de la Ley Orgánica de Medidas de Protección Integral del Boletín de enero de 2021 o el informe *Menores y Violencia de Género* de la Delegación del Gobierno contra la Violencia de Género en 2020 y más específicamente un informe que debería actualizarse periódicamente como *El ciberacoso como forma de ejercer la violencia de género en la juventud: un riesgo en la sociedad de la información y del conocimiento* de 2014 y que casi una década después bien merecería un contraste de avances y asuntos pendientes.

De esas dos perspectivas metodológicas, una sería más preventiva y generalista, otra más educativa y específica. A la primera responde metodológicamente la encuesta referida a la ciberviolencia en el ámbito educativo y laboral que estamos llevando a cabo y su complemento con metodologías de laboratorios ciudadanos. La encuesta se centra en las experiencias personales en relación con la desigualdad de género manifestada de forma violenta en cualquier soporte digital, lo que incluye preguntas sobre la condición de víctima o de causante de la violencia de género; encuesta realizada en el último trimestre del año 2022 tanto en zonas urbanas de capitales de provincia, como en pequeños municipios rurales, todos ellos dentro de la Comunidad de Castilla y León. Se inicia el contraste de sus datos con la explotación de datos secundarios obtenidos de fuentes estadísticas abundantes, entre las que cabe destacar la misma detallada estadística anual del Consejo General del Poder Judicial, sobre la que llamamos la atención no tanto sobre el número de denuncias como sobre las renuncias, naturalmente además de la estadística que provee la Delegación del Gobierno contra la Violencia de Género, en particular la Macroencuesta de Violencia contra la Mujer que muestra una visión diacrónica relevante entre las dos realizadas en 2015 y 2019, que muestra la introducción de elementos informáticos en la comisión de la violencia pero que para una edición sucesiva debería tener un apartado específico, habida cuenta del importante porcentaje de relaciones y de conductas de acoso que han pasado al mundo digital desde 2019, y no solo por efecto de las medidas adoptadas contra la pandemia, si no por una imparable tendencia social a la digitalización relacional.

A la segunda perspectiva corresponden los estudios de caso -que para aquellos que ejercen violencia de género digital se ha centrado particularmente en el estudio de psicólogos y criminólogos respecto a personas con adicción al sexo y/o la pornografía y su perfil criminológico- y la metodología de Investigación Acción Participativa (IAP), que permitan extraer conclusiones sobre el papel de algunas circunstancias sociodemográficas de base para adecuar y especializar las respuestas jurídicas, más en las políticas y planes que en las normas incluso, aunque se haya diseñado para primar los componentes de investigación y participación sobre una acción que por definición cuando de lo que se trata de conseguir es la modificación del marco legislativo, habrá de ser necesariamente indirecta.

Junto con un esfuerzo por integrar tales dificultades a la vista de la inconsistencia de algunos intentos previos, para incluirlos epistémicamente en el marco teórico y reducir las disfunciones de su impacto. La principal de estas dificultades de medición se relaciona con la existencia de determinados umbrales de violencia invisibilizada menos explícita que la violencia sexual y la violencia física, particularmente entre compañeros estables e íntimos de relación[402]. La segunda dificultad es la disposición en paralelo de redes sociales y comunidades de WhatsApp y otras aplicaciones de mensajería como canales simultáneos o alternativos entendidos como medios de comisión de ilícitos de ciberviolencia. Inmediatamente se percibe la dificultad de medición en estos últimos, de acceso restringido, respecto de los más abiertos a través de redes sociales. En tercer lugar, se ha introducido un criterio por edades que permita discernir si de manera efectiva se están incrementando conductas de desigualdad y dominación también entre las que se supone en generaciones más igualitarias y formadas, si bien los primeros resultados avalan como en otras investigaciones la transversalidad del problema[403]. En esta investigación se considera de

---

402 JUNG, S., FAITAKIS, M., & CHEEMA, H. (2021). A comparative profile of intimate partner sexual violence. *Journal of Sexual Aggression, 27(1)*, 95-105. 96

403 RODRÍGUEZ GONZÁLEZ, A., FERNÁNDEZ CURIEL, M. y González de la Médica, M.A. (2018). Violencia de género en la tercera edad. *Medicina y salud 3 ciencias*, 7-23. 7

forma particularmente detallada un primer escalón dentro de la minoridad puesto que en los últimos años se observa un particular seguimiento de los problemas jurídicos y sociales derivados de la violencia de género que afecta a menores[404] o más habitualmente entre menores de edad[405].

4. PARADIGMAS RELACIONALES Y PATRONES DE COMPORTAMIENTO

La digitalización puede estar suponiendo un notable paso atrás en la concienciación sobre la igualdad en relación con la disminución de las relaciones de dominación de género. Ese paso desde el paradigma tradicional es tecnológicamente irreversible, pero socialmente muy sensible. Diversos informes sociológicos[406] y la evidencia de la estadística pública acreditan que no se había conseguido avanzar enteramente en esa dirección cuando buena parte de ese paradigma relacional de por sí con graves y pendientes disfunciones jurídico-penales y procesales ha quedado abruptamente desplazado por un nue-

---

404 GONZÁLEZ MONJE, A.. Violencia de género y menores de edad. En P. Ramos Hernández, Á. Figueruelo Burrieza y M. del Pozo Pérez (dirs.), *Retos actuales para la erradicación de la desigualdad y la violencia de género*, pp. 129-148. Tirant lo Blanch y Universidad de Salamanca. 2019

405 VILLA SIEIRO, S.V.. Aproximación a la violencia de género en parejas menores de edad. En J.G. Fernández Teruelo y P. Fernández-Rivera González (dirs.), *Nuevas formas de prevención y respuesta jurídico-social frente a la violencia de género*, pp. 255-275. Thomson Reuters Aranzadi. 2022

406 IBÁÑEZ MARTÍNEZ, M.L.. 18 respuestas a la violencia de género desde la sociología. En *Ámbito rural: desigualdad y violencia de género*, pp. 19-53. Andavira. ALCAÑIZ MOSCARDÓ, M. (2015). Sociología de la(s) violencia(s) de género en España. Una propuesta de análisis. *Revista de Paz y Conflictos, 8 (2)*, 29-51. 2018.

vo paradigma de relaciones cibernéticas, en especial en las generaciones que más preocupan en nuestro estudio y que son enteramente nativas digitales.

Se constata en estas una mayor sensibilidad hacia las cuestiones de igualdad y género paradójicamente mientras se reproducen e incluso aumentan alarmantemente patrones de comportamiento que desmienten la consecución de la mencionada aculturación en la igualdad. En este fenómeno inciden variables diversas, conectadas fundamentalmente con dinámicas relacionales[407]. Sobre una situación de desequilibrio preexistente han venido a proyectarse dos fenómenos de innegable incidencia: de un lado, la intensificación de patrones de dominación amplificados a través de las relaciones en el ciberespacio; de otro, las negativas distorsiones ocasionadas por la menor interacción personal derivadas de las restricciones de relación social impuesta por las medidas para el control de la pandemia de COVID[408], que ha dado lugar a un alterado recurso a internet por los más jóvenes durante un tiempo prolongado (acceso permanente, menos controlado parenteralmente, con ausencia absoluta de información a través de los medios educativos), y que ha significado un aumento de la multiplicación de esos roles dominantes a través de redes sociales y páginas web, no solamente por un mayor consumo de pornografía que se ha constatado estadísticamente, sino también por una disminución de la percepción de la alteridad y una ausencia más perdurable de relaciones humanas que hubieran podido

---

[407] SANCHO DEL CAZ, C.. Ciberviolencia de género: Un estudio empírico. En M.E. García Mora y A.M. de la Torre Sierra (ed.), *Investigación y género. Proyectos y resultados en estudios de las mujeres,* pp. 678-694. Universidad de Sevilla. 685. 2022.

[408] GUTIÉRREZ ÁNGEL, N.. Incidencia del cyberbulling hacia la mujer en tiempos de pandemia: una revisión bibliográfica. En T. Aránguez Sánchez y O. Olariu (coord.), *Feminismo digital. Violencia contra las mujeres y brecha sexista en internet,* pp. 685-696. Dykinson.2021

advertir sobre la existencia de opiniones y comportamientos diferentes al propio.

La correlación entre mayor consumo de pornografía en edades cada vez más bajas[409] y generalización de imaginarios de dominación que terminan por incurrir en violencia está siendo objeto de un intenso debate social a la vez que de un cuidadoso análisis académico (Gallego Rodríguez y Fernández González, 2019, p. 441). En particular, porque no estamos ya ante unos comportamientos confinados en el ciberespacio, lo que ya sería de por sí suficientemente preocupante cuando tantas relaciones se han informatizado, sino que han saltado de la ciberviolencia a la violencia física y sexual presencial. Nos resistimos a utilizar el adjetivo real, porque para quien sufre un acoso, una compulsión, una amenaza, un chantaje o una violencia de género a través de sus redes, de su teléfono o de su ordenador la angustia generada es tan real como la del mundo presencial.

Con una intensidad y en una dinámica paralela a la digitalización de las relaciones laborales operadas por el teletrabajo o de la misma educación con las clases online, se está verificando una digitalización creciente de las relaciones sociales de mera interacción generalista, y en el mismo sentido las de amistad, contenido afectivo y sexual[410]. La específica creación de algunas redes sociales encaminadas precisamente a aprovechar ese nicho de demanda de relaciones interpersonales ha incrementado en todos los países occidentales los riesgos necesariamente derivados de un aumento de vulnerabilidades por el desconocimiento de las verdaderas características

---

409 BALLESTER BRAGE, L. Y ORCE SOCIAS, C.. *Nueva pornografía y cambios en las relaciones interpersonales.* Octaedro.598. 2019.

410 BREGÓN LÓPEZ, A.. Las redes sociales de contactos. Riesgos y amenazas. *Cuadernos de la Guardia Civil: Revista de seguridad pública, 60.* 2020 33-45. 38

del interlocutor, y por tanto, también las consecuencias indeseadas y negativas que no siempre son fáciles de ponderar en la distancia del ciberespacio[411].

La respuesta no puede ser únicamente ni una condena social de todas las redes y mecanismos telemáticos de comunicación, ni una limitación tecnológica, que por otro lado se antoja en la práctica imposible. Por el contrario, y mientras las vulnerabilidades de las personas más débiles sean tan altas, parece conveniente redoblar los esfuerzos de socialización y aculturación en la igualdad.

Los criterios taxonómicos o clasificatorios de los comportamientos que entrañan violencia de género en el ciberespacio exigen para su incorporación a instrumentos legales una definición de conductas que permita distinguir claramente tipos objetivos. Algunos estudios han incluido conceptos tales como la moralidad patriarcal o los cánones de belleza cisheteropatriarcales entre los contenidos de la ciberviolencia, lo que no deja de entrañar constructos ideológicos que sin duda dificultarán el debate político previo al cambio legislativo, pero que además desde el punto de vista exclusivamente jurídico suponen la peligrosa introducción de conceptos jurídicos altamente indeterminados al mezclar impropiamente componentes de las reglas morales con los de las normas jurídicas. Se considera violencia de género aquella que inequívocamente se sitúa dentro de los tipos penales actuales, puesto que lo que tratamos de medir es la tolerancia a estos y no su eventual sustitución por otros desde perspectivas ideológicas diferentes. De ahí que alusiones a la feminidad o masculinidad normativas puedan inducir a error cuando hablamos de los contenidos normativos jurídicos y no sociológicos o ideológicos.

---

411 SHAPIRO, G.K. ET AL.. Correlates of Tinder use and risky sexual behaviors in young adults. *Cyberpsichology, behavior and social networking, 2017.* 728.

5. DISCUSIÓN: CONDUCTAS JURÍDICAMENTE RELEVANTES

La primera dificultad de gran calado estriba en la imposibilidad de subsumir en contenidos exclusivamente jurídicos una realidad que tiene primaria relevancia social y personal, como la de la violencia de género sufrido en el ciberespacio. Si sobre el fomento de la igualdad se proyecta principalmente lo político y sobre la persecución de su conculcación lo jurídico penal, sin embargo, ninguna de esas dos dimensiones sirve para aprehender enteramente la riqueza de matices involucrados en la toma de posición y que encuentran en las aportaciones criminológicas y psicológicas buena parte de las fuentes más certeras de información. Se constata, por ello, una vez más esa disparidad de criterios entre lo que interesa en los debates parlamentarios, políticos y legislativos, y lo que apremia en la calle e importa en la academia.

Hemos centrado ab initio en nuestro estudio estas cuestiones sujetas a discusión en torno a los siguientes cinco aspectos. Primero, el Derecho no se muestra interesado a priori por el afrontamiento personal de víctimas y victimarios, ya que se percibe un choque que se produce entre los aspectos subjetivos en la autopercepción de quienes ejercen ciberviolencia y las consecuencias objetivas en la aplicación de las previsiones legales para la persecución y condena de esas conductas, no llegando a prestarse la misma atención a culpables y conductas delictivas. Sin percepción personal del daño infligido se dificulta la socialización positiva de los infractores, pues difícilmente las medidas educativas y correctivas del comportamiento son acogidas de buen grado y las sanciones pierden su finalidad reinsertadora para quedarse en la punitiva y restitutiva del daño.

Segundo, solamente podemos partir de una menor persecución de los que se producen en el ciberespacio respecto a los equivalentes en el mundo presencial. Lo que parece mucho más relevante y pendiente de medición aún es precisamente el conjunto de casos que se quedan en la nebulosa y no llegan ni siquiera a producir una denuncia administrativa o penal. Ese conjunto relativamente importante de conductas que probablemente hayan incurrido en la consideración de delito por verificarse los componentes objetivos del tipo penal y que sin embargo no llegan a denunciarse, es al que se dirige esta investigación. Se trata de averiguar hasta qué punto hay una relajación del nivel de exigencia cero con la ciberviolencia de género en cualquiera de sus modalidades comisivas, esto es, si verdaderamente el umbral de tolerancia con la violencia de género es más amplio en el ciberespacio que en las relaciones presenciales, o si por el contrario, el menor peso relativo de las denuncias está relacionado con el hecho de que las víctimas descuenten las dificultades de llegar hasta el final para obtener una sentencia condenatoria. Los estudios de Psicología forense siguen dando cuenta de las profundas y comprensibles barreras que se derivan en nuestra sociedad todavía a estas alturas de una educación de profundo calado machista en la que existe un riesgo, afortunadamente cada vez menor pero aún no descartable, de estigmatización social de la víctima y de vergüenza ante la denuncia por razones de índole muy diversa, desde el disgusto personal y familiar hasta la compleja prueba de la inexistencia de consentimiento. Este problema no desaparece en los supuestos de ciberviolencia de género, sino que en todo caso aumenta como consecuencia del alcance exponencial que las redes sociales y la mensajería favorecen para hacer llegar a mucha más gente el conocimiento de los detalles de la violencia sufrida.

Igualmente común a la violencia de género presencial y digital es la dificultad de las víctimas al adentrarse en el proceloso procedimiento policial y judicial, por más que la especialización de los órganos de persecución de estos delitos en los cuerpos policiales, en la fiscalía y en los juzgados hayan mejorado considerablemente.

El ciberespacio se configura a efectos de las políticas legislativas de seguridad como un espacio caracterizado por la larga distancia entre el delincuente y la víctima, que puede llegar a ser física; el bajo coste relativo de los ciberataques y los ciberdelitos en relación con el alto rendimiento que de ellos pueden obtener los delincuentes, tanto en daños económicos en aquellos delitos relacionados con la violencia de género en los que se produce algún tipo de chantaje o reclamación de pagos y, sobre todo, en los daños emocionales de sufrimiento personal infligido a las víctimas; y lo que es más importante a los efectos de fijar el nivel de tolerancia cero o una tolerancia residual, se caracteriza por un anonimato que en muchas ocasiones disuade a las víctimas respecto a la espera razonable de una total identificación de los delincuentes que lleve a buen término su denuncia.

Tercero, existe menos pacífica identificación de los límites de la cosificación de las mujeres cuando se pasa desde las dimensiones criminológica, psicológica y sociológica a la dimensión jurídica, y a la vez la cosificación en el ciberespacio recoge todos los componentes negativos de la cosificación cultural presencial[412] y los amplifica con prácticas de representaciones mentales e imágenes amparadas durante décadas por algunas artes figurativas y también por la publicidad, dando lugar específicamente a una cosificación digital.[413]

En tal sentido es necesario identificar cuanto sea de punible no solo en las prácticas, sino también los discursos de cosificación

---

[412] DELICADO MORATALLA, L.. La robot sexual y la pornografía: la ilusión del poder masculino y la fantasía de cosificar a las mujeres. *Atlánticas. Revista Internacional de Estudios Feministas, 6 (1)*. 2020. 219-246.227.

[413] REDONDO GUTIÉRREZ, L.. La configuración de la cosificación de la mujer a través de internet y redes sociales. En *Los Derechos de la Mujeres en la era de Internet.* Universidad de Granada. 2021.

de las mujeres, observándose un creciente desequilibrio entre discurso y relato, especialmente entre discurso machista tradicional[414] y relato feminista.

Cuarto, al acotar las conductas jurídicamente relevantes resulta de gran importancia acreditar inequívocamente cuándo se pasa de la transgresión social al ilícito penal, momento en el que se produce la primera victimización a efectos penales. Algunas sonoras transgresiones de amplio al alcance mediático de la privacidad y la intimidad, derecho constitucionalmente amparado, junto algunas exfiltraciones de datos contra el bien jurídico a proteger de las confidencialidad de datos y servicios en internet Manifiestan claramente el carácter multiplicador del riesgo que conlleva el tratamiento cibernético de las conductas transgresoras y también de su persecución; basta recordar lo sucedido con algunos vídeos que circulaban por canales de mensajería de agresiones sexuales producidas presencialmente y difundidas digitalmente. Si en estos casos hay riesgo de revictimización, se multiplica en aquellos en los que por la facilidad de acceso a un soporte nativo digital, la facilidad de difusión es aún mayor, con lo que se verifica victimización y revictimización digitales[415] en un espacio corto de tiempo y con efectos amplificadores muy perjudiciales. Aún más difícil de detectar y otorgar un tratamiento jurídico penal específico por lo que se refiere a las modalidades diferentes de comisión presencial y telemática se verifica en relación con la violencia de género vicaria ejercida fundamentalmente a través de las aplicaciones de mensajería instantánea.

---

414 GONZÁLEZ HERMOSILLA, F.. Del discurso machista a la violencia de género. *Revista de Estudios de Juventud, 86*, 153-174. 2009.

415 REDONDO GUTIÉRREZ, L. Violencia sexual: nuevas formas de victimización y revictimización en la era digital. En T. Aránguez Sánchez y O. Olariu (coord.), *Feminismo digital. Violencia contra las mujeres y brecha sexista en internet.* Dykinson. 2021. 671.

Quinto, con todo, uno de los aspectos más problemáticos se antoja el de la admisibilidad jurídica de una suerte de intervención preventiva, que pueda mitigar o aminorar los problemas derivados de la mayor laxitud en la tolerancia hacia algunas actitudes de desigualdad de género en el ciberespacio que puedan terminar dando lugar al surgimiento de ilícitos penales. Las ya aludidas garantías del procedimiento penal dificultan enormemente la aplicación de medidas de seguridad, y más aún de medidas extrapenales, puesto que conllevan riesgos conculcatorios de libertades fundamentales. Hay un interesante debate teórico de más difícil traslación a la práctica jurídica en torno a los índices que pueden denotar conductas de riesgo antes de que se concreten en amenazas ciertas, proponiéndose la necesidad de acuñar de forma generalizada y doctrinalmente pacífica indicadores jurídicamente positivados como predictores de la violencia de género en el ciberespacio.[416].

6. A MODO DE CONCLUSIONES: LA COMPLEJA PERSPECTIVA Y LAS PROPUESTAS DE LEGE FERENDA

A pesar de un continuado esfuerzo internacional[417], siguen pareciendo necesarias algunas modificaciones legales *de lege ferenda.* No pueden minimizarse los profundos avances consensuales en la modificación de la legislación penal y en una apli-

---

416 VILÀ BAÑOS, R., GARCÍA PÉREZ, R. Y ANEAS ÁLVAREZ, A. (2018). Predictores de la violencia de género en las redes sociales. En T. Donoso Vázquez y Á. Rebollo Catalán (dirs). *Violencia de género en entornos virtuales,* 32. Octaedro. 2018.

417 PÉREZ MANRIQUE, R.C. (2018). Violencia basada en género: la reforma legislativa en perspectiva del Derecho internacional de los derechos humanos. *Revista de Derecho Penal,* 26, 53-64.

cación jurisprudencial garantista y protectora a un tiempo[418], si bien algunas de las más recientes reformas tienen tan solo un carácter limitado y adjetivo o al menos más procesal que sustantivo. Parece criticable la tendencia a sobre elevar las cuestiones atinentes a la personalidad en los ilícitos penales por encima de la eventual modificación de los componentes objetivos del tipo. Estas están llamadas a configurarse como conductas distintas en el ciberespacio respecto a las relaciones presenciales si es que se quiere evitar un elevado grado de impunidad en la revictimización digital. Esta persistencia del enfoque penal español no se acompasa bien con el mayor dinamismo de las propuestas criminológicas.

Desde el punto de vista procesal y partiendo de la observación de algunas dificultades específicas para la persecución de los delitos de violencia de género cometidos mediante medios telemáticos[419] resulta claramente insuficiente el arsenal de instrumentos de cooperación judicial, pues aparece ya con las primeras evidencias constatadas imprescindible modificar el Convenio de Budapest sobre ciberdelincuencia de 2001.

Por último, sigue pendiente un mejor tratamiento para la efectividad plena del derecho al olvido después del ciberacoso en las relaciones de pareja, particularmente cuando se trata de menores, porque el impacto se proyecta hacia el futuro de manera intensamente desasosegante cuando la persona no tiene aún todas las herramientas intelectivas suficientes como para

---

418 ALASTUEY DOBÓN, M.C. y Escuchurri Aisa, E. (2022). Violencia de género y violencia doméstica: evolución legislativa y jurisprudencial. *Revista General de Derecho Penal, 37.*

419 BUENO DE MATA, F. (2013). Análisis procesal de la violencia de género ejercida a través de internet. En A. GALLARDO RODRÍGUEZ, Á. FIGUERUELO BURRIEZA, M. DEL POZO PÉREZ Y M. LEÓN ALONSO (dir.), *Violencia de género e igualdad: una cuestión de derechos humanos,* pp. 11-21. Comares.

superar daños emocionales profundos a una pluralidad de bienes jurídicos diferentes[420].

7. REFERENCIAS BIBLIOGRÁFICAS

ALASTUEY DOBÓN, M.C. y Escuchurri Aisa, E.. Violencia de género y violencia doméstica: evolución legislativa y jurisprudencial. *Revista General de Derecho Penal.* 2022. *37.*

ALCAÑIZ MOSCARDÓ, M. Sociología de la(s) violencia(s) de género en España. Una propuesta de análisis. *Revista de Paz y Conflictos, 8 (2).* 2015. 29-51.

APARICIO GARCÍA, M.E. Y VINAGRE GONZÁLEZ, A.M. Violencia de Género: una revisión de instrumentos de medida. *Revista iberoamericana de diagnóstico y evaluación psicológica, 5.* 2022. *(66)*, 141-156.

BALLESTER BRAGE, L. Y ORCE SOCIAS, C. *Nueva pornografía y cambios en las relaciones interpersonales.* Octaedro. 2019.

BREGÓN LÓPEZ, A. Las redes sociales de contactos. Riesgos y amenazas. *Cuadernos de la Guardia Civil: Revista de seguridad pública, 60.* 2020. 33-45.

BUENO DE MATA, F. Análisis procesal de la violencia de género ejercida a través de internet. En A. GALLARDO RODRÍGUEZ, Á. FIGUERUELO BURRIEZA, M. DEL POZO PÉREZ Y M. LEÓN ALONSO (dir.), *Violencia de género e igualdad: una cuestión de derechos humanos*, pp. 11-21. Comares. 2013.

CARVALHO QUADRADO, J. Y DA SILVA FERREIRA, E. Ódio e intolerância nas redes sociais digitais. *Revista Katálysis, 23, 3.* 2020. 419-428.

DELICADO MORATALLA, L. La robot sexual y la pornografía: la ilusión del poder masculino y la fantasía de cosificar a las mujeres. *Atlánticas. Revista Internacional de Estudios Feministas, 6 (1)*. 2020. 219-246.

---

420 PALOP BELLOCH, M. (2018). *Protección jurídica de menores víctimas de violencia de género a través de internet. Vulnerabilidad de la menor en sus relaciones de pareja, ciberacoso y derecho al olvido.* [Tesis doctoral. Universitat Jaume I].

DONOSO VÁZQUEZ, T. Y REBOLLO CATALÁN, Á. (dirs).. *Violencia de género en entornos virtuales.* Octaedro. 2018.

GALLEGO RODRÍGUEZ, C. Y FERNÁNDEZ GONZÁLEZ, L. ¿Se relaciona el consumo de pornografía con la violencia hacia la pareja? el papel moderador de las actitudes hacia la mujer y la violencia. *Behavioral Psychology / Psicología Conductual, 27/ 3.* 2019. 431-454.

GONZÁLEZ HERMOSILLA, F. Del discurso machista a la violencia de género. *Revista de Estudios de Juventud, 86,* 153-174. 2009.

GONZÁLEZ MONJE, A. Violencia de género y menores de edad. En P. Ramos Hernández, Á. Figueruelo Burrieza y M. del Pozo Pérez (dirs.), *Retos actuales para la erradicación de la desigualdad y la violencia de género,* pp. 129-148. Tirant lo Blanch y Universidad de Salamanca. 2019.

GUTIÉRREZ ÁNGEL, N. Incidencia del cyberbulling hacia la mujer en tiempos de pandemia: una revisión bibliográfica. En T. Aránguez Sánchez y O. Olariu (coord.), *Feminismo digital. Violencia contra las mujeres y brecha sexista en internet,* pp. 685-696. Dykinson. 2021.

IBÁÑEZ MARTÍNEZ, M.L. 18 respuestas a la violencia de género desde la sociología. En *Ámbito rural: desigualdad y violencia de género,* pp. 19-53. Andavira. 2018.

JUNG, S., FAITAKIS, M., & CHEEMA, H. A comparative profile of intimate partner sexual violence. *Journal of Sexual Aggression, 27(1).* 2021. 95-105.

MUÑOZ FERNÁNDEZ, M.C. La violencia de género en las relaciones sentimentales de los adolescentes. *Agathos: Atención sociosanitaria y bienestar, 15, 2.* 2015. 30-35.

OSBORNE, R. De la "violencia" (de género) a las "cifras de la violencia": una cuestión política. *Empiria: Revista de metodología de ciencias sociales, 15.* 2008. 99-124.

PALOP BELLOCH, M. *Protección jurídica de menores víctimas de violencia de género a través de internet. Vulnerabilidad de la menor en sus relaciones de pareja, ciberacoso y derecho al olvido.* [Tesis doctoral. Universitat Jaume I]. 2018.

PÉREZ MANRIQUE, R.C. Violencia basada en género: la reforma legislativa en perspectiva del Derecho internacional de los derechos humanos. *Revista de Derecho Penal,* 26. 2018. 53-64.

REDONDO GUTIÉRREZ, L. *Propuesta de una técnica para la evaluación forense en violencia sexual a mujeres.* [Tesis doctoral. Universidad de Vigo]. 2018.

REDONDO GUTIÉRREZ, L. La configuración de la cosificación de la mujer a través de internet y redes sociales. En *Los Derechos de la Mujeres en la era de Internet*. Universidad de Granada. 2021.

REDONDO GUTIÉRREZ, L. Violencia sexual: nuevas formas de victimización y revictimización en la era digital. En T. Aránguez Sánchez y O. Olariu (coord.), *Feminismo digital. Violencia contra las mujeres y brecha sexista en internet*, pp. 661-684. Dykinson. 2021.

RODRÍGUEZ FERNANDEZ, R. Y GARRIDO ANTÓN, M.J. Violencia de género a través de internet (ciberviolencia): análisis psicológico-jurídico. *La ley penal: revista de derecho penal, procesal y penitenciario*, 154. 2021.

RODRÍGUEZ GONZÁLEZ, A., FERNÁNDEZ CURIEL, M. y González de la Médica, M.A. Violencia de género en la tercera edad. *Medicina y salud 3 ciencias*. 2018 7-23.

SANCHO DEL CAZ, C. Ciberviolencia de género: Un estudio empírico. En M.E. García Mora y A.M. de la Torre Sierra (ed.), *Investigación y género. Proyectos y resultados en estudios de las mujeres*, pp. 678-694. Universidad de Sevilla. 2018.

SHAPIRO, G.K. ET AL.. Correlates of Tinder use and risky sexual behaviors in young adults. *Cyberpsichology, behavior and social networking, 20 (12)* 2017. 727-734.

VÉLEZ BARQUILLA, M.T. La influencia de la pornografía en las relaciones sexuales entre jóvenes y adolescentes: un análisis del consumo de pornografía en Cantabria. *Ehquidad. International Welfare Policies and Social Work Journal, 17*, 153-178. 2017..

VILÀ BAÑOS, R., GARCÍA PÉREZ, R. Y ANEAS ÁLVAREZ, A. Predictores de la violencia de género en las redes sociales. En T. Donoso Vázquez y Á. Rebollo Catalán (dirs). *Violencia de género en entornos virtuales*, pp. 31-50. Octaedro. 2018.

VILLA SIEIRO, S.V. Aproximación a la violencia de género en parejas menores de edad. En J.G. Fernández Teruelo y P. Fernández-Rivera González (dirs.), *Nuevas formas de prevención y respuesta jurídico-social frente a la violencia de género*, pp. 255-275. Thomson Reuters Aranzadi. 2022.

VILLAR, MÉNDEZ Y BARREIRO. Violencia de género en entornos virtuales: una aproximación a la realidad adolescente. *Electronic Journal of Research in Educational Psychology, 19(3)* . 2021. 509-532.

Capítulo 2

Violencia vicaria de género: menores como víctimas de violencia de género

PROFª. SANDRA SUÁREZ CASTRO
Profesora del grado en Criminología
Universidad Isabel I

1. INTRODUCCIÓN: ¿QUÉ ES LA VIOLENCIA VICARIA DE GÉNERO?

La violencia vicaria es un término acuñado en 2012 por la psicóloga clínica y perito judicial Sonia VACCARO y se define como aquella violencia ejercida hacia hijos e hijas con la finalidad de herir y dañar a la madre[421]. La modificación de la Ley 5/2008, del derecho de las mujeres a erradicar la violencia machista, en su artículo 4[422], coincide con la definición de Vaccaro añadiendo que la finalidad es ejercer un daño psicológico a la madre. En la actualidad, el término de violencia vicaria hace referencia a un tipo de violencia desplazada en la que a través

---

421 VACCARO, S., "Violencia Vicaria: Un golpe irreversible para las madres", *Asociación de Mujeres Psicología Feminista,* 2021, 62.

422 Ley 5/2008, de 24 de abril, del derecho de las mujeres a erradicar la violencia machista, BOE núm. 131, de 30/05/2008.

de la instrumentalización de los/as hijos/as por parte del agresor se consigue controlar y herir a la víctima[423].

Sin embargo, dejando a un lado las definiciones expuestas, se debe tener cautela y considerar tres cuestiones a la hora de referirse a la violencia vicaria. La primera sería clasificar esta violencia que se ejerce de hombres a mujeres como violencia vicaria de género o violencia vicaria en el ámbito de la violencia de género. Esto se debe a que este tipo de violencia también puede ser ejercida de mujeres hacia hombres. RAMALLO[424] hace referencia a este concepto en su artículo, definiendo la violencia vicaria hacia menores como la violencia que se ejerce hacia los/as hijos/as por parte de cualquiera de los progenitores (padre o madre), con la finalidad de causar daño, castigar, ejercer control o vengarse del otro progenitor. Por lo tanto, al referirnos a violencia vicaria de género, se hace referencia a un tipo de violencia que se desarrolla en el seno de una relación de violencia de género.

El segundo motivo, haría referencia a que no debe entenderse por violencia vicaria únicamente aquella que se realice contra la prole. En la actualidad se plantea la extensión de esta violencia a familiares o animales domésticos[425] como instrumentos usados por el agresor para controlar a la víctima. Recordemos que la definición del término vicario[426] hace

---

423 GARCÉS DE LOS FAYOS, M., (2022). *¿Qué es la violencia vicaria?* Recuperado de: https://www.es.amnesty.org/en-que-estamos/blog/historia/articulo/que-es-la-violencia-vi caria/

424 RAMALLO, E de P., "Víctimas de violencia familiar: Consecuencias psicológicas en hijos de mujeres maltratadas", Anales *de psicología,* 21 ,2005, 11-17.

425 MAGRO, V., "El «maltrato vicario» a los animales en la violencia de género en la reforma del Código Penal", en *Diario La Ley* 24 de septiembre de 2022, núm. 101182.

426 Real Academia Española, "Vicario", en *Diccionario de la lengua española,* 23.ª ed., (Madrid: Real Academia Española, 2014).

referencia a la sustitución de un individuo por otro. Por lo tanto, a lo largo de este trabajo se hará referencia a la violencia que sufren estos/as menores cómo violencia vicaria de género hacia menores.

Por último, debido a la politización de los términos relacionados con la violencia de género y aquella que pueden sufrir menores, se crea una desinformación social en la que algunos conceptos no se encuentran definidos de forma correcta. Términos como violencia doméstica, violencia intrafamiliar y violencia vicaria de género pueden llegar a confundirse, por lo que debemos ser cautelosos a la hora de hacer referencia a cada uno de ellos. La diferencia principal radica en la intencionalidad ya que, en la violencia vicaria de género de menores, estos/as son instrumentalizados/as con la intención de herir a la madre, es decir, el objetivo de la violencia no es herir a los infantes, sino dañar a la madre.

La violencia vicaria de género de menores, tal y como se hizo referencia en apartados anteriores, se considera una extensión de la violencia de género. Por lo tanto, ambas violencias se encuentran conectadas, existiendo una fina relación entre la violencia de pareja y el riesgo a desarrollarse este tipo de violencia vicaria de género. Un ejemplo de esto se puede observar en el Estudio sobre el análisis de datos de casos de Violencia Vicaria Extrema[427], de ahora en adelante Estudio sobre el análisis de datos de casos de V.V.E, en el que se identificó que, en un 74% de los casos de menores asesinados/a existía una situación de violencia de género previa. Por lo tanto, la violencia vicaria de género de menores puede darse como respuesta una vez que las mujeres deciden poner fin a la relación, con o sin violencia de género previa o que ambas violencias se produzcan de manera simultánea en la relación de convivencia víctima-agresor.

---

427 VACCARO, S., "Violencia Vicaria: Un golpe...op.cit., pág. 37.

De esta forma, aunque las mujeres intenten poner fin a la situación de violencia a través del divorcio o el cese de la convivencia, esta continúa a través de los hijos e hijas que representan la parte más querida y vulnerable para la víctima[428]. Por este motivo, el dolor que experimentan las mujeres cuando se ejerce violencia vicaria de género hacia sus hijos/as, se considera más fuerte que aquel experimentado cuando sufren directamente violencia por parte de su agresor.[429]

El Modelo Duluth[430] identificó nuevas formas de violencia de género sobre las mujeres cuando estas intentaban poner fin a su relación sentimental con sus respectivos agresores. Al no poder seguir ejerciendo el control sobre la mujer, el agresor recurre a los/as hijos/as para seguir perpetuando el maltrato. Este dato puede verse sustentado por el Estudio sobre el análisis de datos de casos de V.V. E[431], en el cual se indica que en un 69% de los crímenes el factor desencadenante o motivador de la violencia fue la separación o el divorcio. La incidencia separación-violencia se debe a que esta se presenta para el agresor como una pérdida de control y dominio hacia la mujer.

En ambos casos, se desencadenan en las mujeres sentimientos de culpa, frustración y miedo a las amenazas de su agresor, que suponen una violencia psicológica continua ya que generan una intranquilidad constante. Tal y como afirma algunos

---

428 EXPÓSITO, F., "La asimetría social en las relaciones entre mujeres y hombres favorece la violencia de género. Es necesario abordar la verdadera causa del problema: su naturaleza ideológica", *Mente y cerebro*, 2011, 20-25.

429 RAMALLO, E de P., "Víctimas de violencia ... *op.cit.*, pág. 11.

430 VACCARO, S., "Violencia Vicaria: Un golpe...*op.cit.*, pág. 24.

431 *Ibidem.*

estudios[432], la violencia psicológica, o incluso el miedo, puede resultar más perjudicial que la violencia física[433].

De esta forma, para evitar el menoscabo del/a menor, la víctima puede verse obligada a ceder ante las intenciones del agresor, por el miedo a las posibles consecuencias hacia sus hijos/as. Por todo lo anteriormente dicho, la creación de este término surge ante la necesidad de denominar la realidad que sufren niñas y niños como víctimas de violencia de género y distinguirla de aquellos casos en los que son víctimas de violencia doméstica o por extensión. En el presente estudio se profundizará en la violencia vicaria de género de menores, las víctimas y los datos existentes.

2. MENORES COMO VÍCTIMAS DE VIOLENCIA VICARIA DE GÉNERO

Según la definición del concepto de víctimas de la Ley 4/2015[434], se consideran como víctimas directas de violencia vicaria de género a menores que sufren o han sufrido un daño sobre su propia persona, por parte de los progenitores parejas o exparejas de la madre, en el cual la intencionalidad no era otra que causar un perjuicio y ejercer violencia psicológica sobre la madre.

---

432 CORDERO, G., LÓPEZ, C., y GUERRERO, A., "Otra forma de violencia de género la instrumentalización. ¡Dónde más te duele!", *Documentos de trabajo social: Revista de trabajo social*, 2011, 170-189.

433 SANZ-FUENTES, A. y RUIZ-LORENZO, V., "Pensamiento e intento suicida en mujeres y su relación con la violencia de género", *Revista Española de Investigaciones Sociológicas (REIS)*, 181, 2023, 81-100.

434 Ley del estatuto de la víctima del delito «BOE» núm. 101, de 28/04/2015.

Esta violencia puede producirse durante la convivencia víctima-agresor o durante el régimen de visitas o al regreso de estas en el caso de menores cuyos progenitores están divorciados o no viven juntos. Este último caso se consideraría el más común, tal y como afirma el Estudio sobre el análisis de datos de casos de V.V. E[435], que reflejaba que, de los menores asesinados, en un 44% la violencia se producía en un régimen de visitas, lo que supondría una prevalencia mayor respecto al resto de variables.

2.1. Tipos de victimización en la violencia vicaria de género

Un estudio realizado por PORTER y LÓPEZ-ANGULO[436] clasificó, a través del relato de las personas participantes, siete tipos de violencia vicaria de género que veremos a continuación.

El primer tipo de violencia que expone el artículo es la violencia psicológica. Este tipo de violencia es más difícil de detectar y produce un agravio mayor que la violencia física[437]. Esto se debe a que el daño que provoca se presenta de forma sutil y durante un largo periodo de tiempo. Según las participantes del estudio, la violencia psicológica en menores se materializó en forma de burlas, intimidaciones, chantajes, vejaciones y en incumplimiento del régimen de visitas, entre otros. Este tipo

---

435 VACCARO, S., "Violencia Vicaria: Un golpe..., *op.cit.* pág. 31.

436 PORTER, B. y LÓPEZ-ANGULO, Y.," Violencia vicaria en el contexto de la violencia de género un estudio descriptivo en Iberoamérica", *CienciAmérica: Revista de divulgación científica de la Universidad Tecnológica Indoamérica,* 11, 2022, 11-42.

437 PÁRAMO, M., ARRIGONI, F. y LIGORRIA, A., "Un estudio cualitativo sobre la violencia psicológica en la relación de noviazgo de estudiantes universitarios avanzados", Revista *Electrónica de Psicología Política.*, 48, 2022, 141-174.; SANZ-FUENTES, A. y RUIZ-LORENZO, V., "Pensamiento e intento suicida..., *op.cit.*

de violencia se relaciona con un elevado riesgo de sufrir problemas mentales en la edad adulta[438].

El segundo tipo de violencia que sufren menores víctimas de violencia vicaria de género es la violencia física. Este tipo de violencia puede ir desde golpes, cachetes, quemaduras, zarandeos, etc., hasta el asesinato que constituiría la expresión más grave de esta violencia. Estas agresiones son las más fáciles de detectar ya que, al contrario de la violencia psicológica, deja algún tipo de marca visible. La violencia sexual estaría clasificada como el tercer tipo y serían aquellos actos que sufriría él/la menor por parte del adulto para obtener algún beneficio de índole sexual[439].

Otra tipología importante, es aquella referida a la violencia económica que se expresa en actitudes como el impago de la pensión en aquellos progenitores que están divorciados. Esto puede afectar a los/as menores en su manutención y cuidado; y al mismo tiempo a la economía de las madres que deben hacer frente a los gastos solas.

El quinto tipo abarcaría la llamada violencia judicial o institucional, que es aquella provocada por los organismos institucionales, cuando se expone a menores ante peritajes, entrevistas o procesos judiciales que provocan una revictimización en el/la menor. Esta revictimización se produce al tener que revivir la situación de violencia, al ponerse en duda su situación y condición de víctima o al tener que enfrentarse de nuevo ante

---

438 GREENDIELD, E. y MARKS, F., "Identifying experiences of physical and psychological violence in childhood that jeopardize mental health in adulthood", *Child Abuse & Neglect*, 3, 2010, 161-171.

439 MINISTERIO DE SANIDAD, SERVICIOS SOCIALES E IGUALDAD, "Protocolo común para la actuación sanitaria ante la Violencia de Género", *Centro de publicaciones* [En línea], 2012. Recuperado de https://violenciagenero.igualdad.gob.es/profesionalesInvestigacion/sanitario/docs/PSanitarioVG2012.pdf

un juicio a su agresor. La no retirada de la custodia al progenitor que está ejerciendo violencia, también estaría contemplada como violencia judicial[440]. La negligencia o abandono sería otra tipología de violencia que se representa en actitudes como dejar al menor a cargo de terceras personas, la exposición a situaciones que pueden suponer un riesgo, no realizar los cuidados básicos de higiene, fomentar el absentismo escolar, etc.

Por último, la violencia vincular, también conocida como triangulación o alienación parental, se define como aquellas conductas en las que uno de los progenitores modifica mediante distintas estrategias, la percepción e imagen que posee el o la menor del otro progenitor, con la finalidad de impedir o romper los vínculos existentes entre ellos[441]. Esto tiene como resultado el rechazo total por parte del/a menor hacia la progenitora.

Las tipologías anteriormente descritas no pueden confundirse con maltrato infantil ya que atienden a la intencionalidad de causar un daño a la madre, no de causarle daño al niño/a.

2.2. Consecuencias en los/as menores como víctimas de violencia vicaria de género

Antes de exponer los tipos de consecuencias de la victimización de los/as menores, cabe destacar la poca información de corte científico al respecto sobre esta problemática. Al ser un término relativamente novedoso, la mayor parte de los

---

440 PORTER, B., y LÓPEZ-ANGULO, Y.," Violencia vicaria en..., *op.cit.*, pág. 15.

441 COMISIÓN DE DERECHOS HUMANOS MÉXICO, "Alienación parental" en *Comisión Nacional de los Derechos Humanos México [en línea]*, 1o Ed, 2011. Recuperado de: https://www.corteidh.or.cr/tablas/r28806.pdf

estudios o artículos se centran en las consecuencias de la victimización en menores como víctimas de violencia de género, maltrato infantil o violencia intrafamiliar. Por ello, desde este trabajo se reivindica la importancia de tener datos y estudios sobre esta realidad concreta.

Los/as menores que han padecido violencia vicaria de género presentan consecuencias de vital gravedad y trascendencia en su vida y de su desarrollo. A través de la revisión de diferentes casos, artículos y páginas web, se ha elaborado la siguiente clasificación de las consecuencias que pueden sufrir los menores que son víctimas directas de violencia vicaria de género. Estas consecuencias se clasificarían en consecuencias psicológicas, físicas y sociales y comportamentales.

Las consecuencias psicológicas que pueden sufrir los/as menores son considerables. Como decíamos anteriormente, este tipo de violencia es la que reviste una especial gravedad, debido a la dificultad a la hora de detectarla y que sus secuelas son, en muchos de los casos, irreversibles[442]. Las consecuencias psicológicas más destacadas que pueden sufrir son trastornos de ansiedad generalizada, síntomas que favorecen la aparición de trastornos depresivos (sentimiento de culpabilidad, miedo, tristeza, baja autoestima, disminución del apetito, conductas evitativas y autolíticas) bajo rendimiento escolar (problemas de memoria y concentración), episodios de estrés postraumático (TEPT), etc., entre otros[443].

---

442 COL·LEGI OFICIAL DE PSICOLOGÍA COMUNITAT VALENCIANA, "Violencia vicaria: terribles consecuencias psicológicas difícilmente reversible", en *Col·legi Oficial de Psicología Comunitat Valenciana*, 2022. Recuperado de: https://www.cop-cv.org/noticia/14197-violencia-vicaria-terribles-consecuencias-psicolo gicas-dificilmente-reversibles#. Y-KGEC8rx0s

443 FRENTE NACIONAL CONTRA LA VIOLENCIA VICARIA, "¿Qué es la Violencia Vicaria?", en *Frente Nacional contra la violencia vicaria*,

Otra grave consecuencia es el desgaste del vínculo de apego que posee el/la menor con la madre y la familia. Derivado de este desgaste, puede producirse en el/la menor el rechazo de la figura materna y la modificación de la imagen, pensamiento y emociones que posee hacia ella[444]. En algunas ocasiones, puede darse la posibilidad de que, la prole, como consecuencia de la situación de violencia y abuso a las que han sido sometidos, desplacen sentimientos de rabia y culpa hacia la madre ejerciendo violencia psicológica o física hacia ella.

Como consecuencias físicas, debido a la violencia física ejercida, el menor presenta diversos síntomas psicosomáticos o físicos, que pueden aparecer en los momentos previos o posteriores a las visitas con el progenitor. Estos síntomas son el reflejo del miedo y el trauma que padece el/la pequeño/a. Según el estudio de Porter y López-Angulo[445], destacan los problemas gastrointestinales, los trastornos de enuresis o encopresis, un incremento de los tics fónicos, abatimiento o fiebre. En los casos de especial gravedad, a consecuencia de la violencia física el/la menor puede presentar lesiones o heridas que deriven en un ingreso hospitalario, en una situación de discapacidad o en la muerte[446].

Con respecto a las consecuencias sociales y comportamentales, las víctimas directas de violencia de vicaria de género

---

2022. Recuperado de*: https://www.fncvv.com/página-en-blanco-2;* PORTER, B., y LÓPEZ-ANGULO, Y.," Violencia vicaria en...*op.cit.*, pág. 19.

444 COL·LEGI OFICIAL DE PSICOLOGÍA COMUNITAT VALENCIANA, "Violencia vicaria..., *op.cit.*, pág. 16.

445 PORTER, B., y LÓPEZ-ANGULO, Y.," Violencia vicaria en..., *op.cit.*, pág. 20.

446 MARTÍN, S., " ¿Qué es la violencia vicaria? Causas y consecuencias psicológicas", *en Centro Psicológico Parquesol*, 2021. Recuperado de: https://www.centropsicologicoparquesol.es/que-es-la-violencia-vicaria-causas-y-consecuencias-psicologicas/

pueden presentar una sintomatológica externalizante caracterizada por la irritabilidad, la agresividad y la incapacidad para controlar sus impulsos[447]. Además, presentan un locus de control externo y suelen utilizar la fuerza como forma de resolver conflictos.[448] Esto unido a las consecuencias psicológicas expuestas, puede dificultar la correcta socialización del/a menor. Las conductas explicadas en el apartado anterior y la ausencia de la familia como factor de protección pueden desencadenar en el futuro el desarrollo de conductas antisociales, caracterizadas por la comisión de delitos, aparición de conductas violentas o el consumo de tóxicos. También es preocupante como a través del aprendizaje vicario de la figura paterna, el/la menor puede instaurar estas conductas de violencia normalizándolas o en el peor de los casos, interiorizándolas e imitándolas. Un ejemplo de ello son las actitudes machistas que puede desarrollar hacia la madre [449] o en un futuro con sus parejas o exparejas sentimentales. Estas conductas instauradas, serán difíciles de eliminar ya que han sido aprendidas durante toda su infancia. Así mismo, si no se modifican, esta violencia puede transmitirse de forma generacional. Es erróneo pensar que estas consecuencias están presentes en todos los casos, por ello se debe atender al caso concreto y los factores presentes.

---

447 PORTER, B., y LÓPEZ-ANGULO, Y.," Violencia vicaria en..., *op.cit.*, pág. 18.

448 GARCÍA, M., " Menores: Las víctimas olvidadas. Consecuencias de la violencia de género sobre la infancia y adolescencia", en Colegio de Criminólogos Madrid, 2021. Recuperado de:https://colegiocriminologosmadrid.es/menores-las-victimas-olvidadas-consecuencias-de-la-violencia-de-genero-sobre-la-infancia-y-la-adolescencia/

449 PORTER, B. y LÓPEZ-ANGULO, Y.," Violencia vicaria en..., *op.cit.*, pág. 18.

3. DATOS SOBRE LA VIOLENCIA VICARIA EN ESPAÑA

Como se ha mencionado anteriormente, existen diferentes tipologías de violencia vicaria de género. En España, los datos que se contabilizan de violencia vicaria solo recogen aquellos en los que se produce la muerte efectiva del menor. Con esto podemos deducir que existen grandes dificultades a la hora de contabilizar los diferentes tipos de violencia vicaria. Los únicos datos encontrados en la materia corresponden a aquellos recogidos en el Ministerio del Interior[450], el Estudio sobre el análisis de datos de casos de V.V.E[451] y la investigación de GALVIS y GARRIDO. [452]

La principal diferencia entre estas fuentes de datos se establece en relación con la tipología de violencia hacia menores que recogen. El Gobierno de España y la investigación de GALVIS y GARRIDO, contabilizaron aquellos casos en los que el menor fue víctima de violencia de género sin distinguir aquellos en los que el/la menor sufrió violencia vicaria. Por lo tanto, esta disparidad a la hora de clasificar ha tenido como resultado que el Gobierno de España haya contabilizado un total de 49 de menores víctimas mortales desde el 2013 hasta el 2023, la investigación de GALVIS y GARRIDO un total de 41 desde el 2008 hasta el 2015 y el Estudio sobre el análisis de datos de casos de V.V.E un total de 50 casos desde el año 2000 hasta el 2021 (Figura 1).

---

450 MINISTERIO DEL INTERIOR, "Menores víctimas mortales por violencia de género", en *Delegación del Gobierno contra la violencia de género*", 2023. Recuperado de: *https://violenciagenero.igualdad.gob.es/violenciaEnCifras/victimasMortales/fichaMenores/docs/VMortalesmenores_2023_01_23.pdf*

451 VACCARO, S., "Violencia Vicaria: Un golpe...*op.cit.*

452 GALVIS, M. y GARRIDO, V., "Menores víctimas de la violencia de género", *Boletín Criminológico,* 165, 2016, 1-10.

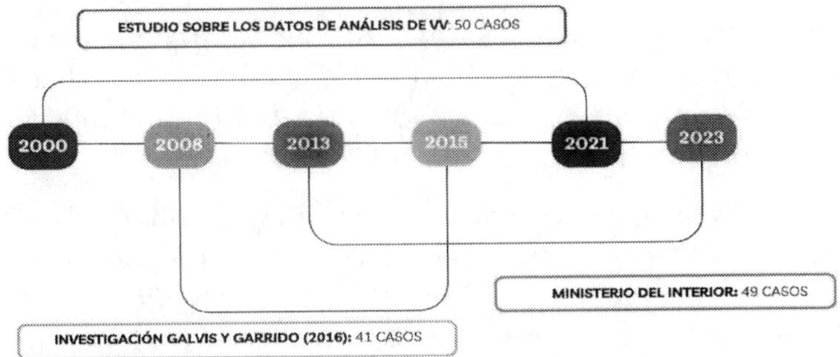

Figura 1. Comparativa casos. Fuente: Elaboración propia

Con respecto al Estudio sobre el análisis de datos de casos de V.V.E, la autora afirma que la cifra de víctimas mortales de violencia vicaria de género de menores podría ser más elevada, debido a que no se registran aquellos casos en los que el agresor se quita la vida al no existir juicio o sentencia.

Esta disparidad de cifras se entiende teniendo en cuenta los criterios de selección de la muestra en relación con el tipo de violencia sufrida por el /la menor. No obstante, esta discordancia es reflejo de la desorganización institucional en la recogida de los datos y el escaso interés en el estudio de esta problemática. Teniendo en cuenta que solo un estudio hace referencia a la violencia vicaria de género de menores, se expondran a continuación los datos más relevantes en cuanto a la víctima

3.1. Características de los menores como víctimas

De todos los casos registrados, en referente a la edad de la víctima existía una prevalencia mayor del 64% en el rango que abarca los 0 y los 5 años. Esta variable coincide con los datos de violencia de género del Ministerio del Interior[453]. en el que se

[453] MINISTERIO DE INTERIOR, "Menores víctimas mortales por violencia de género", en *Delegación del Gobierno contra la violencia de género",*

registran un total de 23 casos entre las edades comprendidas de 0 a 6 años. La explicación a este suceso podemos encontrarla en una mayor facilidad para el agresor a la hora de causar el daño. Cuanto más pequeño sea el/la menor, será más inocente y fácil de manipular.

En cuanto a la relación previa entre víctima y agresor, los datos afirman que existía en los/as menores sentimientos de rechazo hacia al agresor en un 18% frente al 4% en los que no se detectan actitudes de rechazo. Esto podemos verlo en el estudio de PORTER y LÓPEZ-ANGULO[454] en el que el más de la mitad de la muestra reporta signos externalizantes y verbalizaciones de no querer asistir a las visitas con el agresor. Con respecto a los síntomas manifestados por los/as menores antes del asesinato, estos solo se recogen en un 14% frente al resto que no consta. De ese 14%, más de la mitad eran cambios conductuales (56%) tales como lloros, desgana, ... y el resto (44%), quejas hacía la actitud que profesa el agresor con ellos.

Como se puede comprobar, los datos presentados en el estudio de las víctimas menores de violencia vicaria de género son escasos. Esto se debe al poco interés existente en las particularidades de esta victimización en la que, a pesar de ser los/as menores la parte más expuesta al sensacionalismo mediático, no se profundizan en sus características ni en los factores previos al crimen, dando lugar a la invisibilización y desprotección de un grupo ya de por sí vulnerable.

2023. https://violenciagenero.igualdad.gob.es/violenciaEnCifras/victimasMortales/fichaMenores/docs/VMortalesmenores_2023_01_23.pdf

454 PORTER, B., y LÓPEZ-ANGULO, Y.," Violencia vicaria en...*op.cit.*, pág. 17.

4. CONCLUSIONES

La violencia de género es una problemática social que afecta no solamente a las mujeres, sino también a los/as menores que la padecen de forma directa o indirecta, al pertenecer al mismo núcleo familiar. Por este motivo, surge la necesidad de definir de forma clara los conceptos relacionados con la violencia vicaria.

La violencia vicaria, tal y como se ha visto a lo largo del presente trabajo, hace referencia a toda aquella violencia que se ejerce hacia el entorno de la víctima, sus allegados, familiares y mascotas con la finalidad de causarle un daño y perjuicio. Esta violencia puede desarrollarse indistintamente entre hombres y mujeres que previamente hayan mantenido una relación de afectividad en la que existiese violencia de género o doméstica. Esto último es lo que diferencia la violencia vicaria de la violencia instrumental, la cual se define como actos de violencia para controlar el comportamiento de un individuo u obtener una recompensa[455].

Dentro de la violencia vicaria, se encontraría la tipología de violencia vicaria de género hacia menores. Esta haría referencia a la violencia que se ejerce sobre los hijos e hijas con la intención clara de dañar a la madre y perpetuar la violencia de género. Las diferentes formas en las que esta violencia puede ejercerse son múltiples y las consecuencias, tanto para el menor como para la madre, son devastadoras. El objetivo de acotar y definir este término surge de la necesidad de aportar una mayor visibilidad tanto a los casos existentes como a las víctimas que se encuentran en una situación de

455 VELASCO, M., "Violencia Violencia reactiva e instrumental. La impulsividad como aspecto diferenciador", *Revista de Educación,* 361, 2013, 665-685.

vulnerabilidad. Hacer visible esta realidad nos permite reconocerla, estudiarla y prevenirla.

Al mismo tiempo, esta conceptualización presenta una dicotomía ya que, el definir y poder nombrar una realidad, ayuda a que pueda ser reconocida y visibilizada, pero al mismo tiempo, una categorización rígida excluye aquellos casos que no se ajustan a la definición y que se constituyen como violencia. Como consecuencia, estos casos pueden ser invisibilizados y puede conformarse un vacío legal y social sobre estas problemáticas. Esto unido a la politización y desvalorización del concepto, tiene como consecuencia la confusión social y la desprotección de los/as menores. A pesar de esto, darle nombre a una realidad antes inadvertida puede ayudar a que se elaboren determinadas políticas en aras de la prevención.

La no existencia de una definición acotada y consensuada del término ha sido una de las grandes limitaciones del presente trabajo. Esto puede reflejarse en la dificultad de encontrar contenido de corte científico sobre la violencia vicaria y la violencia vicaria de género. Así como, también se puede observar como la carencia de un consenso sobre lo que se considera violencia vicaria de género, tiene como resultado la disparidad de datos y cifras encontradas. Sobre esta problemática, las únicas cifras oficiales en España son aquellas que recogen los datos de menores como víctimas mortales de violencia de género. Estas estadísticas no hacen una distinción de aquellos menores que no han sido víctimas mortales de violencia vicaria de género, ni recogen las distintas tipologías reflejadas en el presente trabajo. Con respecto a aquellas estadísticas no oficiales, hay que destacar la dificultad para obtener los microdatos que nos permitirían hacer una comparativa y tener una visión más amplia de la situación.

Desde un punto de vista criminológico, estas limitaciones nos ayudan a visibilizar la gran problemática existente sobre esta realidad. De la misma forma, sirven como reclamo hacia instituciones para investigar y fomentar políticas públicas preventivas, tales como mitigar la desinformación social, formar y especializar a profesionales para poder intervenir con las víctimas, crear leyes que protejan de forma efectiva a los/as menores o revisar la casuística para poder proporcionar datos más detallados sobre el problema.

A mayores de las consecuencias ya citadas, los/as menores expuestos a violencia vicaria de género presentan una probabilidad mayor de reproducir las conductas de violencia y sumisión que han presenciado durante su niñez y adolescencia. Esto se sustenta en la teoría del aprendizaje social, en el que, ser testigos o víctima de violencia en la niñez, influye en el desarrollo de conductas violentas posteriores[456]. Así mismo, algunos autores plantean la posibilidad de bidireccionalidad de la violencia en la que los niños/as que han sufrido violencia por parte de sus padres o han sido testigos de violencia, tienen más posibilidades de desarrollar comportamientos agresivos hacia sus progenitores[457].

Finalmente, concluimos que la violencia vicaria de género, que tan nociva es para los menores que la sufren, debe entenderse como un problema de vital gravedad y prioritario tanto para las instituciones como para la sociedad. Sin la búsqueda de soluciones y mecanismos de prevención, estas situaciones están condenadas a repetirse dando como lugar así, a nuevos agresores y víctimas de violencia de género y vicaria. Por lo tanto, no debemos olvidar la peligrosidad de este fenómeno y

---

456 IBABE, I., y JAUREGUIZAR, J., " ¿Hasta qué punto la violencia filio-parental es bidireccional?", *Anales de Psicología,* 27, 2011, 265-277.

457 MAXWELL, C. D., y MAXWELL, S. R.," Experiencing and witnessing familial aggression and their relationship to physically aggressive behaviors among Filipino adolescents", *Journal of interpersonal violence,* 18, 2003, 1432–1451.

proteger a aquellos que se encuentran ante este delito en una situación de vulnerabilidad.

REFERENCIAS BIBLIOGRÁFICAS

CORDERO, G., LÓPEZ, C., y GUERRERO, A., "Otra forma de violencia de género la instrumentalización. ¡Dónde más te duele!", *Documentos de trabajo social: Revista de trabajo social,* 2011, 170-189.

EXPÓSITO, F., "La asimetría social en las relaciones entre mujeres y hombres favorece la violencia de género. Es necesario abordar la verdadera causa del problema: su naturaleza ideológica", *Mente y cerebro,* 2011, 20-25.

GALVIS, M. y GARRIDO, V., "Menores víctimas de la violencia de género", *Boletín Criminológico,* 165,2016, 1-10.

GREENDIELD, E. y MARKS, F., "Identifying experiences of physical and psychological violence in childhood that jeopardize mental health in adulthood", *Child Abuse & Neglect,* 3, 2010, 161-171.

IBABE, I., y JAUREGUIZAR, J., " ¿Hasta qué punto la violencia filio-parental es bidireccional?" *Anales de Psicología,* 27, 2011, 265-277.

MAGRO, V., "El «maltrato vicario» a los animales en la violencia de género en la reforma del Código Penal", en *Diario La Ley* 24 de septiembre de 2022, núm.101182.

MAXWELL, C. D., y MAXWELL, S. R.," Experiencing and witnessing familial aggression and their relationship to physically aggressive behaviors among Filipino adolescents", *Journal of interpersonal violence,* 18, 2003, 1432–1451.

PÁRAMO, M., ARRIGONI, F. y LIGORRIA, A., "Un estudio cualitativo sobre la violencia psicológica en la relación de noviazgo de estudiantes universitarios avanzados", *Revista Electrónica de Psicología,* 48, 2022, 141.174.

PORTER, B., y LÓPEZ-ANGULO, Y.," Violencia vicaria en el contexto de la violencia de género un estudio descriptivo en Iberoamérica",*CienciAmérica:Revista de divulgación científica de la Universidad Tecnológica Indoamérica,* 11, 2022, 11-42.

RAMALLO, E de P., " Violencia de extensión y vicaria: medidas normativas urgentes para una ejecución inicial", *Revista Acta Judicial* ,2022, 90–118, 2022.

RAMALLO, E de P., "Víctimas de violencia familiar: Consecuencias psicológicas en hijos de mujeres maltratadas", *Anales de psicología,* 21, 2005, 11-17.

SANZ-FUENTES, A. y RUIZ-LORENZO, V., "Pensamiento e intento suicida en mujeres y su relación con la violencia de género", *Revista Española de Investigaciones Sociológicas (REIS),* 181, 2023, 81-100.

VACCARO, S., "Violencia Vicaria: Un golpe irreversible para las madres", *Asociación de Mujeres Psicología Feminista,* 2021, 62.

VELASCO, M., "Violencia reactiva e instrumental. La impulsividad como aspecto diferenciador", *Revista de Educación,* 361, 2013, 665-685.

Capítulo 3

Violencia de género en entornos digitales especial enfoque adolescentes

PROFª ELISA MOYA GONZÁLEZ

Profesora de los grados en Criminología y Seguridad en la Universidad Isabel I
Escuela de Doctorado. Universidad Católica de Valencia San Vicente Mártir.

1. INTRODUCCIÓN. TECNOLOGÍAS DE LA INFORMACIÓN Y COMUNICACIÓN EN NUESTRA COTIDIANEIDAD

La introducción generalizada de las tecnologías de la información y comunicación (en adelante, TIC) en el día a día ha transformado la manera de relacionarse y comunicarse, ocupando gran parte del tiempo de ocio. Tanto es así, que no se percibe la influencia y la repercusión que tienen para la vida.

La incorporación de las TIC y las redes sociales hacen que el periodo de la adolescencia se precipite, ya que los niños y niñas cada vez acceden a edades más tempranas a dispositivos conectados, lo que les hace experimentar con demasiada prontitud, situaciones propias de la vida adulta.

Esta generación desde su nacimiento tiene interiorizada la presencia y el uso de las nuevas tecnologías e Internet, de manera que se les ha denominado "nativos digitales"[458]. Este término hace referencia a aquellos que han nacido y crecido rodeados de nuevos medios tecnológicos, los cuales utilizan frecuentemente para comunicarse, entretenerse y, a su vez, para formarse. No obstante, se muestran diferentes actitudes ante las TIC dependiendo del grupo de edad concreto. Los comportamientos de cada una de las generaciones con respecto a las TIC son diferentes y se hacen patentes. A mayor juventud mayor uso de las tecnologías.

Cabría realizar una diferenciación establecida por Prensky en su artículo *Digital Natives, Digital Inmigrants*[459], el cual, como bien indica el propio título, realiza una distinción entre ambos perfiles. Mientras que los nativos digitales son la primera generación que ha nacido, crecido y se ha desarrollado rodeado de tecnologías digitales conociendo a la perfección el lenguaje usado en el mundo virtual, los inmigrantes digitales son aquellos que, a pesar de no haber crecido en un mundo digital, han sido capaces de acercarse y adoptar algunos aspectos de las mismas (ordenador, teléfono móvil, etc.).

Como se puede ver, la vida de los nativos digitales está rodeada de tecnología, para ellos es inconcebible vivir en un mundo sin ella, por ello, resulta conveniente analizar el papel que juegan las nuevas tecnologías y las redes sociales en ellos.

Éstas transforman la manera en la que los jóvenes viven su adolescencia. Proporcionan diversas ventajas, y a su vez y al mismo tiempo múltiples inconvenientes, por ejemplo, la aparición de problemas en las relaciones de pareja. Las características propias e inherentes a las aplicaciones tecnológicas pueden conllevar celos, amenazas, métodos de control, acoso, etc. No

---

458 PRENSKY, M. "Digital Natives, Digital Immigrants". From On the Horizon, 9, 5 de octubre de 2001, 1-6.

459 IDEM.

obstante, las nuevas tecnologías no llevan aparejadas la perpetuación de actitudes de violencia de género *per se* , aunque lo cierto es que pueden favorecer la comisión de este tipo de actos.

Asimismo, tanto desde diversas redes sociales como desde los medios de comunicación, se ha establecido una idealización de parejas románticas, haciendo que todos los adolescentes quieran tener esa relación de película de Disney[460], que es realmente fantasiosa[461].

2. INFLUENCIA DE LAS REDES SOCIALES EN NUESTRA SOCIEDAD

Según la Real Academia Española (RAE)[462], se define red social como «el servicio de la sociedad de la información que ofrece a los usuarios una plataforma de comunicación a través de Internet para que estos generen un perfil con sus datos personales, facilitando la creación de comunidades con base en criterios comunes y permitiendo la comunicación de sus usuarios, de modo que pueden interactuar mediante mensajes, compartir información, imágenes o vídeos, permitiendo que

---

460 LIÑÁN GÓMEZ, P. Análisis de género de las películas Disney y su influencia en la construcción de la identidad, UAM Ediciones, Madrid, 2022. https://libros.uam.es/tfm/catalog/download/401/762/593?inline=1

461 CANTERA, I., ESTÉBANEZ, I., Y VÁZQUEZ, N. "Violencia contra las mujeres jóvenes: la violencia psicológica en las relaciones de noviazgo" [en línea], (2009), <http://minoviomecontrola.com/ianire-estebanez/Resumen-violencia-contra-mujeres-jovenes-noviazgo.pdf>. [Consulta 12/01/2023.]

462 REAL ACADEMIA ESPAÑOLA. "Diccionario panhispánico del español jurídico" [en línea], (2023), <https://dpej.rae.es/lema/red-social>. [Consulta: 23/01/2023.]

estas publicaciones sean accesibles de forma inmediata por todos los usuarios de su grupo».

2.1 Ventajas y desventajas

Tal y como se hace patente, las redes sociales aportan diversos beneficios para los adolescentes, entre ellos se destaca el aprendizaje mediante las mismas, se favorece el activismo social, se incrementa el desarrollo de nuevas habilidades y capacidades como la creatividad y la comunicación, entre otras[463].

Sin embargo, no todo son aportaciones positivas, sino que también albergan numerosos riesgos y amenazas para ellos. Por regla general, al ser los que hacen un mayor uso de las redes sociales y a su vez al conformarse como un colectivo especialmente vulnerable, los convierte en víctimas potenciales de los múltiples peligros que llevan aparejados las redes.

Además, tal y como establecen autores como Santisteban y Gámez-Guadix (2017)[464] los adolescentes son mayormente manipulables, debido al proceso emocional y evolutivo en el que se encuentran.

Muchos de estos peligros son pasados por alto y no son particularmente conocidos, pero sería conveniente también prestar atención a los mismos para evitar que lleguen a producirse.

Se sabe que riesgo y adolescencia son conceptos que van de la mano y sobre todo cuando se utilizan en el mundo virtual, porque este entorno puede provocar diversas conductas

---

463 OLIVA, C. "Redes Sociales y jóvenes: una intimidad cuestionada". Aposta. Revista de ciencias sociales, 54, julio-septiembre 2012, 1-16.

464 SANTISTEBAN, P y GÁMEZ-SUADIX, M. "Online Grooming y Explotación Sexual de Menores a Través de Internet". Revista de Victimología, núm 6, pp.81-100.

peligrosas. A continuación, se muestran una serie de ventajas e inconvenientes que presentan Internet y las redes sociales[465]:

- Ventajas:
  - Mejora la comunicación y conexión con otras personas.
  - Se accede a la información de forma rápida, fácil y gratuita.
  - Se establecen nuevas oportunidades de formación y distribución de trabajos creativos.
  - Favorece la libertad de expresión.
- Desventajas:
  - Favorece la aparición de adicciones, especialmente, de los más jóvenes.
  - Empeora la calidad del sueño e incluso puede ocasionar insomnio.
  - Genera confusión y dificultad para diferenciar entre lo que es real y lo ficticio.
  - Riesgo de sufrir acoso cibernético, fundamentalmente en menores de 16 años.
  - Puede generar sensación de presión social.

---

465 OBSERVATORIO NACIONAL DE TECNOLOGÍA Y SOCIEDAD. "Beneficios y riesgos del uso de Internet y las redes sociales" [en línea], (2022), <https://www.ontsi.es/sites/ontsi/files/2022-03/beneficios_riesgos_uso_internet_redessociales_2022.pdf>. [Consulta 20/01/2023.]

2.2 Uso de las redes sociales por parte de la población española

En los últimos años, se ha producido un gran incremento en el uso de las redes sociales. Tanto es así que, en nuestro país, ya son 37,4 millones de personas las que usan con asiduidad las redes sociales, lo que supone aproximadamente el 80% de la población. Por excelencia, las redes sociales más utilizadas por los españoles son, en el siguiente orden, *WhatsApp, Facebook e Instagram*[466].

Los niños de entre 9 y 16 años consultan las redes sociales todos los días. Muchos de ellos cambian su fecha de nacimiento para poder acceder a ellas, ya que en España es necesario tener entre 13 y 14 años para poder hacerlo. Asimismo, se refleja un aumento de más de 3 horas diarias en el uso que los niños hacen de Internet para relacionarse y comunicarse. En este sentido, los chicos de secundaria suelen tener varios perfiles en redes sociales, los cuales, utilizan para buscar anónimamente y espiar[467]. Lo que supone un dato extremadamente preocupante.

3. VIOLENCIA DE GÉNERO MEDIANTE LAS TIC

Las TIC han generado un cambio en la vida de las personas, especialmente en su forma de relacionarse, ya que las redes sociales han permitido una mayor socialización debido a la conectividad constante que caracteriza a esta herramienta y hace

---

466 JUSTE, M. "La pandemia dispara el uso de las redes sociales, un 27% más que hace un año" [en línea], (2021), <https://www.expansion.com/economia-digital/innovacion/2021/02/10/6022c89de5fdea59448b459b.html>.[Consulta 18/01/2023.]

467 NÚÑEZ, P., LARRAÑAGA, K. P., RANGEL, C., Y ORTEGA, F. "Critical Analysis of the Risks in the Use of the Internet and Social Networks in Childhood and Adolescence". Frontiers in Psychology, 12, 27 de julio de 2021.

posible la comunicación en cualquier momento y desde cualquier lugar. Sin embargo, hay que tener en cuenta nuevas formas de violencia de género que están surgiendo como consecuencia de la aparición y desarrollo de las nuevas tecnologías.

Partiendo de una concepción amplia de las formas de violencia sobre la mujer, se entienden como tales «todo acto de violencia basado en la pertenencia al sexo femenino que tenga o pueda tener como resultado un daño o sufrimiento físico, sexual psicológico para la mujer, así como las amenazas de tales actos, la coacción o la privación arbitraria de la libertad, tanto si se producen en la vida pública como en la vida privada»[468].

Todas estas conductas de violencia de género cuando se cometen mediante las nuevas tecnologías, las redes sociales o Internet, se engloban dentro de la denominación de violencia de género digital[469].

Pese a la similitud que posee con la violencia de género tradicional, características tales como el anonimato de los agresores o una mayor audiencia para la humillación, le proporciona identidad propia, lo que puede acarrear consecuencias todavía más negativas para las víctimas[470]. En la siguiente imagen, se especifican las características que presenta este tipo de violencia[471]:

---

468 DELEGACIÓN DEL GOBIERNO CONTRA LA VIOLENCIA DE GÉNERO. "Violencia de Género Digital" [en línea], (2023), <https://violenciagenero.igualdad.gob.es/informacionUtil/comoDetectarla/VG_Digital/home.htm>. [Consulta 17/01/2023.]

469 ÍDEM

470 CAÑAS, E., ESTÉVEZ, E., MARZO, J.C., Y PIQUERAS, J.A. "Ajuste psicológico en cibervíctimas y ciberagresores en educación secundaria". Anales de Psicología, 35, 2 de agosto de 2019, 434-443.

471 CANET, E., Y MARTÍNEZ, L. "La violencia de género a través de las TIC: percepciones y posicionamiento del alumnado de trabajo

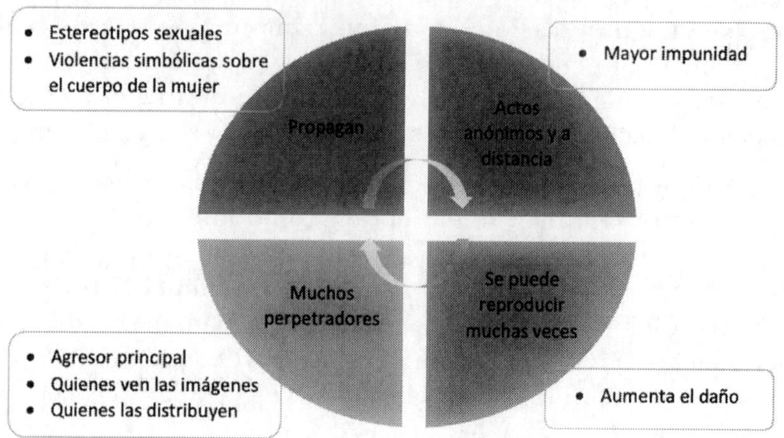

Como se puede observar, la incorporeidad de las relaciones, la velocidad, la reiteración, la ausencia de límites, la transnacionalidad, la asincronía y la sensación de anonimato son algunas de las características que hacen de Internet el entorno propicio para la conducta delictiva de los ciberagresores y la captación de sus víctimas.

Al mismo tiempo, en el entorno digital la víctima tiene que afrontar la ausencia de lugares seguros, puesto que la persona puede ser atacada o humillada las 24 horas y los siete días de la semana desde cualquier lugar, así como la indefensión derivada de "la pérdida de control", que puede suponer, por ejemplo, la difusión de imágenes íntimas. A estos obstáculos se suma, la culpabilización que suelen experimentar las víctimas por parte de su entorno social y los profesionales que tienen que atenderlas[472].

---

social de la Universitat de València", en El futuro de los servicios sociales en contexto de cambio, Alfa delta digital, Valencia, 2015, p.2.

472 PÉREZ, S. "Violencia de género en internet: tipos, mitos y contenidos para prevenirla" [en línea], (2021), https://biblioteca.uoc.

De igual modo, el imperecedero contenido que se queda almacenado en los sistemas informáticos cronifica el daño de la víctima y su expansión rápida y cómoda, con tan solo un *click* puede generarle graves consecuencias personales.

Estas características que definen este tipo de violencia la convierten en extremadamente peligrosa, ya que puede cometerse por cualquier persona, en cualquier momento y desde cualquier lugar, lo que puede provocar graves daños psicológicos en las víctimas por la constante humillación pública.

3.1 Conductas más comunes de ciberviolencia de género

La violencia de género digital puede presentarse de diversas formas, normalmente con carácter controlador y sexual[473]. Sin embargo, es muy complejo realizar una clasificación de las formas de ciberviolencia, debido a que la tecnología está en constante evolución y lleva consigo el nacimiento de nuevas conductas, como es el caso del *Sexting*, el cual, consiste en «enviar mensajes, vídeos o fotografías de contenido sexual, donde se ejerce en principio con consentimiento, pero que después es utilizado para dañar o extorsionar a la víctima»[474].

---

edu/es/actualidad/noticia/Violencia-de-genero-en-internet-tipos-mitos-y-contenidos-para-prevenirla/ . [Consulta: 05/05/2023].

473 PÉREZ CAMARERO, S. "La violencia de género en los jóvenes. Una visión general de la violencia de género aplicada a los jóvenes en España" [en línea], (2007), https://www.injuve.es/sites/default/files/adjuntos/2019/07/estudio violencia web injuve.pdf .[Consulta: 05/05/2023]

474 RODRÍGUEZ, C., PÉREZ, P.J., Y DURÁN, M. "Ciberviolencia en las relaciones de pareja: una revisión sobre su metodología de investigación". Anales de Psicología, 36, 9 de abril de 2020, 200-209.

En este caso se profundizará, por su relevancia, en dos prácticas de ciberviolencia: el cibercontrol y más exhaustivamente en el ciberacoso.

3.1.1 Cibercontrol

Esa conectividad constante que suponen las redes sociales hace pensar a los jóvenes que deben estar en continua disponibilidad en sus relaciones personales. Se produce cibercontrol cuando se ejercen conductas de posesión y celos por parte de los chicos hacia las chicas o viceversa, para saber dónde se encuentran en todo momento, qué ropa o maquillaje llevan puesto etc. preguntándoles con quién hablan y realizando las comprobaciones que consideran oportunas[475].

Lo cierto es que este tipo de violencia de control *online*, es ejercida bidireccionalmente en las parejas, provocada fundamentalmente por celos y desconfianza[476].

3.1.2 Ciberacoso

Denominado también con el término anglosajón *Cyberstalking*, en palabras de García Martín[477]:

---

475 ESTÉBANEZ, I. "La ciberviolencia hacia las adolescentes en las redes sociales" [en línea], (2018), <https://www.juntadeandalucia.es/export/drupaljda/guia-ciberviolencia-adolescentes.pdf>. [Consulta: 18/01/2023.]

476 RODRÍGUEZ, Y., ALONSO, P., LAMEIRAS, M., Y FAÍLDE, J.M. "Del "sexting" al cibercontrol en las relaciones de pareja de adolescentes españoles". Revista Latinoamericana de Psicología, 50, 2018, 170-178.

477 GARCÍA MARTÍN, I. Aspectos psicológicos de la influencia de Internet en el libre desarrollo de la personalidad del menor, en Menores e Internet, Thomson Reuters Aranzadi, Navarra, 2013, pp. 81-109.

«El ciberacoso se define como el uso de la información electrónica y medios de comunicación a través de la tecnología, que un individuo o un grupo utiliza deliberadamente y de manera repetida el acoso o amenaza hacia otro individuo o grupo mediante el envío o publicación de texto cruel y/o material gráfico».

El ciberacoso como forma de ejercer la violencia de género sobre la pareja o expareja supone dominar a la víctima mediante humillaciones que perjudican, entre otras cosas, su intimidad y privacidad. Las jóvenes no son conscientes de las consecuencias que puede provocadles este ciberacoso, piensan que se trata de conductas que tienen poca importancia[478].

La violencia de género que se produce en el ámbito virtual en la adolescencia o el ciberacoso como una de las formas de ejercerla mediante las redes sociales se ha visto favorecido con estas aplicaciones, ya que se reproducen fácilmente con tan solo un *click* conductas de dominación, aislamiento, sometimiento, imposición y control[479].

Según la Delegación del Gobierno contra la Violencia de Género[480], se establecen como modalidades del ciberacoso/ciberviolencia de género:

---

478 DELEGACIÓN DEL GOBIERNO PARA LA VIOLENCIA DE GÉNERO. " El ciberacoso como forma de ejercer la violencia de género en la juventud: un riesgo en la sociedad de la información y del conocimiento" [en línea], (2012), https://violenciagenero.igualdad.gob.es/violenciaEnCifras/estudios/colecciones/pdf/Libro_18_Ciberacoso.pdf . [Consulta 05/05/2023.]

479 SEBASTIÁN, J., ORTIZ, B., GIL, M., GUTIÉRREZ, M., HERNÁIZ, A., Y HERNÁNDEZ, J. "La violencia en las relaciones de pareja de los jóvenes. ¿Hacia dónde caminamos?". Clínica Contemporánea, 1, 2010, 71-83.

480 DELEGACIÓN DEL GOBIERNO CONTRA LA VIOLENCIA DE GÉNERO. "Violencia de Género Digital" [en línea], (2023),

- Acosar o controlar a tu pareja usando el móvil.
- Interferir en relaciones de tu pareja en Internet con otras personas.
- Espiar el móvil de tu pareja.
- Censurar fotos que tu pareja publica y comparte en redes sociales.
- Controlar lo que hace tu pareja en las redes sociales.
- Exigir a tu pareja que demuestre dónde está con su geolocalización.
- Obligar a tu pareja a que te envíe imágenes íntimas.
- Comprometer a tu pareja para que te facilite sus claves personales.
- Obligar a tu pareja a que te muestre un chat con otra persona.
- Mostrar enfado por no tener siempre una respuesta inmediata online.

Esta forma de ejercer violencia de género afecta principalmente a los adolescentes, y así queda reflejado en una investigación realizada por este mismo organismo, denominada «El ciberacoso como forma de ejercer la violencia de género en la juventud: un riesgo en la sociedad de la información y del conocimiento», del cual se extraen las siguientes conclusiones:

- El ciberacoso supone una muestra clara de dominación sobre las mujeres.
- Las adolescentes no suelen ser conscientes de las consecuencias que puede conllevarles el ciberacoso.

<https://violenciagenero.igualdad.gob.es/informacionUtil/comoDetectarla/VG_Digital/home.htm>. [Consulta: 17/01/2023.]

- Tras una ruptura sentimental, las redes sociales son una vía idónea para humillar y ridiculizar a la víctima.
- Para tener controladas a las chicas y amenazarlas, se difunden mensajes, fotografías y vídeos íntimos.
- Ocasionalmente también se suele usurpar la identidad de la víctima, invadiendo así su privacidad e intimidad.

Como se observa, hay múltiples formas de ejercer violencia de género a través del ciberacoso como puede ser difundir imágenes privadas, usurpar la identidad, realizar chantaje emocional, enviar mensajes hostigadores y amenazantes, ridiculizar a la víctima, emitir falsos rumores etc.

Cada vez hay un mayor número de usuarios de redes sociales, por lo que está más presente el riesgo de sufrir violencia de género digital, especialmente entre los adolescentes y más si el acoso que se realiza a través de estas redes cada día está más normalizado y no se percibe como un acto de violencia.

La falsa creencia que se posee sobre la privacidad de los datos íntimos que se comparten durante la relación junto a la confianza depositada en la pareja son dos factores que suponen el caldo de cultivo para posteriormente dañar a la víctima.

3.2 Factores de riesgo de la ciberviolencia

Las relaciones han cambiado debido al surgimiento y la estabilización de las TIC en la vida de las personas, por lo que han aparecido factores que influyen en esta nueva forma de ejercer violencia de género a través de la red.

3.2.1 Factores socioculturales

Aunque actualmente parezca que se ha alcanzado la igualdad real entre hombres y mujeres, la realidad demuestra que no es así. Las mujeres deben enfrentarse a la desigualdad que día tras día se da en los diferentes ámbitos de su vida (laboral, social y familiar), y deben soportar sutiles formas de violencia que son aceptadas socialmente. Consecuentemente, la juventud recibe mensajes erróneos con respecto a los valores que debe ostentar una buena relación sentimental, lo que hace que se mantengan estereotipos de género y se siga subordinando a la mujer en la relación. Así lo refleja Ramos[481],que señala que alrededor del 35% de los/las adolescentes no consideran como una forma de maltrato comportamientos como el aislamiento, el control social, el insulto o la desvalorización de la pareja, lo que demuestra una clara aceptación y tolerancia hacia la violencia. A esto si se suma el mantenimiento de relaciones a edades tempranas y por ende la falta de experiencia en las mismas, se convierte en el escenario perfecto para ser víctimas de ciberviolencia de género.

Además de los estereotipos de género que continúan imperando en nuestra sociedad tanto en el entorno real como en el virtual, existen otros elementos sociales que influyen en la violencia que padecen las jóvenes. Se puede destacar la violencia simbólica a la que deben enfrentarse las chicas día tras día o la presión social en la que se encuentran inmersas acerca de su imagen corporal[482].

3.2.2 Factores psicológicos

La verdad es que todavía hoy en día son pocos los estudios existentes acerca de las variables psicológicas que presentan las víctimas de ciberviolencia de género. Es un campo que aún

---

481 RAMOS, M. "Prevenir la violencia de género en las redes sociales". Escuela, 3, noviembre 2015, 1-8.

482 ESTÉBANEZ, I. "La ciberviolencia hacia..." op.cit, p.5

no se encuentra muy estudiado, ya que es una materia relativamente reciente.

En un estudio realizado por Cañas et al.[483] las víctimas que sufren violencia de género digital presentan un autoconcepto social, familiar y físico más deteriorado que las que no han padecido esta violencia. Con respecto a los niveles de estrés, síntomas depresivos, sentimiento de soledad y ansiedad social también se reflejan mayores puntuaciones. Y para finalizar, en relación con la inteligencia emocional (que es una de las variables fundamentales para estudiar la cibervictimización) las cibervíctimas tienen un mayor déficit de atención emocional y mayor dificultad a la hora de regular sus emociones.

3.2.3 Mitos del amor romántico

Los mitos del amor romántico son un «conjunto de creencias socialmente compartidas sobre la supuesta verdadera naturaleza del amor construidas socialmente a través de una socialización diferencial en base a un sistema sexo-género que representa el imaginario social acerca del amor y su significado»[484]. Estas creencias distorsionadas están ligadas a una concepción romántica tradicional, que contribuye a la perpetuación de las diferencias de poder y la desigualdad en las relaciones de pareja[485].

Las relaciones entre adolescentes están íntimamente ligadas a este concepto idealizado de amor romántico. De éste se derivan los mitos del amor romántico, que perduran hoy en

---

483 CAÑAS, E., ESTÉVEZ, E., MARZO, J.C., Y PIQUERAS, J.A. "Ajuste psicológico en cibervíctimas..." op.cit. pp.446-448.

484 YELA, C. "La otra cara del amor: mitos, paradojas y problemas". Encuentros en Psicología Social, 1, 2003, 263-267.

485 FERRER, V. A., BOSCH, E., Y NAVARRO, C."Los mitos románticos en España". Boletín de Psicología, 99, julio 2010, 7-31.

día y fomentan la violencia de género, sobre todo, en parejas adolescentes. Resurreción y Córdoba[486] destacan los siguientes:

- Mito media naranja: creencia de que existe una persona que te complementa y se adapta totalmente a ti.
- Mito del emparejamiento: creencia de que las personas por naturaleza tienen que emparejarse.
- Mito de los celos: los celos son signos de amor verdadero y demuestran el enamoramiento que tiene la persona.
- Mito de la omnipotencia: la creencia de que el amor es tan fuerte que todo lo puede.
- Mito de la equivalencia: creencia de que el amor y el estado de enamoramiento son equivalentes y, por lo tanto, cuando ya no se siente la pasión inicial es porque ya no se estima a la pareja. Se confunde el enamoramiento (estado pasajero) con el amor (sentimiento).
- Mito de la exclusividad: creencia de que no se puede estar enamorado de más de una persona.
- Mito de la fidelidad: creencia de que los deseos pasionales y románticos se satisfacen únicamente con la pareja para demostrar que se estima de verdad.
- Mito de la pasión eterna: la pasión que se da al comienzo de la relación debe permanecer para siempre.
- Mito del matrimonio: ese amor romántico y pasional debe culminar con la unión estable de la pareja.
- Mito del libre albedrío: creencia de que nuestros sentimientos no están influenciados por factores sociales, biológicos o culturales.

---

486 RESURRECIÓN, E. Y CÓRDOBA, A. I. "Amor romántico y violencia de género". Trabajo Social Hoy, 89, 31 de enero de 2020, 65-82.

- Mito de la ambivalencia: falsa creencia de tener que aceptar los comportamientos violentos en la relación pareja.

Rodríguez et al.[487] tras realizar un estudio con adolescentes españoles demuestran la alta presencia que existe de estos mitos. Los chicos creen que los celos forman parte de ese amor verdadero (mito de los celos) y las chicas poseen mayor idealización del amor romántico y pasional (mito de la omnipotencia y pasión eterna).

Además, tal y como señalan Gámez et al. [488]los mitos del amor romántico están relacionados con el abuso *online* en las relaciones de noviazgo; específicamente, la creencia basada en estos mitos sobre el amor romántico está íntimamente vinculada con la perpetración del control en línea.

Pese a que la violencia de género es un fenómeno muy sonado y extendido actualmente, en diversas ocasiones no se es consciente de las características que presenta, especialmente y como hemos podido observar entre los adolescentes, que pueden confundir comportamientos violentos con actitudes románticas, normalizando así este tipo de violencia.

Por lo que esta visión utópica del amor convierte a los adolescentes en un colectivo especialmente vulnerable a la violencia de género digital, ya que realizan falsas interpretaciones y

---

487 RODRÍGUEZ, Y., LAMEIRAS, M., CARRERA, M. V. Y VALLEJO, P. "La fiabilidad y validez de la escala de mitos hacia el amor: las creencias de los y las adolescentes". Revista de Psicología Social, 28, 23 de enero de 2014, 157-168.

488 GÁMEZ, M., BORRAJO, E., CALVETE, E. "Abuso, control y violencia en la pareja a través de Internet y los smartphones: características, evaluación y prevención". Papeles del Psicólogo, 39, 2018, 218-227.

consideran el control y los celos como una verdadera muestra de amor.

4. CONCLUSIONES

Internet y las nuevas tecnologías han invadido nuestra vida de una manera apabullante y aunque se dice que el ciberespacio es algo virtual, imaginario y creado por las TIC, lo cierto es que la realidad evidencia que no es así. Actualmente, todo el mundo se encuentra en constante conexión y esto ha generado cambios en las actividades cotidianas, especialmente en los adolescentes, los cuales se encuentran totalmente familiarizados con las nuevas tecnologías desde su nacimiento, de ahí que se les denomine nativos digitales.

Fundamentalmente, los menores y adolescentes son los que están en constante conexión a la red, por lo que cabría preguntarnos por qué lo hacen. La respuesta a esta pregunta es porque han encontrado en Internet un espacio donde encontrarse cómodos, donde no se les ponen las limitaciones que físicamente sí les pueden imponer los adultos. Todo ello está íntimamente vinculado con su libertad y autodeterminación, de manera que luchar contra ello es prácticamente una utopía. La única forma de gestionarlo adecuadamente es a través de la educación. Debemos enseñarles desde niños a hacer un uso racional y adecuado de las TIC para que así puedan prevenir la exposición a determinados riesgos, ya no solo como usuarios de Internet y las redes sociales, sino también con ciertos comportamientos, que se han ido "normalizando" en las relaciones de pareja ya que, tal y como se ha mencionado con anterioridad, son diversos los factores socioculturales que a día de hoy siguen favoreciendo la comisión de actitudes machistas, por lo que se hace necesario superar estereotipos para avanzar en igualdad de género.

Las redes sociales constituyen un medio idóneo para ocasionar un mayor control en la pareja. Esto es debido a que ejercer esta violencia sobre la pareja de forma digital presenta mayor impunidad que la que se realiza físicamente, y no se encuentra tan visibilizada, lo que la convierte en extremadamente peligrosa. También en muchas ocasiones, las víctimas de control por medio de las redes sociales lo perciben como un comportamiento normal, que no va más allá y no supone ningún problema en la relación.

Otro de los fenómenos que sucede frecuentemente mediante las redes sociales, es la intimidación que sufre la mujer cuando ha finalizado una relación. El contenido privado que han enviado a la pareja durante el periodo de la relación es habitual que sea objeto de chantaje, el cual suele ser difundido rápidamente una vez se ha producido la ruptura.

Como se ha podido comprobar, Internet presenta unas singulares características como instrumento. El anonimato, la inmediación y fundamentalmente el contacto permanente con la víctima, deben hacernos reflexionar y hacer ver que se trata de un fenómeno complejo y preocupante, y es el hecho de que la red facilita algo que el cara a cara no produce, que es la viralización del contenido dañino.

Para concluir, hay que reseñar que ninguna mujer, tenga la edad que tenga está exenta de sufrir e-violencia. Sin embargo, se debe hacer hincapié en las menores de edad, las cuales, tienen conocimiento sobre la violencia de género digital, pero no son realmente conscientes de la problemática que supone.

5. REFERENCIAS BIBLIOGRÁFICAS

CANET, E., Y MARTÍNEZ, L. "La violencia de género a través de las TIC: percepciones y posicionamiento del alumnado de trabajo social de la Universitat de València", en *El futuro de los servicios sociales en contexto de cambio,* Alfa delta digital, Valencia, 2015, pp. 1-8.

CANTERA, I., ESTÉBANEZ, I., Y VÁZQUEZ, N. "Violencia contra las mujeres jóvenes: la violencia psicológica en las relaciones de noviazgo" [en línea], (2009),<http://minoviomecontrola.com/ianire-estebanez/Resumen violencia-contra-mujeres-jovenes-noviazgo.pdf>. [Consulta 12/01/2023.]

CAÑAS, E., ESTÉVEZ, E., MARZO, J.C., Y PIQUERAS, J.A. "Ajuste psicológico en cibervíctimas y ciberagresores en educación secundaria". *Anales de Psicología*, 35, 2 de agosto de 2019, 434-443.

DELEGACIÓN DEL GOBIERNO CONTRA LA VIOLENCIA DE GÉNERO. "Violencia de Género Digital" [en línea], (2023), <https://violenciagenero.igualdad.gob.es/informacionUtil/comoDetectarla/VG Digital/home.htm>. [Consulta: 17/01/2023.]

DELEGACIÓN DEL GOBIERNO PARA LA VIOLENCIA DE GÉNERO. " El ciberacoso como forma de ejercer la violencia de género en la juventud: un riesgo en la sociedad de la información y del conocimiento" [en línea], (2012), https://violenciagenero.igualdad.gob.es/violenciaEnCifras/estudios/colecciones/pdf/Libro 18 Ciberacoso.pdf . [Consulta: 05/05/2023.]

ESTÉBANEZ, I."La ciberviolencia hacia las adolescentes en las redes sociales" [en línea], (2018), <https://www.juntadeandalucia.es/export/drupaljda/guia-ciberviolencia-adolescentes.pdf>. [Consulta: 18/01/2023.]

FERRER, V. A., BOSCH, E., Y NAVARRO, C."Los mitos románticos en España". *Boletín de Psicología*, 99, julio 2010, 7-31.

GÁMEZ, M., BORRAJO, E., CALVETE, E. "Abuso, control y violencia en la pareja a través de Internet y los smartphones: características, evaluación y prevención". *Papeles del Psicólogo,* 39, 2018, 218-227.

GARCÍA MARTÍN, I. Aspectos psicológicos de la influencia de Internet en el libre desarrollo de la personalidad del menor, en *Menores e Internet,* Thomson Reuters Aranzadi, Navarra, 2013, pp. 81-109.

JUSTE, M. "La pandemia dispara el uso de las redes sociales, un 27% más que hace un año" [en línea], (2021), <https://www.expansion.com/economia-digital/innovacion/2021/02/10/6022c89de5fdea59448b459b.html>. [Consulta :18/01/2023.]

LIÑÁN GÓMEZ, P. Análisis de género de las películas Disney y su influencia en la construcción de la identidad, UAM Ediciones, Madrid, 2022. https://libros.uam.es/tfm/catalog/download/401/762/593?inline=1

NÚÑEZ, P., LARRAÑAGA, K. P., RANGEL, C., Y ORTEGA, F. "Critical Analysis of the Risks in the Use of the Internet and Social Networks in Childhood and Adolescence". *Frontiers in Psychology*, 12, 27 de julio de 2021.

OBSERVATORIO NACIONAL DE TECNOLOGÍA Y SOCIEDAD. "Beneficios y riesgos del uso de Internet y las redes sociales" [en línea], (2022), <https://www.ontsi.es/sites/ontsi/files/202203/beneficios_riesgos_uso_internet_redessociales_2022.pdf>. [Consulta: 20/01/2023.]

OLIVA, C. "Redes Sociales y jóvenes: una intimidad cuestionada". *Aposta. Revista de ciencias sociales*, 54, julio-septiembre 2012, 1-16.

PÉREZ, S. "Violencia de género en internet: tipos, mitos y contenidos para prevenirla" [en línea], (2021), https://biblioteca.uoc.edu/es/actualidad/noticia/Violencia-de-genero-en-internet-tipos-mitos-y-contenidos-para-prevenirla/ . [Consulta: 05/05/2023.]

PÉREZ CAMARERO, S. "La violencia de género en los jóvenes. Una visión general de la violencia de género aplicada a los jóvenes en España" [en línea],(2007),https://www.injuve.es/sites/default/files/adjuntos/2019/07/estudio_violencia_web_injuve.pdf .[Consulta: 05/05/2023.]

PRENSKY, M. "Digital Natives, Digital Immigrants". *From On the Horizon*, 9, 5 de octubre de 2001, 1-6.

RAMOS, M. "Prevenir la violencia de género en las redes sociales". *Escuela*, 3, noviembre 2015, 1-8.

REAL ACADEMIA ESPAÑOLA. "Diccionario panhispánico del español jurídico" [en línea], (2023), <https://dpej.rae.es/lema/red-social>. [Consulta: 23/01/2023.]

RESURRECIÓN, E. Y CÓRDOBA, A. I. "Amor romántico y violencia de género". *Trabajo Social Hoy*, 89, 31 de enero de 2020, 65-82.

RODRÍGUEZ, Y., LAMEIRAS, M., CARRERA, M. V. Y VALLEJO, P. "La fiabilidad y validez de la escala de mitos hacia el amor: las creencias de los y las adolescentes". *Revista de Psicología Social*, 28, 23 de enero de 2014, 157-168.

RODRÍGUEZ, Y., ALONSO, P., LAMEIRAS, M., Y FAÍLDE, J.M. "Del "sexting" al cibercontrol en las relaciones de pareja de adolescentes españoles". *Revista Latinoamericana de Psicología*, 50, 2018, 170-178.

RODRÍGUEZ, C., PÉREZ, P.J., Y DURÁN, M. "Ciberviolencia en las relaciones de pareja: una revisión sobre su metodología de investigación". *Anales de Psicología*, 36, 9 de abril de 2020, 200-209.

SANTISTEBAN, P y GÁMEZ-SUADIX, M. "Online Grooming y Explotación Sexual de Menores a Través de Internet". Revista de Victimología, núm 6, pp.81-100.

SEBASTIÁN, J., ORTIZ, B., GIL, M., GUTIÉRREZ, M., HERNÁIZ, A., Y HERNÁNDEZ, J. "La violencia en las relaciones de pareja de los jóvenes. ¿Hacia dónde caminamos?". *Clínica Contemporánea,* 1, 2010, 71-83.

YELA, C. "La otra cara del amor: mitos, paradojas y problemas". *Encuentros en Psicología Social,* 1, 2003, 263-267.

Capítulo 4

Victimización y desigualdad en las mujeres inmigrantes

DRA. MELISSA MACUARE
Criminóloga. Doctora en Psicología
Universidad Isabel I

DRA. ALIED OVALLES
Criminóloga. Doctora en Psicología
Universidad Pontificia de Comillas

1. INTRODUCCIÓN

La victimización es el acto o proceso por el cual una persona puede convertirse en sujeto pasivo de un hecho punible[489]. Por otro lado, el término «victimización secundaria» o «revictimización» se refiere al proceso lesivo de la inadecuada o deficiente atención a la que se somete una víctima una vez entra en contacto con el sistema legal, o con otras instituciones sociales, *e.g.* servicios sociales, sanitarios, medios de comunicación, jurídico, etc[490]. En resumen, son los efectos negativos que experimenta la víctima, en este caso la mujer inmigrante, como

---

[489] NIEVES, H., *El comportamiento culpable de la víctima*, Universidad de Carabobo. 2006.

[490] ALBERTIN, P., "Psicología de la victimización criminal", en *Psicología Criminal*, Pearson, 2006, pp. 245-274.

resultado de sus interacciones con el sistema de justicia. Estos efectos estigmatizan, etiquetan o marcan a la víctima, y hacen que tenga una valoración negativa sobre el sistema.

Según la Organización Internacional para las Migraciones[491] un migrante es una persona que abandona, temporal o permanentemente y de forma voluntaria o involuntaria su lugar de residencia habitual, por una u otra razón, incluidas las relacionadas con el derecho, la economía, la política, la guerra o los desastres naturales, y que lo hace dentro de su propio país o a través de fronteras internacionales con el objetivo de buscar nuevas oportunidades y asegurar su futuro.

Si referimos a España, tema central del artículo, y según el Instituto Nacional de Estadística (INE), para el primer semestre de 2022, la población española era de 47.615.034 personas. De estos, 6.246.130 son residentes permanentes extranjeros, 3.026.405 son mujeres y 3.219.725 son hombres (Ministerio de Inclusión, Seguridad Social y Migraciones, 2022). Somos conscientes que dentro de estos datos «oficiales» no están incluidas las cifras oscuras que rodean a los inmigrantes clandestinos o irregulares[492] quienes no son identificados por el sistema estadístico.

El presente artículo se divide en varias secciones. En una aproximación inicial, se hace una breve contextualización del fenómeno migratorio, con énfasis en la «feminización de la inmigración» en España, así como algunos de sus efectos negativos, como la segregación y la precariedad social y económica. Luego, se discute el proceso de victimización de la mujer inmigrante, así como sus características o desencadenantes que la

---

491 ORGANIZACIÓN INTERNACIONAL DE LAS MIGRACIONES, *International migration law: Glossary on migration*, OIM, Ginebra, 2019.

492 Situación administrativa irregular: cuando se carece de una autorización legal y vigente de estancia o residencia.

predisponen a convertirse en víctima. Seguidamente, se destaca el papel de las mujeres en situación irregular, a través de la extracción de pequeños relatos de investigaciones previas, se aprecian los efectos y repercusiones de los excesos administrativos que pueden resultar de su interacción con el sistema legal y sus procedimientos. Y, finalmente, se presentan unas sugerencias para prevenir o mejorar las circunstancias en las que se encuentran estas mujeres, así como una conclusión.

2. CONTEXTUALIZACIÓN DE LA MIGRACIÓN

La migración es un fenómeno complejo porque genera consecuencias tanto en el individuo como en el país receptor. Psicológicamente, algunos inmigrantes pueden experimentar sentimientos de aislamiento, tristeza, estrés, trastorno de estrés postraumático, inseguridad y rechazo hacia los ciudadanos del país receptor. A su vez, en la población receptora se pueden formar efectos positivos como convertirse en sociedades tolerantes y abiertas hacia el inmigrante a nivel cultural, como la aceptación de sus costumbres, idiomas, religiones y estilos de vida, o, por el contrario, pueden fomentar ideas xenófobas, aporofobia o violencia extrema contra el inmigrante. Para combatir la xenofobia, los gobiernos deben revisar sus políticas de inmigración y los requerimientos en la ley de extranjería.

Otras consecuencias desde el punto de vista económico, las migraciones descontroladas (como las pateras) o de las personas que se quedan de forma «irregular» terminan favoreciendo a empleadores que ofrecen trabajos precarios y mal pagados (*e.g.* hotelería, servicio doméstico, cuidadores, albañiles), y que el inmigrante está dispuesto a aceptar para su supervivencia y/o para cumplir sus objetivos, como buscar el progreso o el cambio social, mejorar su calidad de vida, huir de los problemas o la violencia en general.

Brevemente, se presentan algunos relatos de mujeres inmigrantes, con la intención de que se visibilice, se comprenda la vulnerabilidad y los desafíos que enfrentan estas mujeres.

La experiencia de Jacqueline, una colombiana de 39 años, permite visualizar sobre la aceptación a trabajos mal pagados:

> Cuando yo llegué estaba muy necesitada y conseguí un trabajo a través de la iglesia. Trabajaba cuidando a una señora mayor. No estaba contratada porque estaba indocumentada. Trabajé cerca de un año allí, fue mi primer trabajo, no me consideraban ni pagas extras, ni vacaciones y me decían que tenía suerte, pues tenía casa, comida y «700 € caídos del cielo». Una vez pregunté si me podían dar más horas libres los fines de semana, y me respondieron: «piénsatelo bien porque aquí te tratamos muy bien, cuidando a una persona mayor que se ríe mucho y es muy cariñosa y encima tienes 700 € caídos del cielo», así como si yo no hiciera nada, cuando yo estaba 24 horas allí...[493]

De igual forma la experiencia de Miranda, venezolana de 37 años:

> Trabajé en un hogar como interna durante un año cuidando a una señora enferma: «Yo hacía horas extra, llevaba a la señora al hospital, limpiaba la casa, lavaba la ropa. O sea, yo estaba allí 24/7. Y lo que ganaba eran 400 euros»[494].

En concreto, de los inmigrantes que hay en España, el interés se centra en las condiciones y procesos de las mujeres inmigrantes desde una perspectiva victimológica. Es decir, sobre aquellos eventos o procesos que las convierten en sujeto

---

[493] RODRÍGUEZ, H., *Derecho a una vida libre de violencias: Experiencias y Resistencias desde las mujeres migrantes.* Asociación de Investigación y Especialización sobre Temas Iberoamericanos (AIETI), Madrid, 2017. P.39

[494] HERNÁNDEZ, C., Y VILANOVA, P., "Mujeres latinoamericanas inmigrantes en España: experiencias de racismo y asimilación", *Derecho PUCP, 89*, 2022, 77-112. P.91

pasivo de un hecho punible y les hacen vivir la victimización como consecuencia de la desconfianza o el desconocimiento del sistema legal o como resultado de su estatus «irregular» en el país. Todo lo cual favorece la impunidad en relación con los procesos de victimización de las mujeres inmigrantes porque se trata de situaciones que las invisibilizan dentro de la sociedad y que muchas veces no llegan al conocimiento de las instituciones estatales.

También, se incluyen las mujeres inmigrantes que han sido víctimas de delitos y que, además del daño físico y/o material que han sufrido, presentan alguna afectación, abuso o daño psíquico como consecuencia de sus interacciones con el sistema de justicia. Si bien es cierto que los procesos de victimización no pueden generalizarse a todos los miembros de este colectivo, sí es importante indagar en las características que hacen a cada miembro de este grupo «vulnerable» o susceptible de convertirse en víctima.

Los ancianos, los enfermos, los niños, las mujeres y los inmigrantes son considerados víctimas vulnerables. En este sentido. Tamarit *et al.* (2011) afirman que la vulnerabilidad de los inmigrantes surge por el hecho de que cuentan con un estatus jurídico diferenciado, en el que no tienen los mismos derechos que la población nativa. También, como resultado de la percepción social de sus estilos de vida (*e.g.* edad o raza) o debido a que son el objetivo de los denominados «delitos de odio», que están motivados por el racismo o la discriminación y tienen como objetivo abordar a los inmigrantes a través de amenazas, agresiones, o por ser víctimas de la trata de personas[495].

---

495 MARTÍNEZ, C., "La doble vulnerabilidad de las mujeres migrantes en las rutas del Mediterráneo y su manifestación más terrible: la trata". *Tiempo de paz,* 135, 2019, 59-67.

Un ejemplo claro de vulnerabilidad lo presenta Gladys, una colombiana de 54 años:

> La señora antes me recriminaba que me bañara todos los días. Me decía cosas como: «Es que las de su país, parece que estuvieran en un concurso de belleza a toda hora. Parece que ustedes, todas, fueran al salón a arreglarse el pelo porque todas son iguales». Con la comida llegó a decirme: «Pero usted ¿conoce el queso? porque en su país no deben comer esto» También me decía, «usted aquí, en mi casa, no me va a hacer nada de comida de su país». Es increíble que a nosotros nos traten con esa discriminación cuando lo que estamos haciendo es cumplir con nuestro trabajo... A veces el racismo es terrible... Esto lo estoy aguantando por mis papeles, porque necesito renovar la tarjeta. Llevo 15 años acá trabajando, nunca he sido afortunada con los papeles, nunca he sido afortunada con los trabajos...[496]

Otro caso, es el de Miranda, venezolana de 37 años:

> Comencé a trabajar de interna. Era una señora [su jefa] bastante dura, bastante dura. Estuve allí [...] La señora no me dejaba bañarme, no me dejaba ducharme en su casa. Yo duraba una semana sin ducharme porque la señora decía que se le tapaba la cañería con mi cabello. Para poder estar dentro de la casa, tenía que estar con unos gorros y un turbante para que no se me cayera el pelo. La señora exigía que se limpiara el piso de rodillas con una bayeta, no permitía que se pasara una fregona porque decía que el suelo quedaba sucio. Allí aguanté un mes porque no podía [...] la señora me destrozó los nervios. También me daba de voces todo el día, ella tenía que estar todo el día sentada en una silla mirándome, no me dejaba ir al baño [...] Todo eso lo aguanté durante un mes en ese empleo[497]

---

[496] RODRÍGUEZ, H., *Derecho a una vida libre de violencias: Experiencias y Resistencias desde las mujeres migrantes.* Asociación de Investigación y Especialización sobre Temas Iberoamericanos (AIETI), Madrid, 2017. P.44

[497] HERNÁNDEZ, C., Y VILANOVA, P., "Mujeres latinoamericanas inmigrantes en España: experiencias de racismo y asimilación", *Derecho PUCP, 89,* 2022, 77-112.P.91

En resumen, es un desafío identificar y encontrar denuncias sobre casos de abuso y explotación en materia de mujeres inmigrantes, por lo general, estas mujeres no denuncian sus condiciones laborales, agresiones, amenazas, delitos violentos o sexuales porque les resulta difícil reunir pruebas para respaldar su causa, no quieren ir a un proceso judicial que descubra su situación irregular, porque desconfían de la policía, porque no pueden arriesgarse a perder su única fuente de ingresos o por las barreras lingüísticas.

Al respecto encontramos el relato de Delia, paraguaya de 50 años:

> Con la primera familia estuve 5 años y medio sin contrato, no pude hacer los papeles porque tuve problemas con la policía, me agarraron por indocumentada. Tuve una orden de expulsión...Eso influyó. Me daba miedo salir. Después me fui a un trabajo donde otra señora, quien me quiso hacer contrato, pero se asustó con ese tema y no me hizo tampoco el contrato...[498]

O el caso de Hafida, marroquí quien vino a España con contrato:

> Mi intención era trabajar un año en casa de esta señora, aprender el idioma y buscar otra cosa porque no me imaginaba toda la vida cuidando a personas mayores. Pero después me informan que tenía que estar dada de alta siempre para poder renovar mi permiso de residencia. Por miedo a perder los papeles pasé 10 años trabajando de empleada de hogar[499].

---

498 RODRÍGUEZ, H., *Derecho a una vida libre de violencias (...). P.43*

499 EL MOUALI, F., "Inmigración del Sur global: Relatos silenciados de mujeres migrantes en España", *Geopolítica(s): Revista de estudios sobre espacio y poder,* 12, 1, 2021, 11-21.

3. EL FENÓMENO MIGRATORIO DE LA MUJER EN ESPAÑA

En España, la inmigración de hombres comenzó a aumentar a finales del siglo XX como resultado de la necesidad económica de encontrar nuevas oportunidades de empleo y el aumento de la demanda de mano de obra en sectores predominantemente masculinos. Según MONGUÍ Y CHICANGANA[500], esta situación fue cambiando paulatinamente en España y el resto de Europa Occidental hacia prácticas migratorias más diversas, donde las mujeres comenzaron a aumentar en proporción y este grupo empezó a tomar un papel más relevante dentro de las cadenas migratorias.

España tuvo un cambio en el flujo migratorio, pasando de ser un país de emigración a ser un destino de inmigración extranjera. La crisis económica de 2008 provocó la pérdida de casi cinco millones de puestos de trabajo y generó cambios en las políticas migratorias, la mayoría de las cuales tuvieron efectos disuasorios con la implementación de medidas restrictivas, como el programa de retorno voluntario al país de origen, las políticas de la deportación de inmigrantes en situación irregular, o el endurecimiento de la inmigración laboral[501]. Aproximadamente desde 2014, gracias al fortalecimiento de la economía española y la incorporación de la mujer al mundo laboral, se produce en España la denominada «segregación horizontal», esto se refiere a la concentración de las mujeres en trabajos reservados solo para ellas como el trabajo doméstico y el cuidado de personas mayores y/o niños. En este orden de ideas, Castilla (2017) afirma que actualmente existe una

---

500 MONGUÍ, M. Y CHICANGANA, M., "La relación entre migración y desarrollo: Un análisis a partir de la incursión de la mujer inmigrante en España", *Anuario Americanista Europeo,* 11, 2013, 149-164.

501 CEBRIÁN *et al.*, 2010, citado en HERNÁNDEZ Y VILANOVA, 2022

«feminización de la migración» en España, donde las mujeres juegan un papel protagonista activo y emigra de forma independiente y autónoma, más allá de la reagrupación familiar o dependencia de sus esposos.

Este aspecto evolutivo del fenómeno migratorio español, en el que las mujeres tienen un papel más activo y visible, se ha abordado desde dos perspectivas: la situación antes de la migración y la situación después de la migración, cada una con situaciones de riesgo asociadas. En la primera perspectiva, las mujeres migrantes presentan situaciones de género relacionadas con la mala situación económica, precariedad laboral y violencia de género, el evitar un matrimonio forzado, y la violencia en el país de origen, todas ellas vinculadas a las obligaciones de responsabilidades familiares (por ejemplo, hijos, hermanos y padres que dependen de ellas)[502]. Por otro lado, una vez que han migrado, deben enfrentar desventajas socioeconómicas, riesgos de exclusión y discriminación (por género, clase y etnia) y segregación laboral. Esta última, hace referencia a que la posición laboral a la que pueden acceder las mujeres inmigrantes en España muchas veces no queda determinada tanto por el perfil laboral y/o competencias que presentan, sino por el lugar de donde se procede[503]. En definitiva, las mujeres de países menos desarrollados serán más propensas a experimentar segregación y precariedad socioeconómica, además de tener

---

502 MARTÍNEZ et. al. 2013

503 GUTIÉRREZ, E., "Trabajo doméstico–trabajo afectivo: sobre heteronormatividad y la colonialidad del trabajo en el contexto de las políticas migratorias de la UE", *Revista de Estudios Sociales,* 45, 2013, 123-134. ODRIOZOLA, L. Y PEÑA, B., "Inmigración y mercado de trabajo: nichos laborales por género y nacionalidad en España", *Revista de Estudios Sociales,* 54, 2015, 68-80. SALLÉ, M., MOLPECERES, L., ONGIL, M., DE CABO, G., PERONDI, C. Y CANTE, C., *Análisis de la situación laboral de las mujeres inmigrantes,* Instituto de la Mujer, 2011.

trabajos peor pagados, con menor protección legal y menor aceptación e integración social.

4. LA VICTIMOLOGÍA EN LA MUJER INMIGRANTE

La migración, como se mencionó, se refiere al acto de una persona de trasladarse de un lugar a otro, ya sea dentro o fuera del país. En el caso específico de una mujer migrante, hay una serie de factores de vulnerabilidad que la desprotegen frente a las mujeres del país receptor. Entre otras cosas, el propio desplazamiento se traduce en diversos abusos en su contra, la falta de recursos, su estatus migratorio, la soledad, el miedo y el desarraigo de sus hijos, la dependencia y el cambio en las normas culturales. Al respecto, ORBEGOZO[504] señala que las mujeres inmigrantes tendrán una mayor tasa de victimización que el resto de las personas por determinados factores, ya sean de género y/o vinculados a su condición de inmigrante, y porque desarrollan rasgos endógenos y exógenos que aumentan su vulnerabilidad a ser victimizables.

Según la victimología, una persona es víctima si sus derechos son vulnerados de alguna manera, mientras que una «víctima vulnerable» es aquella persona que por su posición emocional vulnerable puede experimentar mayores efectos psicológicos como resultado de ser victimizado[505]. En el caso de España, los inmigrantes, y en particular las mujeres, pueden sufrir victimización en dos momentos distintos del proceso migratorio. Por un lado, pueden ser víctimas de las

---

504 ORBEGOZO, I., "La mujer inmigrante desde la victimología", *Eguzkilore,* 23, 2019, 45-57.

505 ECHEBURÚA, E. Y DE CORRAL, P., "Especial consideración de algunos ámbitos de la victimación", en *Manual de Victimología,* Tirant lo Blanch, Valencia, 2006, pp. 129-23.

organizaciones criminales al ingresar al país. Y, por otro lado, pueden sufrir victimización mientras residen en el país al estar sujetas a permisos gubernamentales administrativos que pueden facilitar la clandestinidad o el encubrimiento, así como una potencial explotación laboral, lo que vulnera su seguridad y salud en el trabajo.

Es importante señalar que, aunque se ha mencionado específicamente a las mujeres inmigrantes como víctimas, no siempre es así. La mayoría de las mujeres que eligen dejar su país de origen lo hacen por decisión y voluntad propia, creyendo firmemente que podrán acceder a mejores recursos económicos y una mejor calidad de vida para ellas y sus familias. Sin embargo, una vez que llegan al país de destino, les espera una realidad diferente, y es cuando comienza su proceso de victimización. Por ejemplo, debido a su condición de «mujeres» e «inmigrantes», experimentan una «doble victimización», lo que aumenta su riesgo de sufrir agresiones, abusos sexuales, quedar expuestas a embarazo y abortos, contraer enfermedades de transmisión sexual, experimentar aislamiento y otros problemas. Además, si a esto le sumamos una posible situación administrativa de irregularidad, es más probable que sean secuestradas y traficadas por las organizaciones criminales con fines de explotación sexual o laboral; o el acceso limitado a la asistencia médica y legal; o a desarrollar trabajos en la economía sumergida (donde no se exige un permiso de trabajo).

Se añade el «factor de vulnerabilidad social» al hecho de ser mujer e inmigrante porque cada sociedad, y España en particular, tiene estructuras sociales únicas que pueden incidir en ellas. Algunos ejemplos son los relativos a la conciliación de la vida laboral y familiar, las leyes y reglamentos de extranjería y sus políticas de aplicación que favorecen la incorporación a trabajos precarios, al ingreso a un mercado de trabajo estructurado a partir de las desigualdades de género donde las mujeres tienen menor salario y menor oportunidad de ascenso laboral que los hombres. Y, otro elemento que contribuye a la victimización de las mujeres inmigrantes, extranjeras e indocumentadas es su condición de «no ciudadana». Esto puede significar que su situación personal, laboral y social no mejorará significativamente hasta que no regularicen su situación de forma legal y obtengan la ciudadanía con el disfrute de los mismos derechos que las mujeres nativas.

Para mejorar este último aspecto y regularizar su situación legal y obtener la residencia por arraigo laboral o social, la mujer inmigrante deberá cumplir con los requisitos recogido en el artículo 124 del Reglamento de la Ley Orgánica 4/2000, sobre derechos y libertades de los extranjeros en España y su integración social. Para el arraigo laboral, debe acreditar permanencia continuada en España durante un periodo mínimo de dos años, no tener antecedentes penales en España y en su país de origen y demostrar relaciones laborales mayor a seis meses y acreditarlas por medio de resolución administrativa o judicial a través de Inspección de Trabajo y Seguridad Social. Y para obtener arraigo social, deberá acreditar permanencia continuada en España durante un periodo mínimo de tres años, carecer de antecedentes penales en España y en su país de origen, contar con un contrato de trabajo, tener vínculos familiares con otros extranjeros residentes o presentar un informe de arraigo que acredite su integración social, emitido por la Comunidad Autónoma en cuyo territorio tengan su domicilio habitual. Son requisitos de estricto cumplimiento y que no todas logran obtener.

Como consecuencia de la situación irregular, además de las propias generadas a nivel psicológico y social, la misma ley refiere que hay procedimientos sancionadores que van desde el pago de multas por infracciones leves, graves y muy graves, ajustadas en algunos casos a la capacidad económica de la persona, hasta la expulsión del país.

5. REVICTIMIZACIÓN DE LA MUJER INMIGRANTE Y EN SITUACIÓN IRREGULAR

Hay que entender que los factores estructurales e institucionales son los que determinan la situación que viven estas mujeres, pero la mayor barrera para comprender este fenómeno gira en torno a lo legal. En este sentido, son las mujeres inmigrantes en situación irregular las que tienen mayor probabilidad de enfrentarse a situaciones de xenofobia, racismo o sexismo, y de recibir un trato desigual o negativo, que puede presentarse en lugares como oficinas de correos, de la seguridad social, en centros médicos y, en las propias oficinas de extranjería.

El relato que ofrece Laura, una argentina de 47 años, nos sitúa en lo referente a la victimización secundaria:

> Un día al regresar del trabajo por la noche, cuando estaba abriendo el portal un hombre me cogió y me puso un cuchillo en el cuello y me metió directamente al rellano del edificio y ahí me violó (...).Yo subí las escaleras hasta mi piso como pude y ahí tuve un momento que me detuve a pensar cómo lo iba a denunciar. Yo estaba en una situación bastante débil legalmente, pues al principio estaba «ilegal» en España, después me hice la tarjeta de estudiante, estuve con ella un tiempo, pero no tenía permiso de trabajo y estaba incurriendo en una ilegalidad y si me interrogaban y pensaba también en mi trabajo, que mi jefe no me había hecho contrato, que lo van a descubrir....me voy a quedar sin trabajo...[506]

En este mismo caso del ejemplo, la víctima finalmente decide interponer la denuncia en una Comisaría y continúa narrando:

> (...) Me tuvieron allí como una hora...A mí se me hizo eterno todo el proceso: el presentar la declaración, el leerme mi declaración, todo. Luego vinieron a hacerme un «cacheo», me

---

506 RODRÍGUEZ, H., *Derecho a una vida libre de violencias (...). P.65*

> hicieron ver unas fotos para ver si identificaba al agresor... Yo no podía identificar a nadie... (...) Me llevaron otra vez al hospital y allí me tuvieron como otra hora más porque los médicos ninguno me quería tocar. Esta parte también fue horrible: El estar allí sola, en una cama, acostada, no venía nadie a preguntarte nada, a saber cómo te sentías, ni se pasaban por ahí, ni me hablaban...Fue una situación muy dura. Como a la hora un médico me revisa, saca las muestras de semen y rellena su informe y me dice «ya usted se puede ir». Así que regresé a mi casa, me volví a duchar, me fui a trabajar y seguí mi vida como pude....muerta de miedo....Viví con mucho miedo durante mucho tiempo, muchos años[507].

Por lo tanto, la victimización secundaria se describe como las consecuencias psicológicas, sociales, económicas y jurídicas que experimenta la víctima al interactuar con el sistema legal y sus procesos, y que pueden ser provocadas por los operadores de la justicia como jueces, fiscales, abogados, policías y médicos forenses, las oficinas administrativas o de atención, los medios de comunicación, entre otros. En otras palabras, la víctima vive una segunda experiencia producto de los excesos ilícitos en el uso de la coerción por parte de la propia institución, quien la perjudica en lugar de proteger sus derechos e intereses al tratarlas como culpables por su entrada al país de forma «ilegal» o por permanecer en él de forma «irregular». En este sentido, la Ley 4/2015, de 27 de abril, del Estatuto de la Víctima, en sus normas sobre la actuación de los operadores de justicia y agentes que tengan contacto con la víctima, sugiere que deben garantizarles la confianza en las autoridades, así como su acceso efectivo a la justicia «bajo la prohibición expresa de causar victimización secundaria»[508]

---

507 RODRÍGUEZ, H., *Derecho a una vida libre de violencias (...). P.66*

508 MERINO, V., "Victimización secundaria en los supuestos de violencia contra mujeres inmigrantes en situación administrativa irregular". *Migraciones,* 41, 2017, 107-131. P.110.

Sin embargo, en términos de victimización secundaria, en algunas ocasiones se produce una discordancia entre la prevalencia de la condición de extranjera en situación administrativa irregular y la de víctima de violencia[509]. Por ejemplo, los artículos 53 y 57 de la Ley Orgánica 4/2000, de 11 de enero, sobre derechos y libertades de los extranjeros en España y su integración social, establecen que la denuncia interpuesta por una mujer inmigrante puede iniciar un procedimiento de expulsión por infracción administrativa grave o muy grave en su contra. Esto es debido a que su denuncia pone en conocimiento a las autoridades de su situación irregular, y puede iniciarse un procedimiento sancionador de expulsión en correspondencia con la citada ley de extranjería de España.

Sólo en los casos de violencia de género se desestima la irregularidad de la víctima. El artículo 17.1 de la Ley Orgánica 1/2004, de 28 de diciembre, de medidas de protección integral contra la violencia de género, regula este supuesto y establece que, en caso de denuncia de violencia por parte de una mujer inmigrante en situación irregular procede la suspensión preceptiva del procedimiento de expulsión, que queda supeditado a la resolución del proceso penal, y se les suele conceder una autorización de residencia y trabajo por circunstancias excepcionales.

Contrario a esta normativa, organismos no gubernamentales han realizado investigaciones y recibido denuncias sobre las dificultades del cumplimiento de estas «excepciones», tanto

---

509 ANTÓN, L., *Violencia de género y mujeres inmigrantes*, UMA, 2017. CUADRADO, C., "Mujer inmigrante en situación irregular víctima de violencia de género: Aspectos victimológicos, psicosociales y procesales", *La Ley: Práctica de Tribunales*, 10, 100, 2013, 22-33. MERINO, V., "Victimización secundaria en los supuestos de violencia contra mujeres inmigrantes en situación administrativa irregular". *Migraciones*, 41, 2017, 107-131.

en los casos de víctimas de violencia de género como de mujeres víctimas de trata de personas, las cuales, en ocasiones son detenidas en Centros de Internamiento de Extranjeros (CIE), debido a su estatus de inmigrante irregular y deportadas a sus países de origen sin que se respeten sus derechos como víctimas[510]. A manera de ejemplo, se puede incluir la amplia investigación realizada por Martínez *et al.* (2013) sobre mujeres en el CIE de Madrid:

> Una de las mujeres entrevistadas, que ejercía como prostituta, acudió a media noche a la Comisaría de un pueblo de Badajoz para denunciar una agresión por parte de su pareja. Al comprobar la policía que tenía una orden de expulsión, se solicitó auto de internamiento y fue trasladada al CIE de Madrid (p. 25).

Este solo es un ejemplo de la indefensión jurídica que aún presentan las mujeres migrantes en situación irregular, de encontrarse al margen de la ley que no las protege, ni se priorizan sus derechos como víctimas de un hecho delictivo.

6. RECOMENDACIONES

Más allá del acceso a la justicia, las mujeres inmigrantes corren mayor riesgo de victimización en todos los ámbitos. Como hemos visto, la perspectiva general sobre este tema se centra en gran medida en que se trata de un colectivo desprotegido, en riesgo de exclusión social, sin arraigo por su condición de extranjeras, muchas veces aisladas en diferentes sectores sociales y, especialmente: «invisibilizadas».

Es fundamental tener en cuenta todos los aspectos generales y específicos a la hora de intervenir con mujeres inmigrantes.

---

510 AIERBE *et al.*, 2012; BUADES *et al.*, 2020; FERNÁNDEZ *et al.*, 2012; MARTÍNEZ *et al.*, 2013.

En términos generales, existe la necesidad de establecer una política integral que enfatice su protección como «víctimas vulnerables», por lo que tenemos las siguientes recomendaciones:

- En el ámbito del sistema de justicia, brindar capacitación intercultural sobre los tipos de delitos de los que las mujeres inmigrantes pueden ser víctimas, es esencial si queremos garantizar un entorno seguro y confiable donde se sientan libres y protegidas de denunciar.
- En el ámbito de la política criminal, en línea con la ley de «integración social» de los extranjeros, desarrollar programas de prevención de delitos adaptados a las características específicas de los hechos en los que las mujeres inmigrantes puedan ser partícipes o víctimas.
- En el ámbito de las políticas de integración social, desarrollar más programas dirigidos hacia la convivencia intercultural. Es decir, programas en los sectores sociales como salud, educación y familia; y, que incluyan temas de discriminación, racismo, xenofobia, violencia de género, y la explotación sexual y laboral.

De igual forma y en términos más específicos, se propone la responsabilidad social de «generar oportunidades para la integración» de las mujeres inmigrantes para salvar esta brecha como víctimas vulnerables. En otras palabras, se generan recursos de protección, tanto a nivel individual (sentido de pertenencia) como colectivo (redes de apoyo) cuando aumenta el grado de vinculación de la mujer extranjera dentro de su entorno social.

En consecuencia, para reducir el riesgo de victimización en las mujeres inmigrantes, esta debe ser aceptada acorde a sus diferencias y especificidades individuales (edad, nivel educativo, situación familiar, bagaje cultural, etc.), siendo la sociedad en su conjunto la responsable de proporcionarle los recursos para su integración funcional.

7. A MODO DE CONCLUSIÓN

A partir de todo lo expuesto, se puede considerar la necesidad de promover medidas de actuación para la protección de las mujeres inmigrantes, sin distinción de su situación o condición legal de residencia, a partir de instrumentos normativos para la defensa y protección de los derechos humanos desde una perspectiva de género. De igual forma, se ha determinado que son necesarias políticas enfocadas a reducir los factores de riesgo durante el proceso migratorio de las mujeres inmigrantes. Y, finalmente lo más importante es visibilizar a este grupo e integrarlo, ya que es la única manera de disminuir la probabilidad de que sean victimizadas.

8. BIBLIOGRAFÍA

AIERBE, P., ARAGUÁS, M., ARCE, C., GARCÍA, N., LACRUZ, S., LANCHA, M. Y RUBIO, J., *La protección de los derechos de las personas migrantes en Europa: España,* Megreurop, Madrid, 2021.

ALBERTIN, P., "Psicología de la victimización criminal", en *Psicología Criminal,* Pearson, 2006, pp. 245-274.

ANTÓN, L., *Violencia de género y mujeres inmigrantes,* UMA, 2017.

BUADES, J., BOSCH, A., VIDAL, P., LAMIN, M., LENDRINO, I. Y AGÜERO, A., *Informe CIE 2019: Diez años mirando a otro lado,* Servicio Jesuita a Migrantes, Madrid, 2020.

CASTILLA, C, "Mujeres en transición: La inmigración femenina africana en España". *Migraciones Internacionales,* 9, 2, 2017, 143-171.

CUADRADO, C., "Mujer inmigrante en situación irregular víctima de violencia de género: Aspectos victimológicos, psicosociales y procesales", *La Ley: Práctica de Tribunales,* 10, 100, 2013, 22-33.

ECHEBURÚA, E. Y DE CORRAL, P., "Especial consideración de algunos ámbitos de la victimación", en *Manual de Victimología,* Tirant lo Blanch, Valencia, 2006, pp. 129-23.

EL MOUALI, F., "Inmigración del Sur global: Relatos silenciados de mujeres migrantes en España", *Geopolítica(s): Revista de estudios sobre espacio y poder,* 12, 1, 2021, 11-21.

FERNÁNDEZ, G., MALENO, H., SORIA, P. Y FERNÁNDEZ, T., *Mujeres en los centros de internamiento de extranjeros (CIE): Realidades entre rejas.* Women's Link Worldwide, Madrid, 2012.

GUTIÉRREZ, E., "Trabajo doméstico–trabajo afectivo: sobre heteronormatividad y la colonialidad del trabajo en el contexto de las políticas migratorias de la UE", *Revista de Estudios Sociales,* 45, 2013, 123-134.

HERNÁNDEZ, C., Y VILANOVA, P., "Mujeres latinoamericanas inmigrantes en España: experiencias de racismo y asimilación", *Derecho PUCP, 89,* 2022, 77-112.

LEY 4/2015, DE 27 DE ABRIL, DEL ESTATUTO DE LA VÍCTIMA DEL DELITO, *BOE,* núm. 101 (28/04/2015).

LEY ORGÁNICA 1/2004, DE 28 DE DICIEMBRE, DE MEDIDAS DE PROTECCIÓN INTEGRAL CONTRA LA VIOLENCIA DE GÉNERO, *BOE,* núm. 313 (29/12/2004).

LEY ORGÁNICA 4/2000, DE 11 DE ENERO, SOBRE DERECHOS Y LIBERTADES DE LOS EXTRANJEROS EN ESPAÑA Y SU INTEGRACIÓN SOCIAL, *BOE,* núm. 10 (12/01/2000).

MARTÍNEZ, C., "La doble vulnerabilidad de las mujeres migrantes en las rutas del Mediterráneo y su manifestación más terrible: la trata". *Tiempo de paz,* 135, 2019, 59-67.

MARTÍNEZ, M., BENITO, R., GARCÍA, V., SÁEZ, C. SÁNCHEZ, P. Y SEGOVIA, C., *Mujeres en el CIE: Género, inmigración e internamiento.* Gakoa, Madrid, 2013.

MERINO, V., "Victimización secundaria en los supuestos de violencia contra mujeres inmigrantes en situación administrativa irregular". *Migraciones,* 41, 2017, 107-131.

MINISTERIO DE INCLUSIÓN, SEGURIDAD SOCIAL Y MIGRACIONES: "Extranjeros con certificado de registro o tarjeta de residencia en vigor" [en línea], (2022), <https://ciudadaniaexterior.inclusion.gob.es/web/opi/estadisticas/catalogo/extranjeros_con_certificado>. [Consulta: 09/04/2023.]

MONGUÍ, M. Y CHICANGANA, M., "La relación entre migración y desarrollo: Un análisis a partir de la incursión de la mujer inmigrante en España", *Anuario Americanista Europeo,* 11, 2013, 149-164.

NIEVES, H., *El comportamiento culpable de la víctima,* Universidad de Carabobo. 2006.

ODRIOZOLA, L. Y PEÑA, B., "Inmigración y mercado de trabajo: nichos laborales por género y nacionalidad en España", *Revista de Estudios Sociales,* 54, 2015, 68-80.

ORBEGOZO, I., "La mujer inmigrante desde la victimología", *Eguzkilore,* 23, 2019, 45-57.

ORGANIZACIÓN INTERNACIONAL DE LAS MIGRACIONES, *International migration law: Glossary on migration,* OIM, Ginebra, 2019.

REAL DECRETO POR EL QUE SE APRUEBA EL REGLAMENTO DE LA LEY ORGÁNICA 4/2000, SOBRE DERECHOS Y LIBERTADES DE LOS EXTRANJEROS EN ESPAÑA Y SU INTEGRACIÓN SOCIAL. *BOE,* núm. 103 (30/04/2011).

RODRÍGUEZ, H., *Derecho a una vida libre de violencias: Experiencias y Resistencias desde las mujeres migrantes.* Asociación de Investigación y Especialización sobre Temas Iberoamericanos (AIETI), Madrid, 2017.

SALLÉ, M., MOLPECERES, L., ONGIL, M., DE CABO, G., PERONDI, C. Y CANTE, C., *Análisis de la situación laboral de las mujeres inmigrantes,* Instituto de la Mujer, 2011.

TAMARIT, J., LUQUE, E., GUARDIOLA, M., Y SALINERO, S., "La victimización de migrantes. Una encuesta a colombianos en Cataluña". *Revista Electrónica de Ciencia Penal y Criminología,* 13, 11, 2011, 111-222.

Capítulo 5

Miedo al crimen de las mujeres LBT: hacia una criminología de los discursos y las subjetividades

ANTONIO SANZ FUENTES
Docente y coordinador de Criminología en Universidad Isabel I

1. INTRODUCCIÓN

La criminología se ha enfocado tradicionalmente en la comprensión de la criminalidad y los comportamientos antisociales, pero en la actualidad, la investigación criminológica ha puesto mayor atención en las dimensiones subjetivas que rodean al fenómeno delictivo, incluyendo el miedo al crimen y la (in)seguridad percibida.

El presente estudio tiene por objeto avanzar en el conocimiento del miedo al crimen cómo problemática social y su prevención, desde una perspectiva de género e interseccional. El miedo al crimen se trata de un concepto muy utilizado por las ciencias criminológicas y, a partir de este, se han elaborado numerosos modelos explicativos en el que plantean diferentes posibilidades para prevenirlo. Sin embargo, ninguno de ellos parece moldearse a las realidades de las mujeres LBT.

En este sentido, se parte de la noción de que este concepto se ha construido desde una postura androcéntrica y excluyente. Por este motivo, se reflexionará sobre los modelos criminológicos de prevención del miedo al crimen, así como de las posibles consecuencias político-criminales y sociales del abordaje de este fenómeno respecto a las mujeres LBT. Para la consecución de este objetivo se ha establecido un marco metodológico de carácter bibliográfico. Así pues, a través de la revisión de la literatura, se ofrecerá un marco teórico que resulte de utilidad para construir hipótesis que permitan avanzar hacia una efectiva prevención de un fenómeno que puede afectar a las libertades de la diversidad afectivo-sexual y de género.

2. EL MIEDO AL CRIMEN DE LAS MUJERES LBT: UNA CONDICIÓN HETEROTOPOLÓGICA

Una de las cuestiones claves respecto al miedo al crimen es que no se puede obviar su naturaleza poliédrica[511]. Cualquier intento por circunscribir la explicación de dicho fenómeno a un solo factor puede caer en una falacia esencialista y cualquier proyecto de intervención asociada a la misma estaría abocada al fracaso.

Desde el pensamiento feminista e interseccional se ha realizado una crítica compleja a cualquier noción androcéntrica de diferentes fenómenos sociales. Si bien en Criminología esta crítica continúa siendo irrelevante y no ha tenido un intenso calado, lo cierto es que se han realizado algunos estudios sobre el miedo al crimen desde una perspectiva de género[512]. Empero, ninguno de ellos destaca por una visión

---

511 CASTRO-TOLEDO, F. J., *Sociedad tecnológica y miedo al crimen*. Edisofer, Madrid, 2019.

512 COL·LECTIU PUNT 6, *Urbanismo feminista: por una transformación radical de los espacios de vida*, Virus Editorial, Barcelona, 2019; NAREDO-MOLERO, M. "El miedo de las mujeres como instrumento del patriarcado", *Papeles de relaciones ecosociales y cambio global*, 2010, 79-

interseccional que tenga en cuenta otras realidades como las mujeres lesbianas, bisexuales y trans (en adelante, LBT).

Esto expone la innegable necesidad de incorporar la "epistemología del armario" en la criminología. Esta epistemología hace referencia a la manera en que la heteronormatividad y el rechazo hacia la diversidad afectivosexual y de género han influenciado la (re)producción del conocimiento. El uso de la palabra armario, que alude a la tradicional ocultación de la identidad de género o la orientación sexual para evitar cualquier tipo de discriminación o rechazo, se utiliza de manera metafórica para sugerir que los enfoques o el tratamiento de la diversidad sexogenérica han sido ignorados en el ámbito científico[513].

Esta epistemología permite avanzar hacia el conocimiento científico de las experiencias y subjetividades de las mujeres LBT. Este esfuerzo permite comprender que existe un sistema sexo/género[514] que define toda una alteridad como categorías en exclusión, lo que resulta elemental para entender las existencias de las mujeres trans, no binarias y no heterosexuales.

En primer lugar, para aproximarse a la idea del miedo al crimen de las mujeres LBT, debe tenerse en cuenta que el binarismo y la heteronormatividad imponen un modelo de ser, estar y sentir que es directamente desafiado por las mismas; en ocasiones con su mera existencia. Esto supone que su propio ser tiene una condición heterotopológica, puesto que su existencia es la yuxtaposición flagrante de una heteronormatividad construida como ontología subjetiva.

86; ORTIZ, S. "La seguridad urbana desde el urbanismo feminista", *Barcelona Societat. Revista de investigación y análisis social*, 2018, 1-16.

513 KOSOFSKY, E., *Epistemología del armario*, La tempestad, Barcelona, 2018.

514 RUBIN, G., "El tráfico de mujeres: notas sobre la "economía política" del sexo", *Nueva Antropología*, 8, 1986, 95-145.

La heterotopía implica un rupturismo espacial en el que se cuestiona o se altera el poder, ya que se contrapone a lo establecido en las normas sociales existentes[515]. Con otras palabras, es un "contra-espacio" que suspende o anula el estatus quo imperante. Las existencias lesbianas, bisexuales y trans se constituyen como heterotopías móviles cuya sola presencia o manifestación disidente (como el simple hecho de dar un beso en público a otra mujer) niega la verdad discursiva de la heteronormatividad que ha sido impuesta.

El interés heterotopológico de las mujeres LBT reside en el desafío ante el modelo heteronormativo y binario que emana de las estructuras de poder. Sus existencias constituyen la lucha más eficaz en contra de las normas impuestas por el sistema sexo/género, pues impugna sus dogmas. No obstante, su condición heterotopológica exige una observación y una reflexión desde la epistemología del armario, las diferencias y similitudes entre aquellas mujeres que permanecen escondidas y aquellas que se muestran y descubren[516].

Así pues, es clave entender que existen mujeres LBT que aún no han manifestado su condición afectivo-sexual y de género. En este caso, la condición heterotopológica le interpela de manera individual, por lo que solo es conocida por ella misma y/o es sospechada por las demás personas. Por el contrario, también hay mujeres LBT que se muestran decididamente como lesbianas, bisexuales o trans. Su condición supone un desafío consciente al sistema.

Por un lado, existen mujeres que deciden mantener ocultas sus identidades de género o sexuales debido al miedo a las

---

515 FOUCAULT, M., *Le Corps utopique. Les Hétérotopies*, Lignes, Paris, 2009; SANZ-FUENTES, A., "Heterotopía pandémica: devenir crimen, biopolítica y pensamiento criminológico", *Revista Electrónica de Estudios Penales y Criminalidad*, 10, 2022, 1-13.

516 KOSOFSKY, E., *La epistemología…, op. cit.*

posibles represalias que puedan sufrir si se revelan. Por otro lado, hay mujeres que asumen y exponen abiertamente sus identidades, a pesar de que esto aumente el riesgo de sufrir violencia y discriminación. Ambas situaciones están marcadas por un miedo común: el miedo a ser rechazadas y, en última instancia, convertirse en víctimas de la violencia y el odio.

Este miedo a la violencia se convierte en una emoción inherente a las vidas de las mujeres LBT, independientemente de si deciden vivir su subjetividad de manera plena o no. En consecuencia, se presenta un escenario en el que el miedo forma parte de la vida de las mujeres, aunque el reparto de riesgos sea diferente. Aquellas mujeres que se muestran abiertamente como LBT -o son percibidas como tales- tienen un mayor riesgo de sufrir una agresión. Sin embargo, todas ellas son conscientes de que sus vidas constituyen una especie de "estado de excepción"[517].

Respecto a las aportaciones de Giorgio Agamben, el estado de excepción es el poder soberano que permite tomar medidas excepcionales para preservar el orden ante una situación crítica[518]. En el caso de las mujeres LBT, su constitución como heterotopías fundamentan un estado de excepción en el que se suspenden sus libertades y derechos, mientras se crea un clima de miedo y control para garantizar el sometimiento del resto de personas que pudieran pensar en transgredir. Este estado de excepción ostenta la definición de la condición heterotopológica de las mujeres LBT, quienes asumen el riesgo de ser victimizadas simplemente por ser, estar o sentir.

En esta línea, lo relevante del despliegue del estado de excepción no es la supresión de la situación crítica, sino la génesis

---

517 AGAMBEN, G., *Homo Sacer II. Estado de excepción*, Pretextos, Barcelona, 2004.

518 *Ibidem.*

del miedo que permita el control de esta. De esta forma, las mujeres LBT se convierten en *nuda vida*[519] al estar sometidas a una amenaza violenta que les impone una forma de subjetivarse a través del miedo a ser victimizadas por no cumplir con las expectativas impuestas por el sistema sexo/género[520]; lo que llevará a estas personas a reformularse en heterotopías de crisis[521].

Este tipo de heterotopías se caracterizan por perseguir la protección. No obstante, no se puede olvidar la empresa del estado de excepción[522]. El miedo a convertirse en víctima de un crimen podría ser el objetivo de una biopolítica que lejos de subvertir la alteridad de las mujeres LBT, la perpetua. Por tanto, cualquier estrategia de protección podría ser realmente una reconfiguración del sistema de opresión, discriminación y violencia que mantiene el estatus quo.

Una vez comprendido cómo el miedo al crimen de las mujeres LBT puede ser algo más que una simple emoción ante el riesgo autopercibido de convertirse en víctima, se plantea una cuestión esencial: ¿Qué pueden ofrecer los modelos de prevención establecidos por la criminología ante esta realidad?

3. EL PENSAMIENTO CRIMINOLÓGICO RESPECTO AL MIEDO AL CRIMEN

La conceptualización del miedo al crimen en la literatura criminológica no ha sido inocua, sino que ha producido diversos modelos explicativos sobre el miedo que implican el

---

519 AGAMBEN, G., *Homo Sacer. El poder soberano y la nuda vida*, Pretextos, Barcelona, 2019.

520 RUBIN, G., "El tráfico de... *op. cit.*

521 FRAGIO, A., "Heterotopías de la crisis", *La Torre del Virrey: revista de estudios culturales*,15, 2014, 45-48.

522 AGAMBEN, G., *Homo Sacer II: El estado de... op. cit.*

desarrollo de diferentes políticas públicas. La mayoría basadas en el androcentrismo y abandonando cualquier ideal interseccional, es decir, sin atender las necesidades de las mujeres y las diversas identidades que les atraviesan.

Entre los modelos explicativos más frecuentes destaca la tesis de la vulnerabilidad, que establece la existencia de determinados grupos o personas que se sienten vulnerables ante la criminalidad, ya sea por la exposición a los riesgos, ya sea por su sentimiento de indefensión[523]. En esta línea, se establece que las mujeres pueden sentir mayor miedo al delito por ser más vulnerables y tener menos capacidad de defensión, al igual que ocurriría con las personas mayores. En ningún momento se plantea que dicho temor sea producto del lugar que ocupa en una estructura social patriarcal.

De modo que, según esta teoría, las variables sociodemográficas como el género, la edad, el lugar de nacimiento, el nivel educativo, el estado laboral o la orientación sexual pueden indicarnos quienes son las personas que tienen más miedo al delito[524], únicamente atendido a la vulnerabilidad que suponen sus características personales, pero desde un enfoque que solo incide en la posibilidad de defenderse en lugar de reflexionar sobre el papel que las identidades ocupan en la estructura social.

---

[523] HALE, C., "Fear of crime: A review of the literature", *International Review of Victimology*, 2, 1996, 79-150; FOX, K.; NOBLES, M., y PIQUERO, A., "Gender, crime victimization and fear and crime", *Security Journal*, 2009, 24-39; VOZMEDIANO, L. y SAN JUAN, C., *Criminología ambiental: ecología del delito y de la seguridad*, UOC, Barcelona, 2010.

[524] MEDINA, J. J., "Inseguridad ciudadana, miedo al delito y policía en España", *Revista Electrónica de Ciencia Penal y Criminología*, 3, 2003, 1-21.

Esta teoría, que es uno de los sustentos más frecuentes en la creación de políticas de prevención, se define bajo aparentes criterios neutros como es la fuerza estimada o la capacidad de huir de una persona (que implicaría mayor o menor capacidad de defensión o evasión). En esta línea, dicha teoría establece que las mujeres son más débiles y, por ende, sienten mayor miedo, lo que presenta un estereotipo de género. Además, en ningún momento se considera que las mujeres ocupen una posición subordinada y que son objeto de numerosas discriminaciones. Asimismo, tampoco tienen en cuenta otros factores como el hecho de ser lesbianas, bisexuales o trans.

En suma, se pone de manifiesto como la conceptualización androcéntrica del miedo ha conllevado una política criminal que entiende esta emoción como una mera incapacidad defensiva. Este entendimiento del temor a la criminalidad es profundamente masculino y abandona cualquier idea más intrincada como, por ejemplo, que el miedo sea un instrumento biopolítico que permita el control de otras corporalidades[525].

La carencia de cualquier estudio que observe el miedo como producto social, con su propio recorrido histórico e implicaciones culturales, conllevará la reproducción de este fenómeno con todas sus consecuencias a través de una prevención meramente situacional frente a otra más social; cuando no sesgada esta última.

En otro orden de ideas, también se puede encontrar la tesis de la experiencia previa. Según este modelo, la victimización objetiva puede ser una explicación del miedo al crimen. Establece que el hecho de haber sido víctima de un delito puede

---

525 BARJOLA, N., *Microfísica sexista del poder. El caso Alcàsser y la construcción del terror sexual*, Barcelona, Virus Editorial, Barcelona, 2018; FOUCAULT, M., *Historia de la sexualidad I. La voluntad del saber*, Siglo XXI, Madrid, 2018.

ser razón suficiente para tener miedo a volver a ser victimizado/a[526]. Por tanto, el miedo sería un problema individual que debería ser abordado de manera concreta.

Si bien esta teoría tiene lógica, lo cierto es que parte de una premisa ineficaz. Por una parte, son numerosos los estudios criminológicos que han demostrado la independencia de ser víctima con respecto al miedo[527]. Por otra parte, las mujeres LBT pueden sentir miedo por ciertos sucesos que no se consideran hechos delictivos, pero que les puede victimizar como, por ejemplo, el acoso callejero o la imposibilidad de acceder a un local de ocio. Pero no solo puede influirles su victimización previa, sino la de cualquier otra persona con su misma identidad.

En esta línea, debe señalarse que estas agresiones, delictivas o no, padecidas de manera directa o indirecta, sirven para perpetuar una relación de opresión y recordarles que son una *nuda vida*[528]. Así pues, las agresiones previas no solo deben enfocarse como un factor que induzca el miedo de manera individual, sino también de forma colectiva. En el caso de las mujeres LBT, el miedo es un instrumento aleccionador que permite construir una biopolítica que resitúa sus corporalidades en heterotopías de crisis a través del estado de excepción[529].

Por último, el pensamiento criminológico también propone el modelo ecológico. El principal objetivo de este es determinar las razones por las cuales había tasas de criminalidad

---

526 HALE, C., "Fear of crime..., *op. cit.*

527 SANZ-FUENTES, A., "Análisis ecológico del miedo al delito en España", en *La criminología que viene: resultados del I Encuentro de Jóvenes Investigadores en Criminología*, Red Española de Jóvenes Investigadores en Criminología, 2019, pp. 87-98.

528 AGAMBEN, G., *Homo sacer. El poder..., op. cit.*

529 BARJOLA, N., Microfísica..., *op. cit.*; FOUCAULT, M., *Historia... op. cit.*

diferentes en los barrios de la ciudad. Uno de los descubrimientos más relevantes fueron las elevadas tasas en las zonas de transición, en las que pocas personas permanecen demasiado tiempo y donde se observa cierta "desorganización social".

En consecuencia, se propusieron como indicadores a la pobreza, la movilidad residencial y la heterogeneidad étnica, al tratarse de factores que pudieran contribuir a la disminución de control -o de supervisión-[530]. Por consiguiente, se determinó que su existencia podría suponer un incremento en el sentimiento de inseguridad y dicho argumento sería fundamental para establecer la relevancia de la eficacia colectiva en la prevención del miedo al crimen.

Esta teoría considera que el miedo al crimen no solo puede explicarse a partir de las variables sociodemográficas de los individuos, sino que es necesario tener en cuenta la presencia de valores comunes y el mantenimiento del control social informal[531]. A partir de estos, se constituye una red social que fortalece la comunidad e influye en el desarrollo de estilos de vida diferentes en los que no existan problemas de (in)seguridad[532].

En consecuencia, siguiendo la perspectiva ecológica, la disminución del miedo se produciría con el incremento de la estabilidad residencial y, por ende, la mejora de la eficacia colectiva, es decir, la cohesión social y el control social informal[533]. Asimismo, se señala que este modelo también puede ser una

---

530 SAMPSON, R., RAUDENSBUSH, S. y EARLS, F., "Neighborhoods and Violent Crime: A Mutinevel Study of Collective Efficacy", *Science*, 5328, 1997, 128-924.

531 *Ibidem.*

532 PANFICHI, A., "Del vecindario a las redes sociales: cambio de perspectivas en la sociología urbana", *Debates en Sociología*, 20-21, 1996, 35-48.

533 *Ibidem.*

herramienta efectiva para identificar los "enclaves del miedo", es decir, aquellas zonas donde las personas presentan un mayor temor a ser víctimas de la delincuencia[534].

Con respecto a este último modelo explicativo, aunque más complejo que los anteriormente mencionados, también parte de una concepción del miedo al crimen patriarcal y heteronormativo. Incluir a las mujeres en el estudio del temor a la criminalidad supone incorporar también otros aspectos que no están relacionados con el espacio público, así como tener en cuenta la importancia de los roles de género y las relaciones de poder existentes entre hombres y mujeres[535]. Aún más complejo se torna cuando se incorporan otras identidades.

Este modelo ecológico se construye desconectado de otras realidades y subjetividades. Por una parte, se nombra como desorganizadas socialmente a todas aquellas zonas que no se corresponden con el ideal estructural subyacente[536]. Por ende, existe la posibilidad de que los espacios de seguridad para las personas no-heteronormativas, los cuales pueden ser de transición en muchas ocasiones, sean catalogados como poco organizados y, en consecuencia, estos sean estandarizados como heterotopías.

Por otra parte, la identificación de los enclaves del miedo puede dar lugar a la creación de espacios que consagren la alteridad de las mujeres LBT. La identificación de determinados espacios como inseguros puede perpetuar la sensación del mie-

---

534 BUIL-GIL, D. (2017), "Un enfoque para el estudio ambiental del miedo al crimen: aproximación integradora al Enclave del Miedo (AIEM)", *Revista Electrónica de Ciencia Penal y Criminología*, 4, 2017, 1-18.

535 ORTIZ. S., "La seguridad... *op. cit.*; COL·LECTIU PUNT 6, *Urbanismo..., op. cit.*

536 WACQUANT, L. (2002). *Parias urbanos. Marginalidad en la ciudad.* Manantial, Buenos Aires, 2002.

do y fomentar la construcción de espacios de seguridad que les perpetue su condición heterotopológica. Así pues, la intención sociológica de identificar estos lugares para fomentar la eficacia colectiva no solo carece de impacto cuando se refiere a personas cuyas existencias están en entredicho por cuestionar el orden establecido por el sistema sexo-género, sino que podría ser contraproducente al apartarles aún más hacia otros lugares donde puedan no ser vistas o asimiladas.

Asimismo, cabe mencionar que todo este complejo teórico abandona una premisa relevante de la existencias lesbianas, bisexuales y trans. La distinción entre aquellas que performan su identidad y aquellas que no lo hacen se debe al miedo a ser rechazadas en sus ámbitos más cercanos. Esto significa que existe un temor vinculado a los espacios privados, los cuales no son objeto de atención para todo este modelo.

En suma, se observa la necesidad de adoptar una perspectiva de género interseccional y de introducir la epistemología de los armarios al pensamiento criminológico[537], que se ha construido históricamente bajo una noción androcéntrica y heteronormativa. Las consecuencias de ello son inmediatas y afecta de manera directa a la población, ya que inciden en la creación de una política criminal sesgada que trata de prevenir la comisión de hechos delictivos a través de un único discurso.

4. CONCLUSIONES: HACIA UNA CRIMINOLOGÍA DE LOS DISCURSOS Y LAS SUBJETIVIDADES

Son numerosos los modelos explicativos de la criminología que tratan de abordar el miedo al crimen como un fenómeno neutro, es decir que afecta por igual a todas las personas,

---

537 KOSOFSKY, E., *La epistemología…*, *op. cit.*

cuando el propio marco histórico, cultural y sociológico situacional de cada persona muestra la posibilidad de que dicho temor tenga un origen, significado e implicación diferente conforme a su propia subjetividad.

En este estudio se plantea la posibilidad de incorporar la epistemología del armario para incorporar las realidades de las mujeres LBT en la construcción de modelos de prevención del miedo al crimen. Esto es fundamental para evitar una política criminal securitarista[538], que se focalice en el mero punitivismo para crear sensación de seguridad; simbólica[539], que carezca de impacto real y haga pensar que se está luchando contra el crimen y la inseguridad, o sesgada/falseada[540], debido al hecho de construirse desde una única perspectiva que propicie una sensación de seguridad falseada.

En cada uno de esos escenarios resulta bastante complejo entender cómo, desde las ciencias criminológicas, se pretende construir una política criminal efectiva sin conocer los discursos de las personas que padecen el temor. Por tanto, se plantea la necesidad de construir un modelo explicativo a través del discurso y las expresiones de las mujeres[541], que nos permita comprender cómo se (re)producen los miedos al crimen de las mujeres LBT, sus orígenes y actuar en consecuencia.

---

538 DÍEZ RIPOLLÉS, J. L., *La política criminal en la encrucijada.* BdeF, Buenos Aires, 2015.

539 *Ibidem.*

540 BARJOLA, N., Microfísica..., op. cit.; ACALE SÁNCHEZ, M., Política criminal falseada y medios de comunicación. *Teoría y Derecho: revista de pensamiento jurídico,* 24, 2018, 134-149.

541 BUTLER, J., *Sin miedo. Formas de resistencia a la violencia de hoy.* Taurus, Barcelona, 2020; HARDING, S., "Introduction: Is there a feminist method?", en *Feminism and methodology. Social science issues,* Indiana University Press, Bloomington, 1987, pp. 1-14; VÁZQUEZ RECIO, R., Investigación, género y ética: una triada necesaria para el cambio, *Forum: qualitative social research,* 15, 2014, 1-20.

A partir de ahí, se elaborarán políticas públicas que efectivamente respondan a sus necesidades y que traten de subvertir su condición heterotopológica, sin olvidar que sus existencias son actos de parresía[542] que merecen de cierta protección. El objetivo será construir una criminología discursiva que atienda a todas las subjetividades en aras de identificar aquello que produce la alteridad y perpetúa la exclusión.

Un análisis crítico del concepto del miedo al crimen resulta de utilidad para observar las vicisitudes que experimentan las mujeres LBT, las cuales son difícilmente abordadas por modelos criminológicos que tratan de reducir el miedo a una cuestión coyuntural. Esta desconexión debe ser solventada haciendo uso de las diferentes herramientas que dispone la criminología para avanzar en el conocimiento del crimen y sus análogos.

De esta forma, se podrá proponer una política criminal que se aleje de los simplismos de incrementar las penas, proponer medidas simbólicas o se adapten a posturas criminológicas androcéntricas y alejadas de la diversidad afectivo-sexual y de género. Los modelos de la vulnerabilidad o la victimización previa[543] no solo no tienen en cuenta las realidades de las mujeres LBT, sino que además descartan el impacto aleccionador que puede tener una victimización indirecta hacia otra mujer perteneciente del colectivo.

Algo similar ocurre en los modelos ecológicos, cuyo énfasis en el entorno puede conllevar la reproducción de la opresión a través de la creación de espacios propios para las mujeres

---

542 *Ibidem.*

543 HALE, C., "Fear of…, *op. cit.* FOX, K.; NOBLES, M., y PIQUERO, A., "Gender…, *op. cit.*

LBT (heterotopías de crisis)[544] o identificando lugares donde sus cuerpos son considerados *nuda vida*[545]bajo una falseada noción de eficacia colectiva.

Las necesidades de las mujeres LBT apuntan hacia la creación de una política criminal que entienda su subjetividad, sus dilemas vitales dominados por el miedo y el riesgo que conlleva ser, estar o sentir fuera del marco estructural impuesto por el sistema sexo-género. Para ello, el rol de la criminología es fundamental, pero solo cuando se aleje de ontologías que constriñen el correcto análisis de la sociedad en la que se circunscriben las personas. Con otras palabras, cuando la sociedad sea analizada desde una perspectiva criminológica que incorpore los discursos y las subjetividades de todas las personas.

BIBLIOGRAFÍA

ACALE SÁNCHEZ, M., Política criminal falseada y medios de comunicación. *Teoría y Derecho: revista de pensamiento jurídico,* 24, 2018, 134-149.

AGAMBEN, G., *Homo Sacer II. Estado de excepción,* Pretextos, Barcelona, 2004.

AGAMBEN, G., *Homo Sacer. El poder soberano y la nuda vida,* Pretextos, Barcelona, 2019.

BARJOLA, N., *Microfísica sexista del poder. El caso Alcàsser y la construcción del terror sexual,* Barcelona, Virus Editorial, Barcelona, 2018.

BUIL-GIL, D. (2017), "Un enfoque para el estudio ambiental del miedo al crimen: aproximación integradora al Enclave del Miedo (AIEM)", *Revista Electrónica de Ciencia Penal y Criminología,* 4, 2017, 1-18.

BUTLER, J., *Sin miedo. Formas de resistencia a la violencia de hoy.* Taurus, Barcelona, 2020.

---

544 FOUCAULT, M., *Le corps..., op. cit.*; FRAGIO, A., "Heterotopías..., *op. cit.*

545 AGAMBEN, G., *Homo sacer. El poder..., op. cit.*

CASTRO-TOLEDO, F. J., *Sociedad tecnológica y miedo al crimen*. Edisofer, Madrid, 2019.

COL·LECTIU PUNT 6, *Urbanismo feminista: por una transformación radical de los espacios de vida*, Virus Editorial, Barcelona, 2019.

DÍEZ RIPOLLÉS, J. L., *La política criminal en la encrucijada*. BdeF, Buenos Aires, 2015.

FOUCAULT, M., *Historia de la sexualidad I. La voluntad del saber*, Siglo XXI, Madrid, 2018.

FOUCAULT, M., *Le Corps utopique. Les Hétérotopies*, Lignes, Paris, 2009.

FOX, K.; NOBLES, M., y PIQUERO, A., "Gender, crime victimization and fear and crime", *Security Journal*, 2009, 24-39.

FRAGIO, A., "Heterotopías de la crisis", *La Torre del Virrey: revista de estudios culturales*,15, 2014.

HALE, C., "Fear of crime: A review of the literature", *International Review of Victimology*, 2, 1996, 79-150.

HARDING, S., "Introduction: Is there a feminist method?", en *Feminism and methodology. Social science issues*, Indiana University Press, Bloomington, 1987, pp. 1-14.

KOSOFSKY, E., *Epistemología del armario*, La tempestad, Barcelona, 2018.

MEDINA, J. J., "Inseguridad ciudadana, miedo al delito y policía en España", *Revista Electrónica de Ciencia Penal y Criminología*, 3, 2003, 1-21.

NAREDO-MOLERO, M. "El miedo de las mujeres como instrumento del patriarcado", *Papeles de relaciones ecosociales y cambio global*, 2010, 79-86.

ORTIZ, S. "La seguridad urbana desde el urbanismo feminista", *Barcelona Societat. Revista de investigación y análisis social*, 2018, 1-16.

PANFICHI, A., "Del vecindario a las redes sociales: cambio de perspectivas en la sociología urbana", *Debates en Sociología*, 20-21, 1996, 35-48.

RUBIN, G., "El tráfico de mujeres: notas sobre la "economía política" del sexo", *Nueva Antropología*, 8, 1986, 95-145.

SAMPSON, R., RAUDENSBUSH, S. y EARLS, F., "Neighborhoods and Violent Crime: A Mutinevel Study of Collective Efficacy", *Science*, 5328, 1997, 128-924.

SANZ-FUENTES, A., "Análisis ecológico del miedo al delito en España", en *La criminología que viene: resultados del I Encuentro de Jóvenes Investigadores en Criminología*, Red Española de Jóvenes Investigadores en Criminología, 2019, pp. 87-98.

SANZ-FUENTES, A., "Heterotopía pandémica: devenir crimen, biopolítica y pensamiento criminológico", *Revista Electrónica de Estudios Penales y Criminalidad,* 10, 2022, 1-13.

VÁZQUEZ RECIO, R. (2014). Investigación, género y ética: una triada necesaria para el cambio. *Forum: qualitative social research,* 15, 2014, 1-20.

VOZMEDIANO, L. y SAN JUAN, C., *Criminología ambiental: ecología del delito y de la seguridad,* UOC, Barcelona, 2010.

WACQUANT, L., *Parias urbanos. Marginalidad en la ciudad.* Manantial, Buenos Aires, 2002.

Capítulo 6

Vulneración de derechos en mujeres durante proceso de gestación y parto. Experiencias en pacientes de un centro de salud en Barranquilla

DRA. OSIRIS MORALES ROJAS
Universidad Metropolitana de Barranquilla
E-mail: osimoro04@gmail.com

MGS. MOISES DAVID MARIMON PERALTA
E-mail:dam3012@hotmail.com

RESUMEN

El objetivo de la investigación fue "Comprender los significados otorgados a la vulneración de derechos en mujeres durante proceso de gestación y parto en un Centro de Salud en Barranquilla". Se desarrolló desde la perspectiva epistémica humanística-interpretativa y el enfoque fenomenológico, participando seis (06) mujeres que experimentaron este proceso y dos (02) profesionales de la salud; como diseño metodológico se empleó una secuencia operativa cíclica, técnicas e instrumentos propios de la metodología seleccionada (Martínez, 2009; Morales, 2015). Entre los hallazgos obtenidos emergieron dos mega-categorías: "Humanizado y derechos de la mujer en la atención del servicio de obstetricia durante el proceso de gestación y parto" y "Derechos sexuales y reproductivos de la mujer en la atención obstétrica", permitiendo profundizar las diferentes dimensiones de esta realidad. Como conclusión se puede reflexionar que la violencia obstetricia se enmarca en la deshumanización de la prestación del servicio de salud, exponiendo a las mujeres y neonatos a consecuencia afectando su salud integral, acompañada de la vulneración de derechos fundamentales, sexuales y reproductivos de la mujer y violencia de genero llevada a cabo por el personal médico asistencial, la cual es invisivilizada y naturalizada en una sociedad en la que prevalece el "patriarcado" como modelo socio-cultural.

1. APROXIMACIÓN AL PROBLEMA: VULNERACIÓN DE DERECHOS EN MUJERES DURANTE PROCESO DE GESTACIÓN Y PARTO EN PACIENTES DE UN CENTRO DE SALUD EN BARRANQUILLA

La sexualidad constituye una dimensión del ser humano cuya percepción ha evolucionado a partir de los cambios de cada contexto histórico – social y cultural de cada sociedad; según la (Organización Mundial de la Salud, OMS; citado por LUISI, 2018), destaca que esta "es el resultado de la interacción de factores biológicos, psicológicos, socioeconómicos, culturales, éticos y religiosos o espirituales", expresándose en diversas manifestaciones (pensamientos, fantasías, deseos, creencias, actitudes, valores, actividades, prácticas, roles y relaciones) en los diferentes ciclos de vida y género. En este sentido, el término de sexualidad es dinámico, se construye socialmente a partir de las experiencias individuales y colectivas, teniendo gran relevancia el proceso de socialización en el cual se transmite el sistema de creencia sobre la sexualidad, prevaleciendo a través del tiempo en las diferentes épocas y sociedades el "patriarcado", modelo que se fundamenta en la superioridad del hombre sobre la mujer, creando una estructura de dominación fundamentado en las diferencias biológicas.

Al respecto, FERNÁNDEZ Y DUARTE[546] destaca que este se constituyó como "un orden social fundamentado en relaciones asimétricas de poder que se sustentan en la imposición de la supremacía de lo masculino y en la consideración de lo femenino como inferior y subordinado" (p. 145). Este hecho a través del tiempo contribuyó a legitimar una ideología que fundamenta un conjunto de prácticas y creaciones socio-culturales en las principales instituciones de la sociedad, que afectan y generan violencias y vulneración de sus derechos en las mujeres y toda la población considerada débil ante la supremacía del hombre.

Uno de estas manifestaciones socio-culturales es la construcción social de la sexualidad y salud reproductiva femenina, la cual se ha conformado desde un conjunto de pautas que involucra la naturalización e invisibilización de violencia hacia la mujer en las diferentes etapas de su ciclo evolutivo, vulnerando sus derechos fundamentales, así como los sexuales y reproductivos; siendo una de estas el periodo de la maternidad que involucra tanto el periodo de gestación como el del parto. De esta forma, de acuerdo a información aportada por la (Organización Mundial de la Salud, S/F), durante este proceso, se puede presentar el fallecieron de esta población por causas relacionadas con el embarazo, así como también la muerte de los niños a el padecimiento de enfermedades producto del inadecuado procedimiento en la atención médica durante este proceso.

---

546 FERNÁNDEZ Y DUARTE "Preceptos de la ideología patriarcal asignados al género femenino y masculino, y su refractación en ocho cuentos utilizados en el tercer ciclo de la educación general básica del sistema educativo costarricense en el año 2005". *Educación*, vol. 30, núm. 2, 2006, pp. 145-162 Universidad de Costa Rica San Pedro, Montes de Oca, Costa Rica, 2006.

Este hecho, ha estado presente en diferentes periodos históricos de la humanidad, es por ello, que a partir de las luchas realizadas por grupos de mujeres por el reconocimiento de sus derechos fundamentales y especialmente los referidos a la salud sexual y reproductiva, a nivel de organizaciones internacionales y las políticas sanitaria de los países adscritos a la Convención de los Derechos Humanos (1958), de la cual se derivan diferentes instrumentos jurídicos que establecen lineamientos para regular la intervención médica y quirúrgica, que permita garantizar los derechos que posibiliten una atención basada en la dignidad y el respeto hacia las mujeres en proceso de parto y su familia.

De esta forma, CÁCERES y NIEVES[547] plantean que la atención que debe ofrecerse a las mujeres en este proceso, tiene por objetivo garantizar según acuerdos internacionales, lo que se conoce como parto humanizado, el cual se caracteriza por respetar los derechos de los padres, esto no solo al final de la gestación sino antes, durante y después del mismo. Esto, atendiendo a los lineamientos establecidos por la Organización Mundial de la Salud, (1985), en la "Declaración de Fortaleza", donde se establece que la mujer tiene derecho a atención prenatal adecuada y a participar en la planificación, ejecución de la atención y evaluación.

Al respecto, ACERO[548] destacan que el Estado Colombiano, como miembro de la Organización de la Naciones Unidas, ratifica estos acuerdos internacionales a través de sus instrumentos legales y políticas públicas a fin de garantizar, proteger,

---

547 CACERES Y NIEVES: "Atención humanizada del parto. Diferencial según condición clínica y social de la materna". Revista Colombiana de Obstetricia y Ginecología. 68(2), p. 128. Disponible en: http://www.scielo.org.co/pdf/rcog/v68n2/0034-7434-rcog-68-02-00128.pdf. 2017

548 ACERO et. al. 2015.

atender y respetar todos los aspectos referidos al desarrollo humano; tal es el caso, particular del derecho a la salud dentro del Sistema de Seguridad Social, regido por el Gobierno nacional como ente responsable de coordinar y controlar todo lo referido a este ámbito.

No obstante, a pesar de ello, Colombia, al igual que muchos países latinoamericanos, reproducen y mantienen pautas socioculturales que inciden de forma negativa en la atención debida durante los partos en las salas de obstetricia, propiciando en muchos casos violencia obstétrica en el territorio nacional; esta acción evidencia una normalización de tales acontecimientos violatorios de derechos de la mujer, a tener sus hijos en medio de un espacio armonioso al lado de su familia.

Es así como, a pesar de que se han suscitado algunas iniciativas desde lo jurisprudencial con el fin de garantizar el debido respeto a la parturienta y a su bebé, aún hoy, son comunes las historias de mujeres en proceso de parto en donde se quejan de los tratos otorgados por el personal médico; así mismo, son pocas las iniciativas que se generan frente a los procedimientos humanizados, en este caso las diferentes etapas del parto, y las diferentes trabas que se suscitan en la cotidianidad para el cumplimiento de los referentes legales.

En la Región Caribe, este hecho se presenta a diario en los diferentes Centros de Salud, destacándose múltiples casos en los que sobrepasa el porcentaje de nacimientos por cesárea sobre los nacimientos por parto natural; según cifras del Departamento Administrativo Nacional de Estadística (DANE), este territorio concentra el 45% de nacimiento a través de la práctica por cesárea a nivel nacional, lo cual define un modo de atención médica que se escapa de la propuesta de humanización durante el parto, en especial aquellas que se realizan en Centros de Salud donde atiende a población de bajos recursos.

Por su parte, en el Departamento Atlántico, Distrito Especial, Industrial y Portuario de Barranquilla, la atención del derecho a la salud en sectores vulnerables de la población, se establece a través de un modelo presentado por el Ministerio de Salud y Protección Social, (2016), la Dirección Nacional de Planeación, las agremiaciones de las entidades promotoras de salud y Protección Social, tanto del régimen contributivo como del régimen subsidiado, las asociaciones de usuarios entre otros. En el caso de los Hospitales de Barranquilla, donde se les ofrece atención médica a todos aquellos ciudadanos que así lo ameriten; entre las que se destacan, mujeres que se encuentran en proceso de parto y se les ofrece una adecuada atención obstétrica respondiendo al derecho a la salud consagrado en la constitución nacional.

2. OBJETIVO INICIAL DE LA INVESTIGACIÓN

Comprender los significados otorgados a la vulneración de derechos en mujeres durante proceso de gestación y parto en un Centro De Salud en Barranquilla.

3. METODOLOGÍA

La misma se desarrolló desde la perspectiva epistémica humanística-interpretativa, desde un enfoque fenomenológico, con un diseño metodológico el cual buscó profundizar en los significados y vivencias de seis (06) mujeres que experimentaron este proceso empleando la técnica del grupo focal, así como la entrevista semi-estructurada de dos miembros del personal del Centro de Salud abordado, quienes aportaron sus experiencias laborales en el mismo; para la recolección de la información se siguió la secuencia operativa propuesta por Martínez, (2009); citado por Morales, (2015), para el análisis de la información se desplegó un proceso que implicó dos niveles: a) categorización y estructuración de las narrativas,

b) teorización de los resultados, logrando dar respuesta al objetivo inicial de la investigación.

4. DISCUSIÓN DE LOS RESULTADOS

Para esta fase, se siguió el proceso denominado "Categorización", propuesto por Martínez (2009); citado por Morales, (2015), el cual consistió en desagregar la realidad presentes en las entrevistas realizadas a través de categorías que representan características o cualidades de los hechos narrados, las cuales fueron contratadas posteriormente con autores, para generar un conocimiento derivado de estas experiencias y dar respuesta al objetivo del estudio. De esta forma, se obtuvo lo siguiente:

4.1. Categoría Axial: Parto Humanizado y derechos de la mujer en la atención del servicio de obstetricia durante el proceso de gestación y parto

Este aspecto está referido a la importancia que tiene el periodo de la "maternidad" tanto para la mujer como para el desarrollo del nuevo ser, el mismo comprende desde el proceso de gestación hasta el parto. Al respecto, la Organización Mundial de la Salud, reconoce el derecho que tienen las mujeres "a recibir el más alto nivel de cuidados en salud, que incluye el derecho a una atención digna y respetuosa en el embarazo y en el parto, y el derecho a no sufrir violencia ni discriminación".

En este mismo orden de ideas, la Constitución Política de Colombia (1991), plantea el deber del Estado para garantizar los derechos fundamentales para la mujer y el niño, quienes deben ser atendidos de forma integral en el campo de la salud (Art. 5, 11,13,42, 43, 48 y 49). De esta forma, durante el análisis de la información, se lograron identificar los siguientes hallazgos:

Atención Obstétrica en el Proceso de Gestación y Parto: el mismo es prestado de acuerdo por la Organización Mundial de la Salud, (s.f), por instituciones de salud, requiriendo para ello un personal de salud capacitado a fin de salvaguardar ambas vidas. No obstante, de acuerdo a las manifestaciones de las mujeres entrevistadas, refirieron que experimentaron un proceso de "parto deshumanizado", tanto por las condiciones del área donde fueron atendidas, como de la atención recibida tanto ellas durante el proceso de gestación y parto, como los familiares por parte del personal de salud, siendo víctimas de "violencia Obstétrica".

Al respecto, la Organización Mundial de la Salud, (2014), reconoce que a nivel mundial gran parte de las mujeres durante el trabajo de parto, son objeto de tratos irrespetuosos y ofensivo por parte de los profesionales que atienden los servicios de obstetricia en los distintos centros de salud, hecho este que vulnera sus derechos sexuales y reproductivos, así como también, amenaza sus derechos a la vida, la salud, la integridad física y la no discriminación. Es por ello, que declará que "todas las mujeres tienen derecho a recibir el más alto nivel de cuidados en salud, que incluye el derecho a una atención digna y respetuosa en el embarazo y en el parto, y el derecho a no sufrir violencia ni discriminación"(p. s/n).

En este mismo orden de ideas, BELLI[549] destaca que la violencia obstétrica, constituye una consecuencia producto del empleo del paradigma médico dominante, caracterizada por el uso de la violencia ejercida por el profesional de salud sobre el cuerpo y los procesos reproductivos de la mujer embarazada, propiciando la acción de patologizar procesos naturales de

549 BELLI, L."La violencia obstétrica: otra forma de violación a los derechos humanos". *Revista Red bioética/UNESCO*.1 (7). Disponible en: http://ri.conicet.gov.ar/bitstream/handle/11336/12868/Art2BelliR7.pdf?sequence=&isAllowed=y . 2013.

la sexualidad y reproducción, generando un trato deshumanizado hacia la atención de la salud en mujer en el periodo de la gestación, parto y post-parto. Asimismo, esta autora destaca que este hecho, muchas veces es relacionado únicamente con la experiencia del parto; no obstante, es importante destacar que también está vinculado también todos los otros dominios del campo de la salud sexual y reproductiva como la anticoncepción, la planificación familiar, el aborto, la menopausia y más.

Al analizar las diferentes narrativas obtenidas a través de las entrevistas realizadas a las mujeres que participaron del grupo focal y experimentaron este proceso, se logró obtener diferentes experiencias relacionadas la presencia de casos de violencia obstétrica; entre estas manifestaciones cabe destacar:

> "...yo llegué con dolores, llegué dilatando a 2, Cuando yo llego un doctor me dice, no tú estás para la madrugada, Yo le digo ah bueno ok, mi mamá le dice, no, pero no me la venga manda para la casa y el doctor le he dice, no, yo no la voy a mandar para la casa, mi mamá me puso a caminar todo el hospital en el área de consulta externa, me canalizaron y todo, cuando el doctor vio que él llegó como a las 11 de la noche me inyecto para que no me diera dolor. Porque él no quería que yo pariera en las horas de la madrugada y en el rato donde él estaba. Ósea quería que fuera en otro turno..."

> "...Cuando amaneció a mí se me quitaron los dolores, pero yo estaba dilatando pero poquito entonces me lo dice mi marido él llegó se quedó conmigo y lo sacaron porque el salió con grosería porque después a mí se me rebotaron los dolores que yo estaba afaná que me dolía que me dolía, entonces el médico no me había atendido, cuando el llego fue que llegó cambio de turno a las 5 de la mañana llegó el doctor que no me acuerdo el nombre de él, el llego y él fue el que me vio, el me hizo el tacto y él me dijo: no mami tú estás en 5; Vamos a pasarte para sala de parto, él me paso para sala de parto que queda para lo último del hospital.... cuando el niño iba saliendo me tomó agua de fuente... casi se me muere cuando nació, le daban sobos duro en la espalda y botaba agua de fuente, le pusieron oxígeno, lo trasladaron para el Hospital Niño Jesús,

> allá duró 15 días... salió con problemitas de respiración, por eso fue una experiencia mala para para mí estar ahí".

Lo antes descrito por una de las mujeres entrevistadas, evidencia una mala praxis por parte del equipo de salud, quienes pusieron en riesgo la vida tanto a la madre como al recién nacido, propiciando momentos de sufrimiento, angustia y tratos inhumanos que afectaron la dignidad de la paciente.

En este mismo orden de ideas, se presenta la experiencia relatada por una de las participantes, quien señaló que fue víctima de los malos tratos y abuso de la enfermera, al momento de realizar su control ginecológico, expresando lo siguiente: "tengo 12 años de estar yendo al hospital, ahí es que me atienden, me hago mi citología ahí y si me han dicho varias veces me han dicho – < a pué pero abra bien las piernas, como anoche> Eso es una falta de respeto, uno no puede decirle ná a la enfermera, y uno tiene que quedarse callado porque es la enfermera – No debería ser así...! Y lamentablemente es así porque a mí me han dicho varias veces".

De las narrativas expuesta por las mujeres entrevistadas, se evidencia la violencia obstétrica; esta es caracterizada por CÁCERES Y NIEVES[550], como producto de las prácticas abusivas de quienes atienden todo el proceso de atención de la mujer en este hecho, evidenciándose en la revisión repetitiva de órganos genitales sin su consentimiento, el trato deshumanizado, la falta de información de su proceso o la evolución de su bebe en el nacimiento e incluso por la exhibición a la que se ven obligadas en las salas de parto.

---

550 CACERES Y NIEVES: "Atención humanizada del parto. Diferencial según condición clínica y social de la materna". Revista Colombiana de Obstetricia y Ginecología. 68(2), p. 128. Disponible en: http://www.scielo.org.co/pdf/rcog/v68n2/0034-7434-rcog-68-02-00128.pdf. 2017

La violencia obstétrica, también se ve reflejada en muchos casos en el cual la mujer es víctima del abuso y humillación de quienes tienen el deber de atenderla con respeto, garantizando sus derechos fundamentales. Dada las manifestaciones de las mujeres entrevistadas, se reconoce la ejecución de esta acción a partir de varias acciones, tales como: partiendo de mensajes ofensivos del personal médico hacia la paciente, alargamiento de las etapas del trabajo de parto, abandono de la paciente durante el proceso de parto, entre otros.

Otro aspecto a destacar como parte de este análisis, lo constituye la experiencia del proceso de parto tanto de las mujeres como de sus familiares, quienes lo describen como "traumático", ante la práctica del personal de salud; al respecto, (Moore, 2016), señala que esta es una experiencia que impacta de forma psicológica a las personas vinculadas al hecho, él mismo se expresa a través de las de percepciones y emociones que tiene la mujer, padre u otro acompañante de la gestante en relación a situaciones experimentadas en el proceso de parto, quienes percibieron amenazas que la madre y el hijo estuvieron en peligro o grave amenaza de la integridad física o emocional,

Al respecto, se conoció dentro de la experiencia de una de las mujeres entrevistadas "... el parto seco es un parto que ellos dicen que hasta que no esté botando el líquido ellos no pueden hacer nada, entonces nosotros estamos sufriendo el dolor, pero no hay líquido, no sale sangre y feo, porque uno quiere salir de eso y no puede, y ellos tampoco hacen nada, dicen, ahorita te venimos dar vuelta y se van, ponen inyecciones para dilatar y nada...".

Amismo, otra de las mujeres entrevistadas, expuso su experiencia en cuanto a la atención recibida en este Centro de Salud "una doctora me trató muy mal me dijo: "Usted no ha reventado membrana, no le puedo reventar la membrana... yo no reviento membrana... hasta que no reviente la membrana no puede parir" Yo le dije: "Yo no reviento membrana porque con el primer parto y el segundo yo no reventé membrana" ella me decía que no..! y, mi esposo se mareó con ella le dijo un poco de cosa porque… si ella está apurada con los dolores y nada que la atienden y no le revientan la membrana – no yo no reviento membrana y se cogió más rabia con mi esposo y se pelearon ahí él le dijo sus cosas ahí. Bueno, ya entonces lo hizo por maldad y me dejó ahí. Y yo con los dolores sufriendo, sufriendo".

Los casos expuestos evidencian el trato inhumano del personal médico del Centro de Salud, en el cual las mujeres expresan que el trabajo de parto fue traumático, representado por un dolor intenso, dilatación y falta de atención oportuna a las pacientes, violencia verbal tanto para la parturienta como para los familiares. Estos hechos sugieren una situación traumática vinculada con el hecho de parir bajo unas circunstancias distintas al parto humanizado que debe brindarse en los centros de salud, acorde con las normativas establecidas en los diferentes instrumentos jurídicos y políticas públicas en salud del país.

El parto humanizado, requiere del respeto de los profesionales en el desarrollo de este proceso, el cual tendrá gran impacto en la vida de la mujer y el recién nacido, al respecto, GUTIÉRREZ[551] señala que este constituye la acción que vincula la con el apoyo empático a nivel psicológico y los sentimientos con el enfermo. Esto implica reconocer y respetar la dignidad tanto del profesional como de sus pacientes, a fin de garantizar un servicio acorde a las necesidades y limitaciones de estos. Esta opción de atención del proceso de parto plantea un enfoque multidimensional (científico, social, humanístico,

---

551 GUTIÉRREZ, R., "La humanización de (en) la Atención Primaria". *Articulo Especial. en Revista Clínica de Medicina de Familia*. 10 (1). P. 29 -38. Disponible en: https://scielo.isciii.es/pdf/albacete/v10n1/especial.pdf. 2017.

y ético) en las instituciones de salud puesto que, permite una comunicación efectiva entre las dos partes al realizar su respectivo acompañamiento.

En el caso de estudio, se pudo evidenciar de acuerdo a una de las entrevistadas que forma parte de los profesionales de salud de la institución, señaló "... no se puede decir que se cumple al 100% un parto humanizado en el hospital, no es una condición aislada de la ESE, debido a muchos factores en los primeros niveles de atención aún no están dadas las condiciones para hacerlo..."

Por otro lado, una de las pacientes entrevistadas manifestó "... llegue con los dolores fuertes sola en un cuarto...ya no aguantaba más, decía que me ayudaran porque no se me reventaba la membrana era horrible. Bueno, me colocaron en la camilla y me dio sueño – Ana Mauri (personal de enfermería) me decía no te puedes dormir, vas a ver a tu bebé, va a nacer... yo pujaba y nada, ¡horrible...! Después se me montó aquí, en el vientre y me bajó a la niña, ¡salió la niña! Cuando salió no lloró... me vino el alma al cuerpo, porque ya la niña había llorado".

El parto humanizado consiste en retomar las prácticas en las que se le da la relevancia necesaria a la mujer asumiendo un rol protagónico de su proceso de parto y no como tercera, tomando en consideración sus necesidades y opiniones. De acuerdo a las mujeres entrevistadas, la atención médica dentro de la institución carece de empatía, humanización, ética, profesionalismo, todo ello se puede constatar durante la vulneración de derechos recibidos por la mujer en proceso de parto y se expresan casos de violencia obstétrica y violencia de género.

4.2. Categoría Axial: Derechos sexuales y reproductivos de la mujer en la atención obstétrica

A pesar que través del tiempo y la lucha de grupos de mujeres en el marco de los Derechos Humanos, se han logrado alcanzar grandes avances en el reconocimiento de los derechos sexuales y reproductivos en la mujer, dando origen a diferentes instrumentos internacionales y nacionales que buscan garantizar y proteger las diferentes necesidades de la población femenina en la actualidad, siendo la maternidad una de ellas; aún persiste su vulneración en diferentes hecho, tal es el caso del momento de la atención antes y durante el parto. En este sentido, las pacientes entrevistadas señalaron:

> "...En el Centro de Salud no me han respetado...Están haciéndole la citología a uno y se asoma el enfermero... a veces cuándo están haciendo el carnet prenatal, preguntan muchas cosas y preguntan, que con cuántos hombres has estado, y esa pregunta para mi debe hacerse en privado, para mí eso es privacidad que uno debe tener... en la sala de parto le dicen– ¿Hay eso no te dolió cuando lo estabas haciendo el acto? ¿Eso si no te dolió? ¿No te sentiste incomoda?.."

De igual forma, otra de las mujeres entrevistadas manifestó:"... no me gustó esa experiencia que tuve allá... me vulneraron ese derecho prácticamente ... yo perdí a mi niña... tenía programado una cesárea, en mi casa dieron los dolores y me fui pal hospital... me fui con un poquito de anticipación porque yo dije que tenía una cesárea programada, me hicieron el tacto –ya usted va a parir—yo dije "No, pero yo tengo una cesárea programada, aquí están mis papeles, yo tengo una cesárea, yo no puedo parir más porque mariana había nacido... yo tenía una cesárea y no me la respetaron. Derecho a la salud, ella tenía derecho a nacer sana eso fue en problema ahí cuando parí por eso fue que le cayó líquido, me dijeron después pues que había sido eso.

La vulneración de derechos en las pacientes entrevistadas se hizo presente durante sus discursos, una de ellas sintió que su hija no gozó del derecho a la salud, tras haber nacido en condiciones que le condujeron a la muerte, no ser escuchada a tiempo por el personal médico que la atendió, fue lo que desencadenó complicaciones en el parto. Es importante destacar, que en este Centro de Salud, el personal de salud conoce cuáles son los derechos que tienen las mujeres embarazadas que ingresan a la institución en proceso de parto, sin embargo, al momento de hacerlos cumplir, suelen ser transgredidos.

5. CONCLUSIÓN

Un vez concluida esta investigación, es importante destacar entre los hallazgos obtenidos se pudo evidenciar que a pesar del avance en los derechos humanos y especialmente en los derechos sexuales y reproductivos de las mujeres, a nivel mundial y en especial en Colombia, siguen prevaleciendo prácticas deshumanizadas en los Centros de Salud, que promueven la violencia verbal y psicológica durante el periodo de maternidad, vulnerando los derechos fundamentales de la salud, vida y dignidad tanto de la mujer, como del nuevo ser humano. Se logró develar a través de los relatos, esta práctica a partir de tratos irrespetuosos con las pacientes y familiares acompañantes, mala praxis médica, lo que conllevo a experimentar partos traumáticos, generando sentimientos de angustia, ira y sufrimiento en estas, destacando en uno de estos la muerte del neonato; aunado a ello, se evidenció que dicho Centro de salud, tampoco cuenta con los recursos humanos, materiales y necesarios para atender a los partos que puedan complicarse, agudizando las condiciones del parto en condiciones inhumanas.

Lo antes descrito, evidencia una vulneración de los derechos fundamentales como la vida, salud, intimidad e integridad física, psíquica y moral, establecidos en la Constitución

Política de Colombia (1991); así como de los derecho sexuales y reproductivos, referidos al acceso a los servicios integrales de salud y atención médica para garantizar la maternidad segura, así como acceder a los beneficios de los avances científicos en la salud sexual y reproductiva. Finalmente, se concluye que la violencia obstetricia se enmarca dentro de la deshumanización de la prestación del servicio de salud, exponiendo a las mujeres y neonatos a consecuencia física, psicológica y sociales, afectando su salud integral.

Lo antes expuesto, permite reflexionar a manera de conclusión que la violencia obstetricia, forma parte de violencia de género llevada a cabo por el personal médico asistencial que interviene durante el proceso de gestación y parto, la cual es invisibilidad y naturalizada por las pautas socio-culturales de una sociedad en la que prevalece el "patriarcado" como modelo que impone la superioridad del hombre sobre la mujer, el cual ha prevalecido a través del tiempo.

BIBLIOGRAFÍA

ACERO, PARDO, RIVERA Y SANTOS. "Informe de Derechos Humanos. Consejería Presidencial para los Derechos Humanos". Disponible en: http://www.derechoshumanos.gov.co/Prensa/2015/Documents/151209-INFORME%20DDHH%202015.pdf. 2015.

ASAMBLEA NACIONAL CONSTITUYENTE DE COLOMBIA. Constitución Política de Colombia. 1991.

BELLI, L.. "La violencia obstétrica: otra forma de violación a los derechos humanos". *Revista Red bioética/UNESCO*.1 (7). Disponible en: http://ri.conicet.gov.ar/bitstream/handle/11336/12868/Art2BelliR7.pdf?sequence=&isAllowed=y. 2013.

CACERES Y NIEVES. "Atención humanizada del parto. Diferencial según condición clínica y social de la materna". Revista Colombiana de Obstetricia y Ginecología. 68(2), p. 128. Disponible en: http://www.scielo.org.co/pdf/rcog/v68n2/0034-7434-rcog-68-02-00128.pdf 2017

FERNÁNDEZ Y DUARTE "Preceptos de la ideología patriarcal asignados al género femenino y masculino, y su refractación en ocho cuentos utilizados en el tercer ciclo de la educación general básica del sistema educativo costarricense en el año 2005". *Educación*, vol. 30, núm. 2, pp. 145-162 Universidad de Costa Rica San Pedro, Montes de Oca, Costa Rica. 2006.

GUTIÉRREZ, R. "La humanización de (en) la Atención Primaria". *Artículo Especial. en Revista Clínica de Medicina de Familia.* 10 (1). P. 29 -38. Disponible en: https://scielo.isciii.es/pdf/albacete/v10n1/especial.pdf.2017.

LUISI. "Sexualidad, Género y Educación Sexual ". *Extramuros: Revista de la Universidad Metropolitana de Ciencias de la Educación.* No. 17. P. 97-107. Disponible en: https://dialnet.unirioja.es/ejemplar/572923. 2018

DEPARTAMENTO ADMINISTRATIVO NACIONAL DE ESTADÍSTICA (DANE), Disponible en: https://www.dane.gov.co/index.php/estadisticas-por-tema/salud/nacimientos-y-defunciones/nacimientos.

MINISTERIO DE SALUD Y PROTECCIÓN SOCIAL. "Política de Atención Integral en Salud "Un Sistema de Salud al Servicio de la Gente". Disponible en:https://www.minsalud.gov.co/sites/rid/Lists/BibliotecaDigital/RIDE/DE/modelo-pais-2016.pdf. 2016.

Capítulo 7

Donantes víctimas de violencia de género y revocación de la donación: a propósito del nuevo código de las familias cubano

YAIRIS ARENCIBIA FLEITAS[552]
Correo electrónico: yairisaf84@gmail.com

1. EL CONTRATO DE DONACIÓN. BREVES CONSIDERACIONES EN TORNO A SU CONFIGURACIÓN TEÓRICO-LEGAL SEGÚN EL CÓDIGO CIVIL CUBANO DE 1987

Al pensar en el contrato de donación y todo lo que implica no solo desde el punto de vista jurídico-patrimonial, sino también afectivo, resulta imposible no recordar las sabias ideas de PUIG, cuando afirmó que "ninguna institución jurídica descubre tanto como la donación los aspectos más puros de los

552 Trabajo realizado en el marco de las Ayudas María Zambrano para la atracción de talento internacional, financiadas por el Ministerio de Universidades, la Universidad de Alicante y la Unión Europea, como parte del Plan de Recuperación, Transformación y Resiliencia de España, a través del Instrumento Europeo de Recuperación "Next Generation" para el periodo 2021-2027.

sentimientos del hombre. Por eso la ley desea asegurar que ese sentimiento sea firme, desinteresado y correspondido"[553].

En esta línea de pensamiento, Iherig ubica la donación dentro de los actos, calificados por él, como actos de abnegación, de sacrificio, de amor, de beneficencia, al entenderlo como "el acto desinteresado, en el que el equilibrio se ha roto con frecuencia en un grado tal, que desde el punto de vista del egoísmo se hace incomprensible"(s.f., p. 40). Coincidentemente, MENDOZA lo califica como un acto altruista y benefactor que la ley admite como muestra del libre albedrío del donante de beneficiar al donatario[554].

La verdadera cimentación jurídica de este contrato se produjo durante el Imperio Romano, y con ella la potestad en su revocación. Justiniano determinó que, una vez perfectas no podían revocarse sin motivo, incluyendo dentro de uno de esos motivos el concepto de ingratitud. Según Domingo, en la Partida V se incluían las donaciones *inter vivos* y *mortis causa* -siguiendo el estudio y concepción romana de la institución- regulación que estuvo vigente hasta la promulgación del Código Civil de 1889, que la mantuvo, dotando a la donación de una naturaleza irrevocable, pero permitiendo una revocabilidad discrecional en supuestos tasados, al hilo del artículo 644 "*por razones de supervivencia o superveniencia de hijos*" y "*por causa de ingratitud*" en los casos enumerados en el artículo 648[555].

---

553 PUIG PEÑA, F., *Tratado de Derecho Civil Español,* Tomo IV, Volumen I, Revista de Derecho Privado, Madrid, 1957.

554 MENDOZA VÁZQUEZ, E., "¿La propiedad regresa al donante si el donatario no ejecuta el cargo o modo establecido?", *Ius Inkarri. Revista de la Facultad de Derecho y Ciencia Política,* Volumen 11, número 11, enero-junio, 2022, Lima, pp. 42-54.

555 DOMINGO, J. D., "Maltrato psicológico: nueva jurisprudencia del Tribunal Supremo", *El notario del siglo XXI,* número 64, noviembre-diciembre de 2015. Colegio Notarial de Madrid-Ministerio de Justicia del Gobierno de España. P.23.

Con fiel seguimiento al legado Romano, el ordenamiento jurídico español –del que es el cubano fiel heredero- reguló la donación por primera vez en el Código de las Siete Partidas, definiendo la donación como aquella liberalidad se hace con la intención de que la cosa se transmita del que la recibe y no vuelva más a él, dando a la donación inter-vivos de cierto carácter irrevocable. Dispone el artículo 371 del Código Civil cubano que la donación es un contrato por el cual "*una persona a expensas de su patrimonio, transmite gratuitamente la propiedad de un bien a favor de otra persona que la acepta*"; o sea, que la pauta seguida por el codificador para definir a la donación se centra en la finalidad de transmitir gratuitamente el dominio de la cosa donada, de modo que tal elemento constituye más que su esencia, su naturaleza misma (Pérez, 2012-2013, p. 534). Cualquier otro acto de beneficencia que no revista esta cualidad, es calificado como una liberalidad, género del cual la donación constituye sólo una especie (Casas de Chamorro, 2020, p. 81).

Distingue Pérez Gallardo la singularidad del contrato de donación en su configuración según el Código Civil cubano, a través de los siguientes elementos:

- "Es el único contrato en que no se mencionan las obligaciones a cargo del donante, a diferencia del resto de los tipos contractuales, aquí en modo alguno se hace alusión por el legislador a que en virtud de él, el donante se obliga a transmitir, sino trasmite. Incluso, aun cuando tenga por fin la transmisión de la propiedad, nada se alude a las clásicas garantías a cargo del *tradens* de responder por evicción o por vicios ocultos a través del saneamiento.

- Es el único tipo contractual en el cual la condición, regulada en el art. 53 del C.c. como una determinación accesoria de las partes, que puede ser incorporada por su mera voluntad, queda proscrita, lo cual además de lacerar la autonomía de la voluntad, sobre todo del donante, es un sinsentido, si se tiene en cuenta la gratuidad y la liberalidad que informan este acto. Si me desprendo de algo sin recibir nada a cambio, es lógico que lo haga incluso poniendo condiciones.

- Es el único contrato en que la declaración de voluntad de uno de los sujetos juega un papel determinante, de gran peso e influjo, si bien no para la perfección del contrato, sí para la determinación de su contenido, a tal punto que la sola declaración de voluntad del donante recibe el nombre de donación, más que de oferta de donación, otro extremo no se colige de lo regulado en los arts. 374 y 376 del C.c."(2012-2013, p. 535).

Derivado de dichas particularidades, algunos autores advierten como un efecto patrimonial inmediato derivado de la perfección del contrato en análisis el empobrecimiento del donante y correspondiente enriquecimiento del donatario, aunque considera esta autora, en línea con JARA[556], que resulta más apropiado significar que lo que en puridad se produce es una disminución en el patrimonio del donante y un acrecentamiento en el del donatario, por cuanto afirma el citado autor que "la merma que en aquel se produce (refiriéndose al patrimonio del donante) no pone en peligro su estabilidad económica" (1987, pp. 364-365). De esta manera es que, *prima facie,* podría ser asimilado a una situación de inequidad, aunque justificada causalmente por la ley, que la regula en razón a motivos benéficos o altruistas subyacentes que originan el llamado *animus donandi.*

La donación es entonces el contrato con prestación unilateral, celebrado entre dos partes, denominadas donante y donatario, por el cual el primero voluntariamente transfiere

---

[556] JARA, H., "Contrato de donación" en *Temas de derecho contractual,* Cultural Cuzco, Lima, 1987. 364-365.

a título gratuito un bien de su propiedad al segundo, produciéndose una disminución patrimonial en figura del donante y un correlativo incremento en el del donatario, como un acto voluntario, deseado y aceptado de manera libre y consciente por ambos.

Se percibe en esta definición el carácter irreversible de la transmisión operada, que provoca que se integre a la masa patrimonial del donatario un bien recibido gratuitamente del donante quien, una vez perfeccionado el contrato, no puede pretender la devolución del bien a su titular anterior. Sin embargo, no es esta una afirmación absoluta, por cuanto admite ciertos matices, como es el supuesto de que se configure alguna causal para su revocación.

2. REVOCABILIDAD DEL CONTRATO DE DONACIÓN: REFERENTES TEÓRICOS Y LEGALES

La donación, como cualquier otro contrato, es irrevocable, lo que implica la imposibilidad de que este pueda dejarse sin efecto por la sola voluntad del donante. Dan fe de ello en el plano normativo, por citar algunos ejemplos, el artículo 1.159 del Código Civil venezolano, que dispone: "*Los contratos tienen fuerza de Ley entre las partes. No pueden revocarse sino por mutuo consentimiento o por las causas autorizadas por la Ley*". En idéntico sentido, el artículo 953 de la norma sustantiva civil de la República Dominicana, que dispone la irrevocabilidad de la donación realizada entre vivos, con la excepción de los supuestos de inejecución de las condiciones en que se hizo, por motivo de ingratitud o de nueva descendencia. Con una redacción aparentemente más permisiva, el artículo 1294 del Código Civil uruguayo establece que "*Las partes pueden, por mutuo consentimiento (...) revocar los contratos por las causas que la ley autoriza*", aunque como se aprecia, acota tal facultad revocatoria a supuestos legalmente previstos en la norma.

No obstante, esta modalidad contractual admite la revocación en ciertos supuestos establecidos en la ley, en tanto la donación impone sin duda alguna el cumplimiento de ciertos deberes morales, *ius gratitudinis* del donatario con referencia al donante. Así lo ha reconocido la jurisprudencia internacional, específicamente en la Sentencia 499/2000 de 13 mayo 2000, del Tribunal Supremo español y en idéntico sentido la sentencia de la Cámara Nacional de Apelaciones en lo Civil argentina, al aclarar que "*el contrato de donación, a diferencia de los testamentos y los legados que no confieren un derecho actual, es, en principio, irrevocable, pues de lo contrario resultaría incierto el derecho transferido al donatario*".

Al respecto, la Sentencia de 20 de julio 2015 de la Sala Primera del Tribunal Supremo, al insistir en dicho carácter en principio irrevocable del contrato de donación, señaló: "*interesa destacar la clara afirmación del principio de la irrevocabilidad, que sólo cede ante previsiones expresas y muy limitadas de la ley. Es decir, la reglamentación de causales expresas que configuren una posible revocación no fractura ni se altera la excepcionalidad de la revocación*".

CASAS DE CHAMORRO interpreta la existencia de tales causales específica y expresamente previstas en Ley como un elemento para descartar el carácter esencialmente irrevocable a este contrato, aunque reconoce la irrevocabilidad como un principio de vigencia general en este contrato –postura con la que comulga esta autora-, que excepcionalmente puede dejarse de lado cuando la ley lo autoriza por hechos que no se originan en la voluntad del donante, ocasionados por una actitud censurable del donatario. Es esto lo que le concede la facultad de revocar al donante, la cual opera sin necesidad de acuerdo previo entre este último y donatario[557].

---

[557] CASAS DE CHAMORRO, M. L., "Revocación de las donaciones", *Lecciones y ensayos*. Número 46, 2da época, volumen 2, año 2020, Fa-

En tal sentido, la revocación presupone una donación válida estructuralmente, no obstante, se trata de una causa de ineficacia por eventos sobrevenidos, siendo objeto de retractación; por lo que el negocio bilateral (donación) es privado de su eficacia en virtud del ejercicio de una potestad unilateral, autorizada por el legislador[558].

Debe ser entendida entonces la revocación como un mecanismo jurídico tendiente a dejar sin efecto un contrato de donación perfeccionado con anterioridad. Encierra en sí mismo los caracteres de un derecho subjetivo de tipo patrimonial con fuertes tonos de subjetivismo, identificado en figura de un titular (el donante) que, como tal, tiene bien la facultad de hacer valer las causales que a su juicio motivan la revocación de la donación realizada e invocarla ante el órgano jurisdiccional, o bien renunciar a la posibilidad de hacerlo.

Al carácter eminentemente subjetivo de la figura se ha referido el Tribunal Supremo español en su sentencia de 29 de noviembre de 1969: "Que aun cuando, por lo general, la acción derivada del artículo 648 del CC presenta un carácter eminentemente personal, no por ello debe olvidarse que su finalidad se dirige de dotar al donante de un medio coactivo y psicológico para obligar al donatario al cumplimiento de sus deberes morales que el *ius gratitudinis* le impone, y que presenta las características de una verdadera unción penal de tipo económico *(...)*"

En este sentido, resulta interesante la regulación del Código Civil brasileño, que luego de disponer *ex* artículo 555 la revocabilidad de la donación por ingratitud del donatario,

---

cultad de Derecho, Departamento de Publicaciones, Universidad de Buenos Aires, pp. 81-82.

558 MESSINEO, F., *Manual de Derecho Civil y Comercial. Relaciones obligatorias singulares,* Tomo V. Ediciones Jurídicas Europa-América, Buenos Aires, 1965. P.335-338.

prohíbe en el precepto 556 que de manera anticipada se pueda renunciar al derecho de revocar la liberalidad realizada por motivos de ingratitud. A juicio de esta autora esta regulación, más que una limitación al ejercicio de dicho derecho subjetivo, debe ser interpretada como una protección reforzada a la figura del donante, que le garantiza un recurso para buscar amparo legal frente a situaciones que puedan serle gravemente perjudiciales.

Salta a la vista su carácter unilateral, aunque solo en lo que respecta al ejercicio de la acción correspondiente, toda vez que su causa debe ser hallada en una conducta previa del donatario, que la normativa civil considera reprochable por ser lesiva a los intereses del donante. Justamente dicho comportamiento es lo que lo habilita para invocar la revocación de la gratuidad otorgada, pues como acertadamente sostiene MESSINEO[559]:

> "La revocación de la donación tiene su base en la ley, de manera que el donante no podría a su capricho, revocar la donación, no siendo identificado como un caso de *ius poenitendi*, en cuanto el donante se limita a poner en movimiento el mecanismo de la revocación; pero la revocación no procede del mero arbitrio de él (...)".

Si bien la gratitud es siempre deber del donatario, no todo abandono de ese deber alcanza el grado requerido para que quede sin efecto el contrato. Cabe señalar una aproximación entre las causales que la motivan y las que determinan la indignidad del heredero –de lo que se hace eco la propia normativa que habrá de ser objeto de análisis en este trabajo-, con el elemento subyacente en ambas consistente en una sanción aplicada al beneficiario por el incumplimiento de un deber moral frente a aquel que lo ha favorecido.

---

559 MESSINEO, F., *Manual de Derecho Civil y Comercial. Relaciones obligatorias singulares*, Tomo V. Ediciones Jurídicas Europa-América, Buenos Aires, 1965. P.12

Es así, que frente a la restrictiva redacción del artículo 376 del vigente Código Civil cubano (Artículo 376. *La donación no puede realizarse bajo condición ni revocarse después de la aceptación del donatario.* Ley 59 "Código Civil", de 16 de Julio de 1987, publicada en Gaceta Oficial Extraordinaria número 9 de 15 de octubre de 1987), se coloca hoy una concepción novedosa y más ajustada a las corrientes teórico normativas modernas del escenario internacional, a través de la Disposición Final Decimoprimera del Código de las Familias, en virtud de la cual tienen cabida determinados supuestos, entre los que destaca la ingratitud (. "Artículo 376. (...) *3. La donación ya consumada puede ser revocada por el donante, por el incumplimiento del modo impuesto, por ingratitud del donatario, o porque le sobrevengan hijos al donante. 5. Puede revocarse la donación por ingratitud del donatario cuando este haya incurrido en cualquiera de las circunstancias previstas por el Artículo 469.1 de este Código*).

3. LA INGRATITUD COMO CAUSAL LEGAL DE REVOCACIÓN. DELIMITACIÓN CONCEPTUAL, FUNDAMENTOS DOCTRINALES Y REFERENCIAS JURISPRUDENCIALES

No abundan en el plano legislativo definiciones de la ingratitud como causal de revocación de la donación. Al respecto, el artículo 1444 del Código Civil peruano dispone que "*Se tiene por acto de ingratitud cualquier hecho ofensivo del donatario (...)*", y en sentido análogo, la norma sustantiva civil colombiana, que luego de reconocer en sus artículos del 1485 al 1486 la posibilidad de esgrimir la ingratitud como presupuesto para la revocación, acota: "*Se entiende por acto de ingratitud cualquier hecho ofensivo del donatario que le hiciere indigno de heredar al donante*", fórmulas que estima esta autora muy extensas y dadas a interpretaciones permeadas por la subjetividad, cuando la realidad legislativa apunta al establecimiento de los presupuestos imprescindibles taxativamente.

Sin embargo, sí constituye tendencia bastante generalizada su inclusión expresa dentro de las reglas relativas este contrato -en este sentido, se pueden citar a modo ilustrativo el artículo 953 del Código Civil francés: *La donación entre vivos sólo podrá revocarse por causa de incumplimiento de las condiciones en las que se hiciere, por causa de ingratitud y por causa de superveniencia de hijos.* Igualmente, las disposiciones del Código Civil venezolano en su artículo 1459 y el artículo 1569 del Código Civil y Comercial de la Nación Argentina–y su definición en el marco jurisprudencial, como lo hace la Sentencia del Tribunal Supremo español, de 13 de diciembre de 1993 que la cataloga como el "desagradecimiento, olvido o desprecio de los beneficios recibidos".

Opina Torrente que la revocación por ingratitud constituye un medio para traducir sobre el plano jurídico aquel arrepentimiento que la ingratitud provoca en el ánimo del donante, el cual la conciencia colectiva considera completamente justificado (2013, p. 52).

Han sido diversas las posturas doctrinales sostenidas para explicar el fundamento de la revocación por ingratitud. Entre las más relevantes se puede citar a CASTÁN[560], quien transita entre dos posibles ideas: la voluntad presunta del donante o una especie de sanción impuesta por el ordenamiento jurídico a quienes infrinjan el deber moral de reconocimiento por el beneficio que han recibido.

---

560 CASTÁN TOBEÑAS, J., *Derecho civil, común y foral.* Tomo V, 15 edición, revisada y puesta al día por J. Ferrandis Vilella, Reus, Madrid, 1993. P.252.

ALBALADEJO[561] apunta que a partir de que el donatario ha resultado favorecido por el donante, aquel debería estarle agradecido y así lo estima la conciencia social, que reprueba cualquier acto de ingratitud, aunque no todos los supuestos de desagradecimiento le otorgan al donatario dicha facultad, sino solo ciertas hipótesis en las que la conducta del donatario revela una falta de agradecimiento de especial entidad. Acerca del deber de gratitud, la sala G de la Cámara Nacional de Apelaciones en lo Civil argentina revocó una donación por ingratitud solicitada por un hombre, ya que su hijo no le pasó los alimentos estipulados en un juicio, pese a que contaba con los medios suficientes para hacerlo. En el caso "G. J. R. c/ G. P. W. sobre revocación de donaciones, la sentencia de primera instancia hizo lugar al pedido de revocación de donación por ingratitud interpuesta por J. R. G. contra su hijo P. W. G., respecto de tres inmuebles que le había entregado. El magistrado consideró que se había demostrado "la configuración por parte del donatario de la causal de ingratitud invocada (rehusar a pasar alimentos)", en virtud de una condena en un juicio por alimentos. Luego, señalaron que el donatario tiene un natural deber de gratitud respecto de quien lo ha beneficiado, frente a cuyo incumplimiento la ley habilita al donante a demandar la ineficacia de la liberalidad.

Por el contrario, BIONDI sostiene que no existe tal transgresión de un deber de gratitud -en tanto lo estima positivamente inexistente- y cataloga la revocación como una sanción civil ante la realización de algunos ilícitos, bajo el aspecto penal o civil cometidos por el donatario contra el donante, los cuales

---

561 ALBALADEJO, M., *Derecho Civil.* Tomo II. *Derecho de Obligaciones,* 14ª edición, Edisofer, Madrid, 2011. P.618.

asumen particular consideración justamente porque han sido cometidos por el primero contra el segundo[562].

La jurisprudencia del Tribunal Supremo español ha declarado que "*no toda ingratitud de los donatarios da lugar a la causa de revocación, sino solamente los casos concretos y determinados, que señala el Código Civil (...)*" (STS de 13 de mayo de 2000 RJ 2000/3410), "*y debe hacerse una interpretación restrictiva de estas causas, en cuanto permiten privar de efecto a un contrato válido y eficaz*" (STS de 13 de mayo de 2010 (RJ 2010/3693). Entonces, las apreciaciones y valoraciones al respecto habrán de ser hechas sobre la base de un sistema de *numerus clausus.*

En esta línea de razonamiento, la STS de 18 de diciembre de 2012 [RJ 2012/11277] insiste en que los hechos tipificados como causas de ingratitud tienen carácter tasado, conforme al principio de legalidad que sigue el sistema codificado en esta materia, por lo que no cabe extender los casos de ingratitud más allá de los supuestos establecidos en la ley. Ahora bien, como señala la propia resolución, "*la literalidad en la descripción o contenido de las causas tipificadas sí que puede ser objeto de interpretación*". Los argumentos de las resoluciones aludidas encuadran perfectamente en la concepción de la revocación por ingratitud concebida en la nueva Ley familiar cubana, lo cual supone un reto para los operadores del Derecho, que habrán de apreciar los hechos que se susciten y su posible encuadre en supuestos de violencia de género, en tanto causal de especial interés en este trabajo, prevista en el articulado promulgado.

---

562 BIONDI, B., *Sucesión testamentaria y donación.* 2da edición, ilustrada, Bosh, Barcelona, 1960. P.445.

4. ACERCA DE LA VIOLENCIA DE GÉNERO COMO SUPUESTO DE INGRATITUD. CLAVES PARA LA INTERPRETACIÓN DEL ARTÍCULO 469.1, INCISO F) DEL CÓDIGO DE LAS FAMILIAS CUBANO

Resulta sumamente novedosa para en entorno jurídico cubano la inclusión de una causal de ingratitud relacionada con cuestiones de género. No es esta una decisión arbitraria o aislada dentro de la política social y legislativa cubana. De ello dan cuenta la Constitución de 2019, que consagró en su artículo 43 la obligatoriedad del Estado de proteger a las mujeres de la violencia de género en cualquiera de sus manifestaciones y espacios, y de crear los mecanismos institucionales y legales al efecto, sobre la base de la proscripción –*ex* artículo 42- de cualquier vestigio de desigualdad por diversos motivos, entre los cuales explícitamente se incluye el sexo, género, orientación sexual, identidad de género.

A ello se une el Programa para el Adelanto de la Mujer, como instrumento para las garantías de derechos para las mujeres y para la justicia social, que institucionaliza el derecho a la igualdad de género en Cuba. Publicado mediante el Decreto Presidencial número 198, de 8 de marzo de 2021 a través de la Gaceta Oficial de la República de Cuba No. 14, Extraordinaria, declara como objetivo general del Programa la promoción del avance de las mujeres y la igualdad de derechos, oportunidades y posibilidades.

Define ocho líneas o ejes de trabajo para su implementación, de los cuales, uno de ellos se destina a la Legislación y el Derecho, que persigue como propósitos esenciales la creación de un marco normativo y sistemas de protección contra todas las formas de discriminación y violencia hacia la mujer; mejorar las políticas y la legislación para enfrentar las manifestaciones de violencia de género e intrafamiliar, la aplicación de medidas al personal de dirección que pueda incurrir en acciones de discriminación y la institucionalización de los métodos alternos de solución de conflictos con una perspectiva de género y multidisciplinaria.

También desde el punto de vista estadístico se hace evidente la necesidad de adoptar medidas legales. Así, la última Encuesta Nacional sobre Igualdad de Género realizada en Cuba en el año 2016, el 26,6 % de las mujeres había sido víctima de violencia en sus relaciones de pareja en los 12 meses previos a la encuesta, y el 39,6 % había sufrido violencia en algún otro momento de su vida. A partir de datos oficiales se estima que en Cuba, en 2016, 50 mujeres fallecieron víctimas de sus parejas o exparejas; en 2013 se habían reportado 63.

Al respecto, BOLEA[563] razona que "*más útil que seguir endureciendo la reacción penal, sería concentrarse en mejorar los medios para garantizar una protección efectiva de las víctimas*", ya sea a través del respaldo jurídico, social, institucional o gubernamental, el cual requiere de efectivas normas, protocolos de atención, políticas públicas y estrategias específicas para brindar al fenómeno de la violencia de género un enfoque transversal en el ordenamiento jurídico y multisectorial en la sociedad[564].

Sin embargo, la definición del género va más allá de la distinción entre los sexos. POGGI apunta que la palabra "género"

---

563 BOLEA, C., "En los límites del Derecho Penal frente a la violencia doméstica y de género", *Revista Electrónica de Ciencia Penal y Criminología,* número 9, volumen 2, 2007, pp. 21-36. P.26.

564 AMEMAN SALCEDO, E. y PÁEZ CUBA, L. D., "La violencia de género en el ámbito de la pareja y la expareja. Reflexiones sociojurídicas en torno a la protección integral de la víctima en Cuba y España", *Revista de estudios del desarrollo social: Cuba y América Latina.* Volumen 9, número 2, [en línea], (mayo-agosto de 2021). <http://scielo.sld.cu/scielo.php?script=sci_arttext&pid=S2308-01322021000200011&lng=es&tlng=es>. [Consulta: 30/01/2023.]. P.5.

designa una categoría social impuesta sobre cuerpos sexuados: un conjunto de creencias, expectativas, roles sociales, posiciones, tendencias, actitudes, gustos, que están socialmente asociados con uno u otro sexo (o, mejor, con el parecer como pertenecientes a un sexo u otro). En términos más breves, "género" es un conjunto de estereotipos asociado con la apariencia sexual masculina o femenina. De hecho, el estereotipo se define generalmente como un conjunto de creencias, expectativas y prejuicios sobre los roles y posiciones sociales, actitudes, tendencias, gustos de quienes pertenecen a un grupo por el solo hecho de pertenecer a tal grupo[565].

Hoy en día se observan ciertos avances en la percepción de la violencia de género como problema global, que responden al profundo cuestionamiento de la consustancialidad de la violencia a las relaciones de género, en tanto que la evaluación de la violencia como algo negativo, en cualquiera de sus expresiones en la vida social, es cada vez más generalizada.

Entonces, una aproximación al concepto de violencia de género debe partir de la comprensión del problema desde una perspectiva de género, que como categoría de análisis que -según la jurisprudencia mexicana- "permite visibilizar la asignación social diferenciada de roles y tareas en virtud del sexo, género u orientación sexual; revela las diferencias en oportunidades y derechos que siguen a esta asignación; evidencia las relaciones de poder originadas en estas diferencias; se hace cargo de la vinculación existente entre las cuestiones de género, la raza, la religión, la edad, las creencias políticas, entre otras; pregunta por los impactos diferenciados de las leyes y políticas públicas basadas en estas asignaciones, diferencias y relaciones de poder, y determina en qué casos un trato diferenciado es

---

565 POGGI, F., "Sobre el concepto de violencia de género y su relevancia para el Derecho", *DOXA Cuadernos de Filosofía del Derecho*, 42, 2019, pp. 278-287. P.287.

arbitrario y en qué casos necesario" (Suprema Corte de Justicia de la Nación, 2021, p.171).

La perspectiva de género surge como resultado de una teoría multidisciplinaria, cuyo objeto pretende buscar el enfoque o contenido conceptual conforme al género que se debe otorgar para analizar la realidad y fenómenos diversos, tales como el derecho y su aplicación, de modo que se permita evaluar la realidad con una visión incluyente de las necesidades del género, que contribuya a diseñar y proponer soluciones sin discriminación.

En el ámbito internacional, la Convención sobre la Eliminación de Todas las Formas de Discriminación contra la Mujer (CEDAW) de 1979 ha sido un instrumento clave para abordar diversas desigualdades. Este instrumento, en su artículo 16 establece la obligación de los Estados de adoptar medidas para eliminar la discriminación contra las mujeres en los asuntos relacionados con el matrimonio y las relaciones familiares. Sin embargo, a pesar de que la Convención reconoció que la discriminación social, económica, política y cultural contra las mujeres por razones de género es un problema público que requiere medidas adecuadas, evitó pronunciarse en forma específica sobre las obligaciones estatales para atender la falta de igualdad —y en forma tácita, la violencia— que se da en el interior de la familia o en las relaciones de pareja.

Sin embargo, existen ocasiones en las que una relación asimétrica de poder por razón de género puede presentarse en perjuicio de un hombre, de manera que no se deben circunscribir las conductas estereotipadas o discriminatorias a aquellas que tengan como víctima exclusivamente a niñas, adolescentes o mujeres, toda vez que las construcciones del género superan esta concepción.

No es sólo la pertenencia a un grupo históricamente desaventajado en razón de la identidad sexo-genérica lo que impone la obligación de revisar un asunto con perspectiva de género, sino la presencia de una relación asimétrica de poder en virtud de la forma en que actúa o se resiente en una situación específica y concreta el orden social de género (Suprema Corte de Justicia de la Nación, 2016, p. 145).

De ahí, que deba entenderse como violencia de género aquella que se produce como resultado de expectativas normativas sobre los roles asociados con cada género, junto con las relaciones desiguales de poder entre los dos géneros, en una sociedad específica.

Por otro lado, las violencias de género están interconectadas y según Frías, deben conceptualizarse en forma comprehensiva para generar respuestas completas al problema, de manera que las medidas adoptadas no consideren que las expresiones más cruentas de esa violencia son las únicas que el Estado debe atender (2016, p. 12).

De ahí, la necesidad de profundizar en las variantes o manifestaciones que configuran actos de violencia de género, a fin de estimar la gravedad de la injuria con amplio criterio interpretativo.

4.1. Distintas manifestaciones de la violencia de género. Signos para identificarla

El Sistema Argentino de Información Jurídica a partir de un estudio realizado en 2019 precisó las aristas desde las cuales una persona puede experimentar violencia de género, a saber: la vida, la libertad, la dignidad, la integridad corporal, psicológica o sexual, la situación económica o la seguridad (2019, p. 4).

Justamente a partir de ello, se explica la existencia de distintos tipos de violencia de género, que según Poggi responde a una noción amplia del concepto de violencia, que abarca todo lo que produce daños físicos, psicológicos y/o económicos, con el consecuente problema de establecer qué entender por daño (2019, p. 290).

Se sitúa entre ellos la violencia física, entendida como las agresiones ejercidas contra la integridad física propiamente dicha. Afirman DÍEZ-PICAZO Y GULLÓN[566] que la integridad física es "el modo de ser de la persona, perceptible por los sentidos (...)". En el análisis jurídico, a la integridad física le es atribuido un sustrato como derecho humano, constitucional y civil, a través de sus tres dimensiones: la física, la psíquica y la moral, por cuanto este derecho se refiere a la intangibilidad de los diversos aspectos que componen estas tres esferas de la vida humana.

Referida la segunda a la preservación de las capacidades de la psiquis humana, que incluyen las habilidades motrices, emocionales e intelectuales sin que ninguna de ellas pueda resultar afectada por la aplicación de métodos técnicos o psicológicos. Por su parte, la última de las mencionadas, con un sentido orientado hacia la perspectiva de la persona, implica que cada ser humano puede desarrollar su vida de acuerdo al orden de valores que conforman sus convicciones, todo ello dentro del respeto a la moral y al orden público[567].

No obstante, pueden hallarse referencias que unifican estas dos dimensiones, lo que ha dado lugar al planteamiento de que resulta más acertado hablar de "derecho a la integridad corporal"[568]. Esto se fundamenta en la consideración de que

---

566 DÍEZ-PICAZO, L. y GULLÓN, A., *Sistema de Derecho Civil,* Volumen I. Décima edición, Tecnos, Madrid, 2001. P.337.

567 SAR SUÁREZ, O., "Derecho a la integridad personal en el Perú. Aspectos constitutivos y limitaciones. El caso de las personas privadas de libertad.", *Cuestiones constitucionales,* Número 19, julio-diciembre de 2008, pp. 211-228. P.225.

568 LACALLE NORIEGA, M., *La persona como sujeto del Derecho,* Dyckinson S.L., Madrid, 2013. P.113.

la integridad corpórea recoge la realidad del cuerpo humano y del espíritu, pues el verdadero alcance de este derecho se proyecta sobre la realidad somática de la persona, dentro de la cual cabe encuadrar también sus facultades anímicas, las que, enraizadas biológicamente en su mismo ser, constituyen parte indisociable del individuo (compuesto de corporeidad y espiritualidad: realidad psicosomática), de modo que ambas deben constituir su exacto contenido[569].

La violencia psicológica se manifiesta por medio de agresiones que infringen daño emocional, afectando la autoestima y la salud psicológica de la víctima. Hay violencia psicológica cuando una persona ejercita un control desmedido sobre los actos y decisiones de otra, incidiendo negativamente en su círculo de relaciones sociales y familiares respecto a terceros, ya sea haciendo uso de amenazas, insultos o cualquier otra forma de agresión. Refiere POGGI que a su vez, se puede expresar, por ejemplo, en violencia emocional (que consiste en repetidas ofensas y humillaciones), en aislamiento (a menudo acompañado de desinformación) o en el uso de niños o de otros miembros del núcleo familiar, para controlar o castigar a la víctima, entre otras manifestaciones[570].

El concepto está vinculado a una forma de agresión en el marco de una relación entre dos o más personas, traducido en tratos vejatorios y abuso emocional que causa un daño o perjuicio en la percepción de la persona que lo sufre, por lo que deberá estarse necesariamente al *factum* y realidad probatoria

---

569 GARCÍA-RIPOLL MONTIJANO, M., (Coord.), *Lecciones de Derecho Civil. Parte general y Derecho de la persona.* Tercera edición, completamente revisada y puesta al día de legislación y jurisprudencia. Diego Marin Librero Editor S.L., Murcia, 2016. P.304.

570 POGGI, F., "Sobre el concepto de violencia de género y su relevancia para el Derecho", *DOXA Cuadernos de Filosofía del Derecho,* 42, 2019, pp. 278-287. P.292.

del caso que se someta a enjuiciamiento. Sin dudas, su probanza o verificación entraña una gran dificultad, toda vez que el maltrato psicológico afecta la esfera más íntima de la persona e implica un daño moral que causa dolor, angustia o aflicción física o espiritual, humillación, y, en general, cualquier padecimiento o tensión injusta a la que es sometida una víctima, en este caso al donante, que lo siente y sufre de forma individual y a su modo.

De ahí que la violencia psicológica es una de las manifestaciones más peligrosas, debido al daño perdurable que puede generar en la víctima y a las dificultades que representa su identificación. Si bien la violencia física, en su manifestación más grave, puede conducir a la muerte, la violencia psicológica afecta directamente la autoestima de la víctima, generando un daño persistente y duradero.

En efecto, en el marco interpretativo expuesto y en aplicación a la temática que ocupa estas páginas, la Sala Primera del Tribunal Supremo ha afirmado que "no cabe duda de que el maltrato de obra o psicológico del donatario, como conducta socialmente reprobable, reviste o proyecta caracteres que resultan necesariamente ofensivos para el donante. Su comisión atenta a los más elementales deberes de consideración y gratitud hacia el donante, dotando de fundamento a la revocación de la donación por ingratitud como sanción impuesta a los donatarios que infringen dicho deber básico de consideración hacia el donante".

La violencia económica es otra de las formas de expresión agresiva de las relaciones genéricas entre las personas. Ocurre cuando se produce una afectación o la víctima percibe un riesgo plausible o injerencia en el orden patrimonial, experimentando conductas vejatorias que afectan la estabilidad económica producto de actitudes de género discriminatorias, que producen una relación de inequidad. Son expresiones palpables de esta, por ejemplo, el control y la limitación del acceso a la gestión de recursos como alimentos, dinero o bienes en sentido general y tiempo.

Resulta cuestión neurálgica en esta temática la interpretación de los hechos violentos que puedan conducir a su identificación con la causal prevista en el apartado 5 del artículo 376, en relación con el inciso f) del precepto 469.1, por cuanto resulta imprescindible suprimir todo tipo de estereotipo que puedan empañar una correcta apreciación de aquellos. Entre ellos, resalta el que define la violencia como estereotipo de género. Así, la violencia exhibe diferentes modelos entre hombres y mujeres y está fuertemente asociada con la masculinidad. De ahí, que la actitud hacia la violencia haya sido entendida, por norma generalizada, a través de un estereotipo de género con base estadística. Sin embargo, decir que el estereotipo de género que asocia masculinidad y violencia tiene base estadística no significa que todos los hombres sean violentos y ninguna mujer lo sea.

En esta línea, la jurisprudencia mexicana ha sostenido que "no es sólo la pertenencia a un grupo históricamente desaventajado en razón de la identidad sexo-genérica lo que impone la obligación de revisar un asunto con perspectiva de género, sino la presencia de una relación asimétrica de poder en virtud de la forma en que actúa o se resiente en una situación específica y concreta el orden social de género".

Por otro lado, el Tribunal Supremo español ha reiterado que "no bastan para realizar completamente la función interpretativa los elementos gramaticales y lógicos, pues si la ley ha de estar en contacto con las exigencias de la vida real, que constituyen su razón de ser, es preciso que los resultados que se obtengan merced a estos dos elementos clásicos sean reforzados y controlados por la aplicación del que suele llamarse elemento sociológico, integrado por aquella serie de factores ideológicos, morales y económicos que revelan y plasman las necesidades y el espíritu de las comunidades en cada momento histórico, y si bien es cierto que estos factores, aparte de que no pueden nunca autorizar al intérprete para modificar o inaplicar la norma, requieren en su utilización mucho tino y prudencia, porque envuelve grave riesgo de arbitrariedad al entregar al criterio subjetivo del juez apreciaciones tan delicadas como al de la conciencia moral de un pueblo, se ha de reconocer que su aplicación se hace más segura y decisiva cuando se trata no de estados de conciencia todavía nebulosos o en vía de formación, sino de tendencias o ideas que han tenido su reconocimiento de manera inequívoca en la Ley Suprema del Estado".

5. ALGUNAS IDEAS CONCLUSIVAS

La revocación de la donación cuenta con extenso respaldo legislativo, doctrinal y jurisprudencial a nivel internacional, aristas que confluyen al configurarla como una infracción del deber moral de gratitud y trato de correspondencia y respeto que merece el donante.

Estima esta autora razonable afirmar la irrevocabilidad como lineamiento general aplicable al contrato de donación, lo que la hace ceder tan sólo en los casos en que por razones excepcionales y muy justificadas la Ley faculta al donante a dejar sin efecto su acto de generosidad. La violencia de género, como causal expresamente incorporada en la concepción de la figura, según las modificaciones a introducir a partir de las disposiciones del Proyecto de Código de las Familias cubano, debe ser vista como una herramienta efectiva, en tanto método coercitivo para detectar y eliminar esas barreras y obstáculos que discriminan a las personas por condición de género, aplicado a esta relación contractual concreta.

Es así que el enfoque de género, en tanto instrumento de carácter metodológico, posee una dimensión política y busca la construcción de relaciones de género equitativas y justas, reconociendo la existencia de otras discriminaciones y desigualdades derivadas de la sexualidad e identidad de género.

Hablar de la aplicación de una perspectiva de género en el Derecho constituye, simultáneamente, un reto y un aporte. Reto porque –no obstante los últimos avances doctrinarios y jurisprudenciales– lo cierto es que aún no se entiende con claridad la importancia de la aplicación del enfoque de género al Derecho como una perspectiva fundamental para su desarrollo y análisis[571]. Pero también es un aporte, porque la aplicación de este enfoque permite dar una dimensión más completa al Derecho, como una herramienta de cambio que contribuye de manera importante al reconocimiento de los Derechos Humanos y a la lucha contra la discriminación[572].

La incorporación de la causal prevista en los artículos 376.5 y 469.5 f) de la proyectada ley Familiar cubana representa la reclasificación del género como categoría de estudio constitucional, aplicada a un comportamiento ingrato de especial gravedad, merecedor de la tutela sancionadora del ordenamiento jurídico. Así, es muestra de la coherencia legislativa nacional de la que el futuro Código de las Familias es un digno exponente.

571 MANTILLA FALCÓN, J., "La importancia de la aplicación del enfoque de género al Derecho: asumiendo nuevos retos", *THĒMIS-Revista de Derecho*, 63, 2013, pp. 118-131. P.131.

572 ASENSIO, R., *Discriminación de género en las decisiones judiciales: Justicia penal y violencia de género*, Defensoría General de la Nación, Buenos Aires, 2010. P.54.

BIBLIOGRAFÍA

ALBALADEJO, M., *Derecho Civil.* Tomo II. *Derecho de Obligaciones,* 14ª edición, Edisofer, Madrid, 2011.

AMEMAN SALCEDO, E. y PÁEZ CUBA, L. D., "La violencia de género en el ámbito de la pareja y la expareja. Reflexiones socio-jurídicas en torno a la protección integral de la víctima en Cuba y España", *Revista de estudios del desarrollo social: Cuba y América Latina.* Volumen 9, número 2, [en línea], (mayo-agosto de 2021). <http://scielo.sld.cu/scielo.php?script=sci_arttext&pid=S2308-01322021000200011&lng=es&tlng=es>. [Consulta: 30/01/2023.].

ASENSIO, R., *Discriminación de género en las decisiones judiciales: Justicia penal y violencia de género,* Defensoría General de la Nación, Buenos Aires, 2010.

BARBÓN, J. A., *La donación como contrato a la luz del Código Civil y Comercial,* Erreius, Buenos Aires, 2015.

BIONDI, B., *Sucesión testamentaria y donación.* 2da edición, ilustrada, Bosh, Barcelona, 1960.

BOLEA, C., "En los límites del Derecho Penal frente a la violencia doméstica y de género", *Revista Electrónica de Ciencia Penal y Criminología,* número 9, volumen 2, 2007, pp. 21-36.

CASAS DE CHAMORRO, M. L., "Revocación de las donaciones", *Lecciones y ensayos.* Número 46, 2da época, volumen 2, año 2020, Facultad de Derecho, Departamento de Publicaciones, Universidad de Buenos Aires, pp. 81-82.

CASTÁN TOBEÑAS, J., *Derecho civil, común y foral.* Tomo V, 15 edición, revisada y puesta al día por J. Ferrandis Vilella, Reus, Madrid, 1993.

DÍEZ-PICAZO, L. y GULLÓN, A., *Sistema de Derecho Civil,* Volumen I. Décima edición, Tecnos, Madrid, 2001.

DOMINGO, J. D., "Maltrato psicológico: nueva jurisprudencia del Tribunal Supremo", *El notario del siglo XXI,* número 64, noviembre-diciembre de 2015. Colegio Notarial de Madrid-Ministerio de Justicia del Gobierno de España.

FRÍAS, S., Violentadas. *Nexos,* junio de 2016, pp. 12-25.

GARCÍA-RIPOLL MONTIJANO, M., (Coord.), *Lecciones de Derecho Civil. Parte general y Derecho de la persona.* Tercera edición, completamente revisada y puesta al día de legislación y jurisprudencia. Diego Marin Librero Editor S.L., Murcia, 2016.

GUTIÉRREZ, M. T., "Artículo 108. Inscripción de la reversión y de la revocatoria de donación" en *Comentarios al Reglamento de inscripciones del registro de predios*, Editora y Librería Jurídica Crijley, Lima, 2017.

JARA, H., "Contrato de donación" en *Temas de derecho contractual*, Cultural Cuzco, Lima, 1987.

LACALLE NORIEGA, M., *La persona como sujeto del Derecho*, Dyckinson S.L., Madrid, 2013.

LACRUZ BERDEJO, J. L. *Derecho de Obligaciones*, volumen III, *Contratos y cuasicontratos*, 2ª ed., Bosch, Barcelona, 1986.

MANTILLA FALCÓN, J., "La importancia de la aplicación del enfoque de género al Derecho: asumiendo nuevos retos", *THĒMIS-Revista de Derecho*, 63, 2013, pp. 118-131.

MENDOZA VÁZQUEZ, E., "¿La propiedad regresa al donante si el donatario no ejecuta el cargo o modo establecido?", *Ius Inkarri. Revista de la Facultad de Derecho y Ciencia Política*, Volumen 11, número 11, enero-junio, 2022, Lima, pp. 42-54.

MESSINEO, F., *Manual de Derecho Civil y Comercial. Relaciones obligatorias singulares*, Tomo V. Ediciones Jurídicas Europa-América, Buenos Aires, 1965.

PÉREZ GALLARDO, L. B., "La donación en el Código Civil cubano: ¿contrato con eficacia promisoria o dispositiva? notas para atizar una polémica", *Anuario de la Facultad de Derecho*, Volumen XXX, 2012-2013, pp. 511-534.

POGGI, F., "Sobre el concepto de violencia de género y su relevancia para el Derecho", *DOXA Cuadernos de Filosofía del Derecho*, 42, 2019, pp. 278-287.

PUIG PEÑA, F., *Tratado de Derecho Civil Español*, Tomo IV, Volumen I, Revista de Derecho Privado, Madrid, 1957.

SAR SUÁREZ, O., "Derecho a la integridad personal en el Perú. Aspectos constitutivos y limitaciones. El caso de las personas privadas de libertad.", *Cuestiones constitucionales*, Número 19, julio-diciembre de 2008, pp. 211-228.

VÁZQUEZ IRIZUBIETA, C., "Comentarios al Código Civil. Artículo 648" en *Comentarios al Código Civil*. Tirant lo Blanch, Valencia, 2013.

VON IHERING, R., *El fin en el Derecho*, traducción de Leonardo Rodríguez, Madrid, Rodríguez Serra editor, s.f.

PARTE V

LOS SESGOS DE GÉNERO Y SU REPERCUSIÓN EN EL MUNDO ACTUAL

Capítulo 1

La importancia de la atención a los factores asociados a los agresores de género como medida de prevención de la violencia de pareja contra las mujeres

TARA ALONSO DEL HIERRO
Universidad Isabel I

1. INTRODUCCIÓN

La violencia de pareja ejercida contra las mujeres se considera un grave problema a nivel público y social en el mundo, tanto es así que se estima que alrededor de un 30% de las mujeres de todo el mundo ha sufrido violencia física y/o sexual por parte de sus parejas o exparejas en algún momento de su vida[573]. Por consiguiente, las consecuencias que dicha violencia suponen para las propias mujeres víctimas, sus familias y la comunidad en general han sido sustancialmente reconocidas; en particular, las repercusiones a nivel psicológico, físico y conductual pueden ser numerosas llegando incluso hasta la muerte,

---

573 WORLD HEALTH ORGANIZATION, *Responding to intimate partner violence and sexual violence against women*, World Health Organization, 2013

así como también lo son las implicaciones que este tipo de violencia tiene a nivel sanitario, jurídico, policial y social[574].

En consecuencia, a medida que ha ido aumentando la preocupación por el fenómeno de la violencia de género, han comenzado a surgir planteamientos sobre la relevancia de atender a las necesidades de las víctimas, pero también de proporcionar atención terapéutica a los agresores con el propósito de conseguir su rehabilitación. Por todo ello, existe una amplia preocupación por desarrollar estrategias que prevengan la violencia de pareja y reduzcan su prevalencia. Dichas estrategias ponen su foco de atención tanto en la víctima como en el agresor, ya sea a nivel legal, policial y/o psicosocial[575].

De esta forma, conocer la etiología de este tipo de violencia tiene importantes implicaciones prácticas entre las que cabe destacar la aplicación de mecanismos de intervención y protección en función del riesgo. Así pues, conseguir definir las características de los agresores de género puede permitir orientar la evaluación psicológica forense, las estrategias de control judicial y/o policial y la intervención psicoterapéutica[576].

---

574 IDRISS-WHEELER, D., HAJJAR, J., y YAYA, S., "Interventions directed at men for preventing intimate partner violence: a systematic review protocol" en *Systematic Reviews*, 10(161), p.2, 2021.

575 GARCÍA-JIMÉNEZ, J. J., GODOY-FERNÁNDEZ, C., LLOR-ESTEBAN, B., y RUIZ-HERNÁNDEZ, J. A., "Differential profile in partner aggressors: Prison vs. Mandatory community intervention programs", en *The European Journal of Psychology Applied to Legal Context*, 6, pp.69-77, 2015.

576 AGUILAR, R., y GONZÁLEZ, M. J., "Predictors of vulnerability and aggression in severe intimate partner violence", en *Psychology, Crime & Law*, 27(6), pp.562-578, 2020.

2. FACTORES ASOCIADOS A LOS PERPETRADORES DE VIOLENCIA DE PAREJA CONTRA LAS MUJERES

Aunque son los factores propios del agresor el objeto de estudio de este capítulo, la agresión se puede conceptualizar como un sistema activo y funcional que se ve influenciado no solo por las características del agresor sino también por las de la víctima, así como por el contexto social y la tipología de relación[577].

En esta línea, una amplia gama de investigaciones desarrolladas sobre la intervención en agresores de género se ha centrado en la identificación de aquellas variables comunes o similares en esta población ya que, aunque este tipo de agresores parece no tener un perfil único, sí manifiestan ciertas características compartidas[578]. Por consiguiente, y con el objetivo de mejorar la comprensión sobre la probabilidad de ocurrencia de un acto delictivo en la pareja, se ha desarrollado un campo muy amplio de investigación sobre aquellos factores que aumentan dicho riesgo.

Uno de los factores de riesgo que se ha detectado como relacionado con la conducta violenta es el consumo de alcohol y/o drogas[579] y, por ende, también se ha visto asociado a

---

577 CAPALDI, D. M., KNOBLE, N. B., SHORTT, J., W., y KIM. H. K., "A systematic review of risk factors for intimate partner violence", en *Partner Abuse*, 3(2), pp.231-280, 2012.

578 ARIAS, E., *Evaluación de la eficacia de la intervención reeducativa con agresores de género,* [en línea]. Tesis doctoral, Universidad de Santiago de Compostela. Recuperado de https://minerva.usc.es/xmlui/handle/10347/18663 [octubre 2018]

579 GRIGORIAN, H. L., BREM, M. J., GARNER, A., FLORIMBIO, A. R., WOLFORD-CLEVENGER, C. y STUART, G. L., "Alcohol use and problems as a potential mediator of the relationship between emotion dysregulation and intimate partner violence perpetration", en *Psychology of Violence*, 10(1), pp.91-99, 2020.

la agresión en la pareja[580]; en particular, se han identificado diferencias entre aquellos agresores con y sin problemas de abuso de alcohol y drogas. A este respecto, entre los agresores que presentaron este tipo de problemática, se identificaron puntuaciones más elevadas en los factores relacionados con la sintomatología clínica, la ira, los trastornos de ansiedad y depresivos, la impulsividad, la agresividad, los trastornos antisocial y límite de la personalidad, y la presencia de un mayor número de acontecimientos vitales estresantes en comparación con aquellos agresores que no presentaban esta problemática; no obstante, la motivación al cambio fue también mayor en los agresores con problemas de abuso[581]. Asimismo, se ha confirmado la relación existente entre la violencia de pareja y las conductas adictivas; en concreto, se ha hallado una fuerte relación entre la mayor gravedad y desestabilización personal derivada del consumo con la comisión de la violencia de pareja, estos agresores mostraron una mayor gravedad de síntomas psicopatológicos y rasgos de personalidad[582].

Por tanto, los trastornos de personalidad han sido otro de los factores que se ha asociado con la perpetración de la vio-

---

580 LILA, M., GRACIA, E., y CATALÁ-MIÑANA, A., "More likely to dropout, but what if they don't? Partner violence offenders with alcohol abuse problems completing batterer intervention programs", en *Journal of Interpersonal Violence*, 35(9-10), pp.1958–1981, 2020.

581 EXPÓSITO-ÁLVAREZ, C., LILA, M., GRACIA, E. y MARTÍN-FERNÁNDEZ, M., "Risk factors and treatment needs of batterer intervention program participants with substance abuse problems" en *The European Journal of Psychology Applied to Legal Context*, 12(2), pp.87-97, 2021.

582 ARTEAGA, A., FERNÁNDEZ-MONTALVO, J., y LÓPEZ-GOÑI, J. J., "Prevalence and differential profile of patients with drug addiction problems who commit intimate partner violence", en *The American Journal of Addictions*, 24(8), pp.756-764, 2015.

lencia íntima de pareja[583], en particular, se ha encontrado una relación significativa y positiva entre estos trastornos y la perpetración de este tipo de violencia, sobre todo en relación con los trastornos antisocial y límite de la personalidad.

En esta línea, el trastorno límite de la personalidad se ha identificado como la psicopatología predominante entre los agresores de género junto con mayores niveles de control y celos, actitudes culpabilizadoras hacia las mujeres-víctimas, menor satisfacción en la relación de pareja e ideas o intentos de suicidio. Si bien es cierto, este estudio no encuentra diferencias con relación a características sociodemográficas, delictivas y actitudes favorables a la violencia íntima de pareja entre los delincuentes comunes y los agresores de pareja. En este sentido, los factores que se identificaron como característicos de la muestra general de delincuentes fueron: predisposición a padecer estrés vital, situación laboral y económica precaria, bajo nivel académico, procedencia de entornos familiares desfavorecidos, historial de antecedentes delictivos, uso de armas, violación de medidas judiciales, experiencias de violencia en la infancia, alta incidencia de trastornos de la personalidad con un marcado perfil antisocial, consumo de drogas y estereotipos sexistas[584].

Por otra parte, otra investigación también confirmó la importancia de las distorsiones cognitivas relacionadas con la culpabilización de las mujeres en este tipo de agresores, y aunque también se identificó la presencia de otro tipo de pensamientos

---

583 COLLISON, K. L., y LYNAM, D. R., "Personality disorders as predictors of intimate partner violence: A meta-analysis", en *Clinical Psychology Review*, 88, p. 9, 2021.

584 RUIZ-HERNÁNDEZ, J. A., GARCÍA-JIMÉNEZ, J. J., LLOR-ESTEBAN, B., y GODOY-FERNÁNDEZ, C., "Risk factors for intimate partner violence in prison inmates", en *The European Journal of Psychology Applied to Legal Context*, 7, pp.41-49, 2015.

distorsionados sobre las mujeres y la violencia (aceptación del estereotipo tradicional y la misoginia, aceptación de la violencia como estrategia para la solución de conflictos y minimización de la violencia contra las mujeres como problema y desculpabilización del maltratador), estos no fueron significativamente diferentes entre los agresores de género y otro tipo de agresores[585].

Del mismo modo, parece que el sexismo hostil, los mitos románticos de la idealización del amor y los eventos vitales adversos influyen en las amenazas y, a su vez, en la violencia de pareja[586]. En términos más generales, realizar amenazas de muerte, someter a las víctimas a tratos denigrantes y agresiones sexuales, tener antecedentes de agresiones a parejas anteriores, abusar de drogas o alcohol, poseer otros antecedentes penales y la tendencia a los celos y el control han sido otras variables que se han encontrado asociadas a agresores de violencia íntima de pareja[587].

Como ya han identificado en algunos de los estudios anteriores, se ha hallado relación entre la vivencia de experiencias adversas y el uso de la violencia de pareja; en particular, estos agresores presentan una mayor tasa de experiencias, ya sea como víctima o testigo, de violencia física y psicológica antes de los 18 años. Esta cuestión cobra significación debido a la importancia que la familia tiene en el proceso de desarrollo

---

585 GARCÍA-JIMÉNEZ, J. J., SÁNCHEZ-MECA, J., y GODOY-FERNÁNDEZ, C., "Distorsiones cognitivas respecto a la violencia de género en presos", en *Psicología jurídica aplicada a los problemas sociales,* Sociedad Española de Psicología Jurídica y Forense, Santiago de Compostela, 2013.

586 BONILLA-ALGOVIA, E., y RIVAS-RIVERO, E., "Mitos románticos en docentes en formación de España y Latinoamérica", en *América Latina Hoy,* 89, pp.61-80, 2021.

587 AGUILAR, R. y GONZÁLEZ, M. J., "Predictors of...", op.cit., p. 570.

de comportamientos violentos, ya que los patrones familiares coercitivos se adquieren en la infancia mediante el aprendizaje social y, posteriormente, se reproducen en la adultez[588].

En definitiva, la investigación sobre los factores de riesgo asociados a la perpetración de delitos relacionados con la violencia íntima de pareja ha crecido de forma considerable en los últimos años y, como consecuencia, el conocimiento que se tiene sobre las variables influyentes en la comisión de este tipo de delitos es cada vez mayor. Esta mejor comprensión sobre la violencia íntima de pareja y, en particular, sobre los agresores de género permite mejorar las estrategias de evaluación e intervención en este ámbito y aumentar su eficacia.

3. FACTORES RELACIONADOS CON EL RIESGO DE REINCIDENCIA EN AGRESORES CONTRA LA PAREJA

No solo conocer los factores asociados a los agresores que ejercen violencia íntima de pareja es un mecanismo útil para evaluar e intervenir con ellos, sino que es también muy importante identificar cuáles son aquellas variables que fomentan o promueven la reincidencia en este tipo de conducta violenta con el objetivo principal de prevenir la repetición de la misma. Por ello, es muy amplio el campo de investigación que se ha desarrollado para tratar de averiguar cuáles son aquellos factores que tienen una mayor incidencia en la reiteración del comportamiento violento de pareja y que se sintetizan en las siguientes líneas.

---

588 RIVAS-RIVERO, E., y BONILLA-ALGOVIA, E., "Violence in the family of origin and socialization in male perpetrators of intimate partner abuse", en *Behavioral Psychology/Psicología Conductual*, 30(2), pp.533-548, 2022.

De forma general, el estudio de las variables asociadas a la reincidencia en agresores de pareja se ha desarrollado teniendo en cuenta diferentes niveles de organización de estas. En particular, se han evaluado factores a nivel individual como la edad (ser más joven), la raza o etnia, el bajo nivel educativo, la historia de abuso en la infancia, el abuso de alcohol y drogas, la presencia de psicopatología (sobre todo en relación con trastornos de la personalidad), los problemas de ira y las actitudes favorecedoras de la violencia íntima de pareja contra las mujeres[589], también se han tenido en cuenta variables contextuales y relacionales como la permanencia con la misma pareja, un reducido apoyo social, el desempleo, vivir en zonas desfavorecidas y el incremento de acontecimientos vitales estresantes[590]; y variables legales y relativas a la intervención relacionadas con la existencia de detenciones previas o antecedentes penales previos, y más concretamente, detenciones anteriores y sentencias condenatorias relacionadas con la agresión íntima de pareja, la evaluación de alto riesgo de reincidencia y el abandono del tratamiento[591].

En esta línea, se encuentran diferentes tipologías de variables en estrecha relación con la reincidencia en agresores de género, en concreto, se ha identificado el abandono del programa de tratamiento, la exposición a violencia familiar, el riesgo de violencia futura contra otras personas, la acumulación

---

589 GUERRERO-MOLINA, M., MORENO-MANSO, J. M., GUERRERO-BARONA, E., GARCÍA-BAAMONDE, M. E., y GODOY-MERINO, M. J., "Agresores condenados por violencia de género reincidentes y no reincidentes: Dimensiones cognitivas y sociales", en *Psicología Conductual*, 28(2), pp.327-341, 2020.

590 FITZGERALD, R., y GRAHAM, T., "Assessing the risk of domestic violence recidivism", en *Crime and Justice Bulletin*, 189, p. 10, 2016.

591 COLLINS, K. L., BOUFFARD, L. A., y WILKES, N., "Predicting recidivism among defendants in an expedited domestic violence court", en *Journal of Interpersonal Violence*, 34(13-14), p. 4750, 2019.

de eventos estresantes vitales, la condición de inmigrante y la ira rasgo como factores predictores de la reincidencia en agresores de pareja[592]. Asimismo, características propias del episodio de violencia como el uso de violencia psicológica, de armas y la presencia de amenazas graves se encuentran significativamente relacionadas con la reincidencia en agresores de pareja; pero sobre todo se ha hallado vinculación entre esta y características propias del agresor como las conductas controladoras, los indicadores de celos, las ideas suicidas, el componente más antisocial de las características del agresor como el quebrantamiento de medidas judiciales, y los problemas que suponen la presencia de estrés mantenido[593]. En otras ocasiones han sido las variables puramente legales las que se han visto significativamente relacionadas con una mayor probabilidad de volver a cometer una agresión contra la pareja, particularmente, la existencia de detenciones previas por delitos de violencia doméstica y el hecho de haber recibido una condena con pena de prisión[594].

De forma análoga, se analizaron los factores de riesgo en una muestra de agresores de género condenados comparando entre agresores reincidentes y no reincidentes, atendiendo a diversas dimensiones (familiar, individual y en relación con el

---

592 LILA, M., MARTÍN-FERNÁNDEZ, M., GRACIA, E., LÓPEZ-OSSORIO, J. J., y GONZÁLEZ, J. L., "Identifying key predictors of recidivism among offenders attending a batterer intervention program: A survival analysis", en *Psychosocial Intervention,* 28(3), pp.157-167, 2019.

593 LÓPEZ-OSSORIO, J. J., J. J., GONZÁLEZ-ÁLVAREZ, J. L., BUQUERÍN, S., GARCÍA, L., y BUELA- CASAL, G., "Risk factors related to intimate partner violence police recidivism in Spain", en *International Journal of Clinical and Health Psychology,* 17(2), pp.107-119, 2017.

594 COLLINS, K. L., BOUFFARD, L. A., y WILKES, N., "Predicting recidivism...", op.cit., p. 4750.

delito de violencia de pareja cometido). A nivel familiar, destacaron una mayor presencia de antecedentes de victimización física, sexual o psicológica en la infancia en los agresores reincidentes; a nivel personal, los agresores reincidentes mostraron una mayor agresividad física, menor deseabilidad social, empatía y control interno y externo de la ira; por último, en torno a las circunstancias del delito de violencia de género cometido, se identificó que los agresores reincidentes cometieron delitos más graves[595].

Algunos de los factores relacionados con la reincidencia forman parte de dimensiones cognitivas y sociales del agresor, en concreto, se ha encontrado asociación entre la presencia de pensamientos distorsionados sobre la inferioridad de las mujeres, las actitudes sexistas con contenidos discriminatorios, la falta de atribución de responsabilidad, el sexismo hostil y una menor autoestima con una mayor probabilidad de reincidencia[596]. Igualmente, las experiencias adversas y el trauma en la infancia que suponen una serie de secuelas negativas (neurológicas, cognitivas, conductuales, fisiológicas y/o emocionales), también se han encontrado vinculadas a la perpetración de la violencia de género[597].

Asimismo, se ha considerado como un factor de notable importancia en el estudio de esta tipología de violencia delictiva la personalidad, concretamente, se ha comprobado que los

---

595 PÉREZ, M., GIMÉNEZ-SALINAS, A., y DE JUAN, M., "Reincidencia de los agresores de pareja en Penas y Medidas Alternativas", en *Revista de Estudios Penitenciarios,* 261, pp.49-80, 2018.

596 GUERRERO-MOLINA, M., MORENO-MANSO, J. M., GUERRERO-BARONA, E., GARCÍA-BAAMONDE, M. E., y GODOY-MERINO, M. J., "Agresores condenados...", op.cit., p. 340.

597 VOITH, L. A., LOGAN-GREENE, P., STRODTHOFF, T., y BENDER, A. E., "A paradigm shift in batterer intervention programming: A need to address unresolved trauma", en *Trauma, Violence, & Abuse,* 21(4), p.12.

rasgos de personalidad antisocial y límite se han identificado como características de los agresores que ejercen violencia de pareja y, del mismo modo, también se han encontrado relacionados con un alto riesgo de reincidencia en esta población[598]; además, esta relación se ha visto moderada por la presencia de habilidades de empatía deficientes, lo que denota la relevancia de esta capacidad a la hora de intervenir con agresores de género[599]. En esta línea, se halló relación significativa entre la faceta antisocial de la psicopatía (pobre autocontrol conductual, versatilidad criminal, delincuencia juvenil, etc.) y la presencia de antecedentes penales con la reincidencia en los delitos de violencia íntima de pareja[600]. Pero, además, el riesgo de perpetración de violencia íntima de pareja se consideró como especialmente alto en aquellos casos en los que se sumaba la existencia de maltrato en la infancia a la presencia de rasgos psicopáticos[601].

Por consiguiente, la presencia de psicopatología de la personalidad y el maltrato infantil en la familia de origen, junto con la presencia de antecedentes psiquiátricos y el abuso de

---

598 CARBAJOSA, P., CATALÁ-MIÑANA, A., LILA, M., y GRACIA, E., "Differences in treatment adherence, program completion, and recidivism among batterer subtypes", en *The European Journal of Psychology Applied to Legal Context*, 9, pp.93-101, 2017.

599 ROMERO-MARTÍNEZ, Á., LILA, M., y MOYA-ALBIOL, L., "Empathy, impairments in intimate partner violence perpetrators with antisocial and borderline traits: A key factor in the risk of recidivism", en *Violence and Victims*, 31(2), pp. 347-360, 2016.

600 CUNHA, O., PINHEIRO, M., y GONÇALVES, R. A., "Intimate Partner Violence, Psychopathy, and Recidivism: Do Psychopathic Traits Differentiate First-time Offenders from Repeated Offenders?", en *Victims & Offenders*, 17(2), pp.199-218, 2021.

601 ROBERTSON, E. L., WALKER, T. M., y FRICK, P. J., "Intimate partner violence perpetration and psychoptahy. A Comprehensive Review", en *European Psychologist*, 25(2), pp.134-145, 2020.

sustancias se han definido como factores con una mayor influencia en la reincidencia de los agresores de género[602].

De forma más concreta, otras investigaciones analizan los factores relacionados con la violencia íntima de pareja más grave, es decir, en casos de homicidio; así pues, se identificaron como variables que aumentaban la probabilidad de ocurrencia de un feminicidio el acceso a armas de fuego, la existencia de amenazas previas con un arma, haber estrangulado y amenazado previamente a la víctima, los celos, el abuso de sustancias, haber mantenido relaciones sexuales forzadas, demostrar comportamientos controladores, abusar de la víctima mientras estaba embarazada, un nivel educativo bajo, ser joven, un historial previo de problemas de salud mental y tener problemas de ira[603]. Por su parte, otro estudio, además de identificar como factores de riesgo de violencia letal de pareja los celos exagerados, los comportamientos controladores, la presencia de violaciones previas a la condena actual, así como de antecedentes de violencia física o sexual y la presencia de un trastorno mental o psiquiátrico, también señalan la importancia de la presencia de amenazas de suicidio por parte del agresor, la aparición de problemas estresantes en su vida, y también de problemas económicos o laborales, así como la presencia de ideas o intentos de suicidio[604].

---

602 TOLLEFSON, D. R., y GROSS, E. R., "Predicting Recidivism Following Participation in a Treatment Program for Batterers", en *Journal of Social Service Research,* 32(4), pp.39-62, 2006.

603 SPENCER, C. M., y STITH, S. M., "Risk factors for male perpetration and female victimization of inti-mate partner homicide: A meta-analysis", en *Trauma, Violence, & Abuse,*21(3), p.535, 2018.

604 LÓPEZ-OSSORIO, J. J., GONZÁLEZ-ÁLVAREZ, J. L., LOINAZ, I., MARTÍNEZ-MARTÍNEZ, A., y PINEDA, D., "Inti-mate partner homicide risk assessment by police in Spain: The Dual Protocol VPR5.0-H", en *Psychosocial Intervention,* 30(1), pp.47-55, 2020.

Por otro lado, y enfocando más la atención en las posibilidades de tratamiento posteriores de estos agresores, se han analizado las necesidades criminógenas de esta población, es decir, se han estudiado un grupo de factores de riesgo potencialmente modificables mediante la intervención[605]. Estas necesidades criminógenas están conformadas por los patrones de personalidad antisocial, las actitudes pro-criminales, el consumo de sustancias, las relaciones familiares o maritales pobres, un bajo rendimiento escolar o laboral y un bajo nivel de actividades recreativas prosociales[606].

A este respecto, y en relación con los agresores de género, se han identificado problemas prevalentes en las siete necesidades criminógenas por parte de esta población[607]; en particular, los delincuentes con antecedentes de violencia íntima de pareja se caracterizaron por tener un historial de antecedentes penales más extenso, más necesidades criminógenas y tasas más altas de problemas de salud mental[608]. Ambos estudios identificaron los problemas de pareja y el uso de sustancias como las necesidades criminógenas más prevalentes en estos agresores. Además, en un estudio reciente, se halló relación entre las necesidades criminógenas y la reincidencia en torno a la violencia íntima de pareja. De esta manera, descubrieron

---

605 HILTON, N. Z., y RADATZ, D. L., "Criminogenic needs and intimate partner violence: Association with recidivism and implications for treatment", en *Psychological Services,* 18(4), 566-573, 2021.

606 BONTA, J., y ANDREWS, D. A., *The psychology of criminal conduct* (6ª ed.), Routledge, Nueva York, 2017.

607 HILTON, N. Z., y RADATZ, D. L., "The criminogenic and noncriminogenic treatment needs of intimate partner violence offenders", en *International Journal of Offender Therapy and Comparative Criminology,* 62(11), p.3245, 2018.

608 STEWART, L. A., y POWER, J., "Profile and programming needs of federal offenders with histories of intimate partner violence" en *Journal of Interpersonal Violence,* 29(15), p.2732, 2014.

que todas las necesidades se correlacionaron de forma positiva con este riesgo de reincidencia, y que el número de estas necesidades también se vio correlacionado positivamente con dicho riesgo[609].

4. CONCLUSIONES

La violencia ejercida contra las mujeres es considerada un atentado contra los derechos humanos que continúa estando presente en todos los países sean cuales sean sus características económicas, sociales, geográficas, etc.[610]. En particular, en nuestro país, según datos de la Delegación del Gobierno contra la Violencia de Género[611], aproximadamente un 32,4% de mujeres residentes en España ha sido víctima de al menos un tipo de violencia (psicológica, sexual, económica o física) por parte de su pareja o expareja a lo largo de su vida. En consecuencia, y ante estos datos de prevalencia, el estudio de los factores de riesgo de esta tipología de violencia, así como su intervención en los programas de tratamiento dirigidos a sus perpetradores es una tarea absolutamente necesaria.

De esta forma, en el marco de la Ley Orgánica 1/2004, de 28 de diciembre, de Medidas de Protección Integral contra la Violencia de Género y del Real Decreto 190/1996, de 9 de febrero, por el que se aprueba el Reglamento Penitenciario, los

609 HILTON, N. Z., y RADATZ, D. L., ""Criminogenic needs…", op.cit., p. 570.

610 WORLD HEALTH ORGANIZATION, *Responding to intimate …*, op.cit., p. 10.

611 DELEGACIÓN DEL GOBIERNO CONTRA LA VIOLENCIA DE GÉNERO, *Macroencuesta de violencia contra la mujer 2019* [en línea], Ministerio de Igualdad, 2021. Recuperado de https://violenciagenero.igualdad.gob.es/violenciaEnCifras/macroencuesta2015/pdf/Macroencuesta_2019_estudio_investigacion.pdf

programas de tratamiento se dirigirán de forma específica a hombres condenados por delitos de violencia de género y se aplicarán técnicas psicosociales que atiendan aquellos factores o variables influyentes en la comisión del hecho delictivo.

Por tanto, los factores de riesgo que han sido identificados en las investigaciones recogidas en el presente capítulo en torno a los agresores permiten, no solo el diseño de la intervención terapéutica y su resultante éxito, sino también la creación de herramientas para la predicción del riesgo de reincidencia[612]. Asimismo, estos programas de tratamiento deben basarse en los principios de riesgo, necesidad y capacidad de respuesta, con el objetivo de reducir la reincidencia delictiva[613].

En concreto, se proponen intervenciones con agresores de género centradas en la adicción a las drogas o el alcohol, los déficits educativos y laborales, la promoción de las habilidades interpersonales y la empatía, el control de los impulsos, la resolución de conflictos y las distorsiones cognitivas sobre las mujeres y el empleo de la violencia[614]. Al mismo tiempo, se considera fundamental la inclusión de estrategias de afrontamiento, técnicas de control del estrés y manejo de la ira que faciliten a estos individuos hacer frente a acontecimientos vitales de una forma más adaptativa[615]. Y, además, se considera crucial el seguimiento tras la finalización del programa de tratamiento

---

612 ARIAS, E., ARCE, R., y VILARIÑO, M., "Batterer intervention programmes: A meta-analytic review of effectiveness", en *Psychosocial Intervention*, 22(2), pp.153-160, 2013.

613 BONTA, J., y ANDREWS, D. A., *The psychology* ..., op.cit., p.27.

614 RUIZ-HERNÁNDEZ, J. A., GARCÍA-JIMÉNEZ, J. J., LLOR-ESTEBAN, B., y GODOY-FERNÁNDEZ, C., "Risk factors..." op.cit., p.45.

615 SANTIRSO, F. A., GILCHRIST, G., LILA, M., y ENRIQUE, G., "Motivational Strategies in Interventions for Intimate Partner Violence Offenders: A Systematic Review and Meta-analysis of Randomized Controlled Trials", en *Psychosocial Intervention*, 29(3), pp.175-190, 2020.

como mecanismo útil no solo para garantizar una mayor supervisión y control de los agresores, sino también para conseguir un menor índice de reincidencia[616].

En definitiva, los programas de intervención con agresores de pareja son herramientas esenciales para otorgar a estos las capacidades necesarias para hacer frente a la violencia de género y disminuir la tasa de reincidencia. No obstante, y con el objetivo de lograr una mayor adecuación de estos programas de tratamiento, se estima como recomendable una mayor investigación sobre las variables que fomentan resultados positivos en la intervención, tales como la adherencia al tratamiento, el ajuste psicológico y/o la motivación al cambio.

5. BIBLIOGRAFÍA

AGUILAR, R., y GONZÁLEZ, M. J., "Predictors of vulnerability and aggression in severe intimate partner violence", en *Psychology, Crime & Law,* 27(6), pp.562-578, 2020.

ARIAS, E., *Evaluación de la eficacia de la intervención reeducativa con agresores de género,* [Tesis doctoral], Universidad de Santiago de Compostela, España, 2018.

ARIAS, E., ARCE, R., y VILARIÑO, M., "Batterer intervention programmes: A meta-analytic review of effectiveness", en *Psychosocial Intervention,* 22(2), pp.153-160, 2013.

ARTEAGA, A., FERNÁNDEZ-MONTALVO, J., y LÓPEZ-GOÑI, J. J., "Prevalence and differential profile of patients with drug addiction problems who commit intimate partner violence", en *The American Journal of Addictions,* 24(8), pp.756-764, 2015.

BONILLA-ALGOVIA, E., y RIVAS-RIVERO, E., "Mitos románticos en docentes en formación de España y Latinoamérica", en *América Latina Hoy,* 89, pp.61-80, 2021.

---

616 PÉREZ, M., GIMÉNEZ-SALINAS, A., y DE JUAN, M., "Reincidencia de…", op.cit., p.75.

BONTA, J., y ANDREWS, D. A., *The psychology of criminal conduct* (6ª ed.), Routledge, Nueva York, 2017.

CARBAJOSA, P., CATALÁ-MIÑANA, A., LILA, M., y GRACIA, E., "Differences in treatment adherence, program completion, and recidivism among batterer subtypes", en *The European Journal of Psychology Applied to Legal Context*, 9, pp.93-101, 2017.

COLLINS, K. L., BOUFFARD, L. A., y WILKES, N., "Predicting recidivism among defendants in an expedited domestic violence court", en *Journal of Interpersonal Violence*, 34(13-14), p. 4750, 2019.

CAPALDI, D. M., KNOBLE, N. B., SHORTT, J., W., y KIM. H. K., "A systematic review of risk factors for intimate partner violence", en *Partner Abuse*, 3(2), pp.231-280, 2012.

COLLISON, K. L., y LYNAM, D. R., "Personality disorders as predictors of intimate partner violence: A meta-analysis", en *Clinical Psychology Review*, 88, p. 9, 2021.

CUNHA, O., PINHEIRO, M., y GONÇALVES, R. A., "Intimate Partner Violence, Psychopathy, and Recidivism: Do Psychopathic Traits Differentiate First-time Offenders from Repeated Offenders?", en *Victims & Offenders*, 17(2), pp.199-218, 2021.

DELEGACIÓN DEL GOBIERNO CONTRA LA VIOLENCIA DE GÉNERO, *Macroencuesta de violencia contra la mujer 2019* [en línea], Ministerio de Igualdad, 2021. Recuperado de https://violenciagenero.igualdad.gob.es/violenciaEnCifras/macroencuesta2015/pdf/Macroencuesta_2019_estudio_investigacion.pdf

EXPÓSITO-ÁLVAREZ, C., LILA, M., GRACIA, E. y MARTÍN-FERNÁNDEZ, M., "Risk factors and treatment needs of batterer intervention program participants with substance abuse problems" en *The European Journal of Psychology Applied to Legal Context*, 12(2), pp.87-97, 2021.

FITZGERALD, R., y GRAHAM, T., "Assessing the risk of domestic violence recidivism", en *Crime and Justice Bulletin*, 189, p. 10, 2016.

GARCÍA-JIMÉNEZ, J. J., GODOY-FERNÁNDEZ, C., LLOR-ESTEBAN, B., y RUIZ-HERNÁNDEZ, J. A., "Differential profile in partner aggressors: Prison vs. Mandatory community intervention programs", en *The European Journal of Psychology Applied to Legal Context*, 6, pp.69-77, 2015.

GARCÍA-JIMÉNEZ, J. J., SÁNCHEZ-MECA, J., y GODOY-FERNÁNDEZ, C., "Distorsiones cognitivas respecto a la violencia de género en presos", en *Psicología jurídica aplicada a los problemas sociales*, Sociedad Española de Psicología Jurídica y Forense, Santiago de Compostela, 2013.

GRIGORIAN, H. L., BREM, M. J., GARNER, A., FLORIMBIO, A. R., WOLFORD-CLEVENGER, C., y STUART, G. L., "Alcohol use and problems as a potential mediator of the relationship between emotion dysregulation and intimate partner violence perpetration", en *Psychology of Violence,* 10(1), pp.91-99, 2020.

GUERRERO-MOLINA, M., MORENO-MANSO, J. M., GUERRERO-BARONA, E., GARCÍA-BAAMONDE, M. E., y GODOY-MERINO, M. J., "Agresores condenados por violencia de género reincidentes y no reincidentes: Dimensiones cognitivas y sociales", en *Psicología Conductual,* 28(2), pp.327-341, 2020.

HILTON, N. Z., y RADATZ, D. L., "The criminogenic and noncriminogenic treatment needs of intimate partner violence offenders", en *International Journal of Offender Therapy and Comparative Criminology,* 62(11), p.3245, 2018.

HILTON, N. Z., y RADATZ, D. L., "Criminogenic needs and intimate partner violence: Association with recidivism and implications for treatment", en *Psychological Services,* 18(4), 566-573, 2021

IDRISS-WHEELER, D., HAJJAR, J., y YAYA, S., "Interventions directed at men for preventing intimate partner violence: a systematic review protocol" en *Systematic Reviews,* 10(161), p.2, 2021.

LILA, M., GRACIA, E., y CATALÁ-MIÑANA, A., "More likely to dropout, but what if they don't? Partner violence offenders with alcohol abuse problems completing batterer intervention programs", en *Journal of Interpersonal Violence,* 35(9-10), pp.1958–1981, 2020.

LILA, M., MARTÍN-FERNÁNDEZ, M., GRACIA, E., LÓPEZ-OSSORIO, J. J., y GONZÁLEZ, J. L., "Identifying key predictors of recidivism among offenders attending a batterer intervention program: A survival analysis", en *Psychosocial Intervention,* 28(3), pp.157-167, 2019.

LÓPEZ-OSSORIO, J. J., GONZÁLEZ-ÁLVAREZ, J. L., BUQUERÍN, S., GARCÍA, L., y BUELA- CASAL, G., "Risk factors related to intimate partner violence police recidivism in Spain", en *International Journal of Clinical and Health Psychology,* 17(2), pp.107-119, 2017.

LÓPEZ-OSSORIO, J. J., GONZÁLEZ-ÁLVAREZ, J. L., LOINAZ, I., MARTÍNEZ-MARTÍNEZ, A., y PINEDA, D., "Inti-mate partner homicide risk assessment by police in Spain: The Dual Protocol VPR5.0-H", en *Psychosocial Intervention,* 30(1), pp.47-55, 2020.

PÉREZ, M., GIMÉNEZ-SALINAS, A., y DE JUAN, M., "Reincidencia de los agresores de pareja en Penas y Medidas Alternativas", en *Revista de Estudios Penitenciarios,* 261, pp.49-80, 2018.

RIVAS-RIVERO, E., y BONILLA-ALGOVIA, E., "Violence in the family of origin and socialization in male perpetrators of intimate partner abuse", en *Behavioral Psychology/Psicología Conductual,* 30(2), pp.533-548, 2022.

ROBERTSON, E. L., WALKER, T. M., y FRICK, P. J., "Intimate partner violence perpetration and psychoptahy. A Comprehensive Review", en *European Psychologist,* 25(2), pp.134-145, 2020.

ROMERO-MARTÍNEZ, Á., LILA, M., y MOYA-ALBIOL, L., "Empathy, impairments in intimate partner violence perpetrators with antisocial and borderline traits: A key factor in the risk of recidivism", en *Violence and Victims,* 31(2), pp. 347-360, 2016.

RUIZ-HERNÁNDEZ, J. A., GARCÍA-JIMÉNEZ, J. J., LLOR-ESTEBAN, B., y GODOY-FERNÁNDEZ, C., "Risk factors for intimate partner violence in prison inmates", en *The European Journal of Psychology Applied to Legal Context,* 7, pp.41-49, 2015.

SANTIRSO, F. A., GILCHRIST, G., LILA, M., y ENRIQUE, G., "Motivational Strategies in Interventions for Intimate Partner Violence Offenders: A Systematic Review and Meta-analysis of Randomized Controlled Trials", en *Psychosocial Intervention,* 29(3), pp.175-190, 2020.

SPENCER, C. M., y STITH, S. M., "Risk factors for male perpetration and female victimization of inti-mate partner homicide: A meta-analysis", en *Trauma, Violence, & Abuse,*21(3), p.535, 2018.

STEWART, L. A., y POWER, J., "Profile and programming needs of federal offenders with histories of intimate partner violence" en *Journal of Interpersonal Violence,* 29(15), p.2732, 2014.

TOLLEFSON, D. R., y GROSS, E. R., "Predicting Recidivism Following Participation in a Treatment Program for Batterers", en *Journal of Social Service Research,* 32(4), pp.39-62, 2006.

VOITH, L. A., LOGAN-GREENE, P., STRODTHOFF, T., y BENDER, A. E., "A paradigm shift in batterer intervention programming: A need to address unresolved trauma", en *Trauma, Violence, & Abuse,* 21(4), p.12.

WORLD HEALTH ORGANIZATION, *Responding to intimate partner violence and sexual violence against women,* World Health Organization, Suiza, 2013.

Capítulo 2

¿Son las mujeres emocionales y los hombres racionales? Naturaleza, género y pasión en la filosofía y la psicología del último siglo

SARA UMA RODRÍGUEZ VELASCO
Universidad de Valladolid
saraurodvel@gmail.com

1. LA PROBLEMÁTICA DE LAS FICCIONES DE GÉNERO

La pregunta por la naturaleza humana ha protagonizado gran parte, si no toda, de la ocupación reflexiva a lo largo de la historia. El ejercicio de un estudio de lo que somos es inseparable de lo que somos, y por lo tanto dicha pregunta siempre se ve filtrada por un proceder epistémico determinado que, en el caso del humano, está caracterizado por el dualismo. El dualismo en filosofía se entiende como la presentación de dos principios contrapuestos, contrarios y radicalmente diferenciados que se otorgan mutua razón de ser en tanto que otredad el uno respecto del otro. Su mecánica es la del enfrentamiento, o por lo menos, la de una pacífica jerarquización. Así se ha dado lugar a oposiciones tales como la de cuerpo y mente, bien y mal, o materia y espíritu. Esta es una tendencia anquilosada de nuestra forma de conocer el mundo, de relacionarnos con nosotros mismos y con los demás, que no tiene más que consecuencias dañinas y obstaculizadoras, pues no es justa con la plural y, en ocasiones, contradictoria verdad de lo externo. La realidad no es dual ni se encuentra rectamente enfrentada. Los ejes de subordinación son ficciones producidas por esa epistemología concreta, que puede fácilmente y, de hecho, debe ser superada. Actualmente, la filosofía posmoderna ha superado estas estructuras duales y busca rincones marginales donde multiplicarse, ajena a la asfixiante objetividad impuesta en épocas de pensamiento anteriores.

Yendo más allá, al considerarse esta cuestión desde el prisma de la sexualidad, se alcanza una notación política. Una epistemología dualista, como es la propia de Occidente, aplicada a una naturaleza sexuada como la del humano, da lugar a la clasificación restrictiva de hombre y mujer, y a sus respectivas características inamovibles. Sobre estas distinciones biológicas han sedimentado, a mayores, numerosos atributos contingentes y sociales que con el paso del tiempo y su asunción, han pasado a ser considerados como igualmente naturales, esenciales, parejas de lo científico. De esta manera, se ha firmemente creído que la mujer es por naturaleza más emocional, afectiva, pasional; mientras que el hombre se corona en sensatez, racionalidad y criterio objetivo.

No solo es un error dar lugar a esta oposición de carácter en el plano genérico, pues, como veremos, se trata de una concepción neurosexista de nuestras naturalezas: esconde un salto injustificado y manipulado de lo social hacia lo científico, de lo cultural a lo natural. Pero más aun, es un error a nivel teórico, pues pasión y razón tampoco son contrarios, o no tienen por qué serlo si enfocamos inquisitivamente la problemática con una lupa pluralista o posmoderna. Si bien a nivel particular la complejidad es incalculable, el ser humano en lo común comparte un carácter afectivo, base y fundamento de su poder racional, de su conciencia. No reduciéndose únicamente a la razón, ese carácter es también motivo de la avidez y el surgimiento artísticos en nuestra especie.

Con el objetivo de alcanzar esta argumentación, comenzaremos previamente con el estudio de un recorrido que se esfuerce en desmontar el mito a nivel psicológico, esto es, el neuromito. Para ello, trataremos de ubicar su origen y las críticas que ha recibido en el campo de la neuropsicología, siempre desde una perspectiva humanista y social. Tras finalizar el apartado con algunas consideraciones parejas en filosofía feminista, daremos paso al estudio de la pasión como componente esencial de la naturaleza humana en el *Tratado de la pasión* de Eugenio Trías. Se trata, en suma, de una propuesta de derogación de los clásicos parámetros en los que se ha comprendido al sujeto humano, bipartito en función de su sexualidad, buscando una forma de identidad más auténtica, libre y justa.

2. PSICOLOGÍA Y NEUROSEXISMO

La opresión que ha sufrido la mujer durante nuestra historia tiene numerosas manifestaciones en el campo de la psicología. Algunos ejemplos son los diagnósticos de histeria o brujería que tuvieron lugar siglos atrás y que nacían de una misoginia radical enraizada en la cultura de la época. La primera de ellas se consideró una enfermedad exclusivamente femenina, lo que se demuestra en el propio nombre, viniendo etimológicamente histeria del griego *hysterion*, útero[617]. La segunda, más que una enfermedad, fue un producto del pánico exacerbado a lo disidente entendido como mujeres que rechazaban su rol; pánico motivado por el paso de la pseudo ciencia griega al período intensamente religioso del medievo. Durante toda esta etapa y más aún en las que le siguieron, también fue un problema a enfrentar el deseo sexual femenino.

---

[617] LAVEDA, E. M., <Cultura de los cuidados> [en línea], (2014), https://rua.ua.es/dspace/bitstream/10045/40068/3/Cultura_Cuidados_39_08.pdf [Consulta: 10/2/2023.]

Las señoritas de la alta sociedad de los últimos siglos hicieron frente a injurias morales por este instinto común a los varones, que sin embargo en ellas era obra del diablo.

Sin embargo, estas creencias no se han disuelto en la nada con el avance de la ciencia y de la cultura, sino que han ido mutado, metamorfoseándose en nuevas concepciones de la mujer como las anteriormente mencionadas. Así, se ha defendido pseudocientíficamente, ya en nuestro siglo, cómo hombres y mujeres poseían diferencias fisiológicas y estructurales en sus respectivos cerebros, diferencias que justificaban la distinta socialización de cada género, su estereotipación, y consecuentemente, las desigualdades a las que hacen frente. Esta metodología pseudocientífica consiste en la mala interpretación de investigaciones neurológicas, o en la remisión directa a investigaciones fruto de una mala praxis científica. Como guinda, estos procedimientos se enmarcan en el contexto sesgado de una sociedad patriarcal y androcéntrica, que provoca una desigualdad evidente, negativa para el bando femenino. En conclusión, la forma en la que históricamente se ha estudiado a las mujeres no sólo ha sido pobre, sino también y sobre todo deficiente y deplorable, y todo ello para a día de hoy afirmar que no hay evidencia científica de que los cerebros de hombres y mujeres guarden ninguna diferencia fundamental.

Incluso cuando estas marcas de distinción entre sexos fuesen ingenuamente bienintencionadas, otorgándole a la mujer una mayor empatía y capacidad de cuidado, también se ve reducido o desestimado su potencial: por ejemplo recluyéndola con ello al ámbito doméstico. Las sendas de investigación psicológica que conciernen esta situación y su evidente problemática la abordan desde perspectivas feministas por su crítica conciencia antipatriarcal y combativa.

De una de ellas nace el término "neurosexismo", concebido por la neuropsicóloga canadiense Cordelia Fine en una comunicación de 2008 titulada *Will Working Mothers' Brains Explode?*

The Popular New Genre of Gender[618]. Este concepto puede entenderse como "el conjunto de posiciones, prácticas y teorías que, arropadas por la neurociencia, colaboran en la invención y promoción de juicios, ideas y creencias predeterminadas sobre las diferencias consubstanciales ente los sexos a nivel cerebral y mental"[619]. En la obra de Fine, la autora nombra una serie de casos de publicaciones divulgativas científicas o incluso de corte académico plagadas de prejuicios sexistas. El problema no se ubica únicamente en esa clase de declaraciones irracionales y predecibles, sino en los efectos que tienen sobre una comunidad de lectores y fieles creyentes carentes de una formación científica crítica, que ciegamente asientan y se recreen en lo -aparentemente- empíricamente constatado. Además, Fine asegura que "*people's capacity to spot the unsatisfactory nature of circular psychological explanations is significantly reduced when impressive-sounding neuroscientific terms are introduced*[620]" (Fine, 2008). Entendido ya como un género literario, el neurosexismo es una clase de literatura falaz, similar a las actuales y pandémicas *fake news*, con la diferencia de que estas no son plato de buen gusto para nadie.

El neurosexismo, sin embargo, sí que es una herramienta útil para aquellos que quieran conservar sus privilegios: es porque estoy así diseñado biológicamente por lo que he de situarme en tanto que varón en puestos de poder, en lugar de

---

618 Trad: "¿Le explotará el cerebro a las mujeres trabajadoras? El popular nuevo género del género".

619 SERRANO BUIZA, D., <El sexo del cerebro en disputa: críticas al neurosexismo bajo una perspectiva neurofeminista>, [en línea], (2019), https://ddd.uab.cat/record/211532 [Consulta: 5/2/2023.] Págs. 12 y 13.

620 Trad: "La capacidad de las personas de reconocer la naturaleza insatisfactoria de explicaciones psicológicas circulares se reduce significativamente cuando se introducen resonantes términos neurocientíficos".

legarle dicho cargo a una mujer que no posea la habilidad de raciocinio frío que poseo yo. En el caso de ellas, según Fine, el neurosexismo ocupa un resignado lugar en el entendimiento porque sirve como justificación a, por ejemplo, el quedarse en casa con los niños en lugar de perseguir una carrera propia: es porque estoy así diseñada biológicamente por lo que he de quedarme, mi cerebro no podría compatibilizar un objetivo de futuro ambicioso, intelectual y autónomo con mi *hardware* empático y maternal[621].

Quizá uno de los mayores responsables de la persistente presencia de este mito en nuestro imaginario sociocultural colectivo podría ser John Gray, psicólogo y sexólogo estadounidense de nuestro siglo, y autor de *Men Are from Mars, Women Are from Venus*[622] (1992). Gray abre este escrito con una anécdota personal relativa a problemas de pareja, a modo de ejemplificación de que un hombre tiene una menor disposición a la vulnerabilidad que una mujer. Con ello, cuenta, aprendió mucho acerca de las diferencias entre hombres y mujeres y se dispuso a ayudar a muchas más parejas y matrimonios manteniendo la premisa de que esas diferencias esenciales de comportamiento no han de enfrentarlos sino, al contrario, hacer que se amen con más fuerza[623]. Asegura de esta manera la eficacia de sus prácticas, que ubican su fundamento en investigaciones psicológicas de ambos sexos, entendidos metafóricamente como planetas distintos en tanto que poseen distintas formas de conocer el mundo y de comunicarse. La causa de estas diferencias es múltiple. En palabras del propio Gray, "abarcan desde las diferencias biológicas, la influencia de los padres, la educación y el

621 FINE, C., "Will Working Mothers' Brains Explode? The Popular New Genre of Neurosexism", *Neuroethics*, 2008. P.70.

622 Trad: "Los hombres son de Marte, las mujeres de Venus".

623 GRAY, J., *Los hombres son de Marte, las mujeres son de Venus*, Hernán, Ed, Rosario: Biblioteca Nueva Era, 2003. P.5.

nacimiento hasta el condicionamiento cultural por parte de la sociedad, los medios y la historia"[624].

Una de las respuestas más notables a John Gray fue la realizada por Deborah Cameron, lingüista feminista escocesa, que publicó en 2007 una obra titulada *The myth of Mars and Venus*[625]. En lo respectivo al lenguaje, su ámbito de especialidad, ella aclara lo siguiente:

> *The idea that men and women differ fundamentally in the way they use language to communicate is a myth in the everyday sense: a widespread but false belief. (…) Whether or not they are true in any historical or scientific sense, such stories have consequences in the real world. They shape our beliefs, and so influence our actions. The myth of Mars and Venus is no exception to that rule*[626].

Como igualmente argumentaba Fine, la repercusión de esta clase de falsas concepciones de la naturaleza de ambos sexos tiene efectos en la socialización de todo sujeto, tienen consecuencias prácticas y retroalimentan su propia producción. Cuanto más creamos que las mujeres son más habladoras y comunicativas, y que los hombres son más visuales y silenciosos, más van a darse de hecho estas características en ambos. Así,

---

624 GRAY, J., *Los hombres son de Marte, las mujeres son de Venus*, Hernán, Ed, Rosario: Biblioteca Nueva Era, 2003. P.6.

625 Trad: "El mito de Marte y Venus".

626 Trad: "La idea de que hombres y mujeres difieren fundamentalmente en la forma en que usan el lenguaje para comunicarse es un mito en sentido cotidiano: una difundida pero falsa creencia. Sean o no verdaderas en un sentido histórico o científico, estas historias tienen consecuencias en el mundo real. Forman nuestras creencias, y por lo tanto influyen en nuestras acciones. El mito de Marte y Venus no es una excepción a esa regla". CAMERON, D.: <*The Myth of Mars and Venus*> [en línea], (2007), https://es.scribd.com/document/276153650/The-Myth-of-Mars-Venus-Language# [Consulta: 2/2/2023.]

una epistemología feminista demuestra que no puede haber clasificaciones estancas propias de una esquematización binaria: ni siquiera la biología es tan claramente distinguible de lo sociocultural. Esto supone una antesala de lo que muchas filosofías feministas defienden a día de hoy, como Judith Butler o, a nivel nacional, Paul B. Preciado. No quiere decir que nociones como cuerpo y alma, naturaleza y sociedad o sexo y género sean indefinibles, sino que son mucho más articulables y relacionables de lo que aparentan.

Asimismo, Cameron aporta un buen ejemplo de cómo este encajonamiento estanco de roles de género es tan perjudicial para los hombres como lo es para las mujeres. Relata así, cómo en una entrevista de un medio a un *call center*, se le preguntaba al gerente acerca de por qué la mayoría de los contratados eran mujeres. Él respondía que porque las mujeres son comúnmente más locuaces, más ágiles con las palabras, y llegaba a reconocer cómo en ocasiones ni siquiera se paran a cerciorarse de estas habilidades y contratan a personas de sexo femenino sin miramientos. Esta clase de situaciones, concluye ella, "*may not be good news for men*"[627] (Cameron, 2007, pág. 2). Por lo tanto, las falaces acusaciones de que la defensa de una sociedad igualitaria es solo beneficiosa para el sexo femenino, denota una profunda ignorancia de los efectos reales de las políticas patriarcales aún presentes a día de hoy.

En esta línea se ubicaría la crítica de la mencionada Judith Butler a las consecuencias sociales que tienen lugar tras una estricta socialización en el binarismo hombre-mujer y un reduccionismo estricto a lo corporal. El género sería en su teoría un útil del que el patriarcado hace uso para la manutención del status quo, un engranaje silencioso cuyo mecanismo permea en lo más hondo de nuestra existencia. En el caso de Paul

627 Trad: "Pueden no ser buenas noticias para los hombres".

B. Preciado, reconocido discípulo de Butler, podríamos hablar incluso de propuesta postfeminista[628], pues ni siquiera conserva lo indiscutible de la biología al proponer una plasticidad propia de los cuerpos que altere incluso la noción de sexo. De esta manera, se descentraliza el sujeto político del feminismo, la mujer, al no restar ya definición alguna de su realidad. Una realidad susceptible de mutación con los avances tecnológicos, quirúrgicos y farmacéuticos propios de nuestro siglo.

Ahora bien, aunque los paralelismos con la teoría feminista son evidentes, la problemática se trata desde un enfoque diferente en ella y en el ámbito neuropsicológico. Aun así, situar ambas ramas especializadas independientemente como mutuo reflejo, es una forma de cerrar esta sección adelantando con cariz esperanzador que poseemos numerosos estudiosos y estudiosas que sabrán poner fin a futuras y potenciales generaciones neurosexistas de conocimiento, que apuestan por la conquista de nuevas subjetividades no encorsetadas en una conciencia cientificista.

3. FILOSOFÍA Y PASIÓN

¿Cómo podemos extrapolar esta crítica a la diferencia neurológica sexuada desde la filosofía, y más aún desde una filosofía del amor? Hemos de rescatar la mencionada filosofía posmoderna para que despeje el terreno de estancas clasificaciones; e igualmente retomar la pregunta por la naturaleza que abría el camino al comienzo de la investigación, con el objetivo de hallar algún rasgo de carácter que armonice lo históricamente fragmentado.

---

628 MEDINA-VICENT, M., "Neurociencia y teoría política feminista, la inestabilidad sexo-género-sexualidad a través de la obra de Paul B. Preciado", *Pensamiento,* 2016, 981-996.

Tratamos de encontrar una nueva zona de reflexión filosófica aplicable al ámbito psicosocial en el que todo esté en continuo movimiento y mezcla. A un nivel tanto intelectual como a uno cotidiano, y como adelantábamos en la introducción, las compartimentaciones inamovibles no le hacen justicia a lo real, ya que ello se nos presenta de forma más compleja, inevitablemente obligándonos a problematizar el dualismo hegemónico. Así, en lugar de permanecer en la imposición de una u otra identidad de lo dado, se pretende trascender al campo de la diferencia. De la misma manera que al aprender a dibujar con una imagen de referencia, los profesores y profesoras de arte aconsejan fijarse en el espacio negativo en lugar de propiamente en la figura; los filósofos y filósofas de la diferencia pretendieron cambiar el foco hacia la otredad, hacia el momento de ruptura ente un final y otro comienzo. Ese vacío incomprensible que se descartó en otras épocas de pensamiento, el caos inabarcable de lo irracional o loco, es de lo que se apoderan estos pensadores. El reconocido período lumínico deja tras de sí dignificados principios como pilares de conquista humana, relatos que precisamente la posmodernidad sacrificaría, bautizándose en el proceso.

Si bien el término postmodernidad nace a causa de la obra *La condición posmoderna*, de Jean-François Lyotard, entre sus mayores exponentes en tanto que preámbulo teórico encontramos a Simone de Beauvoir, figura destacable en este escrito a causa de su parejo diagnóstico en la construcción social de las diferencias de género entre hombre y mujer, argumentación que daría lugar a uno de los eslóganes más reconocidos de la lucha feminista: no se nace mujer, se llega a serlo. También aplicable a nuestro estudio es la concepción del propio Lyotard de lo que él mismo define como ciencia postmoderna, definida en la mencionada obra de la siguiente manera:

> Interesándose por los indecibles, los límites de la precisión del control, los cuanta, los conflictos de información no completa, los *fracta*, las catástrofes, las paradojas pragmáticas, la cien-

> cia postmoderna hace la teoría de su propia evolución como discontinua, catastrófica, no rectificable, paradójica. Cambia el sentido de la palabra saber, y dice cómo puede tener lugar ese cambio. Produce, no lo conocido, sino lo desconocido. Y sugiere un modelo de legitimación que en absoluto es el de la mejor actuación, sino el de la diferencia comprendida como paralogía[629].

Es esta una definición armonizable con la concepción de ciencia que tendría lugar si dejásemos de enfocarla desde el prisma dualista que la sella como portadora de certezas irrevocables. Como ya hemos determinado, la ciencia también se halla sesgada y también es susceptible de errores.

Ahora bien, se podría pensar que una pregunta por la naturaleza humana no tiene lugar o sentido en un marco de reflexión posmoderna. En cierto modo es correcto: qué razón de ser tiene seguir preguntándonos acerca de la identidad de los sujetos, si la protagonista ahora es la diferencia. Sin embargo, también podemos tomarnos la libertad de jugar bajo esas mismas reglas, las de entregarse a la aventura de un saber desvergonzado. Además, y sobre todo, porque la propuesta de análisis del sujeto que abordaremos es una apuesta por lo marginado, una defensa de lo eternamente rechazado por ese *status quo* ejemplar. Esta es la propuesta de Eugenio Trías en el *Tratado de la pasión*.

La aportación más importante de este pensador barcelonés es la noción de "filosofía del límite", basada en la concepción misma del sujeto humano como aquel ser del límite, siempre fronterizo entre lo divino y lo animal, eternamente condenado a ese torpe equilibrio. Antropológicamente, el límite es entendido en el humano como una cuerda tensada entre la idea y la realidad, esto es, en la diferencia. La filosofía del límite se

---

629 LYOTARD, J.-F., *La condición postmoderna,* Cátedra, Madrid, 1979. Pp. 96-97.

permite el juego, la reflexión considerada y extremadamente tolerante con el espacio fronterizo, probando más allá con la creación de simbología estética, quizás como experimento.

Aún con ello, el propio Trías habría rechazado ser caracterizado como posmoderno, así lo aclara en el prólogo a su obra *La razón fronteriza* (1999). Sin embargo, unas líneas después declara no sentirse tampoco radicalmente afín a las lógicas alemanas del (y brevemente posteriores al) Siglo de las luces. Así, reclama la necesidad de "recrear la razón ilustrada; pero es preciso hacerlo (…) en perpetuo diálogo con aquellas sombras que la retan de verdad"[630]. Estas sombras son asignaturas pendientes de la filosofía consigo misma, siendo algunas de ellas la magia, la irracionalidad, lo religioso; y aquella que nos compete en esta reflexión: la pasión.

Unos años antes a esa obra, en 1979, Trías había escrito el titulado *Tratado de la pasión*. En él, reflexionaba acerca de esta sombra concreta, el mundo de las pasiones, y lo hacía en estrecha relación con la problemática de los dualismos y con la concepción de una racionalidad hegemónica que, por partes iguales, hemos ido adelantado. El objetivo principal de este escrito es sacar a la pasión del sótano oscuro en el que se mantiene encarcelada, acallada por el caos que genera, y estudiarla en relación a la naturaleza humana. Es así: las pasiones siempre han despertado temor por ser causantes de la mayor intensidad, sea esta de buen o mal corte. En incontables ocasiones, se ha acusado a la pasión de nublar el juicio, de llevar a las personas a cometer los actos más irracionales y estúpidos. Ha sido históricamente el villano del héroe que es la razón, su némesis. Por este motivo se aprecia una triste escasez en lo que a producción filosófica de teorías de la pasión, del amor o de las emociones se refiere. Y de haberse tratado, en puntuales casos,

---

[630] TRÍAS, E., *La razón fronteriza*, Destino, Barcelona, 1999. P.12.

ha sido mutilándola, ajustándola a un bien mayor ajeno a sí misma, o directamente para advertir del nivel de su peligro. Estos podrían ser los casos de la *Ética* de Spinoza o la *Antropología de las pasiones* de Kant.

En el ensayo de Trías, la pasión no solo obtiene un respiro, sino que se le otorga la mayor libertad ontoepistémica posible. Lo interesante de este trabajo y precisamente el motivo por el que guarda una relación con la pregunta por la naturaleza y la igualdad de socialización de sexos, es porque fundamenta el carácter de todo sujeto, a través del concepto de sujeto pasional; y porque rechaza la dualidad enfrentada entre conceptos que protagoniza todo caso de neurosexismo. Comenzaremos por lo segundo, abarcando la crítica a esa clase de contraposiciones, y analizaremos el sujeto pasional introduciendo previamente el amor-pasión.

La base teórica de esta obra supone comprender la pasión de forma holística, sobre todo a nivel ontológico: la realidad está formada por átomos de pasión, por mociones pasionales que conforman lo que percibimos y cómo lo percibimos, además de lo que somos. Con base en ello, la pasión es el principio de todo lo real, así se describe que "puede afirmarse, en general, que, cuanto pasa es, ni más ni menos, la trama virtual o el campo potencial de fuerzas pasionales expresadas que producen, entre sí, efectos pasionales, o lo que es lo mismo, sucesos, sucesos relevantes"[631]. No solo la pasión ya no es algo marginal, que debamos controlar y mantener bajo un yugo, sino que es la pura expresión de lo real en forma de sucesos singulares: aquellos captados por el sujeto pasional[632].

---

631 TRÍAS, E.,. *Tratado de la pasión,* Taurus, Madrid, 1979. P.103.

632 Suceso singular entendido como aquellos momentos de la existencia donde el tiempo se detiene, ya sea en lo más extraordinariamente bello como en lo precioso por mundano. Esto le sucede, por supuesto, al enamorado.

El enamorado comprendido de esta manera, el sufriente de amor-pasión, es un sujeto que se encuentra de suerte poseído por un dios loco al que le ha entregado ciegamente su voluntad, para a cambio experimentar una mayor intensidad y belleza en su aprecio por la vida. En concreto, la clase de amor propia de esa conjunción amor-pasión introducida por Stendhal, es aquella desenvuelta en las novelas de caballerías tales como Abelardo y Eloísa, Romeo y Julieta o Tristán e Isolda. En ellas, ambos protagonistas aman fuera de sí, son marionetas de un destino al que jamás desearían dar la espalda. Ahora bien, el dolor que ese amor les otorga es compensado por un placer de igual magnitud. Se trata de un juego de contrarios, de una dinámica constante de intercambio e interrelación entre opuestos.

Los personajes de las novelas de aquella época estaban igualmente sujetos a los prejuicios culturales que, como bien se ha aclarado, nos han acompañado siempre. Sin embargo, en este amor la pareja se convierte en dos sujetos de mismo color, dos almas igualmente sintientes. Y yendo más allá, su deseo sería precisamente nada menos que llegar a ser uno: es tal la reciprocidad y el paralelismo de su afecto, que su última voluntad sería la de verse anulados en su fusión con el otro. Esta situación, claramente, solo puede darse en una muerte que ambos comparten, de tal forma que amor y muerte se encuentran eternamente armonizados: una ejemplificación más de la comunión de lo rival. Asume Trías tras esta clase de planteamientos: "¿Dicha en la desdicha, placer en el dolor, gracia en la desgracia, felicidad en la infelicidad? Una reflexión filosófica sobre la pasión nos obliga a movernos en el terreno de la paradoja y de la dialéctica"[633].

---

633 TRÍAS, E.,. *Tratado de la pasión,* Taurus, Madrid, 1979. P.103. P.29

Como vemos, es un amor que se recrea en sí mismo, que no necesita nada más fuera de sí para ser valioso. A diferencia del Eros platónico, donde Amor es la antesala al Bien supremo, encontrando así su motivo de ser en lo ajeno; en el amor-pasión, su satisfacción no se encuentra en algo externo[634], sino en su propio ejercicio. Así, se define a esta clase de amor como reflexivo y dialéctico[635], y esto sucede porque es una clase de amor específicamente pasional: porque su esencia es de carácter pasional.

En suma, por lo tanto, la pasión es común a todo sujeto al ser el principio de lo real, pero sobre todo es característico del sujeto enamorado. Sin embargo, José Ortega y Gasset, filósofo español contemporáneo a Trías, también realizó un análisis del enamoramiento en su obra *Estudios sobre el amor*, y no llegó a las mismas conclusiones. Su aportación es valiosa porque es una buena ejemplificación de lo que comúnmente se piensa tanto de la pasión como del estado de enamoramiento que provoca. Se pueden comprobar en afirmaciones tales como "yo creo (...) que urge devolver al vocablo <pasión> su antiguo sentido peyorativo"[636] o "la <pasión> es un estado patológico que implica la defectuosidad de un alma" (*ídem*). Para Ortega, el amor no es pasional ni es átomo y principio de lo real: es sencillamente un fenómeno psicológico derivado de una vida literaria, ni siquiera se le considera necesariamente propio de lo humano. A mayores, es perjudicial en numerosas ocasiones

---

634 Si es que pudiera siquiera hablarse de satisfacción: en el amor-pasión no se busca el fin de esa intranquilidad afectiva generada por la falta o incluso por la presencia del amado, pues supondría también el fin de la intensidad que la suple. Se prefiere sufrir por amor a dejar de sufrir, porque entonces se dejaría de amar.

635 TRÍAS, E.,. *Tratado de la pasión,* Taurus, Madrid, 1979. P.103. P.27.

636 ORTEGA Y GASSET, J., *Estudios sobre el amor,* Espasa-Calpe, Madrid, 1964.

debido a que es equiparable a una enfermedad de la atención, a un embobamiento del sujeto, el culpable de nublar la razón.

Y bien, ¿qué relación guardan exactamente razón y pasión? ¿Es la pasión lo contrario a la razón, aquello que causa que se pierdan los cabales y nos abandonemos a la estupidez, a la exageración? ¿O es más bien aquello que precisamente da lugar, razón de ser, a la racionalidad? Es esta segunda apreciación la que aporta Eugenio Trías, lejos de los estereotipos ya anticuados, oxidados, en los que Ortega trataba de reafirmarse.

El carácter humano, sea el propio del cuerpo sexuado que sea, es siempre afectivo. No solo en el sentido afectuoso: afectivo en tanto que es susceptible de ser afectado, de ser interpelado sensiblemente. Día a día somos interpelados en lo cotidiano, con mayor o menor profundidad, en base a la apertura de cada quien. Pero esa es una base común a toda subjetividad, y en las ocasiones en las que se está, a mayores, poseído por Eros, la sensibilidad se intensifica de manera exagerada, admirando una mayor belleza en nuestro en rededor. Los artistas son enamorados en este sentido, enamorados por equipararse a una herida abierta que percibe el menor contacto con una exaltación incomparable. Por su condición, así, descarnada, es por lo que se vuelcan en el crear.

La pasión es entonces aquello común, en mayor o menor medida, a todo ser humano, que de manera subyacente prepara el terreno para el desenvolvimiento de la razón. La propia filosofía es etimológicamente amor por el saber, ansia de conocimiento, es por la experiencia del asombro por lo real por lo que los antiguos griegos comenzaron a investigar sobre ella, a razonar. Todo filósofo y toda filósofa es una persona enamorada, una persona afectada por lo real y que responde con el mismo afecto, en relación recíproca con la existencia. Desde el cuerpo es como nos dirigimos a experienciar la vida, desde el cuerpo humano genérico y sexuado, y no hay fractura entre ello y nuestra sensibilidad -simbólicamente- espiritual, ni diferencias dentro de la propia más allá de las impuestas. Puede afirmarse, en base a ello, que "arte y cuerpo son campos minados que esconden interrogaciones explosivas y una mecha larga de historias y debates"[637].

Ahora bien, no solo en este sentido de condición de seres susceptibles de afecto es por lo que relacionamos la experiencia del cuerpo con el arte o, mejor dicho, la experiencia estética. Como se ha mencionado, es también desde la profundidad del enamoramiento desde donde apreciamos la belleza del mundo, según la argumentación de Trías, de forma metonímica. Para comprenderlo de manera sencilla, se pone de ejemplo el caso en el que un enamorado observa una flor. Una flor es un objeto naturalmente bello, por lo que la equiparación es cómoda, pero también podría ser sustituida por cualquier objeto o lugar no usualmente o canónicamente concebido como bello[638]. Pues bien, la persona enamorada aprecia en un momento de éxtasis la belleza de la flor como divina, porque le evoca el recuerdo metonímico de su amada o amado.

La teoría del amor en Eugenio Trías, ya finalizando, se nos muestra como una oportunidad de concebir el carácter humano como apertura, como disposición afectiva sintiente y queriente, que problematiza los clásicos cánones de definición

---

637 ESQUIVEL MARÍN, S., *Pensar desde el cuerpo. Tres filósofos artistas: Spinoza, Nietzsche y Pessoa,* DDO Producciones / Conacultad Cecut, Tijuana, 2006. P.15.

638 Esta actitud da lugar a numerosas categorías estéticas más allá de lo bueno, como lo sublime o lo siniestro, que son estudiadas por la Teoría del arte o Filosofía estética. El propio Eugenio Trías tiene un escrito acerca de lo siniestro, en el que lo concibe como límite de lo bello, frontera desde la cual lo bello puede ser definido o, por lo menos, apreciado.

binaria y particular del género. Amamos de la misma manera hombres y mujeres, porque somos de la misma manera seres capaces de amar, y arrojados a ello por naturaleza ciega y paradójica.

4. CONCLUSIONES

La naturaleza humana concluye ser inevitablemente irreductible a lo natural entendido en tanto que biológico. Sus aristas se multiplican en numerosas direcciones más allá de lo científico, e incluso de lo social. Lo que cada sujeto sexuado realmente es supone una amalgama, a veces incluso de contradicciones, condicionadas por numerosos juegos de significación. Estos juegos de significación incluyen lo que se espera de cada sexo y de su verdad neuropsicológica, verdad auténticamente ficcional y productora de desigualdad, jerarquía e injusticias.

Ni hay una tendencia en los hombres a la racionalidad, ni hay en las mujeres una a la emoción: todos somos en igual medida seres afectados y afectivos, que por esa misma condición razonan. Compartimos un mismo lenguaje y, de no hacerlo, no es por una realidad biológica particular de cada uno sino por la profunda asunción de un contexto social que realmente ni nos pertenece ni nos beneficia.

Por delante nos espera un futuro, en lo productor de conocimiento académico y divulgativo, y ojalá en lo práctico, ajeno a la literatura neurosexista y a una filosofía binaria y estática. Podemos observar ya nuevas sendas de reflexión inclusiva y plural, que permitirán compaginar el asombro con una realidad que no se deja someter por manos humanas.

BIBLIOGRAFÍA

CAMERON, D.: <*The Myth of Mars and Venus*> [en línea], (2007), https://es.scribd.com/document/276153650/The-Myth-of-Mars-Venus-Language# [Consulta: 2/2/2023.]

ESQUIVEL MARÍN, S., *Pensar desde el cuerpo. Tres filósofos artistas: Spinoza, Nietzsche y Pessoa,* DDO Producciones / Conacultad Cecut, Tijuana, 2006.

FINE, C., "Will Working Mothers' Brains Explode? The Popular New Genre of Neurosexism", *Neuroethics,* 2008

GRAY, J., *Los hombres son de Marte, las mujeres son de Venus,* Hernán, Ed, Rosario: Biblioteca Nueva Era, 2003.

LAVEDA, E. M., <Cultura de los cuidados> [en línea], (2014), https://rua.ua.es/dspace/bitstream/10045/40068/3/Cultura_Cuidados_39_08.pdf [Consulta: 10/2/2023.]

LYOTARD, J.-F., *La condición postmoderna,* Cátedra, Madrid, 1979.

MEDINA-VICENT, M., "Neurociencia y teoría política feminista, la inestabilidad sexo-género-sexualidad a través de la obra de Paul B. Preciado", *Pensamiento,* 2016, 981-996.

NAHUEL BERNABÉ, F., "Androcentrismo, ciencia y filosofía de la ciencia". *Revista de Humanidades de Valparaíso,* 2019, 287-313.

ORTEGA Y GASSET, J., *Estudios sobre el amor,* Espasa-Calpe, Madrid, 1964.

SERRANO BUIZA, D., <El sexo del cerebro en disputa: críticas al neurosexismo bajo una perspectiva neurofeminista>, [en línea], (2019), https://ddd.uab.cat/record/211532 [Consulta: 5/2/2023.]

TRÍAS, E.,. *Tratado de la pasión,* Taurus, Madrid, 1979.

TRÍAS, E., *La razón fronteriza,* Destino, Barcelona, 1999.

Capítulo 3

Sesgos de género y trastornos de personalidad

MARÍA EUGENIA TAPIA-SANZ
ÁNGELA HOYO
ANA ISABEL JIMÉNEZ-GONZÁLEZ
JAVIER MORAL-ZAPATA
Universidad Internacional Isabel I

1. ESTEREOTIPOS Y LOS SESGOS DE GÉNERO

Comenzamos, aunque puntualizando que llevar a cabo esta diferenciación comporta cierta controversia y complejidad, conceptualizando y distinguiendo los términos de sexo y género. El concepto de sexo atañe a la cualidad biológica que permite diferenciar entre ser macho o hembra. En contrapartida, el término género conlleva la definición e interpretación cultural del sexo biológico y, por tanto, la atribución de una categoría social en base a su emparejamiento con una categoría biológica.

No obstante, es pertinente reconocer la simplicidad de esta distinción. En la práctica, algunos teóricos han propuesto explicaciones en las que los componentes biológicos, psicológicos y sociales interactúan entre sí, dando lugar a una conceptualización del género como fenómeno dotado de múltiples dimensiones.

Un aspecto fundamental es que la atribución de un género u otro a una persona comporta igualmente la aplicación de ciertas expectativas, comunes a los miembros de una cultura, acerca de las cualidades psicológicas (es decir, rasgos de personalidad, conductas...) que se considera dicha persona mostrará con una alta probabilidad (es decir, sobre las características asociadas a su rol de género). Estamos haciendo referencia, por tanto, a los estereotipos de género (p. ej., Lips, 2001). Una cualidad clave de los estereotipos es que son producto de la cultura y a su vez guían la percepción e interpretación del mundo social. De esta manera, el concepto de estereotipo enlaza con el de sesgo de género en la medida en que las expectativas sesgan (modulan) la interpretación de la realidad y las elecciones de acción frente a una persona, pudiendo dar como resultado, entre dichas opciones, al despliegue de un comportamiento discriminatorio basado en la atribución de un género u otro y las expectativas derivadas de dicha atribución.

A lo largo de la literatura se han utilizado en ocasiones de manera indistinta e intercambiable -y, por tanto, ciertamente confusa- los términos sexo y género al hacer alusión a los roles. Con objeto de realizar una aproximación parsimoniosa y acorde a los planteamientos actuales, en este capítulo adoptaremos de manera consistente la terminología rol de género.

Como se ha señalado anteriormente, la importancia de los sesgos de género radica en que ejercen una influencia decisiva en nuestro comportamiento social. En el contexto que nos ocupa, los sesgos de género también podrían manifestarse en otorgar un tratamiento diferencial a nuestros pacientes en función al género que se le adscribe.

2. GÉNERO Y SALUD MENTAL: SESGOS DE GÉNERO QUE CONDICIONAN EL ABORDAJE PSICOLÓGICO DE DIVERSOS TRASTORNOS

Tal y como plantea la Organización Mundial de la Salud (OMS), el género está presente como un factor que influye en la salud y en la enfermedad mental, incluyendo, entre otros determinantes, la manera en la que el sistema de salud responde en función del género. Los aspectos relacionados con las diferencias del sexo de los pacientes, junto a los estereotipos que surgen de las mismas, están presentes en la valoración de los profesionales en el ámbito de la salud mental. En el sistema de clasificación diagnóstico más empleado actualmente, el Manual Diagnóstico y Estadístico de los Trastornos Mentales, conocido como DSM-5[639], se advierte a los clínicos sobre la necesidad de obrar con cautela debido a los estereotipos sociales prototípicos del género, que podrían conllevar un diagnóstico erróneo.

Se puede aventurar que los profesionales de la psicología y la psiquiatría no están libres de los mismos prejuicios y sesgos que la población general, siendo esperable que las construcciones de género se entremezclen con los criterios de valoración empleados en la profesión clínica, influyendo no solo en la elaboración de los criterios, sino en el desempeño de los clínicos de la salud en la identificación de la sintomatología clínica.

---

639 AMERICAN PSYCHIATRIC ASSOCIATION. *Manual diagnóstico y estadístico de los trastornos mentales DSM-5*, 5ª ed., Médica Panamericana, Madrid, 2014.

3. PERSONALIDAD

El concepto de personalidad ha sido definido por numerosos autores, existiendo casi tantas definiciones como autores han escrito sobre la misma. Una de las definiciones más clásicas es la de R. B. CATTELL[640], quien entendía la personalidad como "aquello que nos dice lo que una persona hará cuando se encuentre en una situación determinada".

Más recientemente, según BERMÚDEZ[641], la personalidad constituye la identidad del individuo y se refiere a la forma en que un individuo piensa, percibe o siente. Esta se compone por elementos relativamente estables (rasgos) y por factores cognitivos, motivacionales y afectivos susceptibles de cambio y adaptación, puesto que se encuentran asociados a la situación y a las influencias socioculturales. Así, estas características del ambiente se encuentran interrelacionadas con el comportamiento de la persona, referida tanto a la conducta observable (conducta manifiesta) como a los nuevos productos cognitivos, motivacionales o afectivos (conducta interna), que a su vez pueden influir en el comportamiento futuro (cambios en expectativas, creencias, metas, estrategias, valoración de la situación, etc.).

---

640 CATTELL, R. B., *The scientific analysis of personality*, Adeline Publishing, New York, 1965. P.15.

641 BERMÚDEZ, J. et. al. 2017.

4. MANUAL DIAGNÓSTICO Y ESTADÍSTICO DE LOS TRASTORNOS MENTALES (DSM)

El DSM es una clasificación de trastornos mentales diseñada por la Asociación Americana de Psiquiatría[642] con la finalidad de facilitar un diagnóstico fiable. El DSM sirve de guía práctica y funcional para organizar la información de cara al diagnóstico y el tratamiento de los trastornos mentales, siendo de utilidad tanto para clínicos como investigadores. Actualmente, la quinta edición de este manual se ha coordinado con la Clasificación Internacional de Enfermedades (CIE) propuesta por la OMS, compartiendo el sistema de codificación de los distintos trastornos en su onceava edición.

En el proceso de revisión, los miembros de los grupos de trabajo representan a los expertos de las diferentes áreas y colaboran con los asesores y revisores del proceso, dirigidos por el Comité Elaborador del DSM-5. El grupo de trabajo de Personalidad y trastornos de la personalidad se compone, en esta quinta edición, de un presidente y un copresidente (ambos hombres), un coordinador de texto y ocho miembros más. De ellos, tres son mujeres (27,3 %) y el resto hombres (72,7 %). Según recogen SKODOL Y BENDER[643], miembros de dicho grupo de trabajo, la diferenciación que hacen entre las conductas que consideran como normales y patológicas reflejaría el sesgo masculino de los expertos que participaron en la edición del DSM-III[644]. Por ejemplo, comentan que las mujeres que se

---

642 AMERICAN PSYCHIATRIC ASSOCIATION. *Manual diagnóstico y estadístico de los trastornos mentales DSM-5*, 5ª ed., Médica Panamericana, Madrid, 2014.

643 SKODOL, A. E. Y BENDER, D. S. "Why Are Women Diagnosed Borderline More Than Men?" *Psychiatric Quarterly*, 74, n.º 4, 2003, 349–60.

644 KAPLAN, M., "A woman's view of DSM-III.", American Psychologist, 38, n.º 7, 1983, 786–92.

ajustaban a determinados estereotipos asociados a los roles de género serían etiquetadas como patológicas. Principalmente, esto se manifestaba en los diagnósticos con sesgos de género en los trastornos de la personalidad histriónica (TPH) y dependiente (TPD), seguidos del trastorno de la personalidad límite (TPL).

Por ello, para autores como KAPLAN, este sistema de diagnóstico, "al igual que la sociedad a la que sirve, está centrado en el hombre"[645], haciendo referencia a la sociedad patriarcal. A raíz de la crítica de este autor se han llevado a cabo numerosas investigaciones en el área de los trastornos de la personalidad desde el DSM-III.

5. TRASTORNOS DE PERSONALIDAD

De acuerdo con el DSM-5, los trastornos de personalidad (TP en adelante) se definen como "un patrón permanente de experiencia interna y de comportamiento que se aparta acusadamente de las expectativas de la cultura del sujeto", tratándose de una manifestación generalizada (persiste ante diferentes situaciones personales y sociales), inflexible y estable en el tiempo que genera un malestar o deterioro en lo social, laboral u otras áreas importantes del funcionamiento. Este tipo de trastornos inician normalmente en la adolescencia o en la edad adulta temprana.

En general, recientes revisiones y metaanálisis han situado la prevalencia global en valores comprendidos entre un 4 % y un 12,16 % en la población general[646]. Los datos aportados

---

[645] KAPLAN, M., "A woman's view of DSM-III.", American Psychologist, 38, n.º 7, 1983. P. 791.

[646] WINSPER, C. et. al. 2020.

por la APA (2014) en el DSM-5, señalan que la prevalencia de adultos se sitúa en un 9,1 % para cualquier TP.

Desde el punto de vista clínico, los TP se pueden agrupar en tres categorías o clúster. Sin detallar los criterios diagnósticos específicos de cada uno de ellos, se mencionan a continuación algunas características diferenciales.

- El clúster A, engloba los trastornos paranoide, esquizoide y esquizotípica. Su prevalencia se estima en un 5,7 % (APA, 2014), y se caracterizan, a grandes rasgos, por su excentricidad.
- El clúster B, incluye los trastornos antisociales, límite, histriónico y narcisista, todos ellos centrados en la inestabilidad emocional e impulsividad. Estos presentan una prevalencia menor en comparación con los otros dos grupos, situada en torno a un 1,5 % (APA, 2014), aunque puede variar en función del tipo de población considerada (p. ej., personas con adicciones, migrantes, en prisión o en riesgo de pobreza).
- Finalmente, en el clúster C los TP comparten las alteraciones emocionales, por lo que suelen ser individuos ansiosos o temerosos. En él se incluyen los trastornos evitativo, dependiente y obsesivo-compulsivo. Según la APA (2014), la prevalencia para este grupo de trastornos se estima en un 6 %.

Además de los ya mencionados, el DSM-5 (APA, 2014) introduce las categorías de "cambio de la personalidad debido a otra afección médica"; "otro trastorno de la personalidad especificado" y "trastorno de la personalidad no especificado" (p. ej., el trastorno de la personalidad pasiva-agresiva).

En general, el DSM-5 asume que la valoración del funcionamiento de la personalidad debe considerar la etnia y el origen sociocultural de la persona, pues los TP no deben confundirse con los problemas asociados con la adaptación a la nueva cultura tras una emigración o relacionados con la expresión de las costumbres o valores políticos o religiosos de su cultura de origen. Asimismo, el manual diagnóstico asume que, aunque las diferencias de género en la prevalencia de algunos trastornos probablemente sean un reflejo de diferencias reales en la aparición de los patrones característicos de esos TP, se debe actuar con precaución y no sobrediagnosticar o infradiagnosticar debido a los estereotipos sociales que condicionan los roles típicos de género y los comportamientos (APA, 2014).

5.1. Sesgos de género dentro del DSM

Al igual que podrían existir diferencias de raza, género o etnia en la incidencia, prevalencia o expresión dentro de las enfermedades psicológicas, también se ha llegado a decir que puede existir un sesgo de género en algunas de las categorías del DSM a lo largo de su evolución. En el DSM-5 utilizan el término género -y no sexo- porque analizan el constructo psicológico del género y no se ciñen al sexo biológico determinado al nacer (varón o mujer). Aun así, algunas cuestiones del DSM van en relación con el funcionamiento biológico sexual y no con el género.

A lo largo de las diversas ediciones del Manual, se han ido añadiendo cuestiones que previamente no se habían valorado. Uno de los saltos más importantes se da en el DSM-III, ampliando la información relativa a los efectos del género con la adición de varios apartados a este respecto y beneficiándose de un estudio epidemiológico realizado entonces, que aportó mayor información sobre proporciones por género (APA, 1980). No fue hasta la llegada del DSM-IV (APA, 1994) que se incluyeron datos de prevalencia e información descriptiva en algunos trastornos.

En la edición actual, el DSM-5 (APA, 2014), aún hay trastornos en los solo se indica una mayoría de hombres o de mujeres, pero sin especificar. Asimismo, se siguen incluyendo categorías específicas de género para algunos "trastornos sexuales". Otra dificultad radica en que los datos de incidencia y prevalencia se obtienen de estudios transversales, con estimaciones prospectivas de tasas de incidencia y, por tanto, sería más adecuado el uso de datos obtenidos de muestras comunitarias y no clínicas.

Es una realidad el hecho de que existe dificultad en presentar neutralidad de género, esto es, que un determinado trastorno no se asigna a un sexo por defecto, sino que ambos pueden verse afectados igualmente aunque la presentación sea distinta. Esto viene dado por la inexactitud en la presentación del trastorno y en la comunicación de los síntomas. No obstante, el DSM-5 debe continuar informando sobre proporciones por género junto con estimaciones de prevalencia, teniendo en cuenta las medidas y la metodología aplicada para identificar estadísticas de incidencia y prevalencia, así como las diferencias según el género.

En conclusión, se puede observar que a lo largo de las diferentes ediciones del DSM se ha prestado más atención a las cuestiones de género, pero es necesario obtener más información y más exacta acerca de la epidemiología, confrontar si las categorías son o deberían ser neutrales respecto del género, añadiendo "especificadores" en la información del texto y prestando atención a aquellos detalles que sean relevantes para individuos de uno u otro sexo.

5.2. Evolución de los criterios diagnósticos de los Trastornos de la Personalidad en las diferentes ediciones del DSM

De forma general, se puede concluir que los TP no han sufrido excesivas modificaciones a lo largo de las diferentes actualizaciones. A continuación se exponen los seis modos en los que, según WIDIGER[647], las diferencias en los ratios de prevalencia entre géneros en el diagnóstico de TP podían explicarse por la presencia de los sesgos de género:

5.2.1. Sesgos en la muestra de personas con el trastorno

El sesgo en la muestra se refiere a la posibilidad de percibir que el diagnóstico es mayor en mujeres, en el marco de una muestra clínica, debido a que el ratio en el tratamiento también es mayor. Esto se debe a que las muestras suelen ser clínicas, y que ellas están más abiertas a solicitar y aceptar ayuda en lo que a problemas psicológicos se refiere. Así, la verdadera prevalencia sólo podría obtenerse a partir de muestras representativas en estudios epidemiológicos con población general[648].

Encontramos multitud de ejemplos en este sentido, en relación con los TP. Por ejemplo, la percepción general es que existe una prevalencia por sexos diferente para los trastornos dependiente e histriónico en el DSM-IV, debido al elevado ratio de mujeres dentro del marco clínico estudiado. Por tanto, sería un error pensar que la prevalencia es representativa, puesto que si el diagnóstico de determinados TP se da más en mujeres y coincide con la prevalencia, es porque se extrae de muestras clínicas.

Como conclusión, para conocer la diferencia exacta de prevalencia real entre sexos se debería realizar un estudio epidemiológico en el que se obtuviera una muestra representativa de cada población.

---

647 WIDIGER, T. A, "Invited Essay: Sex Biases in the Diagnosis of Personality Disorders", *Journal of Personality Disorders,* 12, n.º 2, junio de 1998, 95–118.

648 SKODOL, A. E. Y BENDER, D. S. "Why Are Women Diagnosed Borderline More Than Men?" *Psychiatric Quarterly,* 74, n.º 4, 2003, 349–60.

5.2.2. Constructos diagnósticos sesgados

Esta forma de sesgo hace referencia a la propia construcción de los diagnósticos de los TP, es decir, en qué medida representan caracterizaciones basadas en el prototipo de rol de género atribuido a hombres o mujeres. Tal y como recogen numerosos autores, esta forma de sesgo podría influir en todas las ediciones del DSM. Como indicaba KAPLAN[649], refiriéndose al DSM-III, "comportarse de una manera estereotipada femenina por sí solo implicaría un diagnóstico (por ejemplo, TPD), y comportarse de forma estereotipada masculina no".

5.2.3. Sesgos en los criterios diagnósticos

Partiendo de la base de que determinados comportamientos están asignados a un género en particular, estos pueden no percibirse como patológicos dentro del género asignado. Esto, unido al hecho de que una gran cantidad de clínicos no están debidamente informados del sesgo de género que presentan los criterios diagnósticos, hace que sea el sesgo más complicado de identificar.

5.2.4. Sesgos en el umbral diagnóstico

Referido a la determinación del límite a partir del cual los clínicos establecen el diagnóstico dentro de cada trastorno. Siguiendo a WIDIGER[650], incluso si las tasas de prevalencia entre los distintos TP fueran debidas a diferencias de base entre

---

649 KAPLAN, M., "A woman's view of DSM-III.", American Psychologist, 38, n.° 7, 1983.

650 WIDIGER, T. A, "Invited Essay: Sex Biases in the Diagnosis of Personality Disorders", *Journal of Personality Disorders,* 12, n.° 2, junio de 1998, 95–118.

hombres y mujeres, el diagnóstico de los trastornos podría estar sesgado si se utilizan umbrales para el diagnóstico diferentes en aquellos TP más diagnosticados en hombres, frente a los más frecuentemente diagnosticados en mujeres. WIDIGER Y CORBITT[651], plantearon la existencia de diferencias en los umbrales de los distintos trastornos, siendo estas diferencias esperables, dada la baja evidencia empírica y conceptual a la hora de establecer los umbrales de los criterios para los distintos trastornos en el DSM.

5.2.5. Sesgos en la aplicación de los criterios diagnósticos

Este tipo de sesgo es el que cuenta con mayor apoyo por parte de la investigación. En ellos, se planteaba cómo los clínicos erraban en los diagnósticos debido a una falta de adhesión a los criterios del DSM, evidenciando la presencia de este sesgo en la elaboración de los diagnósticos por parte de los clínicos.

En la misma línea, está el estudio realizado por MOREY Y OCHOA[652], en el cual solicitaron a un grupo de clínicos que indicaran qué TP tenían sus pacientes, así como los criterios diagnósticos que estaban presentes. Posteriormente, los autores compararon los criterios de los clínicos con los criterios diagnósticos del DSM, observando que no se correspondían con el diagnóstico inicialmente realizado por el clínico. Por tanto, se concluyó que los clínicos no habían aplicado correctamente los criterios a su diagnóstico, basándose en el DSM.

---

651 Op. Cit. WIDIGER, T. A, "Invited Essay: Sex Biases in the Diagnosis of Personality Disorders", *Journal of Personality Disorders,* 12, n.º 2, junio de 1998, 95–118.

652 MOREY, L. C. Y OCHOA, E. S., "An Investigation of Adherence to Diagnostic Criteria: Clinical Diagnosis of the DSM-III Personality Disorders", *Journal of Personality Disorders,* 3, n.º 3, septiembre de 1989, 180–92.

Estos resultados fueron replicados años después, encontrando que efectivamente los diagnósticos de los clínicos no reflejaban adecuadamente los criterios diagnósticos del DSM.

5.2.6. Sesgos en los instrumentos de evaluación

Este sesgo hace referencia a que los instrumentos empleados en los estudios pueden presentar de forma generalizada sesgos de género. Tanto es así, que en ocasiones se pueden ver cuestionarios que utilizan un ítem no asociado a un criterio diagnóstico (es decir, no indicativo de sintomatología clínica) y que podría contribuir a un falso positivo y, además, si tiende a darse con mayor probabilidad en hombres o mujeres, podría contribuir a un falso diagnóstico asociado al género.

Sería necesario un estudio en profundidad de los efectos negativos de los sesgos de género presentes en los instrumentos de evaluación que a su vez podrían estar generando nuevos sesgos en los diagnósticos clínicos[653].

5.3. Trastornos de Personalidad con mayor prevalencia en mujeres

Dentro de los TP con mayor prevalencia en mujeres encontramos los siguientes: dependiente (TPD), histriónico (TPH) y límite (TPL). En un artículo, Kaplan (1983) argumentó que los TPD y TPH representaban de forma exagerada algunos comportamientos tradicionalmente considerados femeninos. Afirmaba que comportarse según el estereotipo femenino venía acompañado de un diagnóstico. En este caso, el TPD se identifica con mayor frecuencia en participantes mujeres, con

---

[653] WIDIGER, T. A, "Invited Essay: Sex Biases in the Diagnosis of Personality Disorders", *Journal of Personality Disorders,* 12, n.º 2, junio de 1998, 95–118.

características más femeninas. De hecho, refería que entre los clínicos existía una tendencia a diagnosticar más a las mujeres que a los hombres con el trastorno histriónico.

WIDIGER Y CORBITT[654] aportaron una explicación menos controvertida para explicar las diferencias entre géneros en estos trastornos. Sugerían que las diferencias de género encontradas en la prevalencia en los rasgos de personalidad explicarían las diferencias de género encontradas en la prevalencia de los TP.

En los TPL se mantiene un debate abierto sobre dónde hay mayor prevalencia. No obstante, varios metaanálisis[655] indican que la prevalencia es mayor en mujeres debido a que la muestra no es equitativa en cuanto a la proporción de hombres y mujeres y que las técnicas para su reclutamiento no son adecuadas (pues son muestras clínicas) y, por tanto, difiere de la población general.

Finalmente, tal y como ya se comentó en apartados anteriores, hay que tener presente que existe un sesgo en el umbral diagnóstico y que la recogida de información es determinante para el diagnóstico, puesto que se basa en cuestionarios y en la información del paciente, omitiendo en ocasiones la que pueden aportar otras personas, que podría resultar potencialmente importante[656].

---

654 Op. Cit. WIDIGER, T. A, "Invited Essay: Sex Biases in the Diagnosis of Personality Disorders", *Journal of Personality Disorders,* 12, n.º 2, junio de 1998, 95–118.

655 p. ej., WIDIGER and TRULL, 1993. Op. Cit. Busch et al., 2016

656 Op. Cit. Busch et al., 2016

5.4. Trastornos de Personalidad con mayor prevalencia en hombres

Los TP con mayor tasa de prevalencia en hombres serían: el antisocial (TPA), narcisista (TPN) y obsesivo-compulsiva (TPOC). En relación con estos trastornos, JANE et al. (2007) examinaron el sesgo de género en los criterios diagnósticos del TPA, comparando una muestra de hombres y mujeres, en busca de la evidencia de diferencias del funcionamiento de las categorías diagnósticas. Para estos autores, los criterios que mostraron un sesgo de género serían aquellos que podrían dar lugar a comportamientos delincuenciales que, por otro lado, se podrían considerar como un reflejo de estereotipos marcadamente masculinos (p. ej., reacción airada, agresividad física o imprudencia temeraria).

En una investigación realizada por Hoertel et al. (2018) encontraron diferencias significativas entre hombres y mujeres en solo dos de los nueve criterios para el TPN, mientras que el resto de los criterios permanecían invariantes en función del sexo (ausencia de empatía y envidia).

Revisando algunas de estas investigaciones, se concluye que hay una dificultad para predecir la forma en que las diferencias de género podrían estar presentes en las distintas manifestaciones del narcisismo en ambos sexos. Para GREEN[657], una de las explicaciones de las diferentes tasas de prevalencia en el TPN podría deberse a la mayor correspondencia de los estereotipos masculinos de la sociedad con los criterios diagnósticos, planteando que, aun cuando los aspectos centrales del narcisismo sean parecidos en hombres y mujeres, la expresión externa del mismo podría ser diferente.

En el caso del TPOC, aunque no hay casi literatura que explique las diferencias en las prevalencias entre hombres y

---

657 GREEN, A. et. al. 2021.

mujeres, no sería sorprendente que algunos de los criterios empleados pudieran estar más ligados a hombres o mujeres en función de los procesos de socialización.

6. INTERIORIZACIÓN DE ESTEREOTIPOS, ROLES DE GÉNERO Y TRASTORNOS DE PERSONALIDAD

Presentamos a continuación otro abordaje de la relación entre estereotipos y sesgos de género y psicopatología. Concretamente, en este punto desarrollamos la premisa planteada por algunos autores de que la distinta proporción de diagnósticos de TP en hombres y mujeres puede ser la consecuencia de la interiorización de estereotipos y roles de género en mayor medida que del juicio sesgado de los profesionales encargados de la evaluación e intervención. Es decir, el rol de género interiorizado influye en el diagnóstico a través de su repercusión sobre cómo hombres y mujeres expresan diferencialmente la sintomatología.

La literatura científica informa de que existe cierta equiparación cultural en la población general entre los estereotipos de género y los TP que de forma prototípica se adscriben a hombres y mujeres. En esta línea, RIENZI Y SCRAMS[658] llevaron a cabo un estudio con estudiantes universitarios que debían ubicar seis descripciones de la personalidad que se les facilitaron. Los hallazgos demostraron correspondencia en cinco de las seis descripciones facilitadas: los TPA, TPOC y TPP se valoraban como propias del género masculino y los TPD y TPH del género femenino. El único TP cuya descripción no se

---

[658] RIENZI, B. M. "Gender stereotypes for paranoid, antisocial, compulsive, dependent, and histrionic personality disorders", *Psychological reports,* 69, núm. 7, 1991, 976.

consideró como coherente con uno u otro rol de género fue la del TP esquizoide.

Otro dato que refleja la relación entre estereotipos de género y sintomatología es el hallazgo de que el grado en que se considera que un trastorno implica desadaptación para la persona que lo padece depende de su género y, por tanto, de lo que se espera de ella según su rol. En una muestra de estudiantes universitarios, Sprock et al. (2001) concluyeron que los criterios diagnósticos de los TPD y trastorno depresivo se valoraban significativamente como más desadaptativos para mujeres que para hombres, aconteciendo también esta diferencia, aunque de manera marginalmente significativa, para el TPL; en cambio, el TPOC se valoraba como más desadaptativo para hombres que para mujeres.

Por otra parte, la interiorización del rol de género influye en la expresión de la sintomatología. Por ejemplo, Klonsky et al. (2002) analizaron la sintomatología de TP que presentaba una muestra de estudiantes universitarios, tomando como base los criterios diagnósticos del DSM-IV, y correlacionaron las puntuaciones en dicha sintomatología con la masculinidad y feminidad de los participantes. Los resultados mostraron que tanto los hombres como las mujeres que se comportaban de manera consistente con su género mostraban más rasgos narcisistas e histriónicos, mientras que los participantes que se comportaban normalmente de forma inconsistente a su género tenían más rasgos del Clúster A.

7. CONCLUSIONES

En síntesis, a lo largo de este capítulo hemos puesto de manifiesto la necesidad de considerar los estereotipos, sesgos y roles de género como factores que impregnan en cierto modo distintas facetas de la psicopatología de la personalidad: su clasificación y diagnóstico por parte de los profesionales de la salud mental, su percepción por parte de miembros de la sociedad no especialistas en el campo, y su expresión sintomatológica. En definitiva, la conceptualización de la psicopatología, por mucho que trate de dotarse de base objetiva a través del enfoque científico, no escapa a la influencia de los factores culturales.

Este sesgo relacionado con la cultura es algo conocido desde hace tiempo. Por ello, los autores del DSM han tratado, desde sus inicios, de realizar modificaciones y mejoras en los diagnósticos. No obstante, no se ha de perder de vista el hecho de que procurar que haya uniformidad en los criterios dentro de los diferentes posibles diagnósticos conlleva la consecuencia aparejada de la posible omisión de variables y diferencias individuales que habrían de tenerse en cuenta, pues ejercen una influencia en el diagnóstico final.

En el ámbito que nos ocupa, al obviar las variables de sexo y género, no se proporciona respuesta a cómo estas influyen en el desarrollo de ciertos trastornos, ni tampoco a la cuestión de si realmente existen trastornos (como los sexuales) que afectan solo a uno de los dos sexos biológicos, y que, por tanto, no llevan aparejada la discriminación en función del sexo. No hemos de obviar el hecho de que conocer la contribución del sexo y el género a la psicopatología facilitaría el diagnóstico y el acceso a un tratamiento personalizado y adecuado.

Por otra parte, si bien los autores del DSM informan de que efectivamente hay mayor prevalencia en algunos diagnósticos en mujeres que en hombres, independientemente del país, no especifican en qué se basa o qué determina que esta prevalencia se dé de este modo y se mantenga. Habría, por tanto, que valorar si los sesgos son dependientes de la cultura de cada país, y si a su vez están a la base del mantenimiento de esa prevalencia.

Como resultado de que la concepción de lo psicopatológico es producto de la cultura, hay una tendencia entre los profesionales de la salud mental a diagnosticar en mayor medida un trastorno u otro dependiendo de la coherencia entre el sesgo de los criterios hacia un género u otro y el sexo biológico de la persona a diagnosticar. Así, los TP dependiente, histriónico y límite se diagnostican más en las pacientes mujeres, mientras que los TP antisocial, narcisista y obsesivo-compulsiva se diagnostican más en pacientes hombres.

Finalmente, se ha expuesto que la distinta proporción de diagnósticos de TP en hombres y mujeres puede ser también consecuencia de la interiorización de estereotipos y roles de género no sólo por parte de los profesionales de la salud mental, sino también por parte de la propia población clínica, lo que lleva aparejado consecuencias como, por ejemplo, que hombres y mujeres manifiesten la sintomatología de diferente manera.

BIBLIOGRAFÍA

AMERICAN PSYCHIATRIC ASSOCIATION. *Manual diagnóstico y estadístico de los trastornos mentales DSM-III*, 3ª ed., Médica Panamericana, Madrid, 1980.

AMERICAN PSYCHIATRIC ASSOCIATION. *Manual diagnóstico y estadístico de los trastornos mentales DSM-IV*, 4ª ed., Médica Panamericana, Madrid, 1994.

AMERICAN PSYCHIATRIC ASSOCIATION. *Manual diagnóstico y estadístico de los trastornos mentales DSM-5*, 5ª ed., Médica Panamericana, Madrid, 2014.

BERMÚDEZ, J., PÉREZ-GARCÍA, A. M., RUIZ, J. A., SANJUÁN, P. Y RUEDA, B., *Psicología de la personalidad*, Universidad Nacional de Educación a Distancia, 2017.

BUSCH, A. J., BALSIS, S., MOREY, L. C. Y OLTMANNS, T. F., "Gender Differences in Borderline Personality Disorder Features in an Epidemiological Sample of Adults Age 55–64: Self Versus Informant Report", *Journal of Personality Disorders* 30, n.º 3, junio de 2016, 419–32.

CATTELL, R. B., *The scientific analysis of personality*, Adeline Publishing, New York, 1965.

GREEN, A., MACLEAN, R. Y CHARLES, K., "Female Narcissism: Assessment, Aetiology, and Behavioural Manifestations", *Psychological Reports*, 22 de junio de 2021.

HOERTEL, N., PEYRE, H., WALL, M. M., LIMOSIN, F. Y BLANCO, C., "Examining sex differences in DSM-IV borderline personality disorder symptom expression using Item Response Theory (IRT)", *Journal of Psychiatric Research* 59, diciembre de 2014, 213–19.

JANE, J. S., OLTMANNS, T. F., SOUTH, S. C. Y TURKHEIMER, E., "Gender bias in diagnostic criteria for personality disorders: An item response theory analysis.", *Journal of Abnormal Psychology*, 116, n.º 1, 2007, 166–75.

KAPLAN, M., "A woman's view of DSM-III.", American Psychologist, 38, n.º 7, 1983, 786–92.

KLONSKY, E. D., JANE, J. S., TURKHEIMER, E. Y OLTMANNS, T. F., "Gender Role and Personality Disorders", *Journal of Personality Disorders* 16, n.º 5, octubre de 2002, 464–76.

LIPS, H. M., *Sex & gender: An introduction*, California: Mayfield Pub. Co., 1988.

MOREY, L. C. Y OCHOA, E. S., "An Investigation of Adherence to Diagnostic Criteria: Clinical Diagnosis of the DSM-III Personality Disorders", *Journal of Personality Disorders*, 3, n.º 3, septiembre de 1989, 180–92.

RIENZI, B. M. "Gender stereotypes for paranoid, antisocial, compulsive, dependent, and histrionic personality disorders", *Psychological reports*, 69, núm. 7, 1991, 976.

SKODOL, A. E. Y BENDER, D. S. "Why Are Women Diagnosed Borderline More Than Men?" *Psychiatric Quarterly*, 74, n.º 4, 2003, 349–60.

SPROCK, J., CROSBY, J. P., Y NIELSEN, B. A., "Effects of Sex and Sex Roles on the Perceived Maladaptiveness of DSM-IV Personality Disorder Symptoms", *Journal of Personality Disorders* 15, n.º 1, febrero de 2001, 41–59.

WIDIGER, T. A, "Invited Essay: Sex Biases in the Diagnosis of Personality Disorders", *Journal of Personality Disorders*, 12, n.º 2, junio de 1998, 95–118.

WINSPER, C., BILGIN, A., THOMPSON, A., MARWAHA, S., CHANEN, A. M., SINGH, S. P., WANG, A. Y FURTADO, V., "The prevalence of personality disorders in the community: a global systematic review and meta-analysis", *British Journal of Psychiatry*, 216, n.º 2, 12 de julio de 2019, 69–78.

Capítulo 4

Representación de la violencia de género: el papel de los sesgos cognitivos en la construcción de la actitud hacia los discursos de odio

ALEJANDRO GONZÁLEZ VÁZQUEZ
RAQUEL MARTÍN RÍOS
Facultad de Ciencias de la Salud. Departamento de Psicología
Universidad Isabel I, España

1. EL DISCURSO MEDIÁTICO SOBRE LA VIOLENCIA DE GÉNERO

La influencia de las nuevas corrientes sociales, motivadas por el movimiento feminista de tercera generación, ha propiciado el análisis de diferentes ámbitos sociales a fin de indagar cómo se aborda la perspectiva de género en nuestra sociedad. Asimismo, el desarrollo y la proliferación de diversas políticas sociales en materia de igualdad de género promovidas desde la Unión Europea, así como la propia institucionalización de organismos públicos dedicados a la igualdad[659] alientan la

---

[659] LOMBARDO, E., Y LEÓN, M., "Políticas de igualdad de género y sociales en España: origen, desarrollo y desmantelamiento en un contexto de crisis económica", *Investigaciones feministas*, 5, núm. 0, 2015.

unificación de esta visión más igualitaria en todas las vertientes de la vida pública. Por lo que, considerando tanto el desarrollo evolutivo de esta perspectiva ideológica como el cuantioso presupuesto dedicado a dichas políticas, resulta pertinente la investigación de todos los elementos involucrados en la difusión de esta posición.

El tratamiento informativo de todas las noticias sobre materia de igualdad o violencia de género cobran una relevancia destacada a la hora de consolidar un marco referencial que sostenga tanto la creación de juicios de valor como el mantenimiento de actitudes. No obstante, además de analizar todos aquellos elementos imprescindibles que conformaban el tratamiento informativo de este tipo de sucesos, caracterizado por sutiles elementos que esbozan y permean un discurso hegemónico, surge la necesidad de indagar en la propia interpretación del espectador. En este sentido, mientras que tratamiento mediático dota a la audiencia de una exposición de los hechos que comporta un marco referencial; el propio procesamiento de esa información consolidará las bases para la emisión de juicios de valor y la interpretación de estos sucesos.

2. EL PAPEL DE LOS HEURÍSTICOS EN EL TRATAMIENTO DE LA INFORMACIÓN

Una de las principales cualidades de todos los seres humanos es la capacidad de raciocinio. No obstante, existen muchas situaciones donde nuestros juicios, decisiones y pensamientos se alejan de la racionalidad. Por lo que cabe preguntarse ¿hasta qué punto podemos fiarnos de nuestros propios juicios de valor? Razonar y emitir un juicio implica la ejecución de un proceso activo, voluntario y cognitivamente demandante. Por esta razón, muchas investigaciones se han centrado en identificar aquellos métodos que frecuentemente son empleados para resolver esta discrepancia entre escudriñar una solución adecuada en términos de racionalidad y economizar esfuerzos. En particular, TVERSKY Y KAHNEMAN[660] y GIGERENZER[661] desarrollaron el estudio de este tipo inferencias rápidas y eficaces que englobaron dentro de lo que se conoce como razonamiento heurístico. Este tipo de razonamiento genera juicios plausibles, inmediatos e intuitivos que pueden resultar de gran utilidad en situaciones complejas. Representan procesos cognitivos que procesan y moldean la información disponible promoviendo juicios intuitivos rápidos a cuestiones complejas. Sin embargo, los heurísticos no se encuentran exentos de errores o sesgos psicológicos, puesto que ignoran o subestiman información lógica o probabilística.

Los canales de comunicación, por su naturaleza dinámica y maleable, pueden representar un medio óptimo para propiciar este tipo de atajos mentales. Entre los más comunes cabe destacar el heurístico de accesibilidad o disponibilidad que activamos cuando estimamos la frecuencia o probabilidad de un acontecimiento en función de la facilidad con la que esos casos pueden ser traídos a la mente[662]. En estas ocasiones, las personas recurren mentalmente a los ejemplos cercanos o disponibles e infieren la probabilidad de frecuencia de un suceso en función de si esos ejemplos son fácilmente evocables en la memoria. Pese a que el propósito primordial de los medios de comunicación pretende acercar al espectador a la

660 TVERSKY, A., Y KAHNEMAN, D., "Judgment under Uncertainty: Heuristics and Biases: Biases in judgments reveal some heuristics of thinking under uncertainty". *Science,* 185, núm. 4157, 1974, 1124–31.

661 GIGERENZER, G., "On Narrow Norms and Vague Heuristics: A Reply to Kahneman and Tversky". *Psychological Review,* 103, núm. 3, 1996, 592–96.

662 TVERSKY, A., Y KAHNEMAN, D., "Availability: A heuristic for judging frequency and probability", *Cognitive psychology,* 5, 2, 1973, 207-232.

información, la frecuencia de presentación de determinadas noticias en los medios propiciaría el heurístico de accesibilidad. Ya que la audiencia podría asociar una probabilidad de ocurrencia que no se corresponde con la realidad pero que al resultar fácilmente evocable en la mente aumenta nuestro juicio sobre su probabilidad. Esta falta de ajuste entre el juicio de probabilidad y un aspecto de la realidad es lo que se denomina error de correspondencia. Asimismo, el tipo de información presentada en los medios relativa a un determinado tema también puede propiciar otros atajos mentales. Por ejemplo, el heurístico de representatividad, que hace referencia a la probabilidad de que un evento o muestra se asocie con una determinada categoría[663]. En este sentido, en función de si los atributos disponibles mentalmente resultan similares a un prototipo o estereotipo ya establecido, tenderemos a catalogar este nuevo evento o información dentro esa categoría prestablecida. Específicamente, diversos autores han señalado que el enfoque temático por parte de los medios continúa acentuando la justificación de las agresiones asociándolas con estereotipos de género o atribuyéndolas a motivaciones concretas que individualizan este tipo de agresiones o crímenes[664]. Asimismo, uno de los errores sistemáticos derivados de este heurístico de pensamiento consistiría en sucumbir a la falacia de la conjunción, donde las personas tienden a asumir que una situación específica parece más probable que una situación general. Sin embargo, en términos de probabilidad, resulta menos probable que dos sucesos se presenten conjuntamente en lugar que cada uno de los dos eventos ocurran por separado. Por lo tanto, incurrir en este tipo de inferencias supone generar estimaciones de representatividad sesgadas, basadas en desviaciones

---

663 TVERSKY, A., Y KAHNEMAN, D., "Availability: A heuristic for judging frequency and probability", *Cognitive psychology*, 5, 2, 1973, 207-232.

664 CARTER et al., 2015.

sistemáticas de la tasa base o una falta de correspondencia con la realidad[665].

De igual manera, se ha tratado de identificar aquellas condiciones que pueden apoyar la puesta en marcha de estos atajos del pensamiento. Ya que, algunas situaciones complejas con una excesiva riqueza de estímulos, información limitada o incompleta consiguen comprometer significativamente un razonamiento adecuado. Como se ha desarrollado previamente, el tratamiento de la igualdad entre géneros o la violencia de género por parte de los medios de comunicación adquiere importantes repercusiones. En primer lugar, tratar un tema de tal envergadura social y moral en un contexto temporal y situacionalmente limitado, como un anuncio, implicará la omisión de parte de la información. En este sentido, aplicar un adecuado juicio o postura sobre un hecho implica conocer toda la información relativa al contexto inmediato y futuro. La información parcial o dosificada favorece la adopción del heurístico de anclaje[666] que implicaría la tendencia a confiar u otorgarle mayor relevancia a la primera información recibida como punto de partida para tomar una decisión o respuesta. En lo referente a violencia de género, en numerosas ocasiones los datos proporcionados durante los relatos de este tipo de sucesos esbozan un perfil de víctima y agresor perteneciente a un determinada condición social o perfil socioeconómico. Por su parte, en lo que respecta a las noticias de la igualdad de género, cabe resaltar que tanto la falta de cobertura como de reconocimiento a determinados fenómenos como el conocido efecto del "techo de cristal" sesgan considerablemente la interpretación de la

---

665 BARON, J., "The Point of Normative Models in Judgment and Decision Making", *Frontiers in Psychology*, 3, 2012, 577.

666 TVERSKY, A., Y KAHNEMAN, D., "Availability: A heuristic for judging frequency and probability", *Cognitive psychology*, 5, 2, 1973, 207-232.

audiencia. En consecuencia, las percepciones que tiendan a subestimar este problema en nuestra sociedad pueden reper cutir [667] negativamente en la aceptación de políticas en materia de igualdad[668].

Por otra parte, tanto los contenidos en materia de igualdad como en violencia de género, por su naturaleza, involucran dilemas interpersonales que en muchas ocasiones se acompañan de cierta connotación moral y una mayor o menor carga emocional inherente. Este tipo de dilemas favorecen impresiones afectivas fácilmente disponibles en la mente de los espectadores. La investigación empírica disponible ha demostrado que las emociones y los afectos desempeñan un papel relevante en las reglas heurísticas subyacentes a juicios y decisiones[669]. Concretamente, la hipótesis del heurístico afectivo defiende el potencial de los factores contextuales para producir un valor hedónico asociado a un suceso que, en algunas ocasiones, parecen conducir a errores en los procesos de razonamiento. En base a lo expuesto, la emoción se comportaría como una marca somática que antecede al componente cognitivo y modula tanto el comportamiento como el aprendizaje[670].

Tomados en conjunto, cabe destacar que el problema de adoptar sistemáticamente heurísticos reside en que las estimaciones de probabilidad u ocurrencia son elementos fundamentales que conforman creencias, opiniones u actitudes. Una vez

---

[667] MOSCOVICI, S. op. Cit. MORA, M., "La teoría de las representaciones sociales de Serge Moscovici", *Revista de pensamiento e investigación social*, 1, núm. 2, 1–25, 2002.

[668] MATUS-LÓPEZ,M. et. al. 2015.

[669] VARTANIAN, O., *Neuroscience of decision making*, Psychology Press, 2011.

[670] BECHARA, A., DAMASIO, H. Y DAMASIO, A., "Role of the Amygdala in Decision-Making", *Annals of the New York Academy of Sciences*, 985, núm. 1, 2003, 356–69.

establecidos, resulta difícil que la información nueva adquiera la capacidad de cuestionar esa creencia. Este fenómeno conocido como el sesgo a mi favor ("*myside bias*") pone de manifiesto la tendencia que manifestamos al evaluar y producir argumentos de manera sesgada a favor de nuestras creencias y opiniones[671]. Además, se ha demostrado que las personas tendemos a aplicar este sesgo de razonamiento de manera sistemática[672], independientemente de nuestra mayor o menor capacidad cognitiva. Por lo que resulta indispensable que el tratamiento de la información en materia de igualdad o violencia de género sea presentado de manera imparcial y objetiva.

3. LA CONSTRUCCIÓN DEL DISCURSO DE ODIO

Para comprender en profundidad el papel de los sesgos cognitivos anteriormente enumerados en la percepción de la violencia de género es necesario tener presente que dichos sesgos, en la mayoría de las situaciones, no actúan de forma aislada. De esta manera, esta representación subjetiva supone el conjunto de conocimientos que se posee sobre un objeto social, organizados bajo un determinado esquema cognitivo que permite comprehender su naturaleza, delimitar su relación con otros elementos de la realidad y dotarle, en última instancia, de significado. Así, se establece un marco interpretativo que permite predecir el comportamiento de dicho objeto social, realizar una ponderación de sus efectos y desarrollar una respuesta acorde a ellos. En otras palabras, la conjunción de diferentes informaciones aisladas, cada una de ellas supeditada a procesos cognitivos específicos, conforma una representación subjetiva de un aspecto de la realidad que se asocia,

---

671 BARON, R. A., *Psychology*. Pearson Educación, México, 1995.

672 STANOVICH, K. et. al. 2013.

asimismo, con una actitud determinada hacia él. No obstante, es a través de la socialización, influencia del contexto cultural y de los procesos de aprendizaje como las personas adquieren las herramientas cognitivas mediante las cuales categorizan la realidad que les rodea, siendo su percepción de la misma fruto de la interacción tanto con su entorno físico como con su sus iguales. De este modo, en la mayoría de escenarios las representaciones subjetivas antes mencionadas no poseen un carácter individual e irrepetible, sino que son comunes a varios individuos en la medida en la que estos compartan un mismo contexto social, hayan tenido un proceso de socialización similar, formen parte de un mismo grupo y/o se encuentren en un mismo marco cultural.

A este respecto, adquiere especial relevancia el concepto de representaciones sociales acuñado por Serge Moscovici y sus colaboradores a finales del pasado siglo. Dicho término alude al sistema de significados compartidos por parte de un determinado colectivo, el cual hace posible la comunicación entre individuos que deriva en la creación de una percepción común de la realidad[673]. El propio MOSCOVICI define las representaciones sociales como:

> "[...] un corpus organizado de conocimientos y una de las actividades psíquicas gracias a las cuales los hombres hacen inteligible la realidad física y social, se integran en un grupo o en una relación cotidiana de intercambios, liberan los poderes de su imaginación." (pp. 17-18).

En el caso de representaciones sociales vinculadas a un fenómeno como es el caso de la violencia interpersonal, estas incorporan una serie de elementos de carácter actitudinal que añaden una dimensión evaluativa en términos afectivos

---

[673] MOSCOVICI, S., "Notes towards a Description of Social Representations", *European Journal of Social Psychology*, 18, núm. 3, 1988, 211–50.

y morales. El concepto de actitud, por su parte, ha supuesto tradicionalmente un eje central en el estudio del comportamiento desde la perspectiva de la psicología social, si bien su definición conceptual no ha estado siempre exenta de debate[674]. No obstante, la actitud puede ser entendida como la evaluación en términos afectivos y cognitivos de un objeto social que predispone la respuesta del individuo hacia dicho objeto[675]). A su vez, la actitud se compone de tres elementos o niveles actitudinales: a) el elemento cognitivo, referente a los conocimientos objetivos y creencias que se poseen sobre un fenómeno u objeto social, b) el elemento afectivo, relativo a la evaluación de los mismos en términos emocionales (i. e. «positivo» frente a «negativo», «bueno» frente a «malo», «agradable» frente a «desagradable»), y c) el elemento conativo o conductual, determinante de la intención de conducta asociada a esta evaluación[676]. En lo referente a su construcción a partir de los elementos anteriores, resulta fundamental el papel de las representaciones subjetivas de origen social ya mencionadas dado que, como se ha señalado, estas regulan la categorización de la información que conforma cada uno de los componentes

---

674 ALBARRACIN, D., Y SHAVITT, S., "Attitudes and Attitude Change", *Annual Review of Psychology*, 69, 2018, 299–327. FERRER PÉREZ, V. A., Y BOSCH FIOL, E., "Violencia de género y misoginia: reflexiones psicosociales sobre un posible factor explicativo", *Papeles del psicólogo*, 2000, 13–19.

675 AJZEN, I., Y FISHBEIN, M., "The Influence of Attitudes on Behavior", En *The handbook of attitudes*, editado por D. En, B. T. Albarracín, y M. P. Johnson, Lawrence Erlbaum Associates Publishers, 2005, pp. 173–221.

676 AJZEN, I., Y FISHBEIN, M., "The Influence of Attitudes on Behavior", En *The handbook of attitudes*, editado por D. En, B. T. Albarracín, y M. P. Johnson, Lawrence Erlbaum Associates Publishers, 2005, pp. 173–221. FERRER PÉREZ, V. A., Y BOSCH FIOL, E., "Violencia de género y misoginia: reflexiones psicosociales sobre un posible factor explicativo", *Papeles del psicólogo*, 2000, 13–19.

al actuar, precisamente, como marco interpretativo de la realidad. De esta forma, la actitud hacia un determinado objeto social es fruto de las representaciones sociales vinculadas a él, pero al mismo tiempo su integración en las mismas como parte fundamental en su composición también le otorga la capacidad de influir y modificar dichas representaciones, siendo un elemento determinante en aquellas situaciones en las que se persigue su modificación[677]. La conjunción de ambos elementos interconectados, cuando dicha unión entre la representación social y la actitud hacia un objeto social determinado trasciende en plano individual y adquiere una dimensión colectiva mayoritaria, da lugar al establecimiento de un discurso ideológico entendido este como el sistema de creencias compartidas que se articulan en torno a un proceso comunicativo destinado a promover una determinada percepción de la realidad social. El discurso, por tanto, posee un papel regulatorio de las relaciones interpersonales al mantener una eminente intención persuasiva y legitimadora de las posiciones adoptadas por los individuos que lo profesan. En el presente caso de interés sobre la percepción de la violencia de género, este conjunto de prácticas comunicativas implica así todos aquellas manifestaciones públicas, acciones reivindicativas o mensajes mediáticos destinados a defender una visión especifica de esta problemática, caracterizada por el rechazo a la existencia de dicho fenómeno y/o el ataque directo hacia las personas que denuncian esta clase de episodios. Es por ello por lo que, frecuentemente, esta clase de discursos reciben el calificativo de *discurso de odio*, dado que persiguen la discriminación de un colectivo en base a ciertas características personales, opiniones o comportamientos (Díaz Soto, 2015).

---

677 MORA, M., "La teoría de las representaciones sociales de Serge Moscovici", *Revista de pensamiento e investigación social,* 1, núm. 2, 1-25, 2002.

No obstante, en el contexto de la percepción de la violencia de género cabe preguntarse qué lleva a un comportamiento como la violencia, considerado *a priori* como inaceptable y punible por la mayoría de sistemas morales y éticos hegemónicos, a ser entendido como una conducta pertinente bajo determinados supuestos e, incluso, ser alentada abiertamente por determinados colectivos en base a ellos. En base a lo expuesto con anterioridad, cabe argumentar que esta excepcionalidad en la consideración de la violencia como un fenómeno indeseable encuentra sus raíces en la representación social de este fenómeno que la sustenta; esto es, en la medida en la que un determinado grupo de individuos posea una visión compartida de la violencia de género como algo positivo y/o esperable, más probable es que desarrolle una actitud acorde tanto hacia los episodios concretos de crímenes de género como hacia sus perpetradores y víctimas, en detrimento de su consideración hacia aquellas personas que se oponen a esa representación. A su vez, esta actitud, tal y como se mencionaba anteriormente, supone el núcleo del discurso de odio como práctica social o incluso política, y a través de él penetra en el imaginario colectivo, poniendo en entredicho el testimonio de víctimas y denunciantes, y persuadiendo a la opinión pública para que retire su apoyo a los agentes sociales que pretenden combatirlo.

Esta legitimación de la violencia dirigida hacia ciertos colectivos no es, desafortunadamente, patrimonio único de los delitos de género. Por el contrario, desde disciplinas como la sociología, las ciencias políticas o la psicología social se ha intentado dar respuesta a este fenómeno en otros ámbitos que guardan numerosos paralelismos con el caso de interés, como son la xenofobia, el racismo o los conflictos grupales de origen ideológico o religioso[678]. Si bien existen diversos posicionamientos teóricos a este respecto, los cuales otorgan un peso

678 MARTÍNEZ et al., 2010.

variable a factores relacionados con las diferencias individuales en cuanto a determinados rasgos de personalidad[679] o estilos de aprendizaje[680], en todos ellos puede establecerse mínimo común denominador: la interpretación de una situación social como amenazante para los intereses personales o del endogrupo y, en consecuencia, necesitada de una respuesta competitiva, hostil o incluso agresiva[681] hacia el exogrupo antagonista. Esta interpretación de la realidad, es decir, esta construcción de una representación social del episodio de conflicto, queda supeditada a los procesos de atribución llevados a cabo por sus protagonistas a la hora de buscar una causa explicativa de esta situación de amenaza. A su vez, y retomando las ideas expresadas con anterioridad, esta búsqueda en la mayoría de los casos no sigue necesariamente un proceso racional y objetivo, sino que se ve condicionada por un tratamiento limitado y sesgado de la información mediante los ya mencionados heurísticos cognitivos[682]. En otras palabras, la mayoría de episodios de violencia intergrupal, especialmente aquellos que implican la aparición de actitudes y comportamientos discriminatorios y agresivos hacia colectivos vulnerables, son producto de una reinterpretación sesgada de una situación de amenaza, motivada a su vez por la necesidad de obtención de explicaciones causales y patrones de actuación frente a ella de forma rápida y simplificada.

---

679 ETCHEZAHAR, E. D., UNGARETTI, J., Y COSTA, G., "Autoritarismo del ala de derechas: Conceptualización, evaluación y perspectivas a futuro", *Investigaciones en Psicología,* 23, núm. 3, 2015, 19–25.

680 I.E. BANDURA et al., 1996

681 MARTÍNEZ et al., 2010.

682 TVERSKY, A., Y KAHNEMAN, D., "Judgment under Uncertainty: Heuristics and Biases: Biases in judgments reveal some heuristics of thinking under uncertainty". *Science,* 185, núm. 4157, 1974, 1124–31.

Paradójicamente, es precisamente el análisis de este discurso de odio hacia colectivos vulnerables lo que permite identificar y delimitar de manera precisa cuáles son los heurísticos cognitivos cuya activación ha derivado en la construcción de la representación social sesgada que lo origina. De esta forma, es posible diferenciar en esta clase de discursos varios de los atajos cognitivos ya mencionados, entre los que cabe destacar el heurístico de accesibilidad, el heurístico de representatividad o el heurístico de anclaje[683] (Baron, 2012; Tversky y Kahneman, 1973) como responsables de esta visión simplificada de un fenómeno social de gran complejidad. No obstante, es necesario precisar que dichos heurísticos en su definición anterior hacen alusión a gran variedad de situaciones que requieren una toma de decisiones eficiente en términos de economía cognitiva, de manera que en cada contexto adquieren implicaciones distintas y no siempre extrapolables al resto de situaciones. A su vez, en la mayoría de ellos se produce una combinación determinada de los mismos, siendo habitual que exista una retroalimentación mutua en su influencia sobre el pensamiento y el comportamiento de los individuos difícil de delimitar y predecir. De esta forma, a la hora de profundizar en su papel en el ámbito concreto del conflicto y la discriminación intergrupal, la investigación realizada hasta la fecha ha hecho especial hincapié en intentar delimitar y acotar aquellos mecanismos específicos de estos proceso de reinterpretación de situaciones de agresión y violencia. A este respecto, es necesario tener presente que dichas situaciones se caracterizan habitualmente por suponer una disonancia cognitiva para las personas implicadas en ellas, al existir una serie de normas morales y éticas generales que no avalan las conductas y actitudes

683 TVERSKY, A., Y KAHNEMAN, D., "Availability: A heuristic for judging frequency and probability", *Cognitive psychology*, 5, 2, 1973, 207-232. BARON, J., "The Point of Normative Models in Judgment and Decision Making", *Frontiers in Psychology*, 3, 2012, 577.

que finalmente son llevadas a cabo. Es decir, el papel fundamental de los heurísticos cognitivos en estos casos no solo se reduce a la simplificación de la información, sino también a su reinterpretación a fin de lograr que esta no solo no entre en conflicto con dichas reglas morales (a las cuales se accede a través de procesos cognitivos conscientes), sino que adecuen su contenido a ellas para afianzar la supuesta legitimidad de la actitud resultante.

Pese a la existencia de distintas propuestas teóricas como respuesta a esta búsqueda de los mecanismos específicos capaces de resolver esta disonancia cognitiva, quizás la más extendida y reconocida debido tanto a su carácter integrador de los hallazgos anteriores a ella (i.e. BAR-TAL, 1990; REICHER et al., 1995; ZIMBARDO et al., 1989) como su solvencia a la hora de explicar situaciones de conflicto, es la denominada Teoría de la Desconexión Moral desarrollada por Albert Bandura y sus colaboradores (BANDURA, 2002; BANDURA et al., 1996). Dicha teoría plantea la existencia de una serie de mecanismos cognitivos que son capaces, tanto actuando de manera aislada como conjunta, de «desactivar» la emisión de juicios de valor y evaluaciones morales de las situaciones de conflicto, discriminación y violencia. De esta forma, ante comportamientos o actitudes que normalmente serían consideradas como inadecuadas o incluso inaceptables moralmente, y por tanto susceptibles de ser inhibidas a través de la autorregulación interna por parte de los individuos, se produce una suerte de excepción en su percepción que evita la censura y legitima su realización, tanto propia como ajena. Dependiendo de la naturaleza de la situación, según la propuesta de BANDURA se activarán uno o varios de estos mecanismos, siendo habitualmente su interacción la responsable de la nueva reinterpretación de la realidad social. A este respecto, la Tª de la Desconexión moral identifica ocho mecanismos principales: a) justificación moral, b) uso de eufemismos, c) comparación ventajosa, d) desplazamiento de la responsabilidad, e) difusión de la responsabilidad, f) distorsión de las consecuencias, g) deshumanización, y h) atribución de culpa. (BANDURA, 2002; BANDURA et al., 1996).

Tal y como se ha puesto de manifiesto, los mecanismos anteriormente enumerados no suponen procesos psicológicos excluyentes, sino que frecuentemente actúan en tándem a la hora de condicionar la percepción de la realidad social. De hecho, es posible identificar cuál de las facetas de la representación social de la violencia, en este caso de género, se ve influenciada en mayor medida por cada uno de los mecanismos de desconexión (ver Figura 1); en primer lugar, la propia categorización de la conducta como legítima se vincula directamente con la justificación moral de la misma, su representación sesgada a través del lenguaje, y su enmarque en otras situaciones hipotéticas que planteen dilemas éticos de carácter utilitarista. En segundo lugar, la regulación de la conducta depende en gran medida de la percepción de la propia responsabilidad del agresor, pero también de la evaluación de las consecuencias de los actos violentos o discriminatorios. Por último, la propia construcción del perfil de la víctima resulta a su vez clave, dado que la objetivización y culpabilización de la misma representa, en última instancia, el componente más estable e independiente del contexto inmediato de las actitudes legitimadoras de la violencia. Cabe señalar que todos ellos, en mayor o menor medida, responden a una manifestación de los heurísticos cognitivos mencionados con anterioridad, pero aplicados de manera específica al objeto de interés de la presente propuesta teórica, dado que su naturaleza implica una construcción de la realidad en la que se prioriza un tipo de información sobre otra, se relativiza en base a marcos comparativos específicos, y se produce una transferencia favorable al individuo en el establecimiento de los procesos explicativos de causa-efecto de las situaciones a las que se enfrenta.

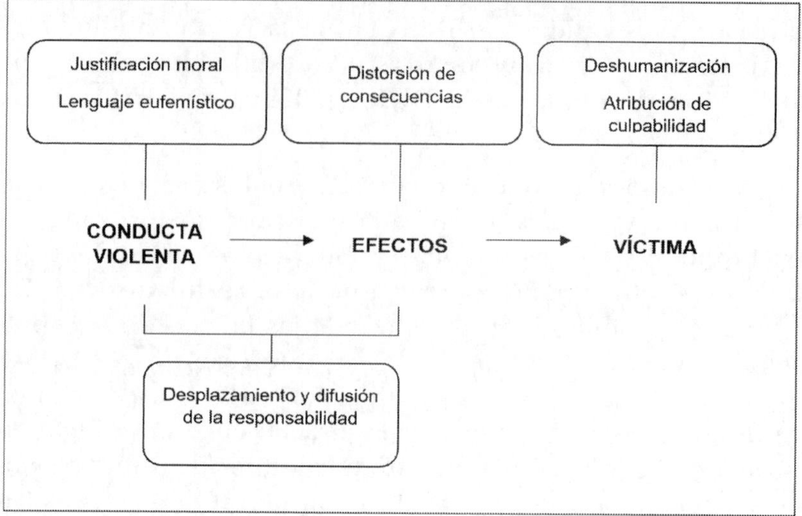

Figura 1. Agrupación de Mecanismos de Desconexión moral. Fuente: adaptación propia a partir de Bandura (2002).

En suma, atendiendo una vez más a la construcción del delito de odio, es posible establecer su análisis mediante la disección de sus principales argumentos y mensajes a partir de los mecanismos identificados por BANDURA[684]. Es decir, el discurso de odio hacia las víctimas de violencia de género y/o los colectivos activistas feministas se construye siempre desde una perspectiva moral de excepcionalidad[685], dado que exige a sus defensores resolver las contradicciones que genera su postura de rechazo con los valores éticos y morales que sí son aceptados en otras situaciones. Justificar por qué se profesa una oposición hacia la conquista de derechos de las mujeres requiere necesariamente la negación de estos derechos como algo legítimo, y en este proceso a su vez resulta inherente a su razón

---

[684] BANDURA, A., "Selective moral disengagement in the exercise of moral agency", *Journal of moral education* 31, núm. 2, 2002, 101–19.

[685] CARTER et al., 2015

de ser la reformulación de la realidad para ajustarla a los intereses y marcos interpretativos de aquellos que perciben estas denuncias y reivindicaciones como una amenaza a su estatus, su identidad o incluso su integridad.

4. CONCLUSIÓN

Dada la relevancia que han adquirido los medios de comunicación como canales de prevención y concienciación en materia de igualdad y la violencia de género, el presente trabajo pretende indagar sobre los matices que imprime este marco de divulgación para la estructuración de un discurso mediático. A pesar de que el objetivo prioritario de los medios de comunicación sea, *a prior*, persiga informar y profundizar en la realidad del fenómeno para contribuir al cambio social, existen múltiples ejemplos de discursos esgrimidos públicamente que, lejos de apoyar la denuncia de la violencia sistémica ejercida hacia las mujeres y reivindicar medidas para paliarla, cuestionan y relativizan la existencia de esta problemática social, promueven actitudes contrarias a los colectivos que reclaman su solución, e incluso evitan condenar, cuando no justifican, los crímenes perpetrados por motivos de género. Asimismo, se argumenta cómo esta representación social condicionada de la violencia de género propicia en la sociedad una concepción estereotipada y sesgada que compromete seriamente la consideración de este tema como un problema social relevante. Si bien, durante los últimos años se ha producido una mayor incidencia de este tipo de noticias en los medios, los esfuerzos en aras de preservar un discurso mediático imparcial deben continuar.

En base a lo expuesto, la presente propuesta teórica plantea el desarrollo de un nuevo marco de interpretación y análisis de los discursos mediáticos de odio situando el foco de estudio en el papel que los heurísticos cognitivos juegan en la construcción de la percepción de la realidad como procesos que limitan, sesgan o alteran la información objetiva en aras de facilitar un procesamiento eficaz de la misma que revierta, a su vez, en el establecimiento de guiones de respuesta a ella. Aplicados al ámbito específico de la violencia de género, estos sesgos de procesamiento se manifiestan a través de los mecanismos de desconexión moral, entendidos como aquellas herramientas que permiten resolver las disonancias fruto de situaciones que contradicen los valores éticos y/o intereses individuales mediante la reinterpretación de la realidad[686]. La actuación conjunta de estos elementos, en última instancia, revierte en el desarrollo de ciertas representaciones sociales desfavorables hacia la violencia de género las cuales, junto con la actitud derivada de ellas, conforman el conjunto de prácticas comunicativas comúnmente denominado como discurso de odio[687].

En definitiva, los medios de comunicación como fuente y canales de información inmediata deben exponer un análisis objetivo de los eventos que posibilite que las percepciones y posicionamientos queden exentos de sesgos. En este sentido, asociar la agenda política y la agenda mediática podremos percibir cambios en la percepción social[688]. Puesto que el pensamiento racional implica adoptar creencias acordes con la evidencia disponible[689]. Por lo que, mientras que el tratamiento mediático no ahonde en las implicaciones morales que este tema supone a nivel social y lo presente como un problema de interés político susceptible de erradicarse, la implicación y la responsabilidad social resultará inexpugnable.

---

686 BANDURA, A., "Selective moral disengagement in the exercise of moral agency", *Journal of moral education* 31, núm. 2, 2002, 101–19.

687 ALBARRACIN, D., Y SHAVITT, S., "Attitudes and Attitude Change", *Annual Review of Psychology*, 69, 2018, 299–327.

688 NICOLAU, E. G., "Los marcos de interpretación de la violencia de género en las televisiones del Estado Español. Modelos y tendencias", *Cuestiones de género: de la igualdad y la diferencia*, 7, 2012, 45–62.

689 Stanovich et al., 2013

BIBLIOGRAFÍA

ALBARRACIN, D., Y SHAVITT, S., "Attitudes and Attitude Change", *Annual Review of Psychology*, 69, 2018, 299–327.

AJZEN, I., Y FISHBEIN, M., "The Influence of Attitudes on Behavior", En *The handbook of attitudes*, editado por D. En, B. T. Albarracín, y M. P. Johnson, Lawrence Erlbaum Associates Publishers, 2005, pp. 173–221.

BANDURA, A., "Selective moral disengagement in the exercise of moral agency", *Journal of moral education* 31, núm. 2, 2002, 101–19.

BANDURA, A., BARBARANELLI, C., VITTORIO CAPRARA G., Y CONCETTA PASTORELLI, C., "Mechanisms of Moral Disengagement in the Exercise of Moral Agency", *Journal of Personality and Social Psychology,* 71, núm. 2, 1996, 364–74.

BARON, R. A., *Psychology*. Pearson Educación, México, 1995.

BARON, J., "The Point of Normative Models in Judgment and Decision Making", *Frontiers in Psychology,* 3, 2012, 577.

BECHARA, A., DAMASIO, H. Y DAMASIO, A., "Role of the Amygdala in Decision-Making", *Annals of the New York Academy of Sciences,* 985, núm. 1, 2003, 356–69.

CARTER, C., STEINER, L. Y MCLAUGHLIN, L., *The Routledge Companion to Media and Gender*, 2015.

ETCHEZAHAR, E. D., UNGARETTI, J., Y COSTA, G., "Autoritarismo del ala de derechas: Conceptualización, evaluación y perspectivas a futuro", *Investigaciones en Psicología,* 23, núm. 3, 2015, 19–25.

FERRER PÉREZ, V. A., Y BOSCH FIOL, E., "Violencia de género y misoginia: reflexiones psicosociales sobre un posible factor explicativo", *Papeles del psicólogo,* 2000, 13–19.

GIGERENZER, G., "On Narrow Norms and Vague Heuristics: A Reply to Kahneman and Tversky". *Psychological Review,* 103, núm. 3, 1996, 592–96.

LOMBARDO, E., Y LEÓN, M., "Políticas de igualdad de género y sociales en España: origen, desarrollo y desmantelamiento en un contexto de crisis económica ", *Investigaciones feministas,* 5, núm. 0, 2015.

MARTÍNEZ, M. C., PATERNA, C., VERA, J. J. Y HOMBRADOS, M. I., *Dinámicas e intervención grupal.* Síntesis, 2010.

MATUS-LÓPEZ, M., y GALLEGO-MORÓN, N., "Techo de cristal en la Universidad. Si no lo veo no lo creo". *Revista Complutense de Educación,* 26, núm. 3, 2015.

MORA, M., "La teoría de las representaciones sociales de Serge Moscovici", *Revista de pensamiento e investigación social,* 1, núm. 2, 1–25, 2002.

MOSCOVICI, S., "Notes towards a Description of Social Representations", *European Journal of Social Psychology,* 18, núm. 3, 1988, 211–50.

NICOLAU, E. G., "Los marcos de interpretación de la violencia de género en las televisiones del Estado Español. Modelos y tendencias", *Cuestiones de género: de la igualdad y la diferencia,* 7, 2012, 45–62.

REICHER, S. D., SPEARS, R., Y POSTMES, T., "A Social Identity Model of Deindividuation Phenomena", *European Review of Social Psychology* 6, núm. 1, 1995, 161–98.

SOTO, D., "Una aproximación al concepto de discurso del odio", *Revista Derecho del Estado,* núm. 34, 2015, 77–101.

STANOVICH, K. E., WEST, R. F., Y TOPLAK, M. E., "Myside Bias, Rational Thinking, and Intelligence", *Current Directions in Psychological Science,* 22, núm. 4, 2013, 259–64.

TVERSKY, A., Y KAHNEMAN, D., "Availability: A heuristic for judging frequency and probability", *Cognitive psychology,* 5, 2, 1973, 207-232.

TVERSKY, A., Y KAHNEMAN, D., "Judgment under Uncertainty: Heuristics and Biases: Biases in judgments reveal some heuristics of thinking under uncertainty". *Science,* 185, núm. 4157, 1974, 1124–31.

VARTANIAN, O., *Neuroscience of decision making,* Psychology Press, 2011.

ZIMBARDO, P. J., HANEY, C., BANKS, W. C., Y JAFFE. D., "La Psicología del encarcelamiento: privación, poder y patología", *Revista de Psicología Social,* 1, núm. 1, 1986, 95–105.

Capítulo 5

La participación de las mujeres en la toma de decisiones de las universidades y su presencia en los órganos directivos: un análisis comparado en el contexto español

DR. ALBERTO BENITEZ-AMADO
Profesor Ayudante Doctor de la Facultad de Ciencias Jurídicas y Económicas de la Universidad Isabel I de Castilla
abenitez@poli.uned.es

1. INTRODUCCIÓN: MUJERES, PARTICIPACIÓN POLÍTICA Y PODER

La ausencia de las mujeres en las instituciones y/o su infrarrepresentación puede ser interpretado como un fallo en el funcionamiento de un sistema político[690].

Tradicionalmente, la literatura académica sociológica y politológica ha mostrado un especial interés en analizar las

---

690 CRIADO PEREZ, C., *La mujer invisible: descubre cómo los datos configuran un mundo hecho por y para los hombres*, Seix Barral, 2020. DAHLERUP, D. (Ed.), *Women, Quotas and Politics*, Routledge, 2006. KROOK, M. L. Y NORRIS, P., "Beyond Quotas: Strategies to Promote Gender Equality in Elected Office", *Political Studies*, 62, 2014, 2-20.

diferencias significativas que existen entre las mujeres y los hombres respecto a un acceso igualitario a la representación política y al ejercicio del poder. De igual modo, la literatura especializada en dirección de organizaciones[691] también ha analizado las diferencias de género que existen en la participación y acceso a puestos de responsabilidad directiva, siendo evidente el desequilibrio existente entre hombres y mujeres en cargos directivos de empresas y organizaciones. De hecho, las organizaciones que obvian a las mujeres en los procesos de toma de decisiones se enfrentan a una pérdida de talento imprescindible que tiene un impacto negativo sobre su desempeño final[692].

Como bien afirma FREIDENBERG[693] (2016: 1) *"la presencia de las mujeres en las instituciones no mejora necesariamente la calidad de la representación ni asegura un estilo de hacer política o de ejercer el poder de un modo diferente al de los hombres"*; pero su ausencia o presencia limitada cabe ser interpretada como un fallo del sistema político y del ideal de sociedad democrática al que aspiramos. Es decir, la existencia de una élite política o empresarial integrada mayoritariamente por un grupo dominante provoca una pérdida de objetividad y neutralidad, lo que impide una

---

KROOK, M. L., "Why Are Fewer Women than Men Elected? Gender and the Dynamics of Candidate Selection", *Political Studies Review*, 2, 2010, 155–168.

691 RIVERA, R., *There's No Crying in Business: How Women Can Succeed in Male-dominated Industries*, Palgrave Macmillan, 2009.

692 OIT: «Las mujeres en la gestión empresarial. Argumentos para un cambio» [en línea] (2019), <https://bit.ly/2W7QaBY>. [Consulta: 10/04/2023.]

693 FREIDENBERG, F., *¿Por qué a las mujeres les cuesta tanto hacer política?*, 2016, 1.

representación adecuada de las perspectivas de los distintos grupos sociales o partes interesadas[694].

En las últimas décadas, sin embargo, la participación de las mujeres en la toma de decisiones de instituciones parece haberse incrementado significativamente como muestran los datos y estadísticas de mujeres que han accedido a cargos de representación y puestos de responsabilidad directiva, reduciéndose notablemente la denominada brecha de género. Esto viene explicado por varias razones, pero quizá la fundamental resida en la adopción e implementación de medidas de acción positiva por parte de los poderes públicos[695]. Sin embargo, aún existen brechas significativas entre lo que las normas exigen y la realidad social imperante, como puede observarse tanto en el ámbito público como en el privado, y cómo se verá en este capítulo en el contexto de las universidades.

Es el caso de España, un país ciertamente pionero en materia legislativa de igualdad, dónde en 2007 se aprobó la Ley de Igualdad Efectiva de Mujeres y Hombres (LO 3/2007)[696], la cual considera como un aspecto prioritario el empoderamiento social y político de las mujeres dentro la esfera, no solo privada, sino también pública. Destaca la reciente aprobación por el Consejo de Ministros, en su reunión del pasado 7 de marzo de 2023, del Anteproyecto de Ley Orgánica de representación

---

694 PHILIPS, A, *The Politics of Presence. The Political Representation of Gender, Ethnicity, and Race*, Oxford University Press. 1995.

695 MEIER, P. Y LOMBARDO, E., "Gender quotas, gender mainstreaming and gender relations in politics", *Political Science*, 65 (1), 2013, 46-62.

696 Ley Orgánica 6/2001, de 21 de diciembre, de Universidades. BOE núm. 307, de 24 de diciembre de 2001. Referencia: BOE-A-2001-24515.

de mujeres y hombres en órganos de decisión[697], que afecta a organizaciones públicas y privadas, que supondrá un hito en la promoción de la representación paritaria de mujeres y hombres en órganos de decisión.

El objetivo de esta investigación es analizar la participación de las mujeres en los procesos internos de toma de decisiones de organizaciones complejas como las universidades. Para ello, se estudia la presencia de las mujeres en las estructuras de administración y gobierno de estas organizaciones, públicas y privadas; que al mismo tiempo son consideradas instituciones centrales en la actual sociedad de la información y del conocimiento. Así, esta investigación presenta evidencia empírica de la presencia de mujeres en los órganos de gobierno universitario de las universidades españolas como aproximación a la participación de las mujeres y hombres en la política universitaria.

2. MARCO TEÓRICO: GÉNERO Y UNIVERSIDAD

La literatura sociológica que analiza las organizaciones académicas y científicas ha introducido de forma creciente el género como dimensión relevante. Así, por ejemplo, análisis empíricos recientes han analizado el impacto que tiene la condición mujer en los procesos de promoción académica[698]. También se ha investigado como la presencia de mujeres en los comités de evaluación de plazas académicas están asociados a

[697] Anteproyecto de Ley Orgánica de representación de mujeres y hombres en órganos de decisión, de 7 de marzo de 2023. Consejo de Ministros [en línea] (2023), <https://bit.ly/3o4ACh6>. [Consulta: 10/04/2023.]

[698] ZINOVYEVA, N. & BAGUES, M. F., *Does gender matter for academic promotion? Evidence from a randomized natural experiment,* IZA Discussion Papers, No. 5537, Institute for the Study of Labor, 2011.

los resultados finales, influyendo por tanto en que quienes resultan beneficiarios de las mismas sean hombres o mujeres[699].

Otro tema bastante analizado es el relativo al acceso a la educación superior, que ha revelado el llamado proceso de feminización existente en España según el cual se observa una evolución progresiva del porcentaje de mujeres que acceden a los estudios de grado y máster, aunque segmentado y desigual cuando se analizan ciertas áreas de conocimiento o disciplinas académicas.

Sin embargo, son escasas las investigaciones académicas que han analizado de un modo desagregado la participación política de las mujeres en las estructuras de gobierno de las universidades en España, aunque son diversos los informes y estadísticas que de forma agregada (en conjunto y/o por regiones, pero no por universidades), han revelado las fuertes disparidades que existen entre esa feminización emergida en la educación superior española y el reducido número de mujeres que actualmente participan, activa y formalmente, en las diversas estructuras de gobernanza[700].

---

699 BAGUES, M., SYLOS-LABINI, M., & ZINOVYEVA, N., "Does the Gender Composition of Scientific Committees Matter?", *American Economic Review,* 107 (4), 1207-38, 2017.

700 MINISTERIO DE EDUCACIÓN Y FORMACIÓN PROFESIONAL, *Igualdad en cifras MEFP 2022: Aulas por la igualdad,* Gobierno de España, 2022.
MINISTERIO DE CIENCIA E INNOVACIÓN, *Científicas en cifras 2021,* Unidad de Mujeres y Ciencia, Gobierno de España, 2021.
MINISTERIO DE UNIVERSIDADES, *Datos y cifras del Sistema Universitario Español (2021-2022),* Gobierno de España, 2022.

3. APARTADO METODOLÓGICO

La pregunta de investigación a la que pretende darse respuesta en esta investigación es: ¿existen diferencias significativas en el acceso y participación de las mujeres en las estructuras de gobierno universitario en España?

Como ya se ha indicado antes, el objetivo de esta investigación es analizar la participación de las mujeres en los procesos internos de toma de decisiones de las universidades españolas, considerando su presencia en los órganos directivos de estas organizaciones, públicas y privadas. Se aborda así una investigación empírica de la realidad española, a partir de un análisis comparado de universidades, públicas y privadas, de distintas regiones.

Por consiguiente, esta investigación presenta como enfoque metodológico un estudio de caso[701] (España) con un análisis de casos (distintas universidades) como instrumento de análisis empírico que favorece la utilización del método comparado en el contexto de un número reducido de casos[702].

Se han seleccionado 31 universidades, de un total de 83 universidades públicas y privadas (de las cuales 6 son no presenciales), en 7 regiones diferentes, de un total de 17 CCAA, tomando criterios y reglas de selección informada: regionalización de las políticas universitarias y de su sistema de gobernanza; niveles de competición local o regional; variación de las disciplinas y campos de conocimiento representadas -universidades generalistas, politécnicas, especializadas y universidades a distancia-; niveles de desempeño docente e investigador (datos derivados de la última edición del Ranking CyD).

---

701 YIN, R. K., *Case study research: Design and methods,* 5, Sage, 2009.

702 CAÏS, J., *Metodología del análisis comparativo,* Centro de Investigaciones Sociológicas, 1997.

Por consiguiente, este trabajo ofrece un análisis empírico de la presencia de mujeres en puestos de responsabilidad directiva en una muestra representativa cuyo universo de estudio es el Sistema Universitario Español (SUE). Las 31 universidades involucradas en este estudio de casos aparecen reflejadas en la tabla 1 con sus respectivas siglas.

4. RESULTADOS: PRESENCIA DE MUJERES EN LOS PRINCIPALES ÓRGANOS DIRECTIVOS DE LAS UNIVERSIDADES ESPAÑOLAS

4.1. Contextualización del gobierno universitario en España

Cabe explicar, en primer lugar, que el término gobierno universitario refiere al conjunto de órganos directivos que toman las principales decisiones en las universidades y qué tienen atribuidas institucionalmente las funciones de dirección, administración y representación[703].

Según la normativa vigente en España en materia universitaria (LO 2/2023)[704] las universidades, públicas y privadas, regulan y definen todas las cuestiones relativas a su organización y gobierno en sus estatutos internos de funcionamiento según las prescripciones generales que establece la Ley Orgánica del Sistema Universitario, de carácter estatal, y las restantes leyes universitarias regionales de los territorios dónde se ubican. Las

---

703 BENITEZ-AMADO, A., *El gobierno de las Universidades en España. Análisis comparativo, transformaciones recientes y adaptación al entorno,* Tesis doctoral de la Universidad Autónoma de Madrid, 2019.

704 Ley Orgánica 2/2023, de 23 de marzo, del Sistema Universitario. BOE núm. 70, de 23 de marzo de 2023. Referencia: BOE-A-2023-7500.

universidades tienen reconocida constitucionalmente la plena autonomía. Las universidades públicas poseen cierta autonomía organizativa para decidir sus órganos de representación y gobierno, aunque existe poco margen para la aplicación de innovaciones organizativas. Las universidades con estatus privado también ven condicionada su autonomía organizativa por el marco regulatorio establecido.

Con objeto de poder comprender el análisis empírico posterior, de forma simplificada, pueden señalarse una serie de rasgos generales compartidos por universidades públicas y privadas en lo que se refiere al gobierno universitario. En la cúspide del gobierno universitario se sitúa el Rector, que es el máximo responsable académico en una universidad. Las universidades privadas suelen contar, además, con la figura del Presidente ejecutivo. Ambas figuras actúan como máximas representantes institucionales de la universidad asumiendo las funciones de organización, administración y gobierno. Las universidades también disponen de un órgano ejecutivo, normalmente denominado Consejo Rectoral o Consejo de Dirección que actúa como principal responsable de la toma de decisiones colectivas. Suele estar integrado por el Rector y por los vicerrectores que ostentan responsabilidades directivas en sus respectivas áreas de competencia. En este órgano suelen también integrarse dos órganos uninominales como son el secretario general y el gerente. Pese a las diferencias sustanciales existentes, puede destacarse la existencia de otro órgano colegiado relevante: el Consejo Social en las universidades públicas y el Consejo de Administración, en el caso de las privadas.

Para el análisis aquí acometido se han considerado solamente los órganos de gobierno universitario que pueden observarse tanto en universidades públicas como privadas. Así, se han recogido datos relativos al rectorado (rector y vicerrectores), presidencia del Consejo de Administración y/o del Consejo Social, secretaría general, defensoría universitaria, y decanatos (decano/a). En este sentido conviene advertir que se ha obviado el análisis de la participación de las mujeres en otros órganos de representación y gobierno como el claustro universitario, órgano académico que no existe como tal en todas las universidades privadas. Tampoco se ha considerado el Consejo de Gobierno.

Por último, y en relación a las estructuras de poder situadas en los niveles intermedios e inferiores de las estructuras organizativas de las universidades, se han considerado solamente las facultades, y no los departamentos, dado que si bien todas las universidades públicas organizan su docencia y titulaciones en facultades y departamentos; las universidades privadas suelen simplificar su organización docente en las facultades, y, también a veces en titulaciones.

4.1.1. Son pocas las mujeres que alcanzan la cúspide jerárquica de poder en las universidades

El análisis empírico aquí realizado en una muestra de 31 universidades públicas y privadas (tabla 1) evidencia la desigual participación que tienen las mujeres en las principales estructuras de gobierno universitario.

En lo que se refiere al cargo de Rector, que ostenta la máxima responsabilidad ejecutiva dentro del gobierno universitario, en solamente cuatro universidades -UAM, UGR, UDIMA y UPF- recae en mujeres. A este respecto, cabe recordar que en el caso de las universidades públicas los rectores son elegidos directamente por los distintos estamentos -PDI, PAS y estudiantes- o indirectamente por el voto de los representantes del claustro universitario (caso de la US). En el caso de las universidades privadas, y aunque existen diferencias en sus procedimientos internos de organización, suelen ser designados por sus Consejos de Administración, Patronato o Consejo Asesor/Rector.

De modo similar, es escaso el número de mujeres que han accedido a la Presidencia ejecutiva del Consejo de Administración, órgano con competencias directivas y estratégicas con amplios poderes en el caso de las universidades privadas -UI1 y UDIMA-; o a la Presidencia del Consejo Social, órgano de representación social atribuido de funciones de supervisión y control en el caso de las universidades públicas -UAL, UGR, US, UDG, UPF, UPC y UNED-.

En el caso de la participación de profesoras como vicerrectoras[705] que asisten al rector dentro del equipo rectoral, y quienes son designadas por el propio rector académico ello, los datos son notablemente más positivos. Pese a ello, se observan diferencias considerables entre el conjunto de universidades que componen la muestra de nuestro estudio. Por ejemplo, algunas universidades muestran aquí sobrerrepresentación femenina como es el caso de la US (77%), la UOC (75%), la UI1 (67%), la UNED (64%) o la UEX (62%). En cambio, algunas otras muestran claramente una infrarrepresentación femenina dentro de sus equipos rectorales como ocurre en la ULOL o en la UDIMA dónde no hay ninguna mujer, la UPM (12%), o la IEU, la UNEB o la UGR (25%).

Otras universidades muestran una situación paritaria en la composición de sus equipos rectorales al reflejar una participación de las mujeres entre el 40% y el 60% (LO 3/2007): UVA (58%); UPF (55%); URJC (54%); UBU, UCA, UCO y UCM (50%); UB (46%), UPC (45%), o UL (44%).

Resulta importante señalar que incluso en aquellos casos dónde se observa cierta igualdad en la participación de las mujeres

[705] En el análisis realizado no se han considerado otras figuras, que, en el caso de las universidades públicas, suelen acompañar al rector y resto de vicerrectores en el equipo rectoral, como son los delegados del rector, directores adscritos y otros cargos uninominales.

dentro de los equipos rectorales de las universidades, es comúnmente observable que el reparto de competencias y de vicerrectorados evidencia ciertos sesgos de género. Es decir, las competencias más estratégicas y/o de mayor trascendencia para una universidad -investigación y política científica; docencia y ordenación académica; políticas de profesorado; internacionalización; economía o calidad, entre otras- suelen estar lideradas por profesores frente a otras competencias que podrían ser calificadas de *`soft power´* -movilidad; estudiantes; sostenibilidad; extensión universitaria; etc.- suelen estar regidas por profesoras.

La figura del Secretario General, normalmente elegido por el propio rector, también es un puesto de alta responsabilidad dentro de las universidades, actuando como fedatario de los actos y de los acuerdos que celebra la Universidad y vigilando su debido cumplimiento normativo respecto a la legalidad vigente. Así, y de las 31 universidades muestreadas en este trabajo, en 20 de ellas la secretaría general es ejercida por mujeres.

También se han recogido datos de la defensoría universitaria, órgano encargado de salvaguardar el respeto a los derechos y las libertades de todos los miembros de la comunidad universitaria, que actúa con independencia, autonomía y confidencialidad y sin estar sometido a mandato imperativo alguno.

En el caso de este órgano unipersonal la realidad es similar al de la secretaría general. De las 31 universidades analizadas, en 16 de ellas existe una Defensora Universitaria frente a los 15 casos restantes dónde es asumida por un hombre.

Por último, este trabajo también ha recogido datos de las facultades como estructuras intermedias que concentran grandes poderes decisionales especialmente en lo relativo a la organización docente, siendo las responsables máximas de la planificación y gestión de las enseñanzas y estudios. En este sentido, se ha investigado la presencia de mujeres en la dirección y gobierno de las facultades y escuelas técnicas de las universidades objeto de análisis.

Al igual que ocurriera con los equipos rectorales, también se han observado notables diferencias en el liderazgo de las facultades y escuelas técnicas. También aquí algunas universidades muestran sobrerrepresentación femenina como son los casos de la UDL (71%) o la UNEB (67%); frente a un mayor número de casos cuya realidad es opuesta como ocurre en la UEX (7%); URLL (8%); UPM (12%); ULOL (17%); URJC (22%); y UAM, UB, ULE o UPF (25%). Otro número importante de universidades muestran un cierto equilibrio de mujeres y hombres en la dirección de sus centros de estudios: UCA (53%); UAL y UI1 (50%); UNED (45%); UDG y UPC (44%); o UBU y UOC (43%).

CC.AA. dónde se ubica	Nombre de la institución	Rectora académica mujer	Vicerrectoras mujeres/ total	Presidencia Consejo Social/ Administración mujer	Decanas mujeres /total	Secretaría General mujer	Defensora universitaria mujer
Andalucía	Universidad de Almería (UAL)	NO	33% (3/9)	SÍ	50% (4/8)	SÍ	NO
	Universidad de Cádiz (UCA)	NO	50% (5/10)	NO	53% (8/15)	NO	SÍ
	Universidad de Córdoba (UCO)	NO	50% (6/12)	NO	40% (4/10)	SÍ	NO
	Universidad de Granada (UGR)	SÍ	25% (2/8)	SÍ	35% (9/26)	SÍ	NO
	Universidad de Loyola (ULOY)	NO	0% (0/3)	NO	17% (1/6)	NO	SÍ
	Universidad de Málaga (UMA)	NO	33% (4/12)	NO	29% (5/17)	NO	NO
	Universidad de Sevilla (US)	NO	77% (7/9)	SÍ	20% (5/25)	NO	SÍ

CC.AA. dónde se ubica	Nombre de la institución	Rectora académica mujer	Vicerrectoras mujeres/ total	Presidencia Consejo Social/ Administración mujer	Decanas mujeres /total	Secretaría General mujer	Defensora universitaria mujer
Asturias	Universidad de Oviedo (UOVI)	NO	33% (3/9)	NO	18% (3/17)	NO	SÍ
Castilla y León	IE Universidad (IEU)	NO	25% (1/4)	NO	40% (2/5)	SÍ	NO
	Universidad de Burgos (UBU)	NO	50% (4/8)	NO	43% (3/7)	NO	SÍ
	Universidad Isabel I de Castilla (UI1)	NO	67% (2/3)	SÍ	50% (2/4)	NO	SÍ
	Universidad de León (ULE)	NO	44% (4/9)	NO	25% (3/12)	SÍ	NO
	Universidad de Salamanca (USAL)	NO	37% (3/8)	NO	35% (9/26)	SÍ	SÍ
	Universidad de Valladolid (UVA)	NO	58% (7/12)	NO	26% (6/23)	SÍ	SÍ
Cantabria	Universidad de Cantabria (UC)	NO	37% (3/8)	NO	36% (4/11)	SÍ	NO

Cataluña	Universitat de Barcelona (UB)	NO	46% (6/13)	NO	25% (4/16)	SÍ	NO
	Universitat de Girona (UDG)	NO	33% (3/9)	SÍ	44% (4/9)	SÍ	SÍ
	Universitat de Lleida (UDL)	NO	33% (3/9)	NO	71% (5/7)	SÍ	NO
	Universitat Oberta de Catalunya (UOC)	NO	75% (3/4)	NO	43% (3/7)	NO	SÍ
	Universitat Pompeu Fabra (UPF)	SÍ	55% (5/9)	SÍ	25% (2/8)	NO	SÍ
	Universitat Politécnica de Catalunya (UPC)	NO	45% (5/11)	SÍ	44% (7/16)	SÍ	SÍ
	Universitat Ramon Llul (URL)	NO	33% (1/3)	NO	8% (1/12)	SÍ	NO
Extremadura	Universidad de Extremadura (UEX)	NO	62% (5/8)	NO	7% (1/15)	NO	NO

CC.AA. dónde se ubica	Nombre de la institución	Rectora académica mujer	Vicerrectoras mujeres/ total	Presidencia Consejo Social/ Administración mujer	Decanas mujeres /total	Secretaría General mujer	Defensora universitaria mujer
Madrid	Universidad de Alcalá (UAH)	NO	40% (4/10)	NO	44% (4/9)	SÍ	NO
	Universidad Autónoma de Madrid (UAM)	SÍ	42% (5/12)	NO	25% (2/8)	SÍ	SÍ
	Universidad Complutense de Madrid (UCM)	NO	50% (6/12)	NO	35% (9/26)	SÍ	NO
	Universidad a Distancia de Madrid (UDIMA)	SÍ	0% (0/3)	SÍ	40% (2/5)	NO	SÍ
	Universidad de Educación a Distancia (UNED)	NO	64% (7/11)	SÍ	45% (5/11)	SÍ	SÍ
	Universidad Antonio de Nebrija (UNEB)	NO	25% (1/4)	NO	67% (4/6)	SÍ	SÍ
	Universidad Politécnica de Madrid (UPM)	NO	12% (1/8)	NO	12% (2/16)	SÍ	NO
	Universidad Rey Juan Carlos (URJC)	NO	54% (6/11)	NO	22% (2/9)	SÍ	NO

Tabla resumen 1. Fuente: elaboración propia. Datos relativos a la participación de mujeres en puestos de responsabilidad directiva en universidades españolas seleccionadas (a 10/4/2023).

4.1.2. Factores limitantes del acceso desigual de las mujeres a la política universitaria

Tras analizar algunas declaraciones e intervenciones públicas efectuadas por mujeres que lideran las instituciones universitarias[706], pueden explorarse algunas de las barreras y limitaciones que encuentran las profesoras en el acceso a puestos de responsabilidad.

Así, el denominado ´efecto tijera´ según el cual puede verse cómo la proporción de mujeres desciende significativamente conforme avanza la carrera profesional del profesorado universitario y el acceso a puestos de mayor responsabilidad directiva viene explicado claramente por razones tradicionalmente identificadas en la literatura que ha abordado la variable género en otros ámbitos de la sociedad. La profesión académica, y especialmente en lo que refiere a la actividad investigadora que requiere mucha concentración y dedicación; exige grandes sacrificios personales y está acompañada de dificultades adicionales -competitividad, precariedad y movilidad- que resultan, a menudo, incompatibles con la conciliación de la vida personal y familiar, en un contexto dónde las mujeres siguen asumiendo mayoritariamente las tareas domésticas y/o el cuidado de los hijos:

> *"El peso de los cuidados, que recae mayoritariamente sobre las mujeres, repercute en las carreras académicas. (…) Si has estado de baja seis meses sin dar clase y durante tres años te reducen las horas, ¿cuántos años más necesitas para cumplir las horas mínimas de docencia? Lo mismo ocurre con la investigación y las publicaciones: ¿quién se acredita antes? (…) La distribución de los cuidados en la vida personal también*

---

706 Fundación CYD: «El liderazgo de la mujer en la universidad» [en línea] (2019).
RTVE.es: «El sesgo de género en la Universidad, una realidad estadística» [en línea] (2021)., <https://bit.ly/3Uorujz> [Consulta: 10/04/2023.]

> *perjudica a las mujeres investigadoras porque, si tienen menos tiempo para investigar y no publican artículos científicos en "revistas de impacto" no van a poder ser catedráticas."* (I. Tajahuerce, Delegada de Igualdad de la UCM, y C. Sáinz de Baranda, Directora del Instituto Universitario de Estudios de Género de la UC3M).

> *"Hay muchos inconvenientes en la carrera de la mujer que muchas veces se nutre de los espacios personales. Son los hombres los que tienen que empezar a criar niños y no dejarlo solo a las mujeres. (...) Nadie le pregunta a un científico si ha renunciado a su familia para ser científico. No podemos pedirle a la mujer que para subir en el escalafón jerárquico tenga que renunciar a cosas que quiere, sino que hay que conseguir ámbitos domésticos de corresponsabilidad en los que la mujer pueda formar una familia y desarrollarse profesionalmente"* (M. A. PEÑA, Rectora de la Universidad de Huelva).

Las mujeres que han alcanzado la cúspide del poder dentro de las universidades españolas relatan, a su vez, que las limitaciones son estructurales y vienen derivadas de un marco institucional que perjudica la progresión y avance de la mujer dentro de la carrera profesional académica, y que, en cierto modo, perpetúa desigualdades sociales existentes en la sociedad en su conjunto:

> *"El sesgo está en muchos niveles: problemas de brecha salarial; problemas relacionados con el acceso de la mujer en la jerarquía laboral y directiva de las universidades; una masculinización y feminización de las titulaciones que se aprecia en cuanto uno atraviesa la puerta del aula, y una minusvaloración de aquellos espacios donde la mujer predomina (...). ¿Por qué hay pocas rectoras? Porque hay muy pocas catedráticas. ¿Por qué hay pocas catedráticas? Porque para llegar a serlo hay que superar unos altísimos niveles de exigencia profesional y hay que tener un gran currículo investigador y las mujeres siguen teniendo impedimentos de todo tipo para lograrlo. (...) Jugamos en ligas diferentes: nuestro avance en la carrera investigadora es más difícil y menos reconocido"* (M. A. Peña, rectora de la Universidad de Huelva).

"Para ser rectora hay que presentarse a elecciones, pero no nos solemos presentar. Para hacerlo, te tienen que conocer los 70.000 votantes y tu trabajo tiene que ser visible. El problema es que el trabajo de las mujeres no ha sido visible. Tenemos que esforzarnos para terminar con la invisibilidad pese a toda discriminación. Además, muchas mujeres no se presentan porque tienen el prurito de pensar que las valorarán como ambiciosas; cuando en verdad, la ambición no es mala porque busca cambiar la realidad, pero es valorada como positiva en el hombre y como negativa en la mujer. (...)" (P. Aranda, Rectora de la Universidad de Granada).

"Ese 23% de rectoras no es porque no sepamos hacer bien las cosas sino porque nuestro camino es más difícil y costoso. La universidad no vive de espaldas a la sociedad y esa desigualdad que existe fuera también la vivimos dentro. Existen diversos factores que contribuyen a ello: estereotipos y mochilas culturales que llevamos las mujeres y que son difíciles de romper. (...). En mi caso nunca creyeron en mí, ni siquiera cuando estaba estudiando. Entonces, si no creen en ti, tampoco crees en ti. Yo me resistí porque si no hubiese sido capaz de llegar allí..." (E. Alcón, Rectora de la Universidad Jaume I).

5. CONCLUSIONES

La literatura académica ha mostrado un especial interés en analizar las diferencias que existen entre las mujeres y los hombres respecto a un acceso igualitario a la representación política y al ejercicio del poder en las distintas instituciones de la sociedad, y también en la participación y acceso a puestos de responsabilidad directiva en las organizaciones, siendo evidente el desequilibrio existente entre hombres y mujeres. La literatura sociológica que analiza las organizaciones académicas y científicas también ha introducido de forma creciente el género como dimensión relevante en múltiples análisis académicos. En este ámbito, el trabajo aquí presentado aporta evidencia empírica relevante en una cuestión escasamente investigada como es la participación de las mujeres en los procesos de toma de decisiones de las universidades.

Así, el trabajo empírico realizado ofrece como principal aspecto novedoso datos desagregados de una selección de universidades, públicas y privadas, en el contexto español que añaden valor descriptivo y analítico a lo ya conocido hasta entonces por medio de informes que ofrecían información de forma agregada.

Los hallazgos aquí presentados confirman, con datos actualizados, las ya conocidas disparidades que existen entre esa feminización que ha emergido en la educación superior española y el reducido número de mujeres que actualmente participan, activa y formalmente, en los principales puestos de responsabilidad de las universidades españolas. Existe un evidente sesgo de género en la Universidad española en lo que se refiere a la participación de las mujeres en la toma de decisiones de sus principales órganos de representación y gobierno, y, por consiguiente, en el acceso al poder político dentro de estas instituciones centrales de la sociedad. El análisis aquí realizado revela, además, que, si bien existe en el conjunto del Sistema Universitario Español, hay diferencias sustanciales entre universidades, ya sean públicas y privadas, lo que revela variabilidad organizativa.

Además, este trabajo ha podido explorar algunas de las limitaciones que encuentran las mujeres para acceder a los distintos cargos políticos de las organizaciones académicas. Así, puede afirmarse que estas limitaciones tienen una naturaleza estructural y social cuyas raíces están vinculadas a un contexto histórico y social como el que ha tenido España en su etapa reciente contemporánea. Los patrones de desigualdad que siguen ocurriendo en la esfera personal y privada (e.g. cuidado de hijos y familiares, responsabilidades derivadas del hogar, etc.) condicionan negativamente la actividad y desarrollo profesional de muchas mujeres profesoras universitarias, lo que les afecta negativamente en sus carreras profesionales, y por consiguiente las desplaza en los procesos internos de toma de decisiones.

Al mismo tiempo, el marco institucional que impone las reglas de juego en el ámbito universitario también crea obstáculos que perjudican la progresión y el avance de las mujeres dentro de la carrera profesional académica, condicionando su competitividad en el mercado laboral académico. Todo lo anterior, perpetúa desigualdades sociales existentes en la sociedad.

En futuras investigaciones sería positivo realizar un análisis más profundo, dónde desde un enfoque cualitativista, podrían realizarse entrevistas semiabiertas a mujeres que ocupen puestos de responsabilidad en órganos de gobierno universitario para así indagar y recolectar otra información relevante sobre las barreras y dificultades que encuentran para acceder a estos cargos, y así identificar problemas a los que se enfrentan en el desempeño de sus funciones.

Al mismo tiempo, futuros trabajos deberían investigar más ampliamente la participación de las mujeres en los órganos de gobierno de las universidades considerando algunas de las estructuras y órganos que aquí no se han contemplado debido a la existencia de limitaciones temporales y de recursos. También sería interesante ampliar el número de casos observados para seguir conociendo qué diferencias existen en el conjunto del SUE. A este respecto, sería interesante indagar en las políticas propias que desarrollan las universidades en el campo de la promoción de la igualdad para así identificar ejemplos de buenas prácticas que se conviertan en referentes ante el resto de las instituciones de educación superior.

Por último, cabe destacar algunas de las implicaciones académicas y prácticas derivadas de este estudio. Los resultados de esta investigación, si bien, muestran una realidad sobre la que cabe esperar un amplio margen de mejora; también evidencian que el camino iniciado en España con la promulgación de la Ley de Igualdad (LO 3/2007) ha provocado una progresiva mejora en el conjunto de la sociedad española. Y ello también se ha producido en la esfera de participación de la mujer en la política universitaria y en el acceso a puestos de responsabilidad en las organizaciones académicas.

El diseño e implementación de planes de igualdad en el seno de las organizaciones universitarias, y otras acciones allí enmarcadas, parecen estar arrojando buenos frutos si se analizan diversos indicadores en perspectiva histórica, y estudios como el aquí realizado ofrecen a legisladores y responsables de política universitaria datos concluyentes para reflexionar dónde debe mejorarse más y dónde se requieren mayores intervenciones. En este sentido, aquellas universidades que aparecen peor posicionadas en el análisis empírico realizado deberían tomar nota de ello y mostrar un compromiso mayor con la igualdad de género y así dar ejemplo al resto de instituciones de la sociedad.

6. BIBLIOGRAFÍA

BAGUES, M., SYLOS-LABINI, M., & ZINOVYEVA, N., "Does the Gender Composition of Scientific Committees Matter?", *American Economic Review,* 107 (4), 1207-38, 2017.

BENITEZ-AMADO, A., *El gobierno de las Universidades en España. Análisis comparativo, transformaciones recientes y adaptación al entorno,* Tesis doctoral de la Universidad Autónoma de Madrid, 2019.

CAÏS, J., *Metodología del análisis comparativo,* Centro de Investigaciones Sociológicas, 1997.

CRIADO PEREZ, C., *La mujer invisible: descubre cómo los datos configuran un mundo hecho por y para los hombres,* Seix Barral, 2020.

DAHLERUP, D. (Ed.), *Women, Quotas and Politics,* Routledge, 2006.

FREIDENBERG, F., *¿Por qué a las mujeres les cuesta tanto hacer política?,* 2016.

KROOK, M. L. Y NORRIS, P., "Beyond Quotas: Strategies to Promote Gender Equality in Elected Office", *Political Studies,* 62, 2014, 2-20.

KROOK, M. L., "Why Are Fewer Women than Men Elected? Gender and the Dynamics of Candidate Selection", *Political Studies Review*, 2, 2010, 155–168.

MEIER, P. Y LOMBARDO, E., "Gender quotas, gender mainstreaming and gender relations in politics", *Political Science*, 65 (1), 2013, 46-62.

OIT: «Las mujeres en la gestión empresarial. Argumentos para un cambio» [en línea] (2019), <https://bit.ly/2W7QaBY>. [Consulta: 10/04/2023.]

PHILIPS, A, *The Politics of Presence. The Political Representation of Gender, Ethnicity, and Race*, Oxford University Press, 1995.

RIVERA, R., *There's No Crying in Business: How Women Can Succeed in Male-dominated Industries*, Palgrave Macmillan, 2009.

YIN, R. K., *Case study research: Design and methods*, 5, Sage, 2009.

ZINOVYEVA, N. & BAGUES, M. F., *Does gender matter for academic promotion? Evidence from a randomized natural experiment*, IZA Discussion Papers, No. 5537, Institute for the Study of Labor, 2011.